浙江省普通本科高校“十四五”重点立项建设教材

普通高等学校会计应用型规划教材
国家级一流本科专业
国家级特色专业

TAX ACCOUNTING

税务会计

纪茂利 蒋雪清 汪 前 杨义东 主编

东北财经大学出版社 大连
Dongbei University of Finance & Economics Press

图书在版编目（CIP）数据

税务会计 / 纪茂利等主编. —大连：东北财经大学出版社，2024.12
（普通高等学校会计应用型规划教材）. —ISBN 978-7-5654-5453-0
Ⅰ. F810.42
中国国家版本馆CIP数据核字第20240AK699号

东北财经大学出版社出版
（大连市黑石礁尖山街217号　邮政编码　116025）
网　　址：http://www.dufep.cn
读者信箱：dufep@dufe.edu.cn

大连图腾彩色印刷有限公司印刷　　东北财经大学出版社发行

幅面尺寸：185mm×260mm　字数：462千字　印张：20.75　插页：1
2024年12月第1版　　2024年12月第1次印刷

责任编辑：王　丽　　责任校对：那　欣
封面设计：原　皓　　版式设计：原　皓

定价：49.00元

教学支持　售后服务　联系电话：（0411）84710309

如有印装质量问题，请联系营销部：（0411）84710711

国家级一流本科专业 国家级特色专业
普通高等学校会计应用型规划教材编委会

序　言

党的二十大报告指出，“实施科教兴国战略，强化现代化建设人才支撑”，强调要坚持教育优先发展、科技自立自强、人才引领驱动，加快建设教育强国、科技强国、人才强国，坚持为党育人、为国育才，全面提高人才自主培养质量，着力造就拔尖创新人才，聚天下英才而用之。建设教育强国是中华民族伟大复兴的基础工程，必须把教育事业放在优先位置。建设中国式现代化，中国教育必须给予全面应答，基础教育、职业教育、高等教育都要承担起相应的责任，学科专业、教育教学、课程教材、评价体系等都要作出相应的调整。

在“大智移云物区”的时代背景下，企业的工作环境、高校教育的情境都发生了变化，大学生获取信息、知识的方法和途径发生了质的变化。传统的教学方式难以适应时代的发展，出现了“教师不会教、学生不想学、企业不愿招”的人才培养困境。2016年，嘉兴大学（原名为嘉兴学院）被遴选为全国本科院校“互联网+会计教学一体化改革”首批试点单位，实施“互联网+”线上线下一体化混合教学改革，建设教改平台，丰富平台共享资源。“互联网+会计教学一体化改革”的开展，成效显著。在2018年教育部审核评估中，“互联网+会计教学一体化改革”项目得到专家的好评，入选《中国会计教育改革与发展蓝皮书（2020）》，“中级财务会计学”获教育部优秀教学案例和浙江省一流课程。“互联网+会计教学一体化改革”已覆盖全国30余所高校，众多高校前来学习交流“互联网+会计教学一体化改革”的经验和成果。

根据浙江省高等教育学会教材建设专业委员会发布的《关于开展浙江省高校“十三五”第二批新形态教材建设项目申报工作的通知》，嘉兴大学7门核心主干课程被列入浙江省“互联网+会计学新形态系列教材”建设项目。为了更好地实施和推广“互联网+会计教学一体化改革”，我们在总结“互联网+”教学改革的基础上，根据新形态教材的建设要求，组织教学一线教师编写适应“互联网+会计教学一体化改革”的核心课程教材，包括《会计学原理》《中级财务会计学》《高级财务会计学》《审计学》《成本会计学》《管理会计学》《财务报表分析》《财务管理学》。教材内容体现“业财融合”和重能力、重素质的培养要求，对于企业的具体业务可以通过扫描二维码观看视频实现企业具体业务的情景再现，教材还包括重要知识点的视频讲解、随堂测和章节测试，其中每一章节都设有头脑风暴和分组任务等开放性问题，并配有解答提示，为广大教师更好地实施教学提供参考。本系列教材适合应用型本科院校的会计学、审计学、财务管理等相关专业的学生使用，高职院校的相关专业也可选择使用。

潘煜双

前言

本教材是根据高等院校应用型人才培养目标和教学大纲的要求，结合截至2024年11月30日最新出台的税收法律制度和企业会计准则编写的，旨在培养学生从事税务会计工作应具备的纳税计算能力、税务会计核算能力、纳税申报能力和公正服务企业及政府的职业道德观。

本教材以税务会计理论为基础，以涉税岗位能力培养为主线，按照我国税法体系分类进行教学内容的设计，主要包括：税务会计概述；增值税会计、消费税会计、关税会计（属于货物和劳务税类）；企业所得税会计、个人所得税会计、土地增值税会计（属于所得税类）；房产税、车船税、印花税、契税会计（属于财产行为税类）；城市维护建设税、教育费附加、车辆购置税、耕地占用税、船舶吨税会计（属于特定目的税类）；资源税、环境保护税、城镇土地使用税会计（属于资源税和环境保护税类）。除烟叶税以外，涵盖了所有的实体税种。按照实体税收法律体系设计，也是税法在税务会计中的具体体现。

本教材主要具有以下特色和创新之处：

（1）立足本土，思政引领。新文科建设要求立足国情，立足新时代改革开放和社会主义现代化建设的伟大实践。本教材案例均来自于我国实践，在讲解专业知识的基础上，加入反映社会主义核心价值观的思政内容，培养学生着眼国内实践，扎根本土，建立学好知识为社会主义建设贡献力量的家国情怀。

（2）案例丰富，实用性强。编写本教材的四位教师均已讲授税务会计和税务技能训练课程多年，指导学生参加全国大学生税务技能竞赛并取得了很好的名次，积累了丰富的案例和实务中会遇到的疑难问题，通过“情境引例”“特别提示”“归纳总结”融入教材当中，使学生在阅读有趣故事的同时领悟知识。

（3）准则税法，动态更新。全书按照最新的会计准则和税收政策进行编写，体现了最新的会计制度和税法的改革，同时提供了最新的企业会计准则（财政部网站https：//kjs.mof.gov.cn/zhengcefabu/）和税法（国家税务总局网站https：//www.fgk.chinatax.gov.cn）的权威的查询链接，师生可随时在这两个网站上查阅到最新的法律法规，以免在其他网站上搜索得到互相矛盾或不准确的资源，浪费了宝贵的时间和精力。

（4）会计税收，深度融合。新文科教育要求打破学科专业壁垒，推动文科专业之间的深度融通。税务会计正是推动会计和税务两个专业之间融合的桥梁。本教材不是财务会计和税法的简单相加，有些案例在税务会计中经常用到，而在财务会计和税法教材中却没有体现，这正是专业深度融合的具体体现。

（5）理实一体，学做合一。本教材在讲授理论知识的同时，更突出实践性和实战性，力求实现案例和情景化教学，培养学生分析问题、解决问题等实际操作能力。同时按照我国现行的实体税收法律体系安排章节内容，使教材与实务贴合得更加紧密。

（6）教学资源，双线协同。本教材配备了丰富的教学资源，除了与之配套的习题外，还提供了PPT教学课件、教学大纲、技能训练和实战演练的参考答案等数字化资源。

本教材可以作为培养财经应用型人才院校的教材，也可以作为财税培训机构的培训教材，同时也适合企业财务经理、财务主管、税务经理以及税务工作人员，会计中介机构的注册会计师、注册税务师、会计师和管理会计师等专业人士阅读。

本教材编写分工为：第一、二章由纪茂利编写，第三、八、九、十章由汪前编写，第四、六章由杨义东编写，第五、七章由蒋雪清编写。纪茂利对全书进行总纂和定稿。

本教材在出版过程中，得到了东北财经大学出版社的大力支持和帮助，在此表示感谢！嘉兴大学商学院会计系主任崔晓钟对本书的出版给予了特别支持，表示由衷的感谢！本教材在编写过程中，参考借鉴了本学科相关著作、教材和论文，在此向各位作者表示诚挚的感谢！

由于编者水平有限，本教材难免存在不足之处，恳请广大读者批评指正。

编　者

2024年11月

目　录

第一章

税务会计概述

学习目标

能力目标

1. 识记税收的含义，税收的特征，税制要素的基本内容。

2. 识记税务会计的含义，明确税务会计和财务会计的区别与联系、税务会计的目标、基本前提、核算原则和税务会计的岗位职责。

3. 正确设置税务会计科目。

素养目标

培养德才兼备的财税人才，构建“亲清”税企关系。

导入案例

2014—2023年10年间，我国共计征收税收收入150.79万亿元（数据来自财政部网站，下同），为我国高质量发展提供了坚实的财力保障。税收征收部门始终坚持依法依规组织税费收入，坚决不收“过头税费”，连年圆满完成预算收入目标。全国税收征收部门组织税收收入，从2014年的11.91万亿元增加到2023年的18.11万亿元，年均增长5.2%，税收有效发挥了筹集财政收入的作用。

除了筹集财政收入的作用，税收还是国家调控经济的重要杠杆之一，具有维护国家政权和监督经济活动的作用。

二维码1-1

导入案例解析

案例要求

进入21世纪20年代，国际局部冲突越来越严重。党的二十大报告明确指出：“国家安全是民族复兴的根基，社会稳定是国家强盛的前提。”请同学们思考：税收国家安全从哪些方面维护国家安全和国内社会生活的安定？

第一节 税收及税制要素

情境引例

当今社会人们都知道税收很重要，而前人对税收又有怎样的认识呢？请同学们举例说明名人关于税收的重要论述。

二维码1-2

情境引例解析

一、税收概述

（一）税收的产生

税收是随着国家的产生而出现的。税收的故事神秘古老，税收的设计智慧精巧；税收是国之血脉，税收是公共需要。古今中外，税收都是遵循“无商无税、无税无国”的运行轨迹而变化和发展的，它深刻地揭示了税收同经济、税收同国家的内在辩证关系。归根结底，税收是为了适应人类社会经济发展的需要，特别是国家的需要而存在和发展的，同时，它又被作为执行国家职能必不可少的重要经济杠杆。随着经济全球化和贸易一体化的发展，税收也由一国一制趋向国际协调。税收的产生必须具备两个前提条件：一是国家的产生和存在：二是私有财产制度的存在和发展。只有同时具备了这两个条件，税收才会产生。因此，税收是国家和私有财产制度并存的特定历史条件下的产物。

【思政课堂】

企业发展这十年：税收助力，小吃店做成大产业

沙县小吃是国民小吃。2021年5月24日，福建省三明市申报的沙县小吃制作技艺经国务院批准列入第五批国家级非物质文化遗产代表性项目名录。一碗拌面、一份扁肉是人们对沙县小吃最初的印象，在福建省俞邦村村口一块大石头上，“沙县小吃第一村”七个朱漆大字记录着沙县小吃走向全国的起点。作为本土沙县小吃代表企业，李记与千千万万走出沙县的艰辛创业者一样，一口鸳鸯锅、一根长扁担便是他们白手起家的全部家当，沙县小吃业主李贤锦说：“2005年那时候，看到了越来越多的沙县人出去外面开小吃店，挣到了钱，我和我弟弟商量就在本地开一家沙县小吃店。我们做小吃还是挺在行的，但是开店确实不是个容易的事情，后来也有政府的大力推广和扶持，我们因此创办了李记小吃店。在回顾创业的过程吧，我觉得有两个节点让我印象特别深刻，特别幸运。第一个是我们2017年在沙县小吃城开了一家新的门店，为什么说那个时候特别幸运呢？因为当时营改增，我们餐饮业小规模纳税人税率从5%降为3%，税率一低利润就大了，省下了资金，帮助我们扩大经营、招工用工，也是那个时候，我们李记酒楼成为了沙县小吃集团旗下第一家标准示范店。第二个是2021年的时候，我们店铺改版升级，受新冠肺炎疫情的影响，实体店并不好做，幸运的是2020年的时候，国家为了支持我们个体工商户复工复业，增值税小规模纳税人适用3%征收率减按1%征收率征收增值税，这个政策我记得特别清楚，因为税收优惠带来的是真金白银，让我们小吃业主在疫情冲击下的严冬也感受了特别的温暖。民以食为天，国以税为本，随着企业的成长，我们也逐渐认识到了纳税的重要性，而且税务部门的服务越来越好，不仅定期入户辅导，还通过交流群等方式为我们及时推送优惠政策，现在又有了电子税务局，我们也就能轻松报税、开发票。一路走来，我们切实感受到了国家的支持，享受到了政策福利。看到如今的沙县小吃，在我们一代又一代传承人的手上不断升级，我觉得非常幸福，也非常骄傲。”李记的发展是沙县小吃发展的缩影，目前沙县小吃共有门店8.8万家，遍布全球62个国家，年营业额500亿元以上，辐射带动就业超30万人。实说实干、敢拼敢上的沙县人，把小吃做成了风靡全球的大产业。在产业富民的振兴大道上，沙县小吃仍在继续引领风骚。

资料来源：国家税务总局办公厅．企业发展这十年：税收助力，小吃店做成大产业［EB/OL］.［2022-08-10］. https：//www.chinatax.gov.cn/chinatax/n810219/n101397/c5178960/content.html.

（二）税收的特征

税收自产生以来，一直是国家取得财政收入的主要形式。与其他财政收入形式相比，税收具有以下基本特征：

1.强制性

税法是国家法律的重要组成部分，任何纳税人都必须依法纳税，否则就会受到法律的制裁。因此，税收具有强制性，是国家取得财政收入最普遍和最可靠的形式。

2.无偿性

税收是国家对纳税人的无偿征收。征收的税款作为国家的财政收入，不给付任何报酬，也不再直接偿还给纳税人。正如列宁所说的：“所谓赋税，就是国家不付任何报酬而向居民取得东西。”税收的这种无偿性，与债权收入存在着根本的区别。

3.固定性

税收是以法律形式存在的。在征税以前，税法预先对纳税人、纳税对象、税目、税率、应纳税额、纳税期限等做了具体规定。税收有一个比较稳定的适用期间，是一种固定的连续性收入，税收的这种固定性使征纳双方都有法可依。但税收也并非一成不变，国家依据政治、经济环境的变化可以修改现行税法，调整税收的有关规定。

税收的上述特征是相互联系、不可分离的，使税收与利润、信贷、利息、折旧、罚没等分配形式有明显的区别，成为一种特殊的分配范畴。税收的三个特征也是区分税与非税的根本标志。

二、税制要素

税收实体法是关于税收法律关系主体实体权利和义务的法律规范总称。税收实体法直接关系到征纳双方权力和责任（权利和义务）的界定，是税法的核心内容。如果没有税收实体法，政府就没有权力向纳税人征税，纳税人就没有纳税义务，也就没有税法体系。由于国家设置各税种的特定目的不同，因此，一般按照每个税种立法，即一个税种一部税收实体法（一税一法）。但各税种的构成要素（基本要素）具有统一性，一般包括纳税人、课税对象（纳税对象）、税目、税率、计税依据等。

（一）纳税权利义务人

纳税权利义务人简称纳税人，纳税人可以是自然人，也可以是法人。自然人是依法享有民事权利，并承担民事义务的公民。在税收上，自然人依法对国家负有纳税义务并享有纳税人权利。法人是依法成立，能够独立支配财产并能以其名义享受民事权利、承担民事义务的社会组织。法人负有依法向国家纳税的义务和享受相应的权利。在纳税实务中，与纳税人相关的概念如下：

1.赋税人

赋税人是最终承担税收负担的人。某种税的纳税人可能同时是其赋税人，但也可能不承担税负或承担部分税负。因此，两者可能是统一的，也可能是完全分离或部分分离的，关键要看税负能否转嫁，而税负能否转嫁取决于市场环境和供求关系。一般情况下，间接的税负是可以分离的，即供求双方都会承担一定的税收负担。

2.代扣（收）代缴义务人

代扣（收）代缴义务人亦称扣缴义务人，是税收法律、行政法规明确规定负有扣缴义务的单位和个人。扣缴义务人在支付或收取款项时，代税务机关向负有纳税义务的单位和个人扣留或收取并解缴（缴纳）税款。

（二）纳税对象

纳税对象亦称征税（课税）对象。它是征税的目的物，也是缴纳税款的客体。纳税对象的计量标准是计税依据，即课税依据。以纳税对象的价值单位进行计算时，其计税依据为从价计税；以纳税对象的数量单位进行计算时，其计税依据为从量计税；既以价值又以数量为计税依据时，为复合计税。税法中规定的计算应纳税额的依据在理论上称为税基，纳税人的应交税款就是根据计税依据乘以税率（或单位税额）计算出来的。各税种的计税依据不同，有的以收入额为计税依据，有的以所得额为计税依据，有的以销售量为计税依据等。如果计税依据是价值形态，则纳税对象与计税依据一致；如果计税依据是实物形态，以纳税对象的数量、重量等为计税依据，则纳税对象与计税依据一般不一致。例如，车船税的纳税对象是各种车辆、船舶，其计税依据是车船的辆数、吨数、米数等。

（三）税目

税目是纳税对象的具体化，反映具体的征税范围，体现每个税种的征收广度。不是所有的税种都规定税目，对于那些纳税对象简单明确的税种，如增值税、房产税等，不必另行规定税目。对于纳税对象比较复杂的税种，当在税种内部需要对不同纳税对象采取不同的税率档次进行调节时，就需要对该税种的纳税对象做进一步划分，其划分类别就是税目。

（四）税率

税率是应纳税额与计税依据之间的关系或比例，是计算应纳税额的尺度，体现课税的深度。税率高低直接关系到国家财政收入的多少和纳税人税收负担的轻重。因此，税率是体现税收政策的重要指标，是构成税制的基本要素。税率可以从不同的角度进行分类。

1.按照税率的经济意义划分

按照经济意义划分，税率可以分为名义税率和实际税率两种。名义税率就是税法上规定的税率，实际税率就是纳税人实际缴纳的税额与其全部收益额的比例（比重)。在一般情况下，同一种税的实际税率可能低于其名义税率。

2.按照税率的表现形式划分

按照表现形式划分，税率可以分为以绝对数表示的税率和以百分比表示的税率。我国目前主要有以下几种税率：

（1）定额税率

定额税率是指按纳税对象的一定计量单位规定固定的税额，而不是规定纳税比例，因此又称之为固定税额。它是税率的一种特殊形式，一般适用于从量征收的某些税种。在具体运用上，定额税率又分为地区差别定额税率、幅度定额税率、分类分级定额税率等不同形式。

（2）比例税率

使用比例税率时，对同一纳税对象，不论金额大小，都按同一比例纳税，税额与纳税对象之间的比例是固定的，比例税率在具体运用上又可分为产品比例税率、行业比例税率、地区差别比例税率、幅度比例税率等多种形式。

比例税率的优点是：同一纳税对象的不同纳税人税收负担相同，有利于企业在大体相同的条件下展开竞争，促进企业加强管理，提高经济效益；计算方便，便于税收稽征管理。其主要缺点是不分纳税人的环境、条件差异及收入多少等，都按同一税率征税，有时与纳税人的实际负担能力不完全相符，在调节企业利润水平方面有一定局限性。

（3）累进税率

使用累进税率时，按照纳税对象数额的大小，实行等级递增的税率，即把纳税对象按一定的标准划分为若干等级，从低到高分别规定逐级递增的税率。这种税率制度既可适应纳税人的负担能力，又便于充分发挥调节纳税人收入水平的作用，适应性强，灵活度大，一般适用于对所得和财产征税。按结构不同，累进税率又可分为以下几种：

①全额累进税率

使用全额累进税率时，对纳税对象的全部数额，均按与之相适应等级的累进税率计算纳税。当纳税对象提高到一个新的等级时，对其全额使用一级新的与之相适应的税率计算纳税。它的累进幅度较大，对纳税人的应税所得具有较强的调节作用，计算方法简单，但存在税负不尽合理的弊端。

②超额累进税率

使用超额累进税率时，把纳税对象按数额大小划分为若干等级，从低到高对各等级分别规定相应的税率。一定数额的纳税对象可以同时适用几个等级的税率，每超过一级，超过部分按提高一级的税率计税，这样分别计算税额，各等级应纳税额之和就是纳税人的应纳税额。它的累进程度比较缓和，纳税人的税负比全额累进税率要轻一些，但在计算上比较复杂。

③超率累进税率

它与超额累进税率在原理上是相同的，但税率累进的依据不是绝对数，而是相对数，如我国现行的土地增值税就采用超率累进税率。

（五）纳税环节

纳税环节是指税法对处于不断运动中的纳税对象应该征收税款的环节。税法对每一种税都确定了纳税环节，有的税种纳税环节单一，有的税种则需要在许多流转环节中选择和确定纳税环节。从对流转额纳税来看，由于产品从生产到消费中间要经过工业生产、商业批发、商业零售等环节，故可以选择在产品的生产环节或第一次批发环节征税，对其他环节不征税，即实行一次课征制，如资源税；也可以在产品出厂销售时征收一次工业环节的税，在商业零售环节再征收一次税，而在商业批发等中间环节不征税，即实行两次课征制；还可以在工业品的生产、批发和零售环节都征税、即实行多次课征制，如增值税。

（六）税额计算

税额计算是指根据纳税人的生产经营或其他具体情况，对其应税事项，按照国家规定的税率，采取一定的计算方法，计算出纳税人的应纳税额。每种税都明确规定了应纳税额的具体计算公式，其基本计算方法相同，即：

应纳税额=计税依据×适用税率（单位税额）

公式中的“计税依据”在具体运用时，涉及以下两个概念：

一是计税单位，亦称计税标准、课税单位。它是课税对象的计量单位和缴纳标准，是课税对象的量化。计税单位分为从价计税、从量计税和混合计税三种。

二是计税价格，对于从价计征的税种，计税数量一经确定，应纳税额的多少就只取决于计税价格。按是否包含税款，计税价格又分为含税计税价格和不含税计税价格两种。

（七）税负调整

纳税人税负的轻重可通过一定措施来调整。税率主要体现税负的统一性，而税负调整则体现税负的灵活性。税负调整分为税收减免和税收加征两种情况。

1.税收减免

（1）税收减免的概念及其要求

税收减免是减税与免税的合称。税收减免是国家对特定纳税人或征税对象给予减轻或者免除税收负担的一种税收优惠措施，包括税基式减免、税率式减免和税额式减免，但不包括出口退税和财政部门办理的减免税，税收减免体现了税收在原则性基础上的灵活性，但也存在扭曲资源配置的可能性。

纳税人同时从事减税、免税项目与税收非减免项目的，应分别确认计量。纳税人依法可以享受减免税待遇，但因故未享受而多缴税款的，可以在税收征管法规定期限内申请减免税，要求退还多缴税款。税务机关应当遵循依法、公开、公正、高效、便利原则，规范减免税管理，及时受理和核准纳税人申请的减免税事项。税务机关应当结合税收风险管理，将享受减免税的纳税人履行纳税义务的情况纳入风险管理，加强监督检查。

（2）税收减免的类型

①核准类减免税

纳税人应在规定期限内，向税务机关提出书面申请，并按要求提交相应材料，经税务机关核准确认后执行。未按规定申请或虽申请但未经税务机关核准确认的，纳税人不得享受减免税。

②备案类减免税

纳税人享受备案类减免税时，应向税务机关提请备案，经税务机关登记备案后，自登记备案之日起执行。

③自行判别、申报享受、相关资料留存备查方式

企业应根据经营情况以及相关税收规定自行判断是否符合优惠事项规定的条件，符合条件的，应按规定时间自行计算减免税额，并填报相关的纳税申报表主表和附表。

（3）税收减免的形式

除减税（对纳税人涉税事项的税基、税率或应纳税额打一定折扣或予以降低而少征部分税款）、免税（对纳税人的应税行为免予征税）基本形式外，税收减免的形式还有以下几种：

①起征点

它是税法规定的对纳税对象开始征税的临界点。纳税对象未达到起征点的不征税；达到或超过起征点的，就其全部金额征税，而不是仅就超过起征点的部分征税。当起征点较高时，容易诱发纳税人避税。

②免征额

它是税法规定的对课税对象中免予征税的临界点。它是按税法规定的数额从计税依据总额中预先减除的部分。免征额部分不纳税，只对超过免征额的部分征税，免征额是一种普惠制，有利于保证纳税人的基本所得，尤其是对低收入者而言。

2.税收加征

（1）地方附加

地方附加简称附加，是指地方政府按照国家规定的比例，随同正税一起征收的作为地方财政收入的款项。附加是对税种的附加，适用于该税种的所有纳税人。

（2）加成征收

加成征收是指在按法定税率计算出应纳税额后，再加征一定成数的税额。一成是税额的10%，依此类推，一般最高为十成。加成实际上是税率的延伸，是对税率的补充规定。

（3）加倍征收

加倍征收是指在按法定税率计算出税额后，再加征一定倍数的税额。加倍征税是

累进税率的一种特别补充，其加征程度远远大于加成征税。因为加成征税并未超过税率自身的规定范围，最大的加成幅度才是一倍，而加倍征税则最少是一倍，因此，其调控幅度大。加成与加倍征收是针对特定纳税人的，是对累进税率的一种特别补充，因此，它仅适用于直接税。

第二节 税务会计的概念及职能

二维码1-3

情境引例解析

情境引例

现在有很多人认为会计专业学生开设“财务会计”和“税法”课程就行了，不需要开设“税务会计”（或者“纳税会计”）课程。这种观点正确吗？

一、税务会计的含义

税务会计、税收会计与纳税会计是三个极易混淆的概念，三者的内涵不同。若从征税主体（包括税务机关、海关）的角度，税务会计称为“税收会计”（即征税主体税务会计）；若从纳税主体（又称纳税人，包括法人、自然人和其他组织）的角度，税务会计称为“纳税会计”（即纳税主体税务会计）。本教材主要研究纳税主体涉税会计事项的处理，因此采用的“税务会计”一词指的是“纳税会计”。

日本税务会计专家武田昌辅认为，税务会计是为计算法人税法中的课税所得而设立的会计，它不是制度会计，而是以企业会计为依据，按税法的要求对既定的盈利进行加工、修正的会计。

美国税务会计专家吉特曼认为，税务会计主要是处理某项目何时被确认为收入或费用账务问题的一种专业会计。

我国税务会计专家盖地认为，税务会计是以所涉税项的现行税收法规为准绳，运用会计学的理论、方法和程序，对企业涉税会计事项进行确认、计量、记录和申报（报告），以实现企业最大税收利益的一门专业会计。

我国台湾税务会计专家卓敏枝、卢联生、庄传成认为，税务会计者，乃是一门以法令规定为准绳，以会计技术为工具，平时负责汇集企业各项交易活动、股东可抵扣税额与未分配盈余计算之合法凭证，并加以整理、记录、分类、汇总，进而年度终了加以结算、编表、申报、纳税的社会（人文）科学。

本教材认为，税务会计是以税法为准绳，以货币为主要计量单位，运用会计的专门理论和方法，对纳税人的应纳税额进行确认、计量、会计核算、纳税筹划和申报缴纳等工作的一种专业会计管理活动。

二、税务会计与财务会计的关系

税务会计是社会经济发展到一定历史阶段后从传统的财务会计中细化分离出来的。税务会计与财务会计均属于企业的会计体系，两者在会计主体、记账基础、核算前提等方面基本相同，但在会计目标、会计对象、提供的信息、会计核算法律依据和会计核算基础等方面存在一定的区别。

（一）税务会计与财务会计的联系

1.税务会计以财务会计为基础

税务会计作为一项专业活动并不是单独存在的，它是会计的一个特殊领域，是以财务会计为基础的。财务会计生成了较为健全完善的财务数据和信息，作为编制财务会计报告的基本财务资料。实践中，税务会计资料（数据和信息）大多来源于财务会计资料（数据和信息）。

2.税务会计与财务会计之间存在协调性

对财务会计处理中与现行税法不相符的会计事项，税务会计需要按照税法的规定进行计算、调整，并在会计分录中予以体现，这样相关的税务会计处理又会反过来影响财务会计，并将其影响体现在财务会计账簿以及最终的财务会计报告中。

（二）税务会计与财务会计的区别

1.会计目标不同

财务会计的目标主要是向投资者、债权人、政府部门、社会公众、企业管理决策者等相关信息使用者提供企业的财务状况、经营成果和现金流量等信息；税务会计的目标主要是向税务机关、海关、企业管理决策者等相关信息使用者提供企业纳税活动方面的信息。

2.会计对象不同

财务会计核算和监督的对象是企业生产经营活动所引起的资金运动和变化；税务会计核算和监督的对象是企业纳税活动所引起的资金运动和变化。

3.会计核算的法律依据不同

财务会计核算的法律依据是会计法、会计准则和会计制度等会计法律法规；税务会计核算的法律依据除了会计法、会计准则和会计制度等会计法律法规之外，更加侧重于税收法律法规（简称“税法”）。目前我国的税收法律法规与会计法律法规存在较多差异，主要表现在收入和费用的确认、资产的取得和期末计价等方面。当会计法律法规与税收法律法规不一致时，税务会计应当以税收法律法规为依据来调整财务会计的核算结果。

4.提供的信息不同

财务会计通过对经济业务事项的核算，主要编制资产负债表、利润表和现金流量表等会计报表，反映企业的财务状况、经营成果和现金流量，为相关信息使用者提供财务会计方面的信息；税务会计通过对应纳税额的确认、计算、会计核算、纳税筹划和申报缴纳等工作，主要编制纳税申报表及应缴税款明细表，列明应缴税款、预缴税款、未缴税款、减免税款和应退税款等内容，为相关信息使用者提供纳税活动方面的信息。

5.会计核算基础不同

财务会计主要遵循会计法、会计准则和会计制度等会计法律法规，强调提供会计信息的真实性和可靠性，因此，其核算基础是权责发生制；税务会计则要兼顾会计法律法规和税收法律法规，关注纳税主体的现金支付能力，因此，其核算基础是权责发生制和收付实现制及两者的有机结合。

三、税务会计的职能

税务会计的职能是指税务会计本身所固有的内在功能。税务会计是会计学的一个分支，其基本职能与一般会计职能相同，主要是核算和监督两大职能，但税务会计与税收联系密切，其核算和监督的具体内容与一般会计则有所不同。

（一）核算职能

税务会计根据国家的税收法规、会计准则和财务报告条例等，全面、真实、系统地记录和核算企业生产经营过程中的税务活动，即税务资金的形成、计算、缴纳、退补等，为国家组织税收提供可靠的依据。同时，税务会计又要在遵守税法的前提下，针对纳税人自身的特点，利用会计特有的方法，科学筹划纳税人的纳税活动，使纳税人充分享受税收的优惠政策，最大限度地减轻或推迟纳税。通过税务会计活动及其提供的资料进行分析，为企业改善经营管理、提高经济效益提供保证。

（二）监督职能

税务会计根据国家的税收法规和有关方针、政策、制度等，通过一系列核算方法，监督企业应纳税款的形成、计算和解缴情况，监督企业的收益分配，实现税收杠杆的经济调节作用。税务会计通过对企业税务活动的监督和控制，提供税收信息，保证国家税收法规的贯彻实施和适时修正。

第三节　税务会计的基本理论

二维码1-4

情境引例解析

情境引例

在美国税制中，有一条著名的定律，即克拉尼斯基定律，同学们知道其具体含义是什么么吗？

一、税务会计的目标

税务会计的目标是指税务会计工作所要达到的最终目的。税务会计最终是向其利害关系人提供有关纳税人税务活动的信息，具体可概括为以下三个方面：

（1）依法纳税，保证国家财政收入，并为国家宏观经济管理提供纳税信息；

（2）正确进行税务会计处理，为投资者、债权人进行决策提供有用的会计信息；

（3）科学进行纳税筹划，合理选择纳税方案，为企业内部加强经营管理提供信息。

二、税务会计要素

税务会计要素是对税务会计对象的进一步分类。其分类既服从于税务会计目标，又受税务会计环境影响。税务会计环境决定了税务会计主体的具体涉税事项及其特点，按涉税事项的特点和税务会计信息使用者的要求进行分类，即形成税务会计要素，也是税务会计报表（纳税申报表）要素。税务会计要素主要包括以下内容：

（一）计税依据

计税依据是税法中规定的计算应纳税额的根据，在税收理论中被称为税基。纳税人的各种应缴税款是各税种的计税依据与其适用税率相乘之积。不同税种的计税依据不同，有收入额、销售额（量）、增值额（率）、所得额等。

（二）应税收入

应税收入是企业销售商品、提供劳务等应税行为所取得的收入，即税法所认定的收入。因此，也可称之为法定收入。应税收入与财务会计收入（简称“会计收入”）联系密切，但不一定等同。确认应税收入的原则如下：

一是与应税行为相联系，即发生应税行为才能产生应税收入。换言之，如果纳税人发生非应税行为或免税行为，其所取得的收入就不是应税收入，而只是会计收入。

二是与某一具体税种相关，纳税人取得的一项收入如果是应税收入，那必然与某一具体税种相关，即属于某一特定税种的应税收入，而非其他税种的应税收入。对应税收入的确认和计量，一般也按财务会计的原则和标准。但在具体运用上，税法又有例外，如对权责发生制的修正，税法对某些应税行为按收付实现制确认应税收入。

（三）扣除费用

扣除费用是指企业因发生应税收入而必须支付的相关成本、费用、税金、损失，即税法认可的允许在计税时扣除的金额，亦称法定扣除项目金额。属于扣除项目的成本、费用、税金、损失在财务会计确认、计量、记录的基础上，分不同情况确认：

一是按其与应税收入的发生是否为因果关系，如为因果关系，则可按比例扣除；

二是在受益期内，按税法允许的会计方法进行折旧、摊销；

三是对财务会计中已经确认、计量、记录的某些项目，凡超过税法规定扣除标准的，一律将税法规定的限额作为“扣除费用”。

由此可见，财务会计确认、计量、记录的成本费用等与法定扣除项目金额间虽然有密切关系，但两者并不等同。

（四）应税所得

在经济学、财务会计学与税务会计学中，“所得”的含义有所不同。财务会计学中的“所得”是指账面利润或会计利润。税务会计学中的“所得”是指应税所得，或称应纳税所得额，它是应税收入与法定扣除项目金额（扣除费用）的差额，是所得税的计税依据。在税务会计实务中，企业是在财务会计提供的账面利润的基础上，按现行税法与财务会计的差异及其选定的所得税会计方法确认应税所得，进而计算应纳税额。如果“应税所得”是负数，则为“应税亏损”。

（五）应纳税额

应纳税额亦称应缴税款，是计税依据与其适用税率或（和）单位税额相乘之积。应纳税额是税务会计中特有的一个会计要素，其他会计中没有这个要素。影响应纳税额的因素有计税依据、税率、单位税额和减免税规定。计税依据体现征税的广度，每个税种都要明确规定其计税依据。除附加税外，各个税种均有独立的计税依据。税率体现征税的深度，各个税种一般都有其特定的税率。如果对税基进行减免，则减免税体现在计税依据中；如果对应纳税额进行减免，则减免税是一个单独的因素。

（六）税务会计等式

在我国财务会计的六项会计要素中，资产、负债和所有者权益构成资产负债表，收入、费用和利润构成利润表。这两张主要报表分别体现了静态、动态会计要素之间的关系。在混合模式下，当财务会计要素的确认与税务会计一致时，按财务会计记录；当两者不一致时，按税法要求进行调整，调整后再融入财务会计中。税务会计要素是税制构成要素在税务会计中的具体体现，它们之间的关系可通过以下两个会计等式体现：

应税收入-扣除费用=应税所得　　公式 1-1

计税依据×适用税率（或单位税额）=应纳税额　　公式 1-2

前者仅适用于所得税，后者适用于包括所得税在内的所有税种。

三、税务会计的基本前提

税务会计的基本前提是指税务会计信息确认和计量的前提条件。税务会计源于财务会计，财务会计中的某些基本前提也适用于税务会计，如持续经营、会计分期、货币计量等，但税务会计在具体运用时，也有其某些特殊性，具体表现在以下几个方面：

（一）纳税主体

纳税主体是指税务会计工作为之服务的法人或自然人，也就是税法所规定的纳税人，是税务会计所作用的空间范围。纳税主体的税务活动与其他活动以及投资者个人经济业务是有区别的，只有纳税主体的税务活动才属于税务会计反映、监督的内容。换言之，企业税务会计人员只能站在企业的立场上，对企业税务活动的过程和结果予以揭示和管理，至于企业投资者的有关税务活动，则是投资者个人或另一个法人的事情，不属于这一纳税主体的活动范围，税务会计由纳税主体基本前提所决定，这就要求企业税务会计人员既要严格依据税收法规进行计税和纳税，也要维护企业纳税人的合法权益。

（二）货币时间价值

货币时间价值通常是指货币资金由于时间的推移而使自身增值的效能。即今天的一元钱比若干年后收到或付出一元钱的价值要大得多，随着时间的推移，投入周转使用的资金价值将会发生增值，这种增值的能力或数额，就是货币的时间价值。这一基本前提已成为税收立法、税务征管和纳税人选择会计方法的立足点，它深刻地揭示了纳税人进行纳税筹划的内在原因，也同时说明了所得税会计中采用“债务法”进行纳税调整的必要性。

（三）纳税期间

纳税期间是指纳税人应向国家缴纳各种税款的起止时间。在我国，为了便于协调税务会计与财务会计的有关数据，应纳税期间与日历年度、财政年度、会计年度是相同的，都是每年公历1月1日起到12月31日止。在其他一些国家，应纳税期间多同于财政年度和会计年度，但不同于日历年度，如美国大多数州是每年的7月1日起到次年的6月30日止。对于在应纳税年度中间开始营业的纳税人来说，应纳税期间是指其营业开始日至同期应纳税年度终止日。

（四）年度会计核算

年度会计核算是指财务会计依据会计准则的规定，遵循财务会计理论的要求，在会计年度内对企业的各项经济活动运用专门的会计方法，正确、及时地记录、整理和汇总，并定期结账和决算，编制公允的年度财务会计报告的全过程。年度会计核算是税务会计最根本的前提，各国税制都是建立在年度会计核算期间的基础上的，而不是建立在某一特定业务的基础上，课税只针对某一特定纳税期间里发生的全部事件的净结果，而不考虑当期事件在后续年度的可能结果，后续事件将在其发生的年度内考虑。

四、税务会计原则

由于税务会计是会计领域的一个分支学科，因此财务会计中的总体要求原则、会计信息质量要求原则以及会计要素的确认与计量原则，大部分或基本上也适用于税务会计。但由于税务会计与税法的特定联系，税收理论和立法中的实际支付能力原则、公平税负原则、社会效益原则等，也会非常明显地影响税务会计。

根据税务会计的特点，结合财务会计原则与税收原则，可将体现在税务会计上的特定原则归纳为以下几个方面：

（一）合法性

税务会计在核算收入与费用、计算应纳税额、筹划税务活动和申报缴纳税款的过程中，一切均须以税收法规为准绳，不能违背法律规定。而税法因国家的政治、经济发展与政策调整会有所变更，因此，税法是有时效的，这就要求税务会计人员时刻关注税法的变化，坚持按现行税收法规处理业务。

（二）调整性

税务会计对财务会计的依存关系，决定了计税基础对会计账簿数据的依赖性。但税务会计与财务会计目标的分歧，又决定了两者之间在会计概念上的差异，为达到正确计税和及时纳税的目的，税务会计必须对财务会计处理中与现行税法不符的会计事项进行调整。因此，调整性原则是税务会计有别于其他专业会计的突出标志。

（三）公平性

税收是调整国家与企业单位、国家与个人之间经济利益的手段，税务会计则是落实税收政策、达成公平课税的工具。在税法面前，每一个纳税人的权利和义务都是平等的。因此，税务会计必须客观、真实地核算纳税人的收入与费用，只有这样，才能达到合理、公平税收负担的效果。

（四）经济性

税务会计信息具有的双向服务的特点，决定了税务会计的经济性原则具有双向含义。也就是说，对于纳税人来讲，为了维护自身的经济利益，理应依法筹划税务活动，力求经济纳税；而对于税务机关来讲，为了实现国家的宏观管理职能，必然依法强化税收征管，以保证财政收入。因此，经济性原则要求税务会计精确计算纳税人应纳税额，合理地完成纳税义务。

（五）修正的权责发生制

收付实现制是指所有关于收入和费用的确认均以现金流入或现金流出为标准。也就是说，只有收到现金的经济活动才确认收入，只有为取得收入而形成现金付出的经济活动才确认费用。收付实现制体现了公平负税和支付能力的原则，是确保纳税人有能力支付应纳税款而使政府获取财政收入的基础。但是，由于收付实现制不符合《企业会计准则——基本准则》的规定，一般不能用于财务会计报告目的，只适用于个人和不从事商品购销业务的中小企业的纳税申报。

权责发生制是指所有收入和费用的确认均以权利已经形成或义务（责任）已经发生为标准。也就是说，一项收入之所以计入当期，是因为当期能取得它，所以具有享有该项收入的权利；一项费用之所以列入当期，是因为当期接受了它所提供的服务，所以负有承担该项费用的责任。权责发生制广泛用于财务会计报告，当它被用于税务会计时，与财务会计上的权责发生制存在一些区别：

（1）必须考虑支付能力原则，使纳税人在最有能力支付时缴纳税款。

（2）必须考虑确定性原则，使收入和费用的实现具有确定性。

（3）必须考虑保护政府财政税收收入原则，如在收入的确认上，权责发生制的税务会计由于在一定程度上被支付能力原则所覆盖而包含着一定的收付实现制的方法，而在费用的扣除上，财务会计根据稳健性原则列入的某些估计费用，在税务会计中不能列入。

税务会计强调“该经济行为已经发生”的限制条件，从而起到保障政府税收收入的目的。在税法和税务会计实务中，世界上大多数国家实际采用的是修正的权责发生制原则。

本章小结

本章认知学习内容结构如下图所示：

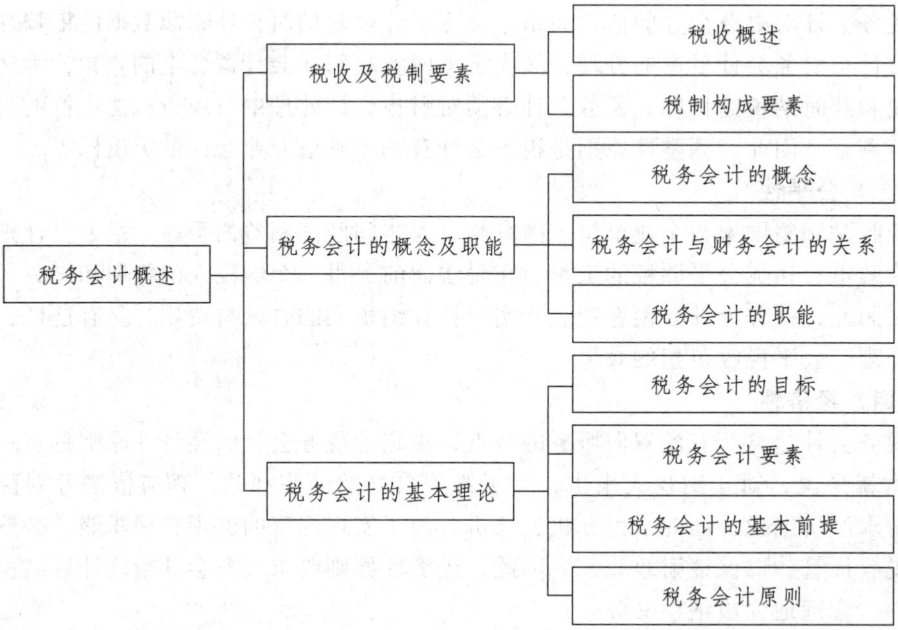

技能训练

1.将学员分为两组，一组代表税务会计，一组代表财务会计，列出各自代表的税务会计和财务会计的概念、核算的基本前提、原则和内容，比较税务会计和财务会计的差异，并讨论它们之间的联系。

2. 训练竞赛：请学员们列出企业税务会计涉及的一级会计科目，并举例说明运用的情境，列出会计科目最多且情境合理者得分最高，选出最佳税务会计小能手。

实战演练

将全班同学分成若干小组，每组10人左右。每组寻找50个自己直接或者间接认识的公司的会计主管，通过电话、电子邮件调查问卷、网页版调查问卷或者纸质版调查问卷的方式，调查该会计主管获取了哪些职业资格或者执业资格（包括会计师、经济师、审计师、税务师、资产评估师、注册会计师），调查职业或者执业资格获取的难易程度并排序，调查职业或者执业资格的重要程度并排序。

要求：

（1）设计会计主管获取的职业或者执业资格调查问卷。

（2）对会计主管获取的职业或者执业资格调查结果进行分析。

（3）重点关注会计主管对税务师的重视程度及排序。

第二章

增值税会计

学习目标

能力目标

1. 熟悉增值税的基本税制，能根据相关业务资料准确计算增值税。

2. 能够设置增值税会计科目，根据相关业务资料对增值税进行会计核算。

3. 能根据相关业务资料准确填写增值税及附加税费纳税申报表及其附表，能够进行增值税的纳税申报。

素养目标

作为一名德才兼备的财税人员，应当充分运用国家出台的增值税税收政策，既为纳税人合法合规纳税保驾护航，也为国家促进产业行业发展尽职尽责。

导入案例

杭州市迷你食品加工股份有限公司为增值税一般纳税人，增值税税率为13%，纳税人识别号为3304117502365129，注册地址为杭州经济开发区并塘路125号，法定代表人为高丰。开户银行及账号：工商银行开发区支行，33020000364898。

2024年6月的纳税申报表显示，期末留抵税额0.3万元，应税货物销售额本年累计230万元，进项税额本年累计38.8万元（13%）、销项税额本年累计39.1万元，已交税金0.6万元。

注：7月取得的增值税专用发票于7月31日完成认证工作。

2024年7月，杭州市迷你食品加工股份有限公司发生的经济业务如下：

（1）2日，购入生产用A材料10吨，取得税控增值税专用发票，价款600 000元，增值税税额78 000元，已开出并承兑商业汇票一张，面值678 000元，货物未入库。（材料按实际成本核算）

（2）3日，向农业生产者收购免税农业产品作为加工9%税率农产品的原料，收购价款为80 000元，以银行存款支付，材料已验收入库。

（3）15日，支付上述A材料运费价税额，取得运输业增值税专用发票上注明的价款为2 000元、增值税税额为180元。开出转账支票支付运费，材料验收入库。

（4）18日，销售A产品100箱，开具增值税专用发票，不含税价款1 000 000元，增值税税额130 000元；货物已发出，已办妥托收手续。以银行存款支付代垫运输费（含税）30 000元，取得运输业增值税专用发票，并将该发票交付购货方。销售产品时收取出借包装物押金50 000元，款项已存入银行。

（5）18日，开出支票支付销售A产品运输费用，并取得运输业增值税专用发票，发票上注明价款4 000元、增值税税额360元。

（6）25日，购买不需要安装的生产设备1台，取得税控增值税专用发票，价款30 000元，增值税税额3 900元，款项以银行汇票结算，余款1 200元同日退回，设备已交付使用。

（7）27日，将自产B产品用作职工福利。该产品为试制的新产品，无同类产品的销售价格，其生产成本为200 000元，成本利润率为10%。企业于同一日发放该产品，且平均发放。企业职工比例为：生产工人占60%，车间管理人员占5%，行政管理人员占25%，销售人员占10%。

（8）28日，企业以C产品用于广告宣传，免费品尝，账面成本为100 000元，公允价值为110 000元，计税价格与公允价值相同。

（9）29日，为新建厂房购入建材，取得税控增值税专用发票，价款为100 000元，增值税税额为13 000元，该建筑材料已验收入库，货款未付。

（10）30日，购买生产经营用办公用品，取得税控增值税专用发票，价款5 000元，增值税税额650元，开出转账支票支付。该办公用品，生产车间领用10%，公司管理部门领用70%，销售部门领用20%。

（11）30日，购入生产用B材料10吨，取得税控增值税专用发票，价款100 000元，增值税税额13 000元，款未付，货物已入库。

（12）31日，将收购的免税农业产品用于职工福利，当日平均发放，原材料账面成本45 000元。（购进时扣税率为10%）

（13）31日，经查“其他应付款——包装物押金”明细账，其中上年7月10日收取的押金13 920元尚未征税。

（14）31日，机修车间对外提供设备修理服务，取得含税收入23 200元，并开具增值税专用发票，收到对方开具的转账支票，当天将支票送存银行。

（15）31日，将两处闲置的房屋出租，一处房屋系2016年6月份取得的，房屋原值150万元，120平方米，收取本月含税租金收入2 200元，存入银行。另外一处房屋系2012年购入，收取当月含税租金收入3 150元，存入银行，该处房屋租金的增值税选择简易计税方法。

（16）31日，支付增值税税控系统技术维护费用240元，取得增值税普通发票。

（17）月末结转未缴增值税。

二维码2-1

导入案例解析

案例要求

根据以上资料：

（1）计算杭州市迷你食品加工股份有限公司2024年7月应纳增值税税额。

（2）按照增值税暂行条例和企业会计准则的规定独立完成编制记账凭证。

第一节 增值税概述①

二维码2-2

情境引例解析

情境引例

北京市某化工厂为增值税一般纳税人，其职工去广州出差往返乘坐高铁列车，取得了注明其身份信息的铁路车票，往返票价共计1 723元，请思考该铁路车票是否可以进行增值税抵扣？如果可以抵扣，怎样计算抵扣数额？

一、增值税的概念和改革历程

（一）增值税的概念

增值税是以商品和劳务在流转过程中产生的增值额作为征税对象而征收的一种流转税。按照我国增值税法律制度的规定，增值税是对在我国境内销售货物或者加工、修理修配劳务（以下简称“劳务”），销售服务、无形资产、不动产以及进口货物的单位和个人，就其销售货物、劳务、服务、无形资产、不动产（以下统称应税销售行为）的增值额和货物进口金额为计税依据而课征的一种流转税。

（二）我国增值税的改革历程

增值税之所以能在世界众多国家推广，是因为其可以有效防止商品在流转过程中重复征税的问题，并使其具备保持税收中性、普遍征收、税收负担由最终消费者承担、实行税款抵扣制度、实行比例税率、实行价外税制度等特点。

我国自1979年开始在部分城市试行增值税，1982年财政部制定了《增值税暂行办法》，自1983年1月1日开始在全国试行，并分别于1984年、1993年、2009年和

① 2024年12月25日，十四届全国人大常委会第十三次会议表决通过《中华人民共和国增值税法》，自2026年1月1日起施行。考虑截至本书出版时相关细则尚未出台，本书仍按照现行制度编写。

2012年进行了四次重要改革。

1984年的第一次改革属于增值税的过渡阶段。此时的增值税是在产品税的基础上征收的，征税范围较窄，税率档次较多，计算方式复杂，留有产品税的痕迹，属过渡性增值税。

1993年的第二次改革属于增值税的规范阶段。参照国际通行做法，结合我国实际情况，扩大了征税范围，简并了税率，规范了计算方法，开始进入国际通行的规范化行列。

2009年的第三次改革属于增值税的转型阶段。自2009年1月1日起，符合规定的固定资产进项税额允许抵扣，实现了生产型增值税向消费型增值税的转型。

2012年起的第四次改革属于增值税的营改增阶段。交通运输业和部分现代服务业率先由征收营业税改为征收增值税，扩大了增值税的征税范围。

财政部、国家税务总局2011年11月16日公布了营改增试点方案，交通运输业和部分现代服务业营改增自2012年1月1日起在上海等地实施。自2012年8月1日起至2012年底，将交通运输业和部分现代服务业作为营改增的试点范围，由上海市分批扩大至北京、天津、江苏、浙江、安徽、福建、湖北、广东、厦门、深圳10个省、直辖市、计划单列市。经国务院批准，自2013年8月1日起，在全国范围内开展交通运输业（除铁路运输外）和部分现代服务业营改增试点。自2014年1月1日起，营改增试点扩大到铁路运输和邮政服务业。自2014年6月1日起，营改增试点扩大到电信业。自2016年5月1日起，将建筑业、房地产业、金融业、生活服务业4个行业纳入营改增试点范围。至此，营业税全部改征增值税。

我国现行增值税的基本法律规范是国务院于2017年11月19日公布的《中华人民共和国增值税暂行条例》（国务院令第691号，以下简称“《增值税暂行条例》”）、2016年3月财政部和国家税务总局发布的《关于全面推开营业税改征增值税试点的通知》（财税〔2016〕36号，以下简称“《营改增通知》”）以及2008年12月财政部和国家税务总局发布的《中华人民共和国增值税暂行条例实施细则》（财政部 国家税务总局第50号令，以下简称“《增值税暂行条例实施细则》”）。

【思政课堂】

从增值税改革历程见减税降费促中国经济迅猛发展

1979年我国首次在湖北省襄阳市进行增值税试点；1984年增值税正式被纳入我国税收体系，成为独立税种；1994年我国实施分税制改革，对增值税进行了大刀阔斧的改革，进一步完善增值税的税收制度；2004年，为了减轻企业负担，促进企业资产更新换代，我国尝试将生产型增值税向消费型增值税转型，并于2009年1月1日起正式实施；2012年，为了解决营业税重复计税以及营业税中断了增值税抵扣链条等问题，我国选定了交通运输等部分行业进行“营改增”试点，2016年5月1日全面执行“营改增”；2017年增值税围绕并档减税进行降负改革，增值税的一般税率由17%降至16%，再降至如今的13%，还有9%和6%的低税率，出口货物等适用零税率。从我国增值税税收体制改革的历史演进过程中，我们可以看到中国经济的迅猛发展，国家让利于民的决心，以及国家对企业发展的大力支持。党的二十大报告进一步明确了“优化民营企业发展环境，依法保护民营企业产权和企业家权益，促进民营经济发展壮大”，“支持中小微企业发展”。据统计，2019—2023年国家累计新增减税降费12.36万亿元，制造业、中小微企业、民营经济受益明显。具体数额如下：2019年国家新增减税降费2.36万亿元，2020年国家新增减税降费2.5万亿元，2021年国家新增减税降费1.1万亿元，2022年国家新增减税降费4.2万亿元，2023年国家新增减税降费2.2万亿元。这些减税降费极大地促进了中国经济的迅猛发展。

注：数据均来自中华人民共和国中央人民政府网站。

二、增值税的征税范围

在中华人民共和国境内销售货物或者加工、修理修配劳务（以下简称“劳务”），销售服务、无形资产、不动产以及进口货物的单位和个人，为增值税的纳税人。纳税人应当依照《增值税暂行条例》《增值税暂行条例实施细则》《营改增通知》等规定缴纳增值税。

（一）征税范围的一般规定

现行增值税征收范围的一般规定包括应税销售行为和进口的货物。具体规定如下：

1.销售或者进口的货物

货物是指除土地、房屋和其他建筑物等一切不动产之外的有形动产，包括电力、热力、气体在内。销售货物是指有偿转让货物的所有权。进口货物是指申报进入中国海关境内的货物。我国增值税法律制度规定，只要是报关进口的应税货物，均属于增值税的征税范围，除享受免税政策外，在进口环节缴纳增值税。

2.销售劳务

劳务是指纳税人提供的加工、修理修配劳务。加工是指受托加工货物，即委托方提供原料及主要材料，受托方按照委托方的要求制造货物并收取加工费的业务；修理修配是指受托对损伤和丧失功能的货物进行修复，使其恢复原状和功能的业务。

销售劳务也称为提供劳务，是指有偿提供劳务。单位或者个体工商户聘用的员工为本单位或者雇主提供劳务不包括在内。

3.销售服务

服务包括交通运输服务、邮政服务、电信服务、建筑服务、金融服务、现代服务、生活服务。具体征税范围如下：

（1）交通运输服务，包括陆路运输服务、水路运输服务、航空运输服务和管道运输服务。

（2）邮政服务，包括邮政普遍服务、邮政特殊服务和其他邮政服务。

① 邮政普遍服务是指函件、包裹等邮件寄递，以及邮票发行、报刊发行和邮政汇兑等业务活动。

② 邮政特殊服务是指义务兵平常信函、机要通信、盲人读物和革命烈士遗物的寄递等业务活动。

③ 其他邮政服务是指邮册等邮品销售、邮政代理等业务活动。

（3）电信服务，包括基础电信服务和增值电信服务。

① 基础电信服务是指利用固网、移动网、卫星、互联网提供语音通话服务的业务活动，以及出租或者出售带宽、波长等网络元素的业务活动。

② 增值电信服务是指利用固网、移动网、卫星、互联网、有线电视网络，提供短信和彩信服务、电子数据和信息的传输及应用服务、互联网接入服务等业务活动。卫星电视信号落地转接服务，按照“增值电信服务”缴纳增值税。

（4）建筑服务，包括工程服务、安装服务、修缮服务、装饰服务和其他建筑服务。

纳税人发生下列服务时的征税范围界定：

① 工程服务包括与建筑物相连的各种设备或者支柱、操作平台的安装或者装设工程作业，以及各种窑炉和金属结构工程作业。

② 安装服务包括与被安装设备相连的工作台、梯子、栏杆的装设工程作业，以及被安装设备的绝缘、防腐、保温、油漆等工程作业。

③ 固定电话、有线电视、宽带、水、电、燃气、暖气等经营者向用户收取的安装费、初装费、开户费、扩容费以及类似收费，按照“安装服务”缴纳增值税。

④ 物业服务企业为业主提供的装修服务，按照“建筑服务”缴纳增值税。

⑤ 其他建筑服务是指上述工程作业之外的各种工程作业服务，如钻井（打井）、拆除建筑物或者构筑物、平整土地、园林绿化、疏浚（不包括航道疏浚）、建筑物平移、搭脚手架、爆破、矿山穿孔、表面附着物（包括岩层、土层、沙层等）剥离和清理等工程作业。

⑥ 纳税人将建筑施工设备出租给他人使用并配备操作人员的，按照“建筑服务”缴纳增值税。

（5）金融服务，包括贷款服务、直接收费金融服务、保险服务和金融商品转让。

纳税人发生下列服务时的征税范围界定：

①各种占用、拆借资金取得的收入，包括金融商品持有期间（含到期）利息（保本收益、报酬、资金占用费、补偿金等）收入、信用卡透支利息收入、买入返售金融商品利息收入、融资融券收取的利息收入，以及融资性售后回租、押汇、罚息、票据贴现、转贷等业务取得的利息及利息性质的收入，按照“贷款服务”缴纳增值税。

保本收益、报酬、资金占用费、补偿金是指合同中明确承诺到期本金可全部收回的投资收益。金融商品持有期间（含到期）取得的非保本的上述收益，不属于利息或利息性质的收入，不征收增值税。

融资性售后回租是指承租方以融资为目的，将资产出售给从事融资性售后回租业务的企业后，从事融资性售后回租业务的企业将该资产出租给承租方的业务活动。

②以货币资金投资收取的固定利润或者保底利润，按照“贷款服务”缴纳增值税。

③直接收费金融服务，包括提供货币兑换、账户管理、电子银行、信用卡、信用证、财务担保、资产管理、信托管理、基金管理、金融交易场所（平台）管理、资金结算、资金清算、金融支付等服务。

④保险服务包括人身保险服务和财产保险服务。

⑤金融商品转让是指转让外汇、有价证券、非货物期货和其他金融商品所有权的业务活动。其他金融商品转让包括基金、信托、理财产品等各类资产管理产品和各种金融衍生品的转让。纳税人购入基金、信托、理财产品等各类资产管理产品持有至到期，不属于金融商品转让。

⑥纳税人转让因同时实施股权分置改革和重大资产重组而首次公开发行股票并上市形成的限售股，以及上市首日至解禁日期间由上述股份孳生的送、转股，以该上市公司股票上市首日开盘价为买入价，按照“金融商品转让”缴纳增值税。

(6) 现代服务，包括研发和技术服务、信息技术服务、文化创意服务、物流辅助服务、租赁服务、鉴证咨询服务、广播影视服务、商务辅助服务和其他现代服务。

(7) 生活服务，包括文化体育服务、教育医疗服务、旅游娱乐服务、餐饮住宿服务、居民日常服务和其他生活服务。

纳税人发生下列服务时的征税范围界定：

① 提供餐饮服务的纳税人销售的外卖食品，按照“餐饮服务”缴纳增值税。

② 纳税人在游览场所经营索道、摆渡车、电瓶车、游船等取得的收入，按照“文化体育服务”缴纳增值税。

③ 纳税人现场制作食品并直接销售给消费者，按照“餐饮服务”缴纳增值税。

④ 纳税人提供植物养护服务，按照“其他生活服务”缴纳增值税。

4.销售无形资产

销售无形资产是指转让无形资产所有权或者使用权的业务活动。

无形资产包括技术、商标、著作权、商誉、自然资源使用权和其他权益性无形资产。

其他权益性无形资产包括基础设施资产经营权、公共事业特许权、配额、经营权（包括特许经营权、连锁经营权、其他经营权）、经销权、分销权、代理权、会员权、席位权、网络游戏虚拟道具、域名、名称权、肖像权、冠名权、转会费等。

5.销售不动产

销售不动产是指转让不动产所有权的业务活动。

不动产包括建筑物、构筑物等。

转让建筑物有限产权或者永久使用权的，转让在建的建筑物或者构筑物所有权以及在转让建筑物或者构筑物时一并转让其所占土地的使用权的，按照“销售不动产”缴纳增值税。

6.缴纳增值税的经济行为需具备的条件

(1) 根据《营改增通知》，除另有规定外，一般应同时具备四个条件：①应税行为发生在中华人民共和国境内；②应税行为是属于《销售服务、无形资产、不动产注释》范围内的业务活动；③应税服务是为他人提供的；④应税行为是有偿的。

(2) 有偿的两类例外情形：

第一类情形是满足上述四个增值税征税条件但不需要缴纳增值税的情形，主要包括：

① 行政单位收取的、同时满足条件的政府性基金或者行政事业性收费；

② 存款利息；

③ 被保险人获得的保险赔付；

④ 房地产主管部门或者其指定机构、公积金管理中心、开发企业以及物业管理单位代收的住宅专项维修资金；

⑤ 在资产重组过程中，通过合并、分立、出售、置换等方式，将全部或者部分

实物资产以及与其相关联的债权、负债和动力一并转让给其他单位和个人，其中涉及的不动产、土地使用权转让行为。

第二类情形是不同时满足上述四个增值税征税条件但需要缴纳增值税的情形，主要是指某些无偿的应税行为，即《营改增通知》规定的三种视同销售服务、无形资产或者不动产情形：

① 单位或者个体工商户向其他单位或者个人无偿提供服务，但用于公益事业或者以社会公众为对象的除外。

② 单位或者个人向其他单位或者个人无偿转让无形资产或者不动产，但用于公益事业或者以社会公众为对象的除外。

③ 财政部和国家税务总局规定的其他情形。按照此项规定，向其他单位或者个人无偿提供服务、无偿转让无形资产或者不动产，除用于公益事业或者以社会公众为对象外，应视同发生应税行为，照章缴纳增值税。

7.非经营活动的确认

销售服务、无形资产或者不动产，是指有偿提供服务、有偿转让无形资产或者不动产，但属于下列非经营活动情形的除外：

（1）行政单位收取的同时满足以下条件的政府性基金或者行政事业性收费。

① 由国务院或者财政部批准设立的政府性基金，由国务院或者省级人民政府及其财政、价格主管部门批准设立的行政事业性收费。

② 收取时开具省级以上（含省级）财政部门监（印）制的财政票据。

③ 所收款项全额上缴财政。

（2）单位或者个体工商户聘用的员工为本单位或者雇主提供取得工资收入的服务。

（3）单位或者个体工商户为聘用的员工提供服务。

（4）财政部和国家税务总局规定的其他情形。

8.境内销售服务、无形资产或者不动产的界定

在境内销售服务、无形资产或者不动产，是指：

（1）服务（租赁不动产除外）或者无形资产（自然资源使用权除外）的销售方或者购买方在境内。

（2）所销售或者租赁的不动产在境内。

（3）所销售自然资源使用权的自然资源在境内。

（4）财政部和国家税务总局规定的其他情形。

【例2-1】（多选题）下列行为中，属于增值税征收范围的有（ ）。

A.甲公司将房屋与乙公司土地交换

B.丙银行将房屋出租给丁饭店，而丁饭店长期不付租金，后经双方协商，由丁饭店向银行提供员工餐抵账

C.戊房地产开发企业委托巳建筑工程公司建造房屋，双方在结算价款时，房地产企业将若干套房屋转让给建筑公司冲抵工程款

D.庚运输公司与辛汽车修理公司商定，庚运输公司为辛汽车修理公司免费提供运输服务，辛汽车修理公司为其免费提供汽车维修服务作为回报

二维码2-3

【例2-1】解析

（二）征税范围的特殊规定

1.增值税征税范围的特殊项目界定

（1）罚没物品征与不征增值税的处理：

① 执罚部门和单位查处的属于一般商业部门经营的商品，具备拍卖条件的，由执罚部门或单位商同级财政部门同意后，公开拍卖。其拍卖收入作为罚没收入由执罚部门和单位如数上缴财政，不予征收增值税。对经营单位购入拍卖物品再销售的应照章征收增值税。

② 执罚部门和单位查处的属于一般商业部门经营的商品，不具备拍卖条件的，由执罚部门、财政部门、国家指定销售单位会同有关部门按质论价，交由国家指定销售单位纳入正常销售渠道变价处理。执罚部门按商定价格所取得的变价收入作为罚没收入如数上缴财政，不予征收增值税。国家指定销售单位将罚没物品纳入正常销售渠道销售的，应照章征收增值税。

③ 执罚部门和单位查处的属于专管机关管理或专管企业经营的财物，如金银（不包括金银首饰）、外币、有价证券、非禁止出口文物，应交由专管机关或专营企业收兑或收购。执罚部门和单位按收兑或收购价所取得的收入作为罚没收入如数上缴财政，不予征收增值税。专管机关或专营企业经营上述物品中属于应征增值税的货物，应照章征收增值税。

（2）纳税人取得的财政补贴收入，与其销售货物、劳务、服务、无形资产、不动产的收入或者数量直接挂钩的，应按规定计算缴纳增值税。纳税人取得的其他情形的财政补贴收入，不属于增值税应税收入，不征收增值税。

（3）融资性售后回租业务中，承租方出售资产的行为不属于增值税的征税范围，不征收增值税。

（4）药品生产企业销售自产创新药的销售额，为向购买方收取的全部价款和价外费用，其提供给患者后续免费使用的相同创新药，不属于增值税视同销售范围。创新药是指经国家食品药品监督管理部门批准注册、获批前未曾在中国境内外上市销售，通过合成或者半合成方法制得的原料药及其制剂。

（5）根据国家指令无偿提供的铁路运输服务、航空运输服务，属于用于公益事业的服务，不征收增值税。

（6）存款利息不征收增值税。

（7）被保险人获得的保险赔付不征收增值税。

（8）房地产主管部门或者其指定机构、公积金管理中心、开发企业以及物业管理单位代收的住宅专项维修资金，不征收增值税。

（9）纳税人在资产重组过程中，通过合并、分立、出售、置换等方式，将全部或者部分实物资产以及与其相关联的债权、负债和劳动力一并转让给其他单位和个人，不属于增值税的征税范围。

（10）单用途商业预付卡（以下简称“单用途卡”）业务按照以下规定执行：

① 单用途卡发卡企业或者售卡企业（以下统称“售卡方”）销售单用途卡，或者接受单用途卡持卡人充值取得的预收资金，不缴纳增值税。售卡方可按照规定向购卡人、充值人开具增值税普通发票，不得开具增值税专用发票。

② 售卡方因发行或者销售单用途卡并办理相关资金收付结算业务取得的手续费、结算费、服务费、管理费等收入，应按照现行规定缴纳增值税。

③ 持卡人使用单用途卡购买货物或服务时，货物或者服务的销售方应按照现行规定缴纳增值税，且不得向持卡人开具增值税发票。

④ 销售方与售卡方不是同一个纳税人的，销售方在收到售卡方结算的销售款时，应向售卡方开具增值税普通发票，并在备注栏注明“收到预付卡结算款”，不得开具增值税专用发票。售卡方从销售方取得的增值税普通发票，作为其销售单用途卡或接受单用途卡充值取得预收资金不缴纳增值税的凭证，留存备查。

（11）支付机构预付卡（以下称“多用途卡”）业务按照以下规定执行：

① 支付机构销售多用途卡取得的等值人民币资金，或者接受多用途卡持卡人充值取得的充值资金，不缴纳增值税。支付机构可按照上述第（10）项的规定，向购卡人、充值人开具增值税普通发票，不得开具增值税专用发票。

② 支付机构因发行或者受理多用途卡并办理相关资金收付结算业务取得的手续费、结算费、服务费、管理费等收入，应按照现行规定缴纳增值税。

③ 持卡人使用多用途卡，向与支付机构签署合作协议的特约商户购买货物或服务，特约商户应按照现行规定缴纳增值税，且不得向持卡人开具增值税发票。

④ 特约商户收到支付机构结算的销售款时，应向支付机构开具增值税普通发票，并在备注栏注明“收到预付卡结算款”，不得开具增值税专用发票。支付机构从特约商户取得的增值税普通发票，作为其销售多用途卡或接受多用途卡充值取得预收资金不缴纳增值税的凭证，留存备查。

2.增值税征税范围的特殊行为界定

（1）视同发生应税销售行为

单位或者个体工商户的下列行为，视同发生应税销售行为：

①将货物交付其他单位或者个人代销。

②销售代销货物。

③设有两个以上机构并实行统一核算的纳税人，将货物从一个机构移送至其他机构用于销售，但相关机构设在同一县（市）的除外。

“用于销售”是指受货机构发生两项情形之一的经营行为：一是向购货方开具发票；二是向购货方收取货款。受货机构的货物移送行为有上述两项情形之一的，应当向所在地税务机关缴纳增值税；未发生上述两项情形的，则应由总机构统一缴纳增值税。

如果受货机构只就部分货物向购买方开具发票或收取货款，则应当区分不同情况计算并分别向总机构所在地或分支机构所在地缴纳税款。

④将自产、委托加工的货物用于非应税项目。

⑤将自产、委托加工的货物用于集体福利或者个人消费。

⑥将自产、委托加工或者购进的货物作为投资，提供给其他单位或者个体工商户。

⑦将自产、委托加工或者购进的货物分配给股东或者投资者。

⑧将自产、委托加工或者购进的货物无偿赠送给其他单位或者个人。

⑨单位或者个体工商户向其他单位或者个人无偿销售应税服务、无偿转让无形资产或者不动产，但用于公益事业或者以社会公众为对象的除外。

⑩财政部和国家税务总局规定的其他情形。

上述10种情况应该确定为视同发生应税销售行为，均要征收增值税。其确定的目的主要有三个：

一是保证增值税税款抵扣制度的实施，不致因发生上述行为而造成各相关环节税款抵扣链条的中断，如前两种情况就是这种原因。如果不将之视同发生应税销售行为从而出现销售代销货物方仅有销项税额而无进项税额，而将货物交付其他单位或者个人代销方仅有进项税额而无销项税额的情况，就会出现增值税抵扣链条不完整。

二是避免因发生上述行为而造成应税销售行为之间税收负担不平衡的矛盾，防止以上述行为逃避纳税的现象。

三是体现增值税计算的配比原则，即购进货物、劳务、服务、无形资产、不动产已经在购进环节实施了进项税额抵扣，这些购进货物、劳务、服务、无形资产、不动产应该产生相应的销售额，同时就应该产生相应的销项税额，否则就会产生不配比的情况。例如上述第④~⑨项中的几种情况就属于此种原因。

（2）混合销售

一项销售行为如果既涉及货物又涉及服务，称为混合销售。从事货物的生产、批发或者零售的单位和个体工商户的混合销售，按照销售货物缴纳增值税；其他单位和个体工商户的混合销售，按照销售服务缴纳增值税。

上述从事货物的生产、批发或者零售的单位和个体工商户，包括以从事货物的生产、批发或者零售为主，并兼营销售服务的单位和个体工商户在内。

混合销售行为成立的行为标准有两点：一是其销售行为必须是一项；二是该项行为必须既涉及货物销售又涉及应税行为。

我们在确定混合销售是否成立时，其行为标准中的上述两点必须是同时存在的，如果一项销售行为只涉及销售服务，不涉及货物，这种行为就不是混合销售行为；反之，如果涉及销售服务和涉及货物的行为，不是存在于一项销售行为之中，这种行为也不是混合销售行为。

三、纳税义务人和扣缴义务人

（一）纳税义务人

在中华人民共和国境内（以下简称“境内”）销售货物、劳务、服务、无形资产、不动产的单位和个人，为增值税纳税人。

单位是指企业、行政单位、事业单位、军事单位、社会团体及其他单位。

个人是指个体工商户和其他个人。

单位以承包、承租、挂靠方式经营的，承包人、承租人、挂靠人（以下统称“承包人”）以发包人、出租人、被挂靠人（以下统称“发包人”）名义对外经营并由发包人承担相关法律责任的，以该发包人为纳税人。否则，以承包人为纳税人。

采用承包、承租、挂靠经营方式的，区分以下两种情况界定纳税人：

（1）同时满足以下两个条件的，以发包人为纳税人：

① 以发包人名义对外经营；

② 由发包人承担相关法律责任。

（2）不同时满足上述两个条件的，以承包人为纳税人。

纳税人应当按照国家统一的会计制度进行增值税会计核算。

资管产品运营过程中发生的增值税应税销售行为，以资管产品管理人为增值税纳税人。

按照经营规模的大小和会计核算健全与否等标准，增值税纳税人可分为一般纳税人和小规模纳税人两大类。

（二）增值税一般纳税人

一般纳税人是指年应征增值税销售额（简称“年应税销售额”，指的是销售货物、劳务、服务、无形资产、不动产年应征增值税销售额之和）超过税法规定的小规模纳税人标准（自2018年5月1日起，小规模纳税人的标准为500万元及以下）的企业和企业性单位。一般纳税人的特点是增值税进项税额可以抵扣销项税额。下列纳税人不属于一般纳税人（或者可选择不作为一般纳税人）：

（1）年应税销售额未超过小规模纳税人标准的企业（不属于一般纳税人，但符合一定条件的可申请成为一般纳税人）。

（2）除个体工商户以外的其他个人（不属于一般纳税人）。

（3）非企业性单位、不经常发生增值税应税行为的企业（针对销售货物，提供加工、修理修配劳务的纳税人，年应税销售额超过小规模纳税人标准的，可选择不作为一般纳税人）。

（4）不经常发生应税行为的单位和个体工商户（针对销售服务、无形资产或不动产的纳税人，年应税销售额超过小规模纳税人标准的，可选择不作为一般纳税人）。

在税务机关登记的一般纳税人，可按税法规定计算应纳税额，并使用增值税专用发票。对符合一般纳税人条件但不办理一般纳税人登记手续的纳税人，应按销售额依照增值税税率计算应纳税额，不得抵扣进项税额，也不得使用增值税专用发票。

【特别提示】年应税销售额并不是纳税人某一纳税年度的应税销售额，而是纳税人在连续不超过12个月或4个季度的经营期内（含未取得销售收入的月份或季度）累计应征增值税销售额，包括纳税申报销售额、稽查查补销售额、纳税评估调整销售额。纳税申报销售额是指纳税人自行申报的全部应征增值税销售额，其中包括免税销售额和税务机关代开发票销售额。增值税一般纳税人的特点是在一般计税方法下增值税进项税额可以抵扣销项税额（购进扣税法）。

（三）增值税小规模纳税人

小规模纳税人是指年应税销售额在规定标准以下，并且会计核算不健全，不能按规定报送有关税务资料的增值税纳税人。小规模纳税人的标准如下：

（1）自2018年5月1日起，增值税小规模纳税人的标准统一为年应税销售额500万元及以下。

（2）年应税销售额超过小规模纳税人标准的其他个人（指个体工商户以外的个人）。

（3）年应税销售额超过小规模纳税人标准的非企业性单位、不经常发生应税行为的企业（针对销售货物、提供加工修理修配劳务的纳税人）；年应税销售额超过小规模纳税人标准但不经常发生应税行为的单位和个体工商户（针对销售服务、无形资产或者不动产的纳税人）。

小规模纳税人会计核算健全，能够提供准确税务资料的，可以向主管税务机关办理一般纳税人资格登记，成为一般纳税人。

除国家税务总局另有规定外，登记为一般纳税人后，不得转为小规模纳税人。一般纳税人在转登记日前连续12个月（以1个月为1个纳税期）或者连续4个季度（以1个季度为1个纳税期）累计销售额未超过500万元，在2020年12月31日前，可选择转登记为小规模纳税人。

（四）扣缴义务人

（1）境外单位或个人在境内销售应税劳务而在境内未设有经营机构的，其应纳税款以代理人为扣缴义务人；没有代理人的，以购买者为扣缴义务人。

（2）境外单位或者个人在境内发生应税行为，在境内未设有经营机构的，以购买方为增值税扣缴义务人。财政部和国家税务总局另有规定的除外。

扣缴义务人按照下列公式计算应扣缴税额：

应扣缴税额=接受方支付的价款÷（1+税率）×税率　　公式2-1

四、税率与征收率

（一）增值税税率及适用范围

增值税的税率分别为13%、9%、6%和零税率。

1.13%税率适用范围

纳税人销售货物、劳务、有形动产租赁服务或者进口货物，除按规定适用9%税率的货物以外，适用13%的基本税率。

采取填埋、焚烧等方式进行专业化处理后产生货物，且货物归属委托方的，受托方属于提供“加工劳务”，其收取的处理费用适用13%的税率。

2.9%税率适用范围

纳税人销售交通运输、邮政、基础电信、建筑、不动产租赁服务，销售不动产，转让土地使用权，销售或者进口下列货物，适用税率为9%：

（1）粮食等农产品、食用植物油、食用盐。

①农产品。

农产品是指种植业、养殖业、林业、牧业、水产业生产的各种植物、动物的初级产品。具体征税范围暂继续按照《农业产品征税范围注释》及现行相关规定执行，包括挂面、干姜、姜黄、玉米胚芽、动物骨粒等。

麦芽、复合胶、人发不属于《农业产品征税范围注释》中规定的农业产品范围，适用13%的增值税税率。

按照《食品安全国家标准—巴氏杀菌乳》生产的巴氏杀菌乳和按照《食品安全国家标准—灭菌乳》生产的灭菌乳，均属于初级农业产品，可依照《农业产品征收范围注释》中的鲜奶按9%的税率征收增值税；按照《食品安全国家标准—调制乳》生产的调制乳，不属于初级农业产品，应按照13%的税率征收增值税。

淀粉不属于农业产品的范围，应按照13%的税率征收增值税。

②食用植物油。

花椒油、橄榄油、核桃油、杏仁油、葡萄籽油和牡丹籽油按照食用植物油适用9%的税率征收增值税。环氧大豆油、氢化植物油不属于食用植物油征收范围，适用13%的增值税税率。

肉桂油、桉油、香茅油不属于《农业产品征税范围注释》中规定的农业产品，适用13%的增值税税率，

（2）自来水、暖气、冷气、热水、煤气、石油液化气、天然气、二甲醚、沼气、居民用煤炭制品。

（3）图书、报纸、杂志、音像制品、电子出版物。

国内印刷企业承印的经新闻出版主管部门批准印刷且采用国际标准书号编序的境外图书，属于《增值税暂行条例》第二条规定的“图书”，适用9%的增值税税率。

（4）饲料、化肥、农药、农机、农膜。

饲料是指用于动物饲养的产品或其加工品，包括豆粕、宠物饲料、饲用鱼油、矿物质微量元素舔砖、饲料级磷酸二氢钙产品等。

农机是指用于农业生产（包括林业、牧业、副业、渔业）的各种机器和机械化与半机械化农具，以及小农具，包括农用水泵、农用柴油机、不带动力的手扶拖拉机、三轮农用运输车、密集型烤房设备、频振式杀虫灯、自动虫情测报灯、黏虫板、卷帘机、农用挖掘机、养鸡设备系列产品、养猪设备系列产品、动物尸体降解处理机、蔬菜清洗机等。农机零部件不属于本货物的征收范围。

（5）国务院规定的其他货物。

上述适用9%税率的货物按《农业产品征税范围注释》（财税字〔1995〕52号）、《增值税部分货物征税范围注释》（国税发〔1993〕151号）及其他相关规定执行。

3.6%税率适用范围

纳税人销售增值电信服务、金融服务、现代服务（不动产租赁除外）、生活服务以及销售无形资产（转让土地使用权除外），税率为6%。下列情形也按6%的税率征收增值税：

（1）纳税人通过省级土地行政主管部门设立的交易平台转让补充耕地指标，按照“销售无形资产”缴纳增值税，税率为6%。

（2）纳税人受托对垃圾、污泥、污水、废气等废弃物进行专业化处理，采取填埋、焚烧等方式进行专业化处理后未产生货物的，受托方属于提供“现代服务”中的“专业技术服务”，其收取的处理费用适用6%的增值税税率。

（3）纳税人受托对垃圾、污泥、污水、废气等废弃物进行专业化处理，采取填埋、焚烧等方式进行专业化处理后产生货物，且货物归属受托方的，受托方属于提供“专业技术服务”，其收取的处理费用适用6%的增值税税率。受托方将产生的货物用于销售时，适用货物的增值税税率。

4.零税率适用范围

纳税人出口货物，税率为零，国务院另有规定的除外。

境内单位和个人跨境销售国务院规定范围内的服务、无形资产，税率为零。

根据《营改增通知》的相关规定，销售服务、无形资产适用的零税率政策如下：

(1) 中华人民共和国境内（以下简称“境内”）的单位和个人销售的下列服务和无形资产，适用增值税零税率。

①国际运输服务。

国际运输服务是指：一是在境内载运旅客或者货物出境。二是在境外载运旅客或者货物入境。三是在境外载运旅客或者货物。

发生国际运输服务适用零税率的具体政策如下：

a.按照国家有关规定应取得相关资质的国际运输服务项目，纳税人取得相关资质的，适用增值税零税率政策，未取得的，适用增值税免税政策。

b.境内的单位或个人提供程租服务，如果租赁的交通工具用于国际运输服务和港澳台运输服务，由出租方按规定申请适用增值税零税率。

c.境内的单位和个人向境内单位或个人提供期租、湿租服务，如果承租方利用租赁的交通工具向其他单位或个人提供国际运输服务和港澳台运输服务，由承租方适用增值税零税率。境内的单位或个人向境外单位或个人提供期租、湿租服务，由出租方适用增值税零税率。

d.境内单位和个人以无运输工具承运方式提供的国际运输服务，由境内实际承运人适用增值税零税率；无运输工具承运业务的经营者适用增值税免税政策。

②航天运输服务。

③向境外单位提供的完全在境外消费的下列服务：a.研发服务。b.合同能源管理服务。c.设计服务。d.广播影视节目（作品）的制作和发行服务。e.软件服务。f.电路设计及测试服务。g.信息系统服务。h.业务流程管理服务。i.转让技术。j.离岸服务外包业务。离岸服务外包业务，包括信息技术外包服务（ITO）、技术性业务流程外包服务（BPO）、技术性知识流程外包服务（KPO），其所涉及的具体业务活动，按照《销售服务、无形资产、不动产注释》相对应的业务活动执行。

④财政部和国家税务总局规定的其他服务。

(2) 境内单位和个人发生的与我国香港、澳门、台湾有关的应税行为，除另有规定外，参照上述规定执行。

（二）增值税征收率

增值税征收率是指特定纳税人发生应税销售行为在某一生产流通环节应纳税额与销售额的比率。增值税征收率适用于两种情况：一是小规模纳税人；二是一般纳税人发生应税销售行为按规定可以选择简易计税方法计税的。

1.征收率的一般规定

(1) 纳税人发生按简易计税方法计税的情形，除按规定适用5%征收率的以外，其应税销售行为均适用3%的征收率。

(2) 下列情况适用5%的征收率：

① 小规模纳税人销售自建或者取得的不动产。

② 一般纳税人选择简易计税方法计税的不动产销售。

③ 房地产开发企业中的小规模纳税人，销售自行开发的房地产项目。

④ 其他个人销售其取得（不含自建）的不动产（不含其购买的住房）。

⑤ 一般纳税人选择简易计税方法计税的不动产经营租赁。

⑥ 小规模纳税人出租（经营租赁）其取得的不动产（不含个人出租住房）。

⑦ 其他个人出租（经营租赁）其取得的不动产（不含住房）。

⑧ 个人出租住房，应按照5%的征收率减按1.5%计算应纳税额。

⑨ 一般纳税人和小规模纳税人提供劳务派遣服务选择差额纳税的。

⑩ 一般纳税人2016年4月30日前签订的不动产融资租赁合同，或以2016年4月30日前取得的不动产提供的融资租赁服务，选择适用简易计税方法的。

⑪ 一般纳税人收取试点前开工的一级公路、二级公路、桥、闸通行费，选择适用简易计税方法的。

⑫ 一般纳税人提供人力资源外包服务，选择适用简易计税方法的。

⑬ 纳税人转让2016年4月30日前取得的土地使用权，选择适用简易计税方法的。

⑭ 房地产开发企业中的一般纳税人购入未完工的房地产老项目（2016年4月30日之前的建筑工程项目）继续开发后，以自己名义立项销售的不动产，属于房地产老项目，可以选择适用简易计税方法按照5%的征收率计算缴纳增值税。

2. 征收率的特殊规定

根据增值税法律制度的相关规定，适用3%征收率的某些一般纳税人和小规模纳税人可以减按2%计征增值税。

（1）一般纳税人销售自己使用过的属于《增值税暂行条例》第十条规定不得抵扣且未抵扣进项税额的固定资产，按照简易办法依照3%征收率减按2%征收增值税。

纳税人销售自己使用过的固定资产，适用简易办法依照3%征收率减按2%征收增值税政策的，可以放弃减税，按照简易办法依照3%征收率缴纳增值税，并可以开具增值税专用发票。

所称自己使用过的固定资产是指纳税人根据财务会计制度已经计提折旧的固定资产。

（2）小规模纳税人（除其他个人外，下同）销售自己使用过的固定资产，减按2%的征收率征收增值税。

（3）纳税人销售旧货，按照简易办法依照3%征收率减按2%征收增值税。

旧货是指进入二次流通的具有部分使用价值的货物（含旧汽车、旧摩托车和旧游艇），但不包括自己使用过的物品。

上述纳税人销售自己使用过的固定资产、物品和旧货适用按照简易办法依照3%征收率减按2%征收增值税的，按下列公式确定销售额和应纳税额：

销售额=含税销售额÷（1+3%） 公式2-2

应纳税额=销售额×2% 公式2-3

该规定不包括二手车经销业务，对从事二手车经销业务的纳税人销售其收购的二手车，按照《关于延续实施二手车经销有关增值税政策的公告》（财政部 税务总局公告2023年第63号）自2020年5月1日至2027年12月31日减按0.5%的征收率征收增值税，其销售额的计算公式为：

销售额=含税销售额÷（1+0.5%） 公式2-4

纳税人应当开具二手车销售统一发票。购买方索取增值税专用发票的，应当再开具征收率为0.5%的增值税专用发票。

（三）兼营行为的税率选择

试点纳税人发生应税销售行为适用不同税率或者征收率的，应当分别核算适用不同税率或者征收率的销售额，未分别核算销售额的，按照以下方法适用税率或者征收率：

（1）兼有不同税率的应税销售行为，从高适用税率。

（2）兼有不同征收率的应税销售行为，从高适用征收率。

（3）兼有不同税率和征收率的应税销售行为，从高适用税率。

（4）纳税人销售活动板房、机器设备、钢结构件等自产货物的同时提供建筑、安装服务，不属于《营改增通知》规定的混合销售，应分别核算货物和建筑服务的销售额，分别适用不同的税率或征收率。

五、增值税一般计税方法应纳税额的计算

我国采用的一般计税方法是间接计算法，即先按当期销售额和适用税率计算出销项税额，然后将当期准予抵扣的进项税额进行抵扣，从而间接计算出当期增值额部分的应纳税额。

增值税一般纳税人发生应税销售行为的应纳税额，除适用简易计税方法外的，均应该等于当期销项税额抵扣当期进项税额后的余额。其计算公式为：

当期应纳税额=当期销项税额-当期进项税额　　　公式2-5

增值税一般纳税人当期应纳税额的多少，取决于当期销项税额和当期进项税额这两个因素。

（一）销项税额的计算

销项税额是指纳税人发生应税销售行为时，按照销售额与规定税率计算并向购买方收取的增值税税额。销项税额的计算公式为：

销项税额=销售额×适用税率　　　公式2-6

从销项税额的定义和公式中我们可以知道，它是由购买方在购买货物、劳务、服务、无形资产、不动产时，一并向销售方支付的税额。对于属于一般纳税人的销售方来说，在没有抵扣其进项税额前，销售方收取的销项税额还不是其应纳增值税税额。

销项税额的计算取决于销售额和适用税率两个因素。在适用税率既定的前提下，销项税额的大小主要取决于销售额的大小。本书将销售额的确认分为以下五种情况：

1.一般销售方式下的销售额确认

销售额是指纳税人发生应税销售行为时向购买方收取的全部价款和价外费用。特别需要强调的是，尽管销项税额也是销售方向购买方收取的，但是由于增值税采用价外计税方式，用不含增值税（以下简称“不含税”）的价格作为计税依据，因而销售额中不包括向购买方收取的销项税额。

价外费用包括向购货方收取的手续费、补贴、基金、集资费、返还利润、奖励费、违约金、滞纳金、延期付款利息、赔偿金、包装费、包装物租金、储备费、优质

费、运输装卸费、代收款项、代垫款项及其他各种性质的价外费用。但下列项目不包括在内：

（1）向购买方收取的销项税额。

（2）受托加工应征消费税的消费品所代收代缴的消费税。

（3）同时符合以下条件的代垫运输费用：承运部门将运输费用发票开具给购买方的；纳税人（销货方）将该项发票转交给购买方的。

（4）同时符合以下条件代为收取的政府性基金或者行政事业性收费：由国务院或者财政部批准设立的政府性基金，由国务院或者省级人民政府及其财政、价格主管部门批准设立的行政事业性收费；收取时开具省级以上财政部门印制的财政票据；所收款项全额上缴财政。

（5）销售货物的同时代办保险等而向购买方收取的保险费，以及向购买方收取的代购买方缴纳的车辆购置税、车辆牌照费。

（6）以委托方名义开具发票代委托方收取的款项。

【特别提示】价外费用（价外向购买方收取的手续费、违约金、延期付款利息、赔偿金、包装费、优质费等）一般情况下都是含增值税的，无论其在会计上如何核算，均应按适用税率换算成不含增值税价格并入销售额计算应纳税额。增值税属于价外税，一般情况下，题目中会明确指出销售额是否含增值税。在未明确指出的情况下，注意以下原则：商业企业的“零售价”肯定含税；增值税专用发票注明的“销售额”肯定不含税；价外费用和包装物押金均视为含税收入。

2.价税合并收取情况下销售额的确定

纳税人采用销售额和销项税额合并定价的，需将含税销售额换算成不含税销售额，按下列公式计算不含税销售额：

不含税销售额=含税销售额÷（1+增值税税率）　　公式2-7

【特别提示】一般纳税人采用一般计税方法计算销项税额的基数“销售额”是不含税的，小规模纳税人或一般纳税人采用简易计税方法计算应纳税额的基数“销售额”也是不含税的。如果是含税销售额，要先换算成不含税销售额后再计算。

3.需要核定的销售额的确定

纳税人发生应税销售行为的价格明显偏低并无正当理由的，由主管税务机关核定其销售额。纳税人发生视同提供应税行为而无销售额的，由主管税务机关按照下列顺序核定其销售额：

（1）按照纳税人最近时期销售同类货物、服务、无形资产或不动产的平均价格确定。

（2）按照其他纳税人最近时期销售同类货物、服务、无形资产或不动产的平均价格确定。

（3）按照组成计税价格确定。组成计税价格的计算公式如下：

①若销售的是服务、无形资产或不动产，或者销售的货物不属于消费税应税消费品，则：

组成计税价格=成本+利润=成本×（1+成本利润率）　　公式2-8

②若销售的货物属于消费税应税消费品，则计算公式分别如下：

第一，实行从价定率办法计算纳税的组成计税价格的计算公式为：

组成计税价格=成本+利润+消费税　　公式2-9

=成本×（1+成本利润率）+消费税

=成本×（1+成本利润率）÷（1-消费税比例税率）

第二，实行从量定额办法计算纳税的组成计税价格的计算公式为：

组成计税价格=成本+利润+消费税　　公式2-10

=成本×（1+成本利润率）+消费税

=成本×（1+成本利润率）+课税数量×消费税定额税率

第三，实行复合计税办法计算纳税的组成计税价格的计算公式为：

组成计税价格=成本+利润+消费税　　公式2-11

=成本×（1+成本利润率）+消费税

=［成本×（1+成本利润率）+课税数量×消费税定额税率］÷（1-消费税比例税率）

式中，成本利润率由国家税务总局规定。

【归纳总结】在视同销售及视同提供应税行为中：（1）有“同类货物”“同类服务、无形资产或不动产”的，直接按照“纳税人、其他纳税人”最近时期“同类货物”“同类服务、无形资产或不动产”的平均价格确定销售额即可；（2）没有“同类货物”“同类服务、无形资产或不动产”的，才需要计算组成计税价格来确定销售额。

4.销售额应以人民币计算

纳税人按照人民币以外的货币结算销售额的，应当以外币价格折合成人民币计算，其销售额的人民币折合率可以选择销售额发生的当天或者当月1日的人民币汇率中间价。纳税人应当事先确定采用何种折合率，一旦确定12个月内不得变更。

5.纳税人兼营免税、减税项目

纳税人兼营免税、减税项目的，应当分别核算免税、减税项目的销售额；未分别核算销售额的，不得免税、减税。

（二）进项税额的确定

纳税人购进货物、劳务、服务、无形资产、不动产支付或者负担的增值税为进项税额。进项税额是与销项税额相对应的另一个概念。在开具增值税专用发票的情况下，它们之间的对应关系是：销售方收取的销项税额，就是购买方支付的进项税额。增值税的核心就是用纳税人收取的销项税额抵扣其支付的进项税额，其余额为纳税人实际应缴纳的增值税税额。这样，进项税额作为可抵扣的部分，对于纳税人实际纳税多少就产生了举足轻重的作用。

然而，并不是纳税人支付的所有进项税额都可以从销项税额中抵扣。为体现增值税的配比原则，即购进项目金额与发生应税销售行为的销售额之间应有配比性，当纳税人购进的货物、劳务、服务、无形资产、不动产不是用于增值税应税项目，而是用于简易计税方法计税项目、免税项目或用于集体福利、个人消费等情况时，其支付的进项税额就不能从销项税额中抵扣。增值税法律法规对不能抵扣进项税额的项目作了严格的规定，如果违反规定，随意抵扣进项税额就将以逃避缴纳税款论处。因此，严格把握哪些进项税额可以抵扣、哪些进项税额不能抵扣是非常重要的，这方面也是纳税人在缴纳增值税实务中差错出现最多的地方。

1.准予从销项税额中抵扣的进项税额

（1）从销售方取得的增值税专用发票（含税控机动车销售统一发票）上注明的增值税税额。

（2）从海关取得的海关进口增值税专用缴款书上注明的增值税税额。

（3）自境外单位或者个人购进劳务、服务、无形资产或者境内的不动产，从税务机关或者扣缴义务人处取得的代扣代缴税款的完税凭证上注明的增值税税额。

（4）纳税人购进农产品，按下列规定抵扣进项税额：

①纳税人购进农产品，取得一般纳税人开具的增值税专用发票或海关进口增值税专用缴款书的，以增值税专用发票或海关进口增值税专用缴款书上注明的增值税税额为进项税额。

②从按照简易计税方法依照3%的征收率计算缴纳增值税的小规模纳税人处取得增值税专用发票的，以增值税专用发票上注明的金额和9%的扣除率计算进项税额。

③取得（开具）农产品销售发票或收购发票的，以农产品销售发票或收购发票上注明的农产品买价和9%的扣除率计算进项税额。

④购进农产品进项税额的计算公式为：

进项税额=买价×扣除率　　公式2-12

⑤对烟叶税纳税人按规定缴纳的烟叶税，准予并入烟叶产品的买价计算增值税的进项税额，并在计算缴纳增值税时予以抵扣。购进烟叶准予抵扣的增值税进项税额，按照收购烟叶实际支付的价款总额和烟叶税及法定扣除率计算。其计算公式为：

烟叶税应纳税额=收购烟叶实际支付的价款总额×税率（20%）　　公式2-13

准予抵扣的进项税额=（收购烟叶实际支付的价款总额+烟叶税应纳税额）×扣除率　　公式2-14

⑥纳税人从批发、零售环节购进适用免征增值税政策的蔬菜、部分鲜活肉蛋而取得的普通发票，不得作为计算抵扣进项税额的凭证。

⑦纳税人购进用于生产销售或委托加工13%税率货物的农产品，允许加计扣除，按照10%的扣除率计算进项税额。具体操作方法可分为以下两个环节：

一是在购进农产品当期，所有纳税人按照购进农产品抵扣进项税额的一般规定，凭票据实抵扣或者凭票计算抵扣。

二是将购进农产品用于生产销售或委托加工13%税率货物的纳税人，在生产领用农产品当期，根据领用的农产品加计1%抵扣进项税额。

纳税人购进农产品既用于生产销售或委托受托加工13%税率货物又用于生产销售其他货物服务的，应当分别核算用于生产销售或委托受托加工13%税率货物和其他货物服务的农产品进项税额；未分别核算的，统一以增值税专用发票或海关进口增值税专用缴款书上注明的增值税税额为进项税额，或以农产品收购发票或销售发票上注明的农产品买价和9%的扣除率计算进项税额。

上述购进农产品抵扣进项税额的办法，不适用于《农产品增值税进项税额核定扣除试点实施办法》中购进的农产品。

（5）根据《农产品增值税进项税额核定扣除试点实施办法》的规定，自2012年7月1日起，以购进农产品为原料生产销售液体乳及乳制品、酒及酒精、植物油的增值税一般纳税人，纳入农产品增值税进项税额核定扣除试点范围，其购进农产品无论是否用于生产上述产品，增值税进项税额均按照《农产品增值税进项税额核定扣除试点实施办法》的规定抵扣。其农产品增值税进项税额核定方法包括投入产出法、成本法和参照法。

当试点纳税人购进农产品直接销售时，农产品增值税进项税额按照以下方法核定扣除：

$$\text{当期允许抵扣农产品增值税进项税额}=\frac{\text{当期销售}}{\text{农产品数量}}\div(1-\text{损耗率})\times\frac{\text{农产品平均}}{\text{购买单价}}\div(1+9\%)\times 9\%$$ 公式2-15

损耗率=损耗数量÷购进数量×100% 公式2-16

当试点纳税人购进农产品用于生产经营且不构成货物实体时（包括包装物、辅助材料、燃料、低值易耗品等），增值税进项税额按照以下方法核定扣除：

$$\text{当期允许抵扣农产品增值税进项税额}=\frac{\text{当期销售}}{\text{农产品数量}}\div(1-\text{损耗率})\times\frac{\text{农产品平均}}{\text{购买单价}}\div(1+\text{扣除率})\times\text{扣除率}$$ 公式2-17

损耗率=损耗数量÷购进数量×100% 公式2-18

（6）增值税一般纳税人在资产重组过程中，将全部资产、负债和劳动力一并转让给其他增值税一般纳税人，并按程序办理注销税务登记的，其在办理注销登记前尚未抵扣的进项税额可结转至新纳税人处继续抵扣。

（7）收费公路通行费增值税抵扣规定。

纳税人支付的道路、桥、闸通行费，按照以下规定抵扣进项税额：

① 纳税人支付的道路通行费，按照收费公路通行费增值税电子普通发票上注明的增值税税额抵扣进项税额。

② 纳税人支付的桥、闸通行费，暂凭取得的通行费发票上注明的收费金额按照下列公式计算可抵扣的进项税额：

桥、闸通行费可抵扣进项税额=桥、闸通行费发票上注明的金额÷（1+5%）×5% 公式2-19

（8）按照规定不得抵扣且未抵扣进项税额的固定资产、无形资产、不动产，发生用途改变，用于允许抵扣进项税额的应税项目，可在用途改变的次月按照下列公式计算可以抵扣的进项税额：

$$\text{可以抵扣的进项税额}=\frac{\text{固定资产、无形资产、}}{\text{不动产净值}}\div(1+\text{适用税率})\times\text{适用税率}$$ 公式2-20

上述可以抵扣的进项税额应取得合法有效的增值税扣税凭证。

（9）纳税人租入固定资产、不动产，既用于一般计税方法计税项目，又用于简易计税方法计税项目、免征增值税项目、集体福利或者个人消费的，其进项税额准予从销项税额中全额抵扣。

（10）提供保险服务的纳税人以实物赔付方式承担机动车辆保险责任的，自行向车辆修理劳务提供方购进的车辆修理劳务，其进项税额可以按规定从保险公司销项税额中抵扣。

纳税人提供的其他财产保险服务，比照上述规定执行。

（11）国内旅客运输服务进项税额的抵扣规定。

“国内旅客运输服务”，限于与本单位签订了劳动合同的员工，以及本单位作为用工单位接受的劳务派遣员工发生的国内旅客运输服务。

纳税人允许抵扣的国内旅客运输服务进项税额，是指纳税人于2019年4月1日及以后实际发生，并取得合法有效增值税扣税凭证注明的或依据其计算的增值税税额。以增值税专用发票或增值税电子普通发票为增值税扣税凭证的，为2019年4月1日及以后开具的增值税专用发票或增值税电子普通发票。

纳税人未取得增值税专用发票的，暂按以下规定确定进项税额：

①纳税人购进国内旅客运输服务，以取得的增值税电子普通发票上注明的税额为进项税额的，增值税电子普通发票上注明的购买方“名称”“纳税人识别号”等信息，应当与实际抵扣税款的纳税人一致，否则不予抵扣。

②取得注明旅客身份信息的航空运输电子客票行程单的，按照下列公式计算进项税额：

航空旅客运输进项税额=（票价+燃油附加费）÷（1+9%）×9%　　公式2-21

③取得注明旅客身份信息的铁路车票的，按照下列公式计算进项税额：

铁路旅客运输进项税额=票面金额÷（1+9%）×9%　　公式2-22

④取得注明旅客身份信息的公路、水路等其他客票的，按照下列公式计算进项税额：

公路、水路等其他旅客运输进项税额=票面金额÷（1+3%）×3%　　公式2-23

2.不得从销项税额中抵扣的进项税额

纳税人购进货物、劳务、服务、无形资产、不动产，取得的增值税扣税凭证不符合法律、行政法规或者国务院税务主管部门有关规定的，其进项税额不得从销项税额中抵扣。增值税扣税凭证是指增值税专用发票、海关进口增值税专用缴款书、农产品收购发票和农产品销售发票、从税务机关或者境内代理人取得的解缴税款的税收缴款凭证及增值税法律法规允许抵扣的其他扣税凭证。

按照增值税法律法规的规定，下列项目的进项税额不得从销项税额中抵扣：

（1）用于简易计税方法计税项目、免征增值税项目、集体福利或者个人消费的购进货物、劳务、服务、无形资产和不动产。

其中涉及的固定资产、无形资产、不动产，仅指专用于上述项目的固定资产、无形资产（不包括其他权益性无形资产）、不动产。但是发生兼用于上述不允许抵扣项目情况的，该进项税额准予全部抵扣。

另外，纳税人购进其他权益性无形资产无论是专用于简易计税方法计税项目、免征增值税项目、集体福利或者个人消费，还是兼用于上述不允许抵扣项目，均可以抵扣进项税额。

纳税人的交际应酬消费属于个人消费，即交际应酬消费不属于生产经营中的生产投入和支出。

（2）非正常损失的购进货物，以及相关劳务和交通运输服务。

（3）非正常损失的在产品、产成品所耗用的购进货物（不包括固定资产）、劳务和交通运输服务。

（4）非正常损失的不动产，以及该不动产所耗用的购进货物、设计服务和建筑服务。

（5）非正常损失的不动产在建工程所耗用的购进货物、设计服务和建筑服务。纳税人新建、改建、扩建、修缮、装饰不动产，均属于不动产在建工程。

上述第（2）、（3）、（4）、（5）项所说的非正常损失，是指因管理不善造成货物被盗、丢失、霉烂变质，以及因违反法律法规造成货物或者不动产被依法没收、销毁、拆除的情形。这些非正常损失是由纳税人自身原因造成导致征税对象实体的灭失，为保证税负公平，其损失不应由国家承担，因而纳税人无权要求抵扣进项税额。

上述第（4）、（5）项所称货物，是指构成不动产实体的材料和设备，包括建筑装饰材料和给排水、采暖、卫生、通风、照明、通信、煤气、消防、中央空调、电梯、电气、智能化楼宇设备及配套设施。

（6）购进的贷款服务、餐饮服务、居民日常服务和娱乐服务。

（7）纳税人接受贷款服务向贷款方支付的与该笔贷款直接相关的投融资顾问费、手续费、咨询费等费用，其进项税额不得从销项税额中抵扣。

（8）提供保险服务的纳税人以现金赔付方式承担机动车辆保险责任的，将应付给被保险人的赔偿金直接支付给车辆修理劳务提供方，不属于保险公司购进车辆修理劳务，其进项税额不得从保险公司销项税额中抵扣。

纳税人提供的其他财产保险服务，比照上述规定执行。

（9）适用一般计税方法的纳税人，兼营简易计税方法计税项目、免征增值税项目而无法划分不得抵扣的进项税额，按照下列公式计算不得抵扣的进项税额：

$$\frac{不得抵扣}{的进项税额}=\frac{当期无法划分的}{全部进项税额}\times\left(\frac{当期简易计税方法}{计税项目销售额}+\frac{免征增值税}{项目销售额}\right)\div\frac{当期全部}{销售额}$$ 公式 2–24

主管税务机关可以按照上述公式依据年度数据对不得抵扣的进项税额进行清算。这是因为对纳税人而言，进项税额转出是按月进行的，但年度内取得进项税额的不均衡性，有可能造成按月计算的进项税额转出与按年度计算的进项税额转出存在差异，主管税务机关可在年度终了对纳税人进项税额转出进行清算，对相关差异进行调整。

（10）一般纳税人已抵扣进项税额的不动产，发生非正常损失，或者改变用途，专用于简易计税方法、免征增值税项目、集体福利或者个人消费的，按照下列公式计算不得抵扣的进项税额；

不得抵扣的进项税额=已抵扣的进项税额×不动产净值率 公式 2–25

不动产净值率=不动产净值÷不动产原值×100% 公式 2–26

（11）有下列情形之一的，应当按照销售额和增值税税率计算应纳税额，不得抵扣进项税额，也不得使用增值税专用发票：

① 一般纳税人会计核算不健全，或者不能够提供准确税务资料的。

② 应当办理一般纳税人资格登记而未办理的。

（12）财政部和国家税务总局规定的其他情形。

3.异常增值税扣税凭证的管理

（1）符合下列情形之一的增值税专用发票，列入异常凭证范围：

① 纳税人丢失、被盗税控专用设备中未开具或已开具未上传的增值税专用发票。

② 非正常户纳税人未向税务机关申报或未按规定缴纳税款的增值税专用发票。

③ 增值税发票管理系统稽核比对发现“比对不符”“缺联”“作废”的增值税专用发票。

④ 经国家税务总局、省税务局大数据分析发现，纳税人开具的增值税专用发票

存在涉嫌虚开、未按规定缴纳消费税等情形的。

⑤ 属于《国家税务总局关于走逃（失联）企业开具增值税专用发票认定处理有关问题的公告》（国家税务总局公告2016年第76号）第二条第（一）项规定情形的增值税专用发票。即商贸企业购进、销售货物名称严重背离的；生产企业无实际生产加工能力且无委托加工，或生产能耗与销售情况严重不符，或购进货物并不能直接生产其销售的货物且无委托加工的；以及直接走逃失踪不纳税申报，或虽然申报但通过填列增值税纳税申报表相关栏次，规避税务机关审核比对，进行虚假申报的。

（2）增值税一般纳税人申报抵扣异常凭证，同时符合下列情形的，其对应开具的增值税专用发票列入异常凭证范围：

① 异常凭证进项税额累计占同期全部增值税专用发票进项税额70%（含）以上的。

② 异常凭证进项税额累计超过5万元的。

纳税人尚未申报抵扣、尚未申报出口退税或已作进项税额转出的异常凭证，其涉及的进项税额不计入异常凭证进项税额的计算。

（3）增值税一般纳税人取得的增值税专用发票列入异常凭证范围的，应按照以下规定处理：

①尚未申报抵扣增值税进项税额的，暂不允许抵扣。已经申报抵扣增值税进项税额的，除另有规定外，一律作进项税额转出处理。

②尚未申报出口退税或者已申报但尚未办理出口退税的，除另有规定外，暂不允许办理出口退税。适用增值税免抵退税办法的纳税人已经办理出口退税的，应根据列入异常凭证范围的增值税专用发票上注明的增值税税额作进项税额转出处理；适用增值税免退税办法的纳税人已经办理出口退税的，税务机关应按照现行规定将列入异常凭证范围的增值税专用发票对应的已退税款追回。

纳税人因骗取出口退税停止出口退（免）税期间取得的增值税专用发票列入异常凭证范围的，按照上述第①项规定执行。

③消费税纳税人以外购或委托加工收回的已税消费品为原料连续生产应税消费品，尚未申报扣除原料已纳消费税税款的，暂不允许抵扣；已经申报抵扣的，冲减当期允许抵扣的消费税税款，当期不足冲减的应当补缴税款。

④纳税信用A级纳税人取得异常凭证且已经申报抵扣增值税、办理出口退税或抵扣消费税的，可以自接到税务机关通知之日起10个工作日内，向主管税务机关提出核实申请。经税务机关核实，符合现行增值税进项税额抵扣、出口退税或消费税抵扣相关规定的，可不作进项税额转出、追回已退税款、冲减当期允许抵扣的消费税税款等处理。纳税人逾期未提出核实申请的，应于期满后按照上述第①、②、③项规定作相关处理。

⑤纳税人对税务机关认定的异常凭证存有异议，可以向主管税务机关提出核实申请。经税务机关核实，符合现行增值税进项税额抵扣或出口退税相关规定的，纳税人可继续申报抵扣或者重新申报出口退税；符合消费税抵扣规定且已缴纳消费税税款的，纳税人可继续申报抵扣消费税税款。

（4）经国家税务总局、省税务局大数据分析发现存在涉税风险的纳税人，不得离线开具发票，其开票人员在使用开票软件时，应当按照税务机关指定的方式进行人员身份信息实名验证。

（5）新办理增值税一般纳税人登记的纳税人，自首次开票之日起3个月内不得离线开具发票，按照有关规定不使用网络办税或不具备风险条件的特定纳税人除外。

4.进口货物增值税应纳税额的计算

不同于一般增值税在生产、批发、零售等环节征税，进口增值税是专门在进口环节征收的一种增值税。

【特别提示】进口环节缴纳的增值税实际上是增值税进项税。

我国税法规定，纳税人进口货物，按照组成计税价格和规定的增值税税率计算增值税税额，不得抵扣任何税额（即在计算进口环节的增值税税额时，不得抵扣发生在我国境外的各种税金）。

进口货物计算增值税应纳税额的公式如下：

应纳税额=组成计税价格×增值税税率　　公式2-27

其中，组成计税价格的计算公式如下：

（1）若进口货物不属于消费税应税消费品，则：

组成计税价格=关税完税价格+关税　　公式2-28

（2）若进口货物属于消费税应税消费品，则：

①实行从价定率办法计算纳税的组成计税价格的计算公式为：

组成计税价格=关税完税价格+关税+消费税

=（关税完税价格+关税）÷（1-消费税比例税率）　　公式2-29

②实行从量定额办法计算纳税的组成计税价格的计算公式为：

组成计税价格=关税完税价格+关税+消费税

$$=\text{关税完税价格}+\text{关税}+\text{海关核定的应税消费品的进口数量}\times\text{消费税定额税率}\qquad\text{公式2-30}$$

③实行复合计税办法计算纳税的组成计税价格的计算公式为：

组成计税价格=关税完税价格+关税+消费税

$$=\left(\text{关税完税价格}+\text{关税}+\text{海关核定的应税消费品的进口数量}\times\text{消费税定额税率}\right)\div\left(1-\text{消费税比例税率}\right)\qquad\text{公式2-31}$$

六、增值税简易计税方法应纳税额的计算

小规模纳税人发生应税销售行为，实行按照销售额乘以征收率计算应纳税额的简易计税方法，并不得抵扣进项税额。一般纳税人特殊情况下也采用简易计税方法。其应纳税额计算公式为：

应纳增值税=销售额×征收率　　公式2-32

简易计税方法的销售额不包括其应纳增值税税额。纳税人采用销售额和应纳增值税税额合并定价方法的，应将其换算为不含税销售额，按照下列公式计算销售额：

销售额=含税销售额÷（1+征收率）　　公式2-33

一般纳税人发生财政部和国家税务总局规定的特定应税行为，可以选择按照简易计税方法计税，但一经选定，36个月内不得变更。

【特别提示】自2020年2月1日起，增值税小规模纳税人（其他个人除外）发生

增值税应税行为，需要开具增值税专用发票的，可以自愿使用增值税发票管理系统自行开具。选择自行开具增值税专用发票的小规模纳税人，税务机关不再为其代开增值税专用发票。

小规模纳税人不得抵扣进项税额。另外，小规模纳税人取得的销售额与一般纳税人类似，均为销售货物、加工修理修配劳务、服务、无形资产或不动产向购买方收取的全部价款和价外费用，不包括收取的增值税税额。

七、增值税的征收管理

（一）增值税的纳税义务发生时间

1.采取直接收款方式销售货物的，不论货物是否发出，其纳税义务的发生时间均为收到销售款项或者取得索取销售款项凭据的当天；先开具发票的，其纳税义务的发生时间为开具发票的当天。纳税人发生应税行为（销售服务、无形资产或不动产）的，其纳税义务的发生时间为收讫销售款项或者取得索取销售款项凭据的当天；先开具发票的，其纳税义务的发生时间为开具发票的当天。

【特别提示】对纳税人发生应税行为（销售服务、无形资产或不动产）来说，收讫销售款项是指纳税人销售服务、无形资产、不动产过程中或者完成后收到款项。取得索取销售款项凭据的当天是指书面合同确定的付款日期；未签订书面合同或者书面合同未确定付款日期的，为服务、无形资产转让完成的当天或者不动产权属变更的当天。

2.采取托收承付和委托银行收款方式销售货物的，其纳税义务的发生时间为发出货物并办妥托收手续的当天。

3.采取赊销和分期收款方式销售货物的，其纳税义务的发生时间为书面合同约定的收款日期的当天；无书面合同的或者书面合同没有约定收款日期的，其纳税义务的发生时间为货物发出的当天。

4.采取预收货款方式销售货物的，其纳税义务的发生时间为货物发出的当天；但生产销售生产工期超过12个月的大型机械设备、船舶、飞机等货物的，其纳税义务的发生时间为收到预收款或者书面合同约定的收款日期的当天。

纳税人提供租赁服务采取预收款方式的，其纳税义务发生时间为收到预收款的当天。

5.纳税人提供建筑服务取得预收款，应在收到预收款时，以取得的预收款扣除支付的分包款后的余额，按照规定的预征率预缴增值税。按照现行规定应在建筑服务发生地预缴增值税的项目，纳税人收到预收款时在建筑服务发生地预缴增值税。按照现行规定无须在建筑服务发生地预缴增值税的项目，纳税人收到预收款时在机构所在地预缴增值税。适用一般计税方法计税的项目预征率为2%，适用简易计税方法计税的项目预征率为3%。

6.纳税人提供建筑服务，被工程发包方从应支付的工程款中扣押的质押金、保证金，未开具发票的，其纳税义务的发生时间为纳税人实际收到质押金、保证金的当天。

7.纳税人从事金融商品转让的，其纳税义务的发生时间为金融商品所有权转移的当天。

8.委托其他纳税人代销货物的，其纳税义务的发生时间为收到代销单位的代销清单或者收到全部或部分货款的当天。未收到代销清单及货款的，其纳税义务的发生时间为发出代销货物满180天的当天。

9.证券公司、保险公司、金融租赁公司、证券基金管理公司、证券投资基金以及其他经中国人民银行、国家金融监督管理总局、证监会批准成立且经营金融保险业务的机构发放贷款后，自结息日起90天内发生的应收未收利息按现行规定缴纳增值税，自结息日起90天后发生的应收未收利息暂不缴纳增值税，待实际收到利息时按规定缴纳增值税。

10.销售应税劳务的，其纳税义务的发生时间为提供劳务同时收讫销售款项或者取得索取销售款项凭据的当天。

11.纳税人发生视同销售货物行为（不包括代销行为）的，其纳税义务的发生时间为货物移送的当天。纳税人发生视同销售服务、无形资产或不动产行为的，其纳税义务发生时间为服务、无形资产转让完成的当天或者不动产权属变更的当天。

12.纳税人进口货物的，其纳税义务发生的时间为报关进口的当天。

13.增值税扣缴义务发生时间为纳税人增值税纳税义务发生的当天。

（二）增值税的纳税期限

增值税的纳税期限分别为1日、3日、5日、10日、15日、1个月或者1个季度。纳税人的具体纳税期限由主管税务机关根据纳税人应纳税额的大小分别核定。以1个季度为纳税期限的规定适用于小规模纳税人、银行、财务公司、信托投资公司、信用社，以及财政部和国家税务总局规定的其他纳税人。不能按照固定期限纳税的，可以按次纳税。

纳税人以1个月或者1个季度为1个纳税期的，自纳税期满之日起15日内申报纳税；以1日、3日、5日、10日或者15日为1个纳税期的，自纳税期满之日起5日内预缴税款，于次月1日起15日内申报纳税并结清上月应纳税款。

扣缴义务人解缴税款的期限，按照上述规定执行。

纳税人进口货物，应当自海关填发海关进口增值税专用缴款书之日起15日内缴纳税款。

（三）增值税的纳税地点

1.固定业户应当向其机构所在地或者居住地主管税务机关申报纳税。总机构和分支机构不在同一县（市）的，应当分别向各自所在地的主管税务机关申报纳税；经财政部和国家税务总局或者其授权的财政和税务机关批准，可以由总机构汇总向总机构所在地的主管税务机关申报纳税。

2.固定业户到外县（市）销售货物或者劳务，应当向其机构所在地的主管税务机关报告外出经营事项，并向其机构所在地的主管税务机关申报纳税；未报告的，应当向销售地或者劳务发生地的主管税务机关申报纳税；未向销售地或劳务发生地的主管税务机关申报纳税的，由其机构所在地的主管税务机关补征税款。

3.非固定业户销售货物、劳务、服务、无形资产或不动产，应当向销售地、劳务发生地或者应税行为（销售服务、无形资产或不动产）发生地主管税务机关申报纳税。未申报纳税的，由其机构所在地或者居住地主管税务机关补征税款。

4.其他个人提供建筑服务，销售或者租赁不动产，转让自然资源使用权，应向建筑服务发生地、不动产所在地、自然资源所在地主管税务机关申报纳税。

5.纳税人进口货物，应当向报关地海关申报纳税。

6.扣缴义务人应当向其机构所在地或者居住地主管税务机关申报缴纳其扣缴的税款。

第二节　增值税的会计核算

情境引例

增值税是我国第一大流转税，其在会计核算时，是通过“税金及附加”会计科目核算吗？我国的现行税种核算是否都通过“税金及附加”会计科目核算？

二维码2-4

情境引例解析

一、增值税会计科目及专栏的设置

（一）增值税一般纳税人会计科目及专栏的设置

增值税一般纳税人应当在“应交税费”科目下设置“应交增值税”“未交增值税”“预交增值税”“待抵扣进项税额”“待认证进项税额”“待转销项税额”“增值税留抵税额”“简易计税”“转让金融商品应交增值税”“代扣代交增值税”“增值税检查调整”共11个明细科目。

1.“应交增值税”明细科目

“应交增值税”明细科目的借、贷方需要核算的项目较多，借方既要核算进项税额，又要核算预缴的税金等；贷方既要核算销项税额，又要核算出口退税、进项税额转出等。“应交增值税”明细科目如果仍使用三栏式账户，则不能详细地核算企业增值税的计提、扣减、预缴、缴纳等情况。因此，在账户设置上采用了多栏式账户的方式，在“应交税费——应交增值税”账户的借方和贷方分别设置了若干个专栏进行核算。

增值税一般纳税人应在“应交增值税”明细账内设置“进项税额”“销项税额抵减”“已交税金”“转出未交增值税”“减免税款”“出口抵减内销产品应纳税额”“销项税额”“出口退税”“进项税额转出”“转出多交增值税”等专栏。“应交税费——应交增值税”明细账见表2-1。

表2-1　**“应交税费——应交增值税”明细账**

略	借方							贷方					借或贷	余额
	合计	进项税额	销项税额抵减	已交税金	转出未交增值税	减免税款	出口抵减内销产品应纳税额	合计	销项税额	出口退税	进项税额转出	转出多交增值税		

（1）“进项税额”专栏，记录一般纳税人购进货物、加工修理修配劳务、服务、无形资产或不动产而支付或负担的、准予从当期销项税额中抵扣的增值税税额，以及

不得从当期销项税额中抵扣的将要转出的进项税额。

(2)“销项税额抵减”专栏，记录一般纳税人按照现行增值税制度规定因扣减销售额而减少的销项税额。只有按照一般纳税人计税允许差额纳税时才使用该专栏核算。

(3)“已交税金”专栏，记录一般纳税人当月已缴纳的应交增值税税额。

(4)“转出未交增值税”和“转出多交增值税”专栏，分别记录一般纳税人月度终了转出当月应缴未缴或多缴的增值税税额。

【归纳总结】①月份终了，将当月应缴未缴的增值税税额从“应交税费——应交增值税”明细科目转入“应交税费——未交增值税”明细科目。

借：应交税费——应交增值税（转出未交增值税）

　　贷：应交税费——未交增值税

②月份终了，将当月多缴的增值税税额从“应交税费——应交增值税”明细科目转入“应交税费——未交增值税”明细科目。

借：应交税费——未交增值税

　　贷：应交税费——应交增值税（转出多交增值税）

③月份终了，将当月预缴的增值税税额从“应交税费——预交增值税”明细科目转入“应交税费——未交增值税”明细科目。

借：应交税费——未交增值税

　　贷：应交税费——预交增值税

④当月申报期内缴纳以前期间未缴的增值税税额（或者下个月申报期内缴纳本月的增值税税额）。

借：应交税费——未交增值税

　　贷：银行存款

(5)“减免税款”专栏，记录一般纳税人按现行增值税制度规定适用一般计税方法时准予减免的增值税税额。如果一般纳税人适用简易计税方法时发生减免税额的情况，则不应使用“应交税费——应交增值税（减免税款）”科目核算，而应使用“应交税费——简易计税”科目。

(6)“出口抵减内销产品应纳税额”专栏，记录实行“免、抵、退”办法的一般纳税人按规定计算的当期免抵税额。

(7)“销项税额”专栏，记录一般纳税人销售货物、加工修理修配劳务、服务、无形资产或不动产应收取的增值税税额。

(8)“出口退税”专栏，记录一般纳税人出口货物、加工修理修配劳务、服务、无形资产按“免、抵、退”办法计算的当期免抵退税额或按“免、退”办法直接计算的应退回的增值税税额。

【特别提示】例如，甲公司为一家生产企业，是增值税一般纳税人，实行“免、抵、退”办法，当月货物全部自营出口，无内销收入。当月实现出口（外销）货物离岸价折合人民币800万元，出口货物征税率为13%，退税率为9%，当月可抵扣的进项税额为60万元，则：

$$\text{当期免抵退税不得免征和抵扣税额(即进项税额转出)} = \text{当期出口货物离岸价} \times \text{外汇人民币牌价} \times \left(\text{出口货物征税率} - \text{出口货物退税率}\right)$$

一当期免抵退税不得免征和抵扣税额抵减额=800×（13%-9%）-0=32（万元）

$$\text{当期应纳税额}=\text{当期内销货物的销项税额}-\left(\text{当期全部进项税额}-\text{当期免抵退税不得免征和抵扣税额}\right)-\text{上期留抵税额}$$

$$=0-(60-32)-0=-28(\text{万元})$$

应纳税额小于0，说明当期期末留抵税额为28万元。

$$\text{当期免抵退税额}=\text{出口货物离岸价}\times\text{外汇人民币牌价}\times\text{出口货物退税率}-\text{免抵退税额抵减额}$$

$$=800\times 9\%-0=72(\text{万元})$$

当期期末留抵税额28万元<当期免抵退税额72万元，因此：

当期应退税额=当期期末留抵税额=28万元

当期免抵税额=当期免抵退税额-当期应退税额=72-28=44（万元）

其账务处理如下：

借：应收出口退税——增值税　　280 000

　　应交税费——应交增值税（出口抵减内销产品应纳税额）　　440 000

　贷：应交税费——应交增值税（出口退税）　　720 000

上述会计分录中的数据来源于甲公司“免抵退税申报汇总表”中的相关数据，其中应收出口退税款为28万元，免抵税额为44万元。此时，“出口退税”专栏并不是按规定退回的增值税税额或者按规定应退回的增值税税额28万元，而是免抵退税额72万元。

在生产企业采用的“免、抵、退”办法下，“出口退税”专栏的金额一般情况下等于税务机关审核的“免抵退税申报汇总表”中免抵退税额的当期数；而在外贸企业采用的“免、退”办法下，“出口退税”专栏是指记录外贸企业一般纳税人出口货物、加工修理修配劳务、服务、无形资产按“免、抵、退”办法直接计算的应退回的增值税税额。

(9)“进项税额转出”专栏，记录一般纳税人购进货物、加工修理修配劳务、服务、无形资产或不动产等发生非正常损失以及其他原因而不应从销项税额中抵扣、按规定转出的进项税额。

2.“未交增值税”明细科目，核算一般纳税人月度终了从“应交增值税”或“预交增值税”明细科目转入当月应缴未缴、多缴或预缴的增值税税额，以及当月缴纳以前期间未缴的增值税税额。

3.“预交增值税”明细科目，核算一般纳税人适用一般计税方法时转让不动产、提供不动产经营租赁服务、提供建筑服务、采用预收款方式销售自行开发的房地产项目等，以及其他按现行增值税制度规定应预缴的增值税税额。一般纳税人选择简易计税方法时发生的预缴行为，应使用“应交税费——简易计税”科目。

【特别提示】“预交增值税”是22号文件增加的二级明细科目。它解决了一般纳税人转让不动产、提供不动产经营租赁服务、提供建筑服务、采用预收款方式销售自行开发的房地产项目等，以及其他按现行增值税制度规定应预缴的增值税税额在哪个科目核算的问题，原来一般记入“已交税金”专栏，现在明确记入“预交增值税”明细科目。月份终了，企业应将当月预缴的增值税税额从“应交税费——预交增值税”

科目转入“未交增值税”明细科目，借记“应交税费——未交增值税”科目，贷记“应交税费——预交增值税”科目。

4.“待抵扣进项税额”明细科目，核算一般纳税人已取得增值税扣税凭证并经税务机关认证，按照现行增值税制度规定准予以后期间从销项税额中抵扣的进项税额，包括：一般纳税人自2016年5月1日后取得并按固定资产核算的不动产或者2016年5月1日后取得的不动产在建工程，按现行增值税制度规定准予以后期间从销项税额中抵扣的进项税额（自2019年4月1日起，分期抵扣规定停止执行，即纳税人取得不动产或者不动产在建工程的进项税额不再分2年抵扣。此前按照分期抵扣规定尚未抵扣完毕的待抵扣进项税额，可自2019年4月税款所属期起从销项税额中抵扣）；实行纳税辅导期管理的一般纳税人取得的尚未交叉稽核比对的增值税扣税凭证上注明或计算的进项税额。

5.“待认证进项税额”明细科目，核算一般纳税人由于未经税务机关认证而不得从当期销项税额中抵扣的进项税额，包括：一般纳税人已取得增值税扣税凭证、按照现行增值税制度规定准予从销项税额中抵扣，但尚未经税务机关认证的进项税额；一般纳税人已申请稽核但尚未取得稽核相符结果的海关缴款书进项税额。

【归纳总结】对“应交税费——待抵扣进项税额”明细科目、“应交税费——待认证进项税额”明细科目、“应交税费——应交增值税（进项税额）”明细科目、“应交税费——应交增值税（进项税额转出）”明细科目的区分如下：

（1）“应交税费——待抵扣进项税额”明细科目，核算的是已认证但是按规定以后期间才能抵扣的进项税额。

（2）“应交税费——待认证进项税额”明细科目，核算的是还没有认证，但是以后期间可以认证的进项税额。

（3）“应交税费——应交增值税（进项税额）”明细科目，核算的是认证通过或不需要认证当期准予抵扣的进项税额。

（4）“应交税费——应交增值税（进项税额转出）”明细科目，核算的是认证通过或不需要认证而已经从销项税额中抵扣，但由于后来改变用途或发生非正常损失等，而不应从销项税额中抵扣、按规定需要转出的进项税额。

6.“待转销项税额”明细科目，核算一般纳税人销售货物、加工修理修配劳务、服务、无形资产或不动产，已确认相关收入（或利得）但尚未发生增值税纳税义务而需于以后期间确认为销项税额的增值税税额。

【特别提示】增设“待转销项税额”明细科目的目的在于解决税会差异的会计处理问题。经济业务已满足会计准则规定的确认收入的条件，但是未达到增值税纳税义务发生时间，此时便会产生税会差异。例如一般纳税人销售货物，已经发出货物且符合收入确认条件，但既未取得销售款项或索取销售款项的凭据，也未开具销售发票，此时应在会计上确认收入，但在税法上无须确认增值税。

在22号文件发布之前，对于这种情况，账务处理上一般只计入不含增值税收入，不计提增值税。但是这种做法会导致“应收账款”等科目核算不准确。22号文件采用待转销项税额的方式，比较合理地解决了上述问题。

例如，在22号文件发布前，甲公司（一般纳税人）向客户乙公司销售货物，不含增值税价格为200万元，满足会计准则的收入确认条件，但尚未达到增值税纳税义务发生时间，其账务处理为：

借：应收账款——乙公司　　2 000 000

　贷：主营业务收入　　2 000 000

这种账务处理下，与客户乙公司的应收账款往来款显示为200万元，该金额是不正确的，正确的应当是2 000 000×（1+增值税税率）。而按照22号文件的规定，这个问题得以解决。其账务处理为：

借：应收账款——乙公司　　2 000 000×（1+增值税税率）

　贷：主营业务收入　　2 000 000

　　应交税费——待转销项税额　　2 000 000×增值税税率

《国家税务总局关于增值税纳税义务发生时间有关问题的公告》（国家税务总局公告2011年第40号）规定，纳税人生产经营活动中采取直接收款方式销售货物，已将货物移送对方并暂估销售收入入账，但既未取得销售款项或取得索取销售款项凭据也未开具销售发票的，其增值税纳税义务发生时间为取得销售款项或取得索取销售款项凭据的当天；先开具发票的，为开具发票的当天。上述税法的规定与此账务处理方式在原理上是一致的。

7.“增值税留抵税额”明细科目，核算兼有销售服务、无形资产或者不动产的原增值税一般纳税人，截至纳入营改增试点之日前的增值税期末留抵税额按照现行增值税制度规定不得从销售服务、无形资产或不动产的销项税额中抵扣的增值税留抵税额。

【特别提示】《国家税务总局关于调整增值税一般纳税人留抵税额申报口径的公告》（国家税务总局公告2016年第75号）已经将营改增前增值税留抵税额挂账的规定取消，相应地，这个科目在2016年12月申报期只能使用一次，之后取消使用。

8.“简易计税”明细科目，核算一般纳税人采用简易计税方法发生的增值税计提、扣减、预缴、缴纳等业务。

【特别提示】“简易计税”明细科目与“未交增值税”明细科目的区别：“简易计税”明细科目承担了一般纳税人适用简易计税方法计税的几乎全部职能，即计提、扣减、预缴、缴纳等，这与“未交增值税”明细科目核算的单一职能有所区别。小规模纳税人的“应交增值税”明细科目也是同样的情况，承担了小规模纳税人计税的几乎全部职能，即计提、扣减、预缴、缴纳等。实务中，建议在“简易计税”明细科目下设置“计提”“扣减”“预缴”“缴纳”专栏。

9.“转让金融商品应交增值税”明细科目，核算增值税纳税人转让金融商品发生的增值税税额。

【特别提示】全面实施营改增试点后，金融商品持有期间（含到期）利息（保本收益、报酬、资金占用费、补偿金等）收入应当按照贷款服务缴纳增值税，这部分税金不在“转让金融商品应交增值税”科目核算。

10.“代扣代交增值税”明细科目，核算纳税人购进在境内未设经营机构的境外单位或个人在境内的应税行为代扣代缴的增值税。

【特别提示】对于境内增值税扣缴义务人代扣代缴境外纳税人增值税的，在22号文件发布前并无明确的文件规定对其财务核算进行规范，核算也比较混乱，有的计入应交税费，有的计入其他应付款，还有的计入应付账款等。22号文件统一规定，此种扣缴的情况通过“应交税费——代扣代交增值税”明细科目核算，虽然扣缴的增值税不属于扣缴义务人的应纳税费，但是参照会计准则中对于企业扣缴个人所得税的做法，将其计入应交税费也比较合理。

11.“增值税检查调整”明细科目。根据《国家税务总局关于印发〈增值税日常稽查办法〉的通知》（国税发〔1998〕44号）的规定，增值税一般纳税人在税务机关对其增值税纳税情况进行检查后，凡涉及增值税账务调整的，应设立“应交税费——增值税检查调整”专门科目。凡检查后应调减账面进项税额或调增账面销项税额和进项税额转出的，借记有关科目，贷记“应交税费——增值税检查调整”科目；凡检查后应调增账面进项税额或调减账面销项税额，借记“应交税费——增值税检查调整”科目，贷记有关科目；全部调账事项入账后，应对该科目的余额进行处理，处理后，该科目无余额。

【特别提示】《中华人民共和国会计法》第八条规定，国家实行统一的会计制度。国家统一的会计制度由国务院财政部门根据本法制定并公布。国务院有关部门可以依照本法和国家统一的会计制度制定对会计核算和会计监督有特殊要求的行业实施国家统一的会计制度的具体办法或者补充规定，报国务院财政部门审核批准。这说明国家税务总局作为国务院有关部门可以制定对会计核算和会计监督有特殊要求的行业实施国家统一的会计制度的具体办法或者补充规定。

相比之前的增值税会计处理文件，22号文件规定，从原来的两个明细科目（二级科目）“应交增值税”“未交增值税”增加为10个明细科目。但22号文件没有涉及“应交税费”科目下设置的“增值税检查调整”明细科目。22号文件废止的两个文件分别是《营业税改征增值税试点有关企业会计处理规定》（财会〔2012〕13号）和《关于小微企业免征增值税和营业税的会计处理规定》（财会〔2013〕24号）。而“应交税费——增值税检查调整”是在《国家税务总局关于印发〈增值税日常稽查办法〉的通知》（国税发〔1998〕44号）中规定的，由于该文件是国家税务总局制定的，财政部不能发文废止，“应交税费——增值税检查调整”这个明细科目依然有效。因此，增值税的明细科目共有11个（10+1）。

（二）增值税小规模纳税人会计科目的设置

小规模纳税人只需在“应交税费”科目下设置“应交增值税”明细科目，不需要设置一般纳税人设置的专栏及除“转让金融商品应交增值税”“代扣代交增值税”外的明细科目。

【特别提示】小规模纳税人发生的业务比一般纳税人简单，只需在“应交税费”科目下设置“应交增值税”“转让金融商品应交增值税”“代扣代交增值税”三个明细科目，以减轻小规模纳税人的核算压力。

【归纳总结】“应交税费——应交增值税”明细科目核算小规模纳税人除转让金融商品以及代扣代缴业务以外的应纳税额，发生的纳税义务（计提）在本科目贷方反映，扣减、预缴、缴纳均在本科目借方反映。采购业务对应的进项税额，即使取得增值税专用发票等合规扣税凭证，也应当在发生时记入成本费用或资产科目，不得记入本科目借方。

“应交税费——转让金融商品应交增值税”明细科目核算小规模纳税人转让金融商品应纳增值税税额，产生的转让收益按应纳税额在本科目贷方反映，实际缴纳时在本科目借方反映。产生转让损失，按现行政策规定可在年内抵减的，应将结转下月可抵减的应纳税额在本科目借方反映，年末本科目如有借方余额，则应自本科目贷方结转至“投资收益”科目借方。

“应交税费——代扣代交增值税”明细科目核算小规模纳税人购买在境内未设经营机构的境外单位或个人在境内的应税行为代扣代缴的增值税。发生的代扣代缴义务在本科目贷方反映，实际缴纳时在本科目借方反映。

二、销售等业务增值税的会计核算

（一）一般销售业务增值税的会计核算

企业销售货物、加工修理修配劳务、服务、无形资产或不动产，应当按应收或已收的金额，借记“应收账款”“应收票据”“银行存款”等科目；按取得的收入金额，贷记“主营业务收入”“其他业务收入”“固定资产清理”等科目；按依据现行增值税制度规定计算的销项税额（或采用简易计税方法计算的应纳增值税税额），贷记“应交税费——应交增值税（销项税额）”或“应交税费——简易计税”科目（小规模纳税人应贷记“应交税费——应交增值税”科目）。应根据按规定开具的红字增值税专用发票、红字增值税普通发票或者红字机动车销售统一发票做相反的会计分录。

1.采用直接收款方式销售货物的销项税额或应纳增值税税额的会计核算

企业采取直接收款方式销售货物的，不论货物是否发出，其纳税义务发生时间均为收到销售款项或者取得索取销售款项凭据的当天。企业生产经营活动中采取直接收款方式销售货物，已将货物移送对方并暂估销售收入入账，但既未收到销售款项或取得索取销售款项凭据也未开具销售发票的，其增值税纳税义务发生时间为收到销售款项或取得索取销售款项凭据的当天；先开具发票的，为开具发票的当天。

（1）销售除固定资产以外的货物的销项税额或应纳增值税税额的会计核算。

企业销售除固定资产以外的货物，应当按应收或已收的金额，借记“应收账款”“应收票据”“银行存款”等科目；按取得的收入金额，贷记“主营业务收入”“其他业务收入”等科目；按依据现行增值税制度规定计算的销项税额（或采用简易计税方法计算的应纳增值税税额），贷记“应交税费——应交增值税（销项税额）”或“应交税费——简易计税”科目（小规模纳税人应贷记“应交税费——应交增值税”科目）。发生销售退回的，应根据按规定开具的红字增值税专用发票做相反的会计分录。

【例2-2】 嘉实公司为增值税一般纳税人，本年12月采取直接收款方式销售空调一批，开具的增值税专用发票上注明价款1 600 000元、增值税税额208 000元。空调的成本为960 000元。产品已发出，款项以银行存款收讫。嘉实公司将该批空调的控制权于本年12月5日转移给购货单位。

要求：对嘉实公司上述业务进行账务处理。

（1）确认销售时：

借：银行存款　　　　　　　　　　　　　　　1 808 000

贷：主营业务收入　　1 600 000

应交税费——应交增值税（销项税额）　　208 000

（2）结转成本时：

借：主营业务成本　　960 000

贷：库存商品　　960 000

（2）一般纳税人销售自己使用过的应征消费税的摩托车、汽车、游艇以外的固定资产（不动产除外，下同）的销项税额或应纳增值税税额的会计核算。

一般纳税人销售自己使用过的应征消费税的摩托车、汽车、游艇以外的固定资产，根据不同方法计算出应缴纳的增值税。将固定资产转入清理时，冲销其账面原值、累计折旧及减值准备，借记“固定资产清理”“累计折旧”“固定资产减值准备”等科目，贷记“固定资产”科目；发生各项清理支出时，借记“固定资产清理”科目，贷记“银行存款”等科目。在销售时，如果企业销售的是已使用过的、可抵扣增值税进项税额的固定资产（增值税转型之后购入，主要指的是2009年1月1日之后），因该项固定资产在原取得时其增值税进项税额已记入“应交税费——应交增值税（进项税额）”科目，销售时按适用税率13%或9%计算确定增值税销项税额，企业应借记“银行存款”等科目，贷记“固定资产清理”“应交税费——应交增值税（销项税额）”（按13%或9%的税率）科目；如果销售的固定资产是在增值税转型之前（主要指的是2008年12月31日之前）购入的，在购入时，增值税进项税额不能抵扣而已计入固定资产成本，即进项税额未记入“应交税费——应交增值税（进项税额）”科目，则其出售视为旧货销售，按照4%的征收率减半计算缴纳增值税（自2014年7月1日起，按照3%的征收率减按2%计算缴纳增值税），企业应借记“银行存款”等科目，贷记“固定资产清理”“应交税费——简易计税”（按照4%的征收率计算，自2014年7月1日起，按照3%的征收率计算）科目，同时，借记“应交税费——简易计税”（按照2%（4%-2%）计算，自2014年7月1日起，按照1%（3%-2%）计算）科目，贷记“其他收益”（生产经营期间正常销售固定资产）或者“营业外收入——政府补助”（因自然灾害等发生非流动资产毁损、已丧失使用功能而报废固定资产）科目。

按生产经营期间正常销售固定资产所产生的损失，借记“资产处置损益”科目，贷记“固定资产清理”科目；或者按生产经营期间正常销售固定资产所产生的利得，借记“固定资产清理”科目，贷记“资产处置损益”科目。按因自然灾害等发生非流动资产毁损、已丧失使用功能而报废固定资产所产生的清理损失，借记“营业外支出——非流动资产毁损报废损失”科目，贷记“固定资产清理”科目；或者按因自然灾害等发生非流动资产毁损、已丧失使用功能而报废固定资产所产生的清理收益，借记“固定资产清理”科目，贷记“营业外收入——非流动资产毁损报废收益”科目。

【例2-3】嘉实公司为增值税一般纳税人，2021年9月出售一台使用过的设备，原价为234 000元（含增值税），购入时间为2013年9月，且购入时取得增值税专用发票，发票上注明价款200 000元、增值税34 000元，嘉实公司取得的增值税专用发票2013年9月符合抵扣规定。该设备的折旧年限为10年，采用直线法计提折旧不考虑净残值。2021年9月，售价为56 500元（含增值税），该设备销售时适用13%的增值税税率。

要求：对嘉实公司上述业务进行账务处理。

（1）购入设备时：

借：固定资产　　200 000

　　应交税费——应交增值税（进项税额）（234 000÷（1+17%）×17%）　34 000

　贷：银行存款　　234 000

（2）设备转入清理时：

借：固定资产清理　　40 000

　　累计折旧（200 000÷10×8）　　160 000

　贷：固定资产　　200 000

（3）收到价款时：

借：银行存款　　56 500

　贷：固定资产清理（56 500÷（1+13%））　　50 000

　　　应交税费——应交增值税（销项税额）（56 500÷（1+13%）×13%）　6 500

（4）结转设备出售净损益时：

借：固定资产清理（50 000−40 000）　　10 000

　贷：资产处置损益　　10 000

（3）一般纳税人销售自己使用过的应征消费税的摩托车、汽车、游艇等固定资产的销项税额或应纳增值税税额的会计核算。

一般纳税人销售2013年8月1日之前购入的自用应征消费税的摩托车、汽车、游艇等固定资产，按照4%的征收率减半征收增值税（自2014年7月1日起，按照简易办法依照3%的征收率减按2%征收增值税）。一般纳税人销售2013年8月1日之后购入的自用应征消费税的摩托车、汽车、游艇等固定资产，按照13%的税率计算缴纳增值税。

将固定资产转入清理时，冲销其账面原值、累计折旧及减值准备，借记“固定资产清理”“累计折旧”“固定资产减值准备”等科目，贷记“固定资产”科目。发生各项清理支出时，借记“固定资产清理”科目，贷记“银行存款”等科目。在销售时，按照取得的销售收入和计算的增值税税额：①借记“银行存款”等科目，贷记“固定资产清理”“应交税费——简易计税”（若一般纳税人销售2013年8月1日之前购入的自用应征消费税的摩托车、汽车、游艇等固定资产，按照4%的征收率计算，自2014年7月1日起，按照3%的征收率计算）科目，同时，借记“应交税费——简易计税”（按照2%（4%−2%）计算，自2014年7月1日起，按照1%（3%−2%）计算）科目，贷记“其他收益”（生产经营期间正常销售固定资产）或者“营业外收入——政府补助”（因自然灾害等发生非流动资产毁损、已丧失使用功能而报废固定资产）科目。或者，②借记“银行存款”等科目，贷记“固定资产清理”“应交税费——应交增值税（销项税额）”（若一般纳税人销售2013年8月1日之后购入的自用应征消费税的摩托车、汽车、游艇等固定资产，按13%的税率计算）科目。按生产经营期间正常销售固定资产所产生的损失，借记“资产处置损益”科目，贷记“固定资产清理”科目；或按生产经营期间正常销售固定资产所产生的利得，借记“固定资产清理”科目，贷记“资产处置损益”科目。按因自然灾害等发生非流动资产毁损、已丧失使用功能而报废固定资产所产生的清理损失，借记“营业外支出——非流动资产毁损报废损失”科目，贷记“固定资产清理”科目；或者按因自然灾害等发生非流动资产毁损、已丧失使用功能而报废固定资产所产生的清理收益，借记“固定资产清理”科目，贷记“营业外收入——非流动资产毁损报废收益”科目。

【例 2-4】 嘉实公司为增值税一般纳税人，2023年7月因经营业务调整，出售两辆使用过的小汽车。第一辆小汽车于2013年7月购入，其账面原值为270 000元，已计提折旧162 000元，以180 000元（含增值税）的价格出售，嘉实公司向对方开具增值税普通发票，款项已收妥存入银行。第二辆小汽车于2014年7月购入，购入时取得增值税专用发票，发票上注明价款360 000元、增值税61 200元，甲公司取得的增值税专用发票2014年7月符合抵扣规定，该小汽车账面原值为360 000元，已计提折旧180 000元，以150 000元（含增值税）的价格出售，嘉实公司向对方开具增值税专用发票，款项已收妥存入银行。

要求：对嘉实公司上述业务进行账务处理。

（1）第一辆小汽车相关业务。

①将第一辆小汽车转入清理时：

借：固定资产清理　　108 000

　　累计折旧　　162 000

　贷：固定资产——小汽车　　270 000

②收到出售第一辆小汽车的价款时：

借：银行存款　　180 000

　贷：固定资产清理　　174 757.28

　　　应交税费——简易计税（180 000÷（1+3%）×3%）　　5 242.72

借：应交税费——简易计税（180 000÷（1+3%）×（3%−2%））1 747.57

　贷：其他收益　　1 747.57

③结转第一辆小汽车出售净损益时：

借：固定资产清理（174 757.28−108 000）　　66 757.28

　贷：资产处置损益　　66 757.28

（2）第二辆小汽车相关业务。

①将第二辆小汽车转入清理时：

借：固定资产清理　　180 000

　　累计折旧　　180 000

　贷：固定资产——小汽车　　360 000

②收到出售第二辆小汽车的价款时：

借：银行存款　　150 000

　贷：固定资产清理（150 000÷（1+13%））　　132 743.36

　　　应交税费——应交增值税（销项税额）（150 000÷（1+13%）×13%）　17 256.64

③结转第二辆小汽车出售净损益时：

借：资产处置损益　　47 256.64

贷：固定资产清理（180 000−132 743.36）　　47 256.64

（4）小规模纳税人销售自己使用过的固定资产的会计核算。

小规模纳税人（除其他个人外）销售自己使用过的固定资产，减按2%的征收率征收增值税。这里指的是小规模纳税人适用3%征收率减按2%征收，其销售额和应纳增值税的计算公式如下：

销售额=含增值税销售额÷（1+3%）　　公式2-34

应纳增值税=销售额×2%　　公式2-35

其他个人销售自己使用过的固定资产，免征增值税。

小规模纳税人将固定资产转入清理时，冲销其账面原值、累计折旧及减值准备，借记“固定资产清理”“累计折旧”“固定资产减值准备”等科目，贷记“固定资产”科目；发生各项清理支出时，借记“固定资产清理”科目，贷记“银行存款”等科目；在销售时，按照取得的销售收入和计算的增值税税额，借记“银行存款”等科目，贷记“固定资产清理”“应交税费——应交增值税”（按照3%的征收率计算）等科目，同时，借记“应交税费——应交增值税”（按照1%（即3%−2%）计算）科目，贷记“其他收益”（生产经营期间正常销售固定资产）或者“营业外收入——政府补助”（因自然灾害等发生非流动资产毁损、已丧失使用功能而报废固定资产）科目。按生产经营期间正常销售固定资产所产生的损失，借记“资产处置损益”科目，贷记“固定资产清理”科目；或者按生产经营期间正常销售固定资产所产生的利得，借记“固定资产清理”科目，贷记“资产处置损益”科目。按因自然灾害等发生非流动资产毁损、已丧失使用功能而报废固定资产所产生的清理损失，借记“营业外支出——非流动资产毁损报废损失”科目，贷记“固定资产清理”科目；或者按因自然灾害等发生非流动资产毁损、已丧失使用功能而报废固定资产所产生的清理收益，借记“固定资产清理”科目，贷记“营业外收入——非流动资产毁损报废收益”科目。

【例2-5】嘉实公司为增值税小规模纳税人，2023年1月因经营业务调整，出售一台使用过的机器设备。该机器设备账面原值为60 000元，已计提折旧12 000元，以52 000元（含增值税）的价格出售。嘉实公司向对方开具了增值税普通发票，款项已收妥存入银行。

要求：对嘉实公司上述业务进行账务处理。

（1）机器设备转入清理时：

借：固定资产清理　　48 000

　　累计折旧　　12 000

　贷：固定资产——机器设备　　60 000

（2）收到出售机器设备的价款时：

借：银行存款　　52 000

　贷：固定资产清理　　50 485.44

　　　应交税费——应交增值税（52 000÷（1+3%）×3%）　　1 514.56

借：应交税费——应交增值税（52 000÷（1+3%）×（3%−2%））　　504.85

　贷：其他收益　　504.85

（3）结转机器设备出售净损益时：

借：固定资产清理（50 485.44-48 000）　　2 485.44
　贷：资产处置损益　　2 485.44

2.采用托收承付或委托收款方式销售货物的销项税额或应纳增值税税额的会计核算

企业采用托收承付或委托收款方式销售货物的，其纳税义务发生时间为发出货物并办妥托收手续的当天。企业采用托收承付或委托收款方式销售货物，应当根据托收承付或委托收款结算凭证和发票，按应收的金额，借记“应收账款”科目；按取得的收入金额，贷记“主营业务收入”“其他业务收入”等科目；按依据现行增值税制度规定计算的销项税额（或采用简易计税方法计算的应纳增值税税额），贷记“应交税费——应交增值税（销项税额）”（或“应交税费——简易计税”）科目，小规模纳税人应贷记“应交税费——应交增值税”科目。

【例2-6】嘉实公司为增值税一般纳税人，2023年7月20日采用托收承付结算方式向外地乙公司销售A产品一批，嘉实公司已将货物发出，开具的增值税专用发票上注明价款400 000元、增值税税额52 000元。嘉实公司以银行存款代垫运费1 962元，并已向银行办妥托收手续。该批A产品的成本为270 000元。托运方将增值税专用发票开具给乙公司，注明运费1 800元、增值税税额162元，嘉实公司将该发票转交给乙公司。该批A产品在发出时，其控制权由嘉实公司转移给乙公司。乙公司取得的增值税专用发票在2023年7月均符合抵扣规定。

要求：分别对嘉实公司和乙公司的上述业务进行账务处理。

（1）嘉实公司的账务处理如下：

借：应收账款——乙公司　　453 962
　贷：主营业务收入　　400 000
　　应交税费——应交增值税（销项税额）　　52 000
　　银行存款　　1 962

借：主营业务成本　　270 000
　贷：库存商品　　270 000

（2）乙公司的账务处理如下：

借：原材料（400 000+1 800）　　401 800
　应交税费——应交增值税（进项税额）（52 000+162）　　52 162
　贷：应付账款——嘉实公司　　453 962

3.采用预收货款方式销售货物的销项税额或应纳增值税税额的会计核算

企业采取预收货款方式销售货物，其纳税义务发生时间为货物发出的当天，但生产销售生产工期超过12个月的大型机械设备、船舶、飞机等货物，其纳税义务发生时间为收到预收款或者书面合同约定的收款日期的当天。企业采取预收货款方式销售货物，会计处理与税法的规定基本一致，除了生产销售生产工期超过12个月的大型机械设备、船舶、飞机等货物以外，企业收到预收货款或已经取得无条件收取合同对价的权利时，不做销售处理，等到发出产品时才做销售处理。纳税人在收到预收货款时，应借记“银行存款”或“应收账款”、“应收票据”科目，贷记“合同负债”科目；发出商品时，确认收入及补收货款，借记“合同负债”“银行存款”等科目，贷记“主营业务收入”、“应交税费——应交增值税（销项税额）”或“应交税费——简易计税”（小规模纳税人应贷记“应交税费——应交增值税”）等科目，同时结转已销商品成本。

【例2-7】嘉实公司为增值税一般纳税人，2023年1月8日收到乙公司预付材料款150 000元，2月28日嘉实公司发出材料并开具增值税专用发票，发票上注明价款160 000元、增值税税额20 800元，同时补收货款。该批材料的控制权在嘉实公司发出材料时转移给乙公司。

要求：对嘉实公司上述业务进行账务处理。

（1）收到预付款时：

借：银行存款	150 000	
贷：合同负债		150 000

（2）发出货物时：

借：合同负债	150 000	
银行存款	30 800	
贷：主营业务收入		160 000
应交税费——应交增值税（销项税额）		20 800

4.销售（提供）加工修理修配劳务的销项税额或应纳增值税税额的会计核算

企业销售加工修理修配劳务，其纳税义务发生时间为提供劳务同时收讫销售款项或者取得索取销售款项凭据的当天。企业销售加工修理修配劳务，应当按应收或已收的金额，借记“应收账款”“应收票据”“银行存款”等科目；按取得的收入金额，贷记“主营业务收入”“其他业务收入”等科目；按依据现行增值税制度规定计算的销项税额（或采用简易计税方法计算的应纳增值税税额），贷记“应交税费——应交增值税（销项税额）”或“应交税费——简易计税”科目（小规模纳税人应贷记“应交税费——应交增值税”科目）。发生销售退回的，应根据按规定开具的红字增值税专用发票做相反的会计分录。

【例2-8】嘉城公司是一家汽修厂，为增值税一般纳税人，于2023年7月为乙公司修理一辆汽车，修理完毕收取修理费并开具增值税专用发票。发票上注明价款20 000元、增值税税额2 600元，款项已收存银行。

要求：对嘉城公司上述业务进行账务处理。

借：银行存款	22 600	
贷：主营业务收入		20 000
应交税费——应交增值税（销项税额）		2 600

5.销售（提供）服务的销项税额或应纳增值税税额的会计核算

企业销售服务的，其纳税义务发生时间为收讫销售款项或者取得索取销售款项凭据的当天；先开具发票的，为开具发票的当天。企业提供租赁服务采取预收款方式的，其纳税义务发生时间为收到预收款的当天。企业销售服务（除采取预收款方式提供租赁服务以外），应当按应收或已收的金额，借记“应收账款”“应收票据”“银行存款”等科目；按取得的收入金额，贷记“主营业务收入”“其他业务收入”等科目；按依据现行增值税制度规定计算的销项税额（或采用简易计税方法计算的应纳增值税税额），贷记“应交税费——应交增值税（销项税额）”或“应交税费——简易计税”科目（小规模纳税人应贷记“应交税费——应交增值税”科目）。发生销售退回的，应根据按规定开具的红字增值税专用发票做相反的会计分录。

企业采取预收款方式提供租赁服务，应当按预收的价税合计金额，借记“银行存款”等科目；按未来应当确认的收入金额，贷记“预收账款”，按依据现行增值税制度规定计算的销项税额（或采用简易计税方法计算的应纳增值税税额），贷记“应交税费——应交增值税（销项税额）”或“应交税费——简易计税”科目（小规模纳税人应贷记“应交税费——应交增值税”科目）。发生销售退回的，应根据按规定开具的红字增值税专用发票做相反的会计分录。

【例2-9】嘉悦宾馆为增值税一般纳税人，2023年5月提供住宿、餐饮服务取得含增值税收入869 200元，按照适用税率开具了增值税专用发票，款项已结清并存入银行。

要求：对嘉悦宾馆上述业务进行账务处理。

住宿、餐饮服务适用的增值税税率为6%，则：

嘉悦宾馆的销项税额=869 200÷（1+6%）×6%=49 200（元）

借：银行存款　869 200

　贷：主营业务收入　820 000

　　应交税费——应交增值税（销项税额）　49 200

【例2-10】嘉华租赁公司为增值税一般纳税人，2023年1月1日与乙公司签订经营租赁合同，合同约定嘉华租赁公司向乙公司出租一台设备，租期为12个月，租金共计339 000元（含增值税），租赁开始日为2月1日，双方约定乙公司要在1月15日向嘉华租赁公司一次性全额支付租金。嘉华租赁公司1月15日收到乙公司支付的租金339 000元（含增值税）。

要求：对嘉华租赁公司上述业务进行账务处理。

纳税人提供租赁服务采取预收款方式的，其纳税义务发生时间为收到预收款的当天。嘉华租赁公司应于1月15日对收到的预付款计提销项税额。有形动产租赁服务适用的增值税税率为13%，则：

1月嘉华租赁公司的销项税额=339 000÷（1+13%）×13%=39 000（元）

（1）1月15日收到预收款时：

借：银行存款　339 000

　贷：预收账款　300 000

　　应交税费——应交增值税（销项税额）　39 000

（2）对于某一时段内履行的履约义务，企业应当在该段时间内按照履约进度确认收入。在租赁期限内的每月月末，嘉华租赁公司分别确认收入时：

借：预收账款（300 000÷12）　25 000

　贷：主营业务收入　25 000

6.销售无形资产的销项税额或应纳增值税税额的会计核算

企业销售无形资产的，其纳税义务发生时间为收讫销售款项或者取得索取销售款项凭据的当天；先开具发票的，为开具发票的当天。

企业销售无形资产，应当按应收或已收的金额，借记“应收账款”“应收票据”“银行存款”等科目；按取得的收入或利得（或者损失）金额，贷记“主营业务收入”“其他业务收入”“资产处置损益”等科目；按依据现行增值税制度规定计算的销项税额（或采用简易计税方法计算的应纳增值税税额），贷记“应交税费——应交增值税（销项税额）”或“应交税费——简易计税”科目（小规模纳税人应贷记“应交税费——应交增值税”科目）。发生销售退回的，应根据按规定开具的红字增值税专用发票做相反的会计分录。

【例2-11】嘉实公司为增值税一般纳税人，2023年8月出售一项专利，取得含税收入1 060 000元。该专利的原购入成本为1 800 000元，出售时已摊销1 000 000元，该专利未计提减值准备。款项已存入银行。

要求：对嘉实公司上述业务进行账务处理。

专利转让适用的增值税税率为6%，则：

嘉实公司的销项税额=1 060 000÷（1+6%）×6%=60 000（元）

借：银行存款	1 060 000	
累计摊销	1 000 000	
贷：无形资产——专利		1 800 000
应交税费——应交增值税（销项税额）		60 000
资产处置损益		200 000

【例2-12】嘉实公司为增值税一般纳税人，现将某专利的使用权转让（出租）给乙公司，合同规定出租期限为2年（2021年5月至2023年4月），每月租金收入为40 000元（不含增值税），每月月初收取当月租金。2021年5月1日收到当月的租金及增值税合计42 400元，已办理进账手续。该专利每月的摊销额为16 000元。乙公司已经取得嘉实公司提供租赁服务的控制权。

要求：对嘉实公司2021年5月的业务进行账务处理。

转让（出租）专利使用权适用的增值税税率为6%，则：

2021年5月嘉实公司该项业务的销项税额=42 400÷（1+6%）×6%=2 400（元）

（1）2021年5月1日取得（或确认）租金收入时：

借：银行存款	42 400	
贷：其他业务收入		40 000
应交税费——应交增值税（销项税额）		2 400

（2）2021年5月31日进行摊销时：

借：其他业务成本	16 000	
贷：累计摊销		16 000

7.销售不动产的销项税额或应纳增值税税额的会计核算

企业销售不动产的，其纳税义务发生时间为收讫销售款项或者取得索取销售款项凭据的当天；先开具发票的，为开具发票的当天。企业销售不动产，应当按应收或已收的金额，借记“应收账款”“应收票据”“银行存款”等科目；按取得的收入金额，贷记“主营业务收入”“其他业务收入”“固定资产清理”等科目；按依据现行增值税制度规定计算的销项税额（或采用简易计税方法计算的应纳增值税税额），贷记“应交税费——应交增值税（销项税额）”或“应交税费——简易计税”科目（小规模纳税人应贷记“应交税费——应交增值税”科目）。发生销售退回的，应根据按规定开具的红字增值税专用发票做相反的会计分录。

（1）房地产企业销售自行开发的房地产项目的销项税额或应纳增值税税额的会计核算。

房地产企业销售自行开发的房地产项目，应当按应收或已收的金额，借记“应收账款”“应收票据”“银行存款”等科目；按取得的收入金额，贷记“主营业务收入”“其他业务收入”等科目；按依据现行增值税制度规定计算的销项税额（或采用简易计税方法计算的应纳增值税税额），贷记“应交税费——应交增值税（销项税额）”或“应交税费——简易计税”科目（小规模纳税人应贷记“应交税费——应交增值税”科目）。发生销售退回的，应根据按规定开具的红字增值税专用发票做相反的会计分录。

【例2-13】嘉实房地产公司为增值税一般纳税人，自行开发了某房地产项目，施工许可证注明的开工日期是2016年4月1日。2019年8月该公司销售了该项目的一批房产，共取得含税收入2 310万元，同时办妥房屋产权转移手续。这批房产对应的土地价款为1 308万元。计算增值税时，该公司选择了简易计税方法。

要求：对嘉实房地产公司上述业务进行账务处理。

【税法释义】一般纳税人销售自行开发的房地产老项目，可以选择适用简易计税方法按照5%的征收率计税。一经选择简易计税方法计税的，36个月内不得变更为一般计税方法计税。

房地产老项目是指：（1）《建筑工程施工许可证》注明的合同开工日期在2016年4月30日前的房地产项目；（2）《建筑工程施工许可证》未注明合同开工日期或者未取得《建筑工程施工许可证》，但建筑工程承包合同注明的开工日期在2016年4月30日前的建筑工程项目。

一般纳税人销售自行开发的房地产老项目适用简易计税方法计税的，以取得的全部价款和价外费用为销售额，不得扣除对应的土地价款。

应纳增值税=2 310÷（1+5%）×5%=110（万元）

借：银行存款　　23 100 000

　　贷：主营业务收入　　22 000 000

　　　　应交税费——简易计税　　1 100 000

【例2-14】在例2-13中，假设在计算增值税时，该公司选择了一般计税方法，其他资料不变。

要求：对嘉实房地产公司上述业务进行账务处理。

【税法释义】房地产开发企业中的一般纳税人销售自行开发的房地产项目，适用一般计税方法计税，取得土地时支付的增值税税额可以抵减销售房屋的增值税税额。

土地价款所对应的税额（销项税额抵减额）=1 308÷（1+9%）×9%=108（万元）

借：银行存款　　23 100 000

　　贷：主营业务收入（23 100 000÷（1+9%））　　21 192 660.55

　　　　应交税费——应交增值税（销项税额）　　1 907 339.45

借：应交税费——应交增值税（销项税额抵减）　　1 080 000
　贷：主营业务成本　　1 080 000

（2）除房地产企业销售自行开发的房地产项目以外销售不动产的销项税额或应纳增值税税额的会计核算。

除房地产企业销售自行开发的房地产项目以外的销售不动产应通过“固定资产清理”账户核算，根据按规定收取的增值税税额，贷记“应交税费——应交增值税（销项税额）”或“应交税费——简易计税”科目（小规模纳税人应贷记“应交税费——应交增值税”科目）；发生的净损益，记入“资产处置损益”科目。

【例2-15】嘉实公司为增值税一般纳税人，2020年1月销售位于外市的写字楼，并于当月办妥相关产权转移手续。该写字楼于2016年1月购置并投入使用，投入使用前发生的成本为1 000万元，销售写字楼取得含税收入1 840万元。在销售过程中应缴纳土地增值税286万元，已用银行存款缴纳，假设销售过程中无其他费用。投入使用时，该公司预计该写字楼可使用50年，按平均年限法计提折旧，无残值。计算增值税时，该公司转让不动产选择了简易计税方法。假设该公司本期无其他销售行为，也无可抵扣进项税额和期初留抵税额。

要求：对嘉实公司上述业务进行账务处理

【税法释义】一般纳税人转让其2016年4月30日前取得（不含自建）的不动产，可以选择适用简易计税方法，以取得的全部价款和价外费用扣除不动产购置原价或者取得不动产时的作价后的余额为销售额，按照5%的征收率计算增值税应纳税额。纳税人应按照上述计税方法向不动产所在地主管税务机关预缴税款，向机构所在地主管税务机关申报纳税。

$$应预缴增值税=\left(\begin{matrix}全部价款\\和价外费用\end{matrix}-\begin{matrix}不动产购置原价或者\\取得不动产时的作价\end{matrix}\right)\div(1+5\%)\times5\%$$

$$=(18\,400\,000-10\,000\,000)\div(1+5\%)\times5\%=400\,000(元)$$

应纳增值税=应预缴增值税=400 000元

借：固定资产清理　　9 200 000
　　累计折旧（10 000 000÷50÷12×48）　　800 000
　贷：固定资产　　10 000 000

借：银行存款　　18 400 000
　贷：固定资产清理　　18 000 000
　　　应交税费——简易计税　　400 000

借：固定资产清理　　2 860 000
　贷：应交税费——应交土地增值税　　2 860 000

借：固定资产清理（18 000 000−9 200 000−2 860 000）　　5 940 000
　贷：资产处置损益　　5 940 000

向不动产所在地主管税务机关预缴税款时：

借：应交税费——简易计税　　400 000
　贷：银行存款　　400 000

下月申报期内向机构所在地主管税务机关纳税时，向不动产所在地主管税务机关预缴的税款400 000元和向机构所在地主管税务机关申报的税额相等，不需要补缴增值税，因此只进行纳税申报即可。

【例2-16】在例2-15中，假设在计算增值税时嘉实公司选择了一般计税方法，其他资料不变。

要求：对嘉实公司上述业务进行账务处理

【税法释义】一般纳税人转让其2016年4月30日前取得（不含自建）的不动产，选择适用一般计税办法的，纳税人应以取得的全部价款和价外费用扣除不动产购置原价或者取得不动产时的作价后的余额为销售额，按照5%的征收率向不动产所在地主管税务机关预缴税款，向机构所在地主管税务机关申报纳税。

$$应预缴增值税=\left(\begin{matrix}全部价款\\和价外费用\end{matrix}-\begin{matrix}不动产购置原价或者\\取得不动产时的作价\end{matrix}\right)\div(1+5\%)\times5\%$$

$$=(18\,400\,000-10\,000\,000)\div(1+5\%)\times5\%=400\,000(元)$$

增值税销项税额=18 400 000÷（1+9%）×9%=1 519 266.06（元）

借：固定资产清理	9 200 000	
累计折旧（10 000 000÷50÷12×48）	800 000	
贷：固定资产		10 000 000
借：银行存款	18 400 000	
贷：固定资产清理		16 880 733.94
应交税费——应交增值税（销项税额）		1 519 266.06
借：固定资产清理	2 860 000	
贷：应交税费——应交土地增值税		2 860 000
借：固定资产清理（16 880 733.94-9 200 000-2 860 000）	4 820 733.94	
贷：资产处置损益		4 820 733.94

向不动产所在地主管税务机关预缴税款时：

借：应交税费——预交增值税	400 000	
贷：银行存款		400 000

该公司本期无其他销售行为，也无可抵扣进项税额和期初留抵税额。

应纳增值税=1 519 266.06-0=1 519 266.06（元）

月份终了，将当月应缴未缴增值税税额从“应交税费——应交增值税”科目转入“应交税费——未交增值税”科目时：

借：应交税费——应交增值税（转出未交增值税）	1 519 266.06	
贷：应交税费——未交增值税		1 519 266.06

月份终了，将当月预缴的增值税税额从“应交税费——预交增值税”科目转入“应交税费——未交增值税”科目时：

借：应交税费——未交增值税	400 000	
贷：应交税费——预交增值税		400 000

下月申报期内向机构所在地主管税务机关申报纳税时：

借：应交税费——未交增值税（1 519 266.06-400 000）	1 119 266.06	
贷：银行存款		1 119 266.06

【例2-17】在例2-16中，假设该写字楼的销售时间为2021年1月，购置并投入使用的时间为2017年1月，其他资料不变。

要求：对嘉实公司上述业务进行账务处理。

【税法释义】一般纳税人转让其2016年5月1日后取得（不含自建）的不动产，适用一般计税方法，以取得的全部价款和价外费用为销售额计算增值税应纳税额。纳税人应以取得的全部价款和价外费用扣除不动产购置原价或者取得不动产时的作价后的余额，按照5%的预征率向不动产所在地主管税务机关预缴税款，向机构所在地主管税务机关申报纳税。

其会计处理可参照例2-16。

8.按照国家统一的会计制度确认收入或利得的时点早于按照增值税制度确认增值税纳税义务发生时点的销项税额或应纳增值税税额的会计核算

按照国家统一的会计制度确认收入或利得的时点早于按照增值税制度确认增值税纳税义务发生时点的，应将相关销项税额记入“应交税费——待转销项税额”科目，待实际发生纳税义务时再转入“应交税费——应交增值税（销项税额）”或“应交税费——简易计税”科目。

企业提供建筑服务，在向业主办理工程价款结算时，借记“应收账款”“合同资产”“银行存款”等科目，贷记“主营业务收入”等科目，同时贷记“应交税费——应交增值税（销项税额）”等科目。企业向业主办理工程价款结算的时点早于增值税纳税义务发生时点的，应贷记“应交税费——待转销项税额”等科目，待增值税纳税义务发生时再转入“应交税费——应交增值税（销项税额）”等科目。

【例2-18】嘉城公司是一家建筑企业，为增值税一般纳税人，现为乙方提供公路建筑服务（嘉城公司采用一般计税方法），合同总价为22亿元（不含增值税），其中质押金为2亿元（不含增值税）。合同约定：2022年11月1日嘉城公司从乙方收取工程款20亿元（不含增值税）及其增值税，另外2亿元（不含增值税）的质押金由乙方在支付款项时扣押，质保期为1年。2022年11月1日嘉城公司给乙方开具增值税专用发票，发票上注明价款20亿元、增值税税额1.8亿元。2023年11月1日，质保期满，建筑工程未发生质量问题。2023年12月1日嘉城公司实际收到乙方2亿元（不含增值税）的质押金，并给乙方开具增值税专用发票，发票上注明价款2亿元、增值税税额0.18亿元。

要求：对嘉城公司上述业务进行账务处理。

【税法释义】纳税人提供建筑服务，被工程发包方从应支付的工程款中扣押的质押金、保证金，未开具发票的，以纳税人实际收到质押金、保证金的当天为纳税义务发生时间。上述政策的应用有一个前提“未开具发票的”，即质押金、保证金没有开具发票，纳税义务发生的时间为实际收到质押金、保证金的当天。

（1）2022年11月1日，应收工程款及增值税时：

借：银行存款	2 180 000 000	
合同资产——质押金	218 000 000	
贷：主营业务收入		2 200 000 000
应交税费——应交增值税（销项税额）		180 000 000

贷：应交税费——待转销项税额　　18 000 000

（2）2023年11月1日，质保期满时：

借：应收账款——质押金　　218 000 000

应交税费——待转销项税额　　18 000 000

贷：合同资产——质押金　　218 000 000

应交税费——应交增值税（销项税额）　　18 000 000

（3）2023年12月1日，收到质押金时：

借：银行存款　　218 000 000

贷：应收账款——质押金　　218 000 000

9.按照增值税制度确认增值税纳税义务发生时点早于按照国家统一的会计制度确认收入或利得的时点的销项税额或应纳增值税税额的会计核算

按照增值税制度确认增值税纳税义务发生时点早于按照国家统一的会计制度确认收入或利得的时点的，应将应纳增值税税额，借记“应收账款”等科目，贷记“应交税费——应交增值税（销项税额）”或“应交税费——简易计税”科目（小规模纳税人贷记“应交税费——应交增值税”科目）；按照国家统一的会计制度确认收入或利得时，应按扣除增值税销项税额或者应纳增值税税额后的金额确认收入。

企业提供建筑服务，在向业主办理工程价款结算时，借记“应收账款”“合同资产”“银行存款”等科目，贷记“主营业务收入”等科目，同时，贷记“应交税费——应交增值税（销项税额）”等科目；增值税纳税义务发生的时点早于企业向业主办理工程价款结算时点的，应借记“应收账款”等科目，贷记“应交税费——应交增值税（销项税额）”等科目。

【例2-19】 嘉悦公司为增值税一般纳税人，2023年7月采用托收承付方式向丙公司销售一批商品，开具的增值税专用发票上注明价款100 000元、增值税税额13 000元。该批商品成本为80 000元。嘉悦公司在售出该批商品时已得知丙公司现金流转发生暂时性困难，但为了减少存货积压，以及维持与丙公司长期以来建立的商业关系，嘉悦公司仍将商品发出并办妥托收手续。

要求：对嘉悦公司上述业务进行账务处理。

【税法释义】 销售货物或者应税劳务，纳税义务发生时间为收讫销售款项或者取得索取销售款项凭据的当天；先开具发票的，为开具发票的当天。纳税人先开发票时，增值税纳税义务发生时间先于会计收入确认时间。采取托收承付和委托银行收款方式销售货物的，纳税义务发生时间为发出货物并办妥托收手续的当天。

（1）嘉悦公司发出商品时，已得知丙公司现金流转发生暂时性困难，由于商品控制权未转移给丙公司，此时会计上不能确认收入。但嘉悦公司将商品发出并办妥托收手续时，税法上的增值税纳税义务已经发生。

借：发出商品　　80 000

贷：库存商品　　80 000

借：合同资产　　13 000

贷：应交税费——应交增值税（销项税额）　　13 000

（2）嘉悦公司得知丙公司经营情况出现好转，丙公司承诺近期付款时，商品控制权确定转移给丙公司，会计上应确认收入。

借：应收账款（100 000+13 000）　　113 000

　贷：主营业务收入　　100 000

　　　合同资产　　13 000

借：主营业务成本　　80 000

　贷：发出商品　　80 000

10.混合销售行为的销项税额或应纳增值税税额的会计核算

一项销售行为如果既涉及货物又涉及服务，为混合销售。从事货物的生产、批发或者零售的单位和个体工商户的混合销售行为，按照销售货物缴纳增值税；其他单位和个体工商户的混合销售行为，按照销售服务缴纳增值税。从事货物的生产、批发或者零售的单位和个体工商户，包括以从事货物的生产、批发或者零售为主，兼营销售服务的单位和个体工商户在内。

企业发生混合销售行为，应当按应收或已收的金额，借记“应收账款”“应收票据”“银行存款”等科目；按取得的收入金额，贷记“主营业务收入”“其他业务收入”等科目；按依据现行增值税制度规定计算的销项税额（或采用简易计税方法计算的应纳增值税税额），贷记“应交税费——应交增值税（销项税额）”或“应交税费——简易计税”科目（小规模纳税人应贷记“应交税费——应交增值税”科目）。

【例2-20】嘉悦公司为增值税一般纳税人，2023年1月销售一批空调并为客户提供安装服务，空调价款为452 000元（含增值税），另收取安装费11 300元（含增值税）。嘉悦公司已经发出空调并安装完毕，货款与安装费均以银行存款收讫。该批空调在发出时，其控制权由嘉悦公司转移给客户；客户已经取得嘉悦公司提供安装服务的控制权。

要求：对嘉悦公司上述业务进行账务处理。

【税法释义】嘉悦公司销售空调并为客户提供安装服务的行为，属于从事货物的生产、批发或者零售的单位和个体工商户的混合销售行为，因此按照销售货物缴纳增值税。

嘉悦公司当期销项税额=（452 000+11 300）÷（1+13%）×13%=53 300（元）

借：银行存款　　463 300

　贷：主营业务收入　　400 000

　　　其他业务收入　　10 000

　　　应交税费——应交增值税（销项税额）　　53 300

11.兼营行为的销项税额或应纳增值税税额的会计核算

企业销售货物、加工修理修配劳务、服务、无形资产或不动产适用不同税率或者征收率的，应当分别核算适用不同税率或者征收率的销售额。未分别核算销售额的，按照以下方法适用税率或者征收率：兼有不同税率的销售货物、提供加工修理修配劳务或者应税服务的，从高适用税率；兼有不同征收率的销售货物、提供加工修理修配劳务或者应税服务的，从高适用征收率；兼有不同税率和征收率的销售货物、提供加工修理修配劳务或者应税服务的，从高适用税率。

企业发生兼营行为，如果分别核算适用不同税率或者征收率的销售额，则应当按应收或已收的金额，借记“应收账款”“应收票据”“银行存款”等科目；按取得的收入金额，贷记“主营业务收入”“其他业务收入”等科目；按依据现行增值税制度规定计算的销项税额（或采用简易计税方法计算的应纳增值税税额），贷记“应交税费——应交增值税（销项税额）”或“应交税费——简易计税”科目（小规模纳税人应贷记“应交税费——应交增值税”科目）。

【例2-21】嘉禾公司为增值税一般纳税人，2023年1月向乙公司销售一批设备收取价款1 500 000元（不含增值税），该批设备当月已经发给乙公司。本年1月嘉禾公司又向丙公司提供餐饮服务，取得销售额50 000元（不含增值税），丙公司当月已经接受该餐饮服务。嘉禾公司对以上两种业务分别核算，并按照各自的适用税率分别开具了增值税专用发票，款项均已结清并存入银行。该批设备在发出时，其控制权由嘉禾公司转移给了乙公司。

要求：对嘉禾公司上述业务进行账务处理。

【税法释义】销售设备（货物）适用的增值税税率为13%，提供餐饮服务适用的增值税税率为6%。

嘉禾公司的销项税额=1 500 000×13%+50 000×6%=198 000（元）

借：银行存款	1 695 000	
贷：主营业务收入		1 500 000
应交税费——应交增值税（销项税额）（1 500 000×13%）		195 000
借：银行存款	53 000	
贷：其他业务收入		50 000
应交税费——应交增值税（销项税额）（50 000×6%）		3 000

或者可以将上述两个会计分录合并为：

借：银行存款	1 748 000	
贷：主营业务收入		1 500 000
其他业务收入		50 000
应交税费——应交增值税（销项税额）		198 000

（二）视同销售业务增值税的会计核算

企业发生税法上视同销售的行为，应当按照企业会计准则等相关规定进行相应的会计处理，并按照现行增值税制度规定计算的销项税额（或采用简易计税方法计算的应纳增值税税额），借记“应付职工薪酬”“利润分配”等科目，贷记“应交税费——应交增值税（销项税额）”或“应交税费——简易计税”（小规模纳税人应贷记“应交税费——应交增值税”）等科目。

1.将货物交付他人代销和销售代销货物的销项税额或应纳增值税税额的会计核算

委托其他纳税人代销货物的，其纳税义务发生时间为收到代销单位的代销清单或者收到全部或者部分货款的当天。未收到代销清单及货款的，其纳税义务发生时间为发出代销货物满180天的当天。

根据受托方是否有对受托商品实质上的市场定价权，可将委托（受托）代销行为分为视同买断和收取手续费两种方式。若代理商有实质市场定价权，则为视同买断方式；若代理商没有实质市场定价权，则为收取手续费方式。

（1）视同买断方式的代销行为销项税额或应纳增值税税额的会计核算。

视同买断方式的代销行为指的是双方签订合同或协议，实际售价由受托方自定，委托方按合同收取代销货款，实际售价与合同价之间的差额归受托方。这种方式又具体分为不附退回条款的视同买断方式和附退回条款的视同买断方式。

① 不附退回条款的视同买断方式（包销方式）。这种方式下受托方在取得代销商品后，无论是否能够卖出、是否获利，均与委托方无关，受托方均不能把商品退回委托方，因此这种方式下委托方和受托方之间的代销商品交易，与委托方直接销售商品给受托方没有实质区别，在符合商品收入确认条件时，委托方应确认相关销售商品收入，受托方作为购进商品处理。

② 附退回条款的视同买断方式（非包销方式）。这种方式下受托方可以把没有卖出的商品退回委托方，或受托方因代销商品出现亏损可以要求委托方补偿，委托方在发出委托代销商品时并未转移商品控制权，因此不确认销售收入和销项税额（或采用简易计税方法计算的应纳增值税税额），受托方也不作为购进商品处理。受托方将商品销售后，按实际售价确认销售收入，并向委托方开具代销清单；委托方收到代销清单时，再确认本企业的销售收入。在会计处理上，对委托方来说，发出委托代销商品时应按发出的委托代销货物的实际成本，借记“发出商品”科目，贷记“库存商品”“原材料”“周转材料”等科目。收到受托方开具的代销清单时，才确认销售收入和销项税额（或采用简易计税方法计算的应纳增值税税额），借记“应收账款”“银行存款”等科目，贷记“主营业务收入”“应交税费——应交增值税（销项税额）”或“应交税费——简易计税”（小规模纳税人应贷记“应交税费——应交增值税”）等科目，同时借记“主营业务成本”科目，贷记“发出商品”科目。对受托方来说，收到委托方发来的委托代销货物时，按接受价或含增值税价，借记“受托代销商品”科目，贷记“受托代销商品款”科目；若受托方为零售企业且采用售价金额核算法来核算存货成本，还应按代理商品的进销差价，贷记“商品进销差价”科目。受托方销售代销货物时，既要确认代销货物的销售收入、销售成本，又要确认代销货物的销项税额（或采用简易计税方法计算的应纳增值税税额）。

【例2-22】 2023年1月，嘉禾公司（增值税一般纳税人）委托乙公司（增值税一般纳税人）销售A商品60件，协议价为每件180元（不含增值税），A商品成本为每件80元，适用的增值税税率为13%。合同约定A商品的具体市场定价由乙公司自定，同时约定将来受托方乙公司有未售出商品时可以将商品退回委托方嘉禾公司。2023年3月，乙公司按每件200元（不含增值税）的价格出售给顾客后，向嘉禾公司开具代销清单。嘉禾公司2023年3月收到乙公司开来的代销清单时开具增值税专用发票，发票上注明价款10 800元、增值税税额1 404元，但双方尚未结算相关款项。乙公司取得的增值税专用发票本年3月符合抵扣规定。2023年5月双方结清相关款项。

要求：(1) 对视同买断方式下委托方嘉禾公司的上述业务进行账务处理。

(2) 对视同买断方式下受托方乙公司的上述业务进行账务处理。

(1) 嘉禾公司的账务处理如下：

本年1月，发出代理销售A商品时：

借：发出商品	4 800	
贷：库存商品		4 800

本年3月，收到乙公司开来的代销清单并开具增值税专用发票时：

借：应收账款——乙公司　12 204

　贷：主营业务收入　10 800

　　应交税费——应交增值税（销项税额）　1 404

同时：

借：主营业务成本　4 800

　贷：发出商品　4 800

本年5月，收到乙公司结清的款项时：

借：银行存款　12 204

　贷：应收账款——乙公司　12 204

（2）乙公司的账务处理如下：

本年1月，收到代销的A商品时：

借：受托代销商品　10 800

　贷：受托代销商品款　10 800

本年3月，销售代销商品，结转成本并确认付款义务时：

借：银行存款　13 560

　贷：主营业务收入（60×200）　12 000

　　应交税费——应交增值税（销项税额）（60×200×13%）　1 560

同时：

借：主营业务成本　10 800

　贷：受托代销商品　10 800

借：受托代销商品款　10 800

　贷：应付账款——嘉禾公司　10 800

本年3月，开具代销清单并收到嘉禾公司开具的增值税专用发票且符合抵扣规定：

借：应交税费——应交增值税（进项税额）　1 404

　贷：应付账款——嘉禾公司　1 404

本年5月，结清代销款项时：

借：应付账款——嘉禾公司　12 204

　贷：银行存款　12 204

（2）收取手续费方式的代销行为销项税额或应纳增值税税额的会计核算。

收取手续费方式的代销行为指的是双方签订合同或协议，实际售价由委托方确定，委托方按合同收取代销货款，受托方根据合同的约定向委托方收取手续费的销售方式。这种方式下委托方在收到代销清单时确认销售收入，受托方在商品销售后按合同约定确认手续费收入。

在会计处理上，对委托方来说，发出委托代销商品时并未转移商品控制权，因此不确认销售收入和销项税额（或采用简易计税方法计算的应纳增值税税额），而应按发出的委托代销货物的实际成本，借记“发出商品”科目，贷记“库存商品”“原材料”“周转材料”等科目。收到受托方开具的代销清单时，才确认销售收入和销项税额（或采用简易计税方法计算的应纳增值税税额），借记“应收账款”“银行存款”等科目，贷记“主营业务收入”、“应交税费——应交增值税（销项税额）”或“应交税费——简易计税”（小规模纳税人应贷记“应交税费——应交增值税”）等科目，同时借记“主营业务成本”科目，贷记“发出商品”科目。委托方还应按应付或实际支付的代理手续费借记“销售费用”科目，按当月已认证的可抵扣增值税税额，借记“应交税费——应交增值税（进项税额）”科目，按当月未认证的可抵扣增值税税额，借记“应交税费——待认证进项税额”科目，贷记“银行存款”“应收账款”等科目（若采用简易计税方法或者未取得合法的扣税凭证，则进项税额记入“销售费用”科目）。对受托方来说，收到委托方发来的委托代销货物时，按接受价或含增值税价，借记“受托代销商品”科目，贷记“受托代销商品款”科目；若受托方为零售企业且采用售价金额核算法来核算存货成本，还应按代理商品的进销差价，贷记“商品进销差价”科目。受托方销售代销货物后，不确认代销货物的销售收入、销售成本，但要确认代销货物的销项税额（或采用简易计税方法计算的应纳增值税税额），还要将代销手续费收入作为“主营业务收入”或者“其他业务收入”入账，同时确认代销手续费收入的销项税额。

【例2-23】2023年1月，嘉禾公司（增值税一般纳税人）委托乙公司（增值税一般纳税人）销售A商品100件，协议价为每件200元（不含增值税），A商品成本为每件120元，适用的增值税税率为13%。嘉禾公司按不含增值税售价的10%向乙公司支付手续费（不含增值税）。本年3月，乙公司按每件200元（不含增值税）的价格出售给顾客后，向嘉禾公司开具代销清单。嘉禾公司收到乙公司开来的代销清单时给乙公司开具代销货物的增值税专用发票，发票上注明价款20 000元、增值税税额2 600元，乙公司取得的增值税专用发票符合抵扣规定；同时嘉禾公司支付给乙公司手续费，收到乙公司开具手续费的增值税专用发票，发票上注明手续费2 000元、增值税税额120元，嘉禾公司取得的增值税专用发票符合抵扣规定。但双方尚未结算相关款项。本年5月双方结清相关款项。

要求：(1) 对收取手续费方式下委托方嘉禾公司的上述业务进行账务处理。

(2) 对收取手续费方式下受托方乙公司的上述业务进行账务处理。

(1) 嘉禾公司的账务处理如下：

①本年1月，发出代销的A商品时：

借：发出商品	12 000	
贷：库存商品		12 000

②本年3月，收到乙公司开来的代销清单，并开具增值税专用发票时：

借：应收账款——乙公司	22 600	
贷：主营业务收入		20 000
应交税费——应交增值税（销项税额）		2 600

同时：

借：主营业务成本	12 000	
贷：发出商品		12 000

③本年3月，计提手续费并收到乙公司开具的增值税专用发票时：

借：销售费用（20 000×10%）	2 000	

借：应交税费——应交增值税（进项税额）（2 000×6%）　　120

　贷：应收账款——乙公司　　2 120

若对于支付的代销手续费，委托方嘉禾公司从受托方乙公司处取得的是增值税普通发票，则增值税进项税额不能抵扣，应计入销售费用，账务处理如下：

借：销售费用　　2 120

　贷：应收账款——乙公司　　2 120

④本年5月，收到乙公司结清的款项时：

借：银行存款　　20 480

　贷：应收账款——乙公司（22 600−2 120）　　20 480

（2）乙公司的账务处理如下：

①本年1月，收到代销的A商品时：

借：受托代销商品　　20 000

　贷：受托代销商品款　　20 000

②本年3月，销售代销商品时：

借：银行存款　　22 600

　贷：应付账款——嘉禾公司　　20 000

　　　应交税费——应交增值税（销项税额）　　2 600

③本年3月，开具代销清单并收到嘉禾公司开具的增值税专用发票时：

借：应交税费——应交增值税（进项税额）　　2 600

　贷：应付账款——嘉禾公司　　2 600

④本年3月，注销“受托代销商品款”“受托代销商品”科目时：

借：受托代销商品款　　20 000

　贷：受托代销商品　　20 000

⑤本年5月，结清代销款项并计算代销手续费收入时：

借：应付账款——嘉禾公司　　22 600

　贷：银行存款　　20 480

　　　主营业务收入（或其他业务收入）　　2 000

　　　应交税费——应交增值税（销项税额）　　120

或者，乙公司的账务处理如下（初级会计职称考试《初级会计实务》教材中的会计处理做法）。

①本年1月，收到代销的A商品时：

借：受托代销商品　　20 000

　贷：受托代销商品款　　20 000

②本年3月，销售代销商品时：

借：银行存款　　22 600

　贷：受托代销商品　　20 000

　　　应交税费——应交增值税（销项税额）　　2 600

③本年3月，开具代销清单并收到嘉禾公司开具的增值税专用发票且符合抵扣规定时：

借：应交税费——应交增值税（进项税额）　　2 600
　贷：应付账款——嘉禾公司　　2 600
借：受托代销商品款　　20 000
　贷：应付账款——嘉禾公司　　20 000
④本年5月，结清代销款项并计算代销手续费收入时：
借：应付账款——嘉禾公司　　22 600
　贷：银行存款　　20 480
　　　主营业务收入（或其他业务收入）　　2 000
　　　应交税费——应交增值税（销项税额）　　120

2.将货物在两个机构之间移送的销项税额或应纳增值税税额的会计核算

单位或个体工商户的下列行为，视同销售货物计算销项税额或应纳增值税税额：设有两个以上机构并实行统一核算的纳税人，将货物从一个机构移送到其他机构用于销售，但相关机构设在同一县（市）的除外。

《国家税务总局关于企业所属机构间移送货物征收增值税问题的通知》（国税发〔1998〕137号）规定，《中华人民共和国增值税暂行条例实施细则》第四条视同销售货物行为的第（三）项所称的用于销售，是指受货机构发生以下情形之一的经营行为：一是向购货方开具发票；二是向购货方收取货款。受货机构的货物移送行为有上述两项情形之一的，应当向所在地税务机关缴纳增值税；未发生上述两项情形的，则应由总机构统一缴纳增值税。如果受货机构只就部分货物向购买方开具发票或收取货款，则应当区分不同情况计算并分别向总机构所在地或分支机构所在地缴纳税款。企业可根据实际情况在计算缴纳增值税时进行相应的会计处理。

如果异地受货机构（受货方）发生向购货方开具发票或向购货方收取货款这两项情形之一（受货机构具备向购货方开票的资格或者有权向购货方收取货款），则受货机构向购货方开具发票或向购货方收取货款时，应当向受货机构所在地税务机关缴纳增值税。这种情况下，移送货物的一方（移货方）的货物移送行为应视同销售，在货物移送当天应当开具增值税发票，统一核算的机构（一般是移货方）应当借记“库存商品——受货方”“应交税费——应交增值税（进项税额）”“应交税费——待认证进项税额”等科目（受货方若为一般纳税人且采用简易计税方法，则最终应将进项税额记入“库存商品——受货方”科目；受货方若为小规模纳税人，则将进项税额直接记入“库存商品——受货方”科目），贷记“库存商品——移货方”“应交税费——应交增值税（销项税额）”（移货方若为一般纳税人且采用简易计税方法，则将应纳增值税税额记入“应交税费——简易计税”科目；移货方若为小规模纳税人，则将应纳增值税税额记入“应交税费——应交增值税”科目），当期移货方应当向其所在地计提增值税销项税额或应纳增值税税额。受货方若符合抵扣规定，则可以在其所在地计提可抵扣的增值税。异地受货机构（受货方）向购货方开具发票或向购货方收取货款时，应当借记“应收账款”“银行存款”等科目，贷记“主营业务收入”、“应交税费——应交增值税（销项税额）”或“应交税费——简易计税”（小规模纳税人应贷记“应交税费——应交增值税”）等科目，同时借记“主营业务成本”科目，贷记“库存商品——受货方”科目，且受货方应当向其所在地税务机关缴纳增值税。

如果异地受货机构（受货方）未向购货方开具发票，也未向购货方收取货款（受货机构既不具备向购货单位开票的资格，又无权向购货方收取货款），则此时移送货物的一方（移货方）的货物移送行为不属于“用于销售”。也就是说，移货方不能视同销售计算缴纳增值税，等到产品实际对外销售时，统一核算的机构再确认收入计算缴纳增值税，并向移货方所在地税务机关缴纳增值税。而统一核算的机构对于货物移送行为只做货物进、销、存仓库保管账，不做涉税的会计处理。

【例2-24】嘉禾公司和下属的乙分支机构均为增值税一般纳税人，分别位于A市和B市，并实行统一核算，乙分支机构具备向购货方开票的资格或者有权向购货方收取货款。2023年1月嘉禾公司将自产货物100件调往乙分支机构用于销售。该自产货物每件不含增值税售价为1 000元，成本为800元。嘉禾公司本年1月向乙分支机构开具增值税专用发票，且乙分支机构取得的增值税专用发票本年1月符合抵扣规定。本年3月乙分支机构将其全部发出销售给丙公司，并由乙分支机构向购买方丙公司开具增值税专用发票，该批货物已经发出，款项以银行存款收讫。该批货物在发出销售给丙公司时，其控制权转移给丙公司。该货物适用的增值税税率为13%。

要求：对嘉禾公司上述业务进行账务处理。

【税法释义】嘉禾公司和下属的乙分支机构实行统一核算，因此统一进行会计核算。

（1）本年1月嘉禾公司向乙分支机构移送货物并开具增值税专用发票，乙分支机构取得的增值税专用发票本年1月符合抵扣规定时：

借：库存商品——乙分支机构（800×100）　　80 000
　　应交税费——应交增值税（进项税额）（1 000×100×13%）　　13 000
　贷：库存商品——嘉禾公司　　80 000
　　　应交税费——应交增值税（销项税额）　　13 000

需要注意的是：本年1月13 000元的销项税额在嘉禾公司所在地计提，本年1月13 000元的进项税额在乙分支机构所在地作为可抵扣的增值税。

（2）本年3月乙分支机构对外销售货物给丙公司，向丙公司开具增值税专用发票并收取货款时：

借：银行存款　　113 000
　贷：主营业务收入　　100 000
　　　应交税费——应交增值税（销项税额）　　13 000
借：主营业务成本　　80 000
　贷：库存商品——乙分支机构　　80 000

需要注意的是：本年3月13 000元的销项税额在乙分支机构所在地计提。

【例2-25】嘉禾公司和下属的乙分支机构均为增值税一般纳税人，分别位于A市和B市，并实行统一核算，乙分支机构既不具备向购货单位开票的资格，也无权向购货方收取货款。2023年1月嘉禾公司将自产货物100件调往乙分支机构用于销售。该自产货物每件不含增值税售价为1 000元，成本为800元。本年3月嘉禾公司通过乙分支机构将其全部发出销售给丙公司，并由嘉禾公司向购买方丙公司开具增值税专用发票。该批货物已经发出，款项以银行存款收讫。该批货物在发出销售给丙公司时，其控制权转移给丙公司。该货物适用的增值税税率为13%。

要求：对嘉禾公司上述业务进行账务处理。

嘉禾公司和下属的乙分支机构实行统一核算，因此统一进行会计核算。

（1）本年1月嘉禾公司将自产货物调往乙分支机构用于销售，由于嘉禾公司向购买方丙公司开具增值税专用发票，且收取货款，因此嘉禾公司移送货物到乙分支机构的行为不属于视同销售，此时不需要缴纳增值税。嘉禾公司对货物移送行为只做货物进、销、存仓库保管账，不做涉税的会计处理。

（2）本年3月嘉禾公司通过乙分支机构对外销售货物给丙公司，向丙公司开具增值税专用发票并收取货款时：

借：银行存款	113 000	
贷：主营业务收入		100 000
应交税费——应交增值税（销项税额）		13 000
借：主营业务成本	80 000	
贷：库存商品		80 000

需要注意的是：本年3月13 000元的销项税额在嘉禾公司所在地计提。

3.将自产、委托加工的货物用于集体福利或个人消费的销项税额或应纳增值税税额的会计核算

企业将自产、委托加工的货物用于集体福利或个人消费的，税法上应于货物移送时视同销售，计算销项税额或应纳增值税税额，会计上应当确认收入。

企业应借记“应付职工薪酬——非货币性福利”等科目，按最近时期同类货物的平均销售价格或组成计税价格，贷记“主营业务收入”“其他业务收入”等科目；按最近时期同类货物的平均销售价格或组成计税价格和规定的增值税税率计算的销项税额或者采用简易计税方法计算的应纳增值税税额，贷记“应交税费——应交增值税（销项税额）”或“应交税费——简易计税”（小规模纳税人应贷记“应交税费——应交增值税”）等科目；同时结转该货物的成本，借记“主营业务成本”“其他业务成本”等科目，贷记“库存商品”科目。

【特别提示】将自产、委托加工的货物用于个人消费，会计上应当确认收入。但将自产、委托加工的货物用于集体福利，在会计上是否确认收入，有两种观点。一种观点认为：将自产、委托加工的货物用于集体福利，会计上应当确认收入。初级会计职称考试教材《初级会计实务》便持这一观点。另一种观点认为：将自产、委托加工的货物用于集体福利，至少不符合《企业会计准则第14号——收入》收入确认条件中的“企业因向客户转让商品而有权取得的对价很可能收回”这一条，因此会计上不确认收入。本教材采用第一种观点。

【例2-26】嘉禾公司是一家空调生产企业，为增值税一般纳税人，有职工200名，其中一线生产工人170名，总部管理人员30名。本年2月嘉禾公司决定以其自己生产的空调作为福利实际发放给职工。该空调的单位成本为5 000元，单位计税价格（公允价值）为9 000元，适用的增值税税率为13%。该批空调在发放给职工时，其控制权由嘉禾公司转移给职工。

要求：对嘉禾公司上述业务进行账务处理。

（1）决定发放非货币性福利时：

计入生产成本的金额=170×9 000×（1+13%）=1 728 900（元）

计入管理费用的金额=30×9 000×（1+13%）=305 100（元）

借：生产成本　　1 728 900

　　管理费用　　305 100

　贷：应付职工薪酬——非货币性福利　　2 034 000

（2）实际发放非货币性福利时：

增值税销项税额=170×9 000×13%+30×9 000×13%=234 000（元）

借：应付职工薪酬——非货币性福利　　2 034 000

　贷：主营业务收入　　1 800 000

　　　应交税费——应交增值税（销项税额）　　234 000

借：主营业务成本　　1 000 000

　贷：库存商品　　1 000 000

4.将自产、委托加工或购进的货物作为投资的销项税额或应纳增值税税额的会计核算

企业将自产、委托加工或购进的货物作为投资，提供给其他单位或个体工商户，税法上应于货物移送时视同销售，计算销项税额或应纳增值税税额。

对于同一控制下企业合并形成的长期股权投资，合并方将自产、委托加工或购进的货物作为投资，即合并方以转让非现金资产作为合并对价的，应在合并日按取得被合并方所有者权益在最终控制方合并财务报表中的账面价值的份额作为初始投资成本，借记“长期股权投资”科目（投资成本），按应享有被投资单位已宣告但尚未发放的现金股利或利润，借记“应收股利”科目，按支付的合并对价的账面价值，贷记或借记有关非现金资产科目（实际上应为贷记有关非现金资产，借记有关非现金资产备抵科目），如为贷方差额，贷记“资本公积——资本溢价或股本溢价”科目；如为借方差额，借记“资本公积——资本溢价或股本溢价”科目，资本公积（资本溢价或股本溢价）不足冲减的，应依次借记“盈余公积”“利润分配——未分配利润”科目。

对于非同一控制下企业合并形成的长期股权投资，合并方将自产、委托加工或购进的货物作为投资，即合并方以转让非现金资产作为合并对价的，应在购买日按照支付的现金、付出的非现金货币性资产、发生或承担的负债的公允价值（如果是存货、无形资产或者固定资产等，实际上为公允价值加上增值税）作为初始投资成本计量确定合并成本（不含应自被投资单位收取的现金股利或利润，即不含应享有被投资单位已宣告但尚未发放的现金股利或利润），借记“长期股权投资”科目（投资成本），按应享有被投资单位已宣告但尚未发放的现金股利或利润，借记“应收股利”科目，按付出的合并对价的账面价值，贷记有关资产、负债科目，借记有关资产类备抵科目，按发生的直接相关费用（如资产处置费用），贷记“银行存款”等科目，按其差额，贷记“主营业务收入”“资产处置损益”“投资收益”等科目或借记“管理费用”“资产处置损益”“主营业务成本”等科目。

对于以非企业合并方式（以企业合并以外的方式）取得（形成）的长期股权投资，涉及将自产、委托加工或购进的货物作为投资的，属于以债务重组、非货币性资

产交换等方式取得的长期股权投资的情形，其初始投资成本应按照《企业会计准则第12号——债务重组》和《企业会计准则第7号——非货币性资产交换》的规定确定。

【例2-27】嘉实公司和嘉禾公司为同一母公司最终控制下的两家公司，均为增值税一般纳税人。本年5月1日，嘉实公司以账面价值为5 000 000元、公允价值为6 000 000元的库存商品作为对价，取得母公司拥有的嘉禾公司100%的股权，并于当日起能够对嘉禾公司实施控制。合并后嘉禾公司仍维持其独立法人地位继续经营。本年5月1日母公司合并财务报表中嘉禾公司的净资产账面价值为7 000 000元。嘉实公司和嘉禾公司在合并前采用的会计政策相同，适用的增值税税率均为13%，不考虑其他因素。

要求：对嘉实公司上述业务进行账务处理。

本例中，嘉实公司和嘉禾公司为同一母公司最终控制下的两家公司，嘉实公司取得长期股权投资应按应享有母公司合并财务报表中的嘉禾公司账面价值的份额计算确定。

借：长期股权投资　7 000 000
　贷：库存商品　5 000 000
　　应交税费——应交增值税（销项税额）（6 000 000×13%）　780 000
　　资本公积——股本溢价（7 000 000−5 000 000−780 000）　1 220 000

【例2-28】嘉实公司和天成公司为非同一控制下的两家公司。本年6月30日，嘉实公司以账面价值为5 000 000元、公允价值为6 000 000元的库存商品作为对价，取得天成公司60%的股权。本年6月30日，天成公司可辨认净资产的公允价值为7 000 000元。嘉实公司和天成公司适用的增值税税率均为13%，不考虑其他因素。

要求：对嘉实公司上述业务进行账务处理。

本例中，长期股权投资成本应以非现金货币性资产的公允价值作为初始投资成本计量。

借：长期股权投资　6 780 000
　贷：主营业务收入　6 000 000
　　应交税费——应交增值税（销项税额）（6 000 000×13%）　780 000
借：主营业务成本　5 000 000
　贷：库存商品　5 000 000

【例2-29】嘉实公司和讯飞公司为非同一控制下的两家公司。本年1月31日，嘉实公司以本公司库存商品为对价取得讯飞公司有表决权的股份20%，准备长期持有该股份。该商品的账面余额为600 000元，市场价为800 000元，未计提存货跌价准备。嘉实公司销售该库存商品适用的增值税税率为13%。假定不考虑其他因素。

要求：对嘉实公司上述业务进行账务处理。

借：长期股权投资　904 000
　贷：主营业务收入　800 000
　　应交税费——应交增值税（销项税额）（800 000×13%）　104 000
借：主营业务成本　600 000

贷：库存商品　　600 000

5.将自产、委托加工或购进的货物分配给股东或投资者的销项税额或应纳增值税税额的会计核算

企业将自产、委托加工或购进的货物分配给股东或投资者，税法上应于货物移送时视同销售，计算销项税额或应纳增值税税额，会计上应确认收入。企业应借记“应付利息”“应付股利”等科目；按最近时期同类货物的平均销售价格或组成计税价格，贷记“主营业务收入”“其他业务收入”等科目；按最近时期同类货物的平均销售价格或组成计税价格和规定的增值税税率计算的销项税额或者采用简易计税方法计算的应纳增值税税额，贷记“应交税费——应交增值税（销项税额）”或“应交税费——简易计税”（小规模纳税人应贷记“应交税费——应交增值税”）等科目；同时结转该货物的成本。

【例2-30】嘉实公司为增值税一般纳税人，本年4月将生产的一批库存商品作为股利分配给股东乙公司。该批库存商品市场售价为200 000元，实际成本为163 000元。该批库存商品的增值税税率为13%。该批库存商品已经发出，且在发出时其控制权由嘉实公司转移给乙公司。

要求：对嘉实公司上述业务进行账务处理。

（1）分配股利时：

借：应付股利　　226 000

　贷：主营业务收入　　200 000

　　应交税费——应交增值税（销项税额）（200 000×13%）　　26 000

（2）结转该批库存商品成本时：

借：主营业务成本　　163 000

　贷：库存商品　　163 000

6.将自产、委托加工或购进的货物无偿赠送的销项税额或应纳增值税税额的会计核算

企业将自产、委托加工或购进的货物无偿赠送给其他单位或者个人时，无论是公益性捐赠还是非公益性捐赠，税法上均应于货物移送时视同销售，计算销项税额或应纳增值税税额，但会计上不确认收入。企业应借记“营业外支出”等科目；按最近时期同类货物的平均销售价格或组成计税价格和规定的增值税税率计算的销项税额或者采用简易计税方法计算的应纳增值税税额，贷记“应交税费——应交增值税（销项税额）”或“应交税费——简易计税”（小规模纳税人应贷记“应交税费——应交增值税”）等科目；按该货物的成本，贷记“库存商品”等科目。

【特别提示】无偿赠送他人的行为虽然发生了控制权的转移，但作为赠出方的企业并未获得经济利益，企业资产、所有者权益都没有增加。无偿赠送不是企业的经营活动，更不是实质上的销售行为，不符合《企业会计准则第14号——收入》规定的收入确认条件中的“企业因向客户转让商品而有权取得的对价很可能收回”这一条，会计上不能作为收入处理，只能按成本进行结转。

【例2-31】嘉实公司为增值税一般纳税人，本年1月将自产的棉被1 000件直接捐赠给灾区，该棉被每件成本为300元，每件不含增值税售价为400元。

要求：对嘉实公司上述业务进行账务处理。

借：营业外支出　　352 000

　贷：库存商品（300×1 000）　　300 000

　　应交税费——应交增值税（销项税额）（400×1 000×13%）　　52 000

本例中，由于《中华人民共和国企业所得税法》与企业会计准则对收入的确认存在差异，即企业所得税需要确认收入，而会计上不确认收入，因此需在企业所得税纳税申报时进行纳税调整。在计算企业所得税时，应调增收入400 000元，调增成本300 000元。此外，由于企业的直接捐赠不能在企业所得税税前扣除，还需调增应纳税所得额352 000元。

7.无偿提供服务、转让无形资产或不动产的销项税额或应纳增值税税额的会计核算

下列情形视同销售服务、无形资产或不动产：

（1）单位或者个体工商户向其他单位或者个人无偿提供服务，但用于公益事业或者以社会公众为对象的除外。

（2）单位或者个人向其他单位或者个人无偿转让无形资产或不动产，但用于公益事业或者以社会公众为对象的除外。

（3）财政部和国家税务总局规定的其他情形。需要注意的是，纳税人出租不动产，租赁合同中约定免租期的，不属于视同销售服务。

企业发生视同销售服务、无形资产或不动产的，税法上其纳税义务发生时间为服务、无形资产转让完成的当天或者不动产权属变更的当天，但会计上不确认收入（由于与交易相关的经济利益未流入企业，不符合收入确定条件）。对于无偿提供服务，企业应借记“营业外支出”等科目；按最近时期销售服务、无形资产或不动产的平均价格和规定的增值税税率计算的销项税额或者采用简易计税方法计算的应纳增值税税额，贷记“应交税费——应交增值税（销项税额）”或“应交税费——简易计税”（小规模纳税人应贷记“应交税费——应交增值税”）等科目。对于无偿转让无形资产或不动产，除了计提销项税额或应纳增值税税额外，还应对无形资产或不动产进行相关的账务处理。

【例2-32】 嘉实会计师事务所为增值税一般纳税人，本年8月20日派出注册会计师张某参加乙公司高管座谈会，免费给乙公司提供有关企业重组业务的财税咨询服务3个小时，嘉实会计师事务所此类咨询服务不含增值税价格为2 000元/小时。

要求：对嘉实会计师事务所上述业务进行账务处理。

嘉实会计师事务所提供的免费咨询服务应视同销售服务计算增值税。

增值税销项税额=3×2 000×6%=360（元）

借：营业外支出　　360

　贷：应交税费——应交增值税（销项税额）　　360

（三）其他特殊销售业务增值税的会计核算

1.销售折让、中止或者退回以及提供折扣的销项税额或应纳增值税税额的会计核算

（1）销售折让、中止或者退回的销项税额或应纳增值税税额的会计核算。

纳税人适用一般计税方法的，因销售折让、中止或者退回而退还给购买方的增值税税额，应当从当期的销项税额中扣减；因销售折让、中止或者退回而收回的增值税税额，应当从当期的进项税额中扣减。纳税人适用简易计税方法的，因销售折让、中

止或者退回而退还给购买方的销售额，应当从当期销售额中扣减。扣减当期销售额后仍有余额造成多缴的税款，可以从以后的应纳税额中扣减。纳税人发生应税行为，开具增值税专用发票后，发生开票有误或者销售折让、中止、退回等情形的，应当按照国家税务总局的规定开具红字增值税专用发票；未按照规定开具红字增值税专用发票的，不得扣减销项税额或者销售额。

销售方凭税务机关系统校验通过的《开具红字增值税专用发票信息表》开具红字增值税专用发票的，在增值税发票管理新系统（简称“新系统”）中以销项负数开具。借记“主营业务收入”、“应交税费——应交增值税（销项税额）”或“应交税费——简易计税”（小规模纳税人应借记“应交税费——应交增值税”）等科目（登账时用红字在贷方登记），贷记“应收账款”“银行存款”“财务费用”等科目（登账时用红字在借方登记）；同时，借记“库存商品”科目（登账时用红字在贷方登记），贷记“主营业务成本”科目（登账时用红字在借方登记）。

【例2-33】嘉实公司为增值税一般纳税人，本年6月向嘉禾公司销售一批产品，开具增值税专用发票，注明价款200 000元、增值税税额26 000元，该批产品已经发出，款项以银行存款收讫。该批产品的成本为120 000元。该批产品在发出时，其控制权由嘉实公司转移给嘉禾公司。本年9月由于发现质量不符合要求，双方协商折让20%。嘉实公司凭税务机关系统校验通过的《开具红字增值税专用发票信息表》开具红字增值税专用发票，在新系统中以销项负数开具，注明折让价款40 000元、增值税税额5 200元，嘉实公司通过银行汇出款项。

要求：对嘉实公司上述业务进行账务处理。

（1）销售产品时：

借：银行存款　　226 000

　贷：主营业务收入　　200 000

　　应交税费——应交增值税（销项税额）　　26 000

借：主营业务成本　　120 000

　贷：库存商品　　120 000

（2）发生折让时：

借：主营业务收入　　40 000

　应交税费——应交增值税（销项税额）　　5 200

　贷：银行存款　　45 200

需要注意的是：实际登账时，“主营业务收入”“应交税费——应交增值税（销项税额）”应以红字记入贷方发生额，“银行存款”应以红字记入借方发生额。

借：银行存款　　45 200

　贷：主营业务收入　　40 000

　　应交税费——应交增值税（销项税额）　　5 200

【例2-34】嘉通公司为增值税一般纳税人，本年10月向乙公司提供货物运输服务，嘉通公司开具的增值税专用发票上注明价款40 000元、增值税税额3 600元。乙公司已经取得嘉通公司提供运输服务的控制权。由于嘉通公司的问题，货物延迟1个月送达，后来双方协商折让10%，嘉通公司按照现行税法规定开具红字增值税专用发票。款项尚未结算。

要求：对嘉通公司上述业务进行账务处理。

(1) 提供运输服务时：

借：应收账款——乙公司 43 600

贷：主营业务收入 40 000

应交税费——应交增值税（销项税额） 3 600

(2) 发生折让时，嘉通公司按照税法规定开具红字增值税专用发票，冲销主营业务收入4 000元和增值税税额360元。

借：应收账款——乙公司 [4 360]

贷：主营业务收入 [4 000]

应交税费——应交增值税（销项税额） [360]

【例2-35】 嘉实公司为增值税一般纳税人，本年8月赊销给乙公司一批产品，开具增值税专用发票，注明价款400 000元、增值税税额52 000元，该批产品当月发给乙公司。该批产品在发出时，其控制权由嘉实公司转移给乙公司。后来因产品质量问题，经双方协商后乙公司于本年10月全部退货。嘉实公司凭税务机关系统校验通过的《开具红字增值税专用发票信息表》开具红字增值税专用发票，在新系统中以销项负数开具，注明价款400 000元、增值税税额52 000元，该批货物成本为320 000元。

要求：对嘉实公司上述业务进行账务处理。

(1) 销售产品时：

借：应收账款 452 000

贷：主营业务收入 400 000

应交税费——应交增值税（销项税额） 52 000

借：主营业务成本 320 000

贷：库存商品 320 000

(2) 销售退回时：

借：应收账款 [452 000]

贷：主营业务收入 [400 000]

应交税费——应交增值税（销项税额） [52 000]

借：主营业务成本 [320 000]

贷：库存商品 [320 000]

(2) 提供折扣的销项税额或应纳增值税税额的会计核算。

①折扣销售的销项税额或应纳增值税税额的会计核算。折扣销售即会计上的商业折扣，是指销售方在销售货物、加工修理修配劳务、服务、无形资产或不动产时，由于购买方购买数量较多或与销售方有特殊关系等原因而给予对方价格优惠（直接打折）。纳税人采取折扣销售方式销售货物，如果销售额和折扣额在同一张发票上分别注明，可按折扣后的销售额征收增值税；如果将折扣额另开发票，不论其在财务上如何处理，均不得从销售额中减除折扣额。纳税人发生应税行为，将价款和折扣额在同一张发票上分别注明的，以折扣后的价款为销售额；未在同一张发票上分别注明的，以价款为销售额，不得扣减折扣额。销售额和折扣额在同一张发票上分别注明，是指

销售额和折扣额在同一张发票上的“金额”栏分别注明，可按折扣后的销售额征收增值税。未在同一张发票上的“金额”栏注明折扣额，而仅在发票上的“备注”栏注明折扣额的，折扣额不得从销售额中减除。

【特别提示】 折扣销售仅限于对货物价格的折扣，如果销售方将自产、委托加工或购进的货物用于实物折扣（例如，实务中的“买一赠一”“买一赠二”“买二赠一”等），则该实物价款不能从货物销售额中减除，且该实物应按“视同销售货物”中“将自产、委托加工或者购进的货物无偿赠送其他单位或者个人”的行为计算缴纳增值税。这主要指的是对用于实物折扣的实物（赠送的礼品）单独开具发票，或者不开具发票而直接按出库处理，需要对其视同销售缴纳增值税。

纳税人可以将实物折扣转变为价格折扣，即纳税人可以将用于实物折扣的实物（赠送的礼品）的实际价值并入商品价格中，再将实物（礼品）价格作为折扣，在同一张发票上的“金额”栏注明折扣额。纳税人也可以将实物（礼品）作为所销售商品的组合，在开具销售发票时，将实际收到的销售金额按销售货物和随同销售赠送货物的公允价值的比例来分摊确认其销售收入，同时应将销售货物和随同销售赠送货物的品名、数量以及按各项商品公允价值的比例分摊确认的价格在同一张发票上的“金额”栏分别注明。这样纳税人既可节税，又可避免不必要的处罚。

【例2-36】 嘉实公司为增值税一般纳税人，本年10月为扩大销售向乙公司销售其产品，实行八折优惠，该批产品已经发出，款项以银行存款收讫。假设销售产品500件，产品原价为每件1 000元（不含增值税），折扣后的价格为每件800元（不含增值税），且折扣额与销售额在同一张发票上的“金额”栏分别注明。该产品成本为每件600元，适用的增值税税率为13%。该批产品在发出时，其控制权由嘉实公司转移给乙公司。

要求：对嘉实公司上述业务进行账务处理。

借：银行存款　　452 000
　贷：主营业务收入（800×500）　　400 000
　　应交税费——应交增值税（销项税额）（800×500×13%）　　52 000
借：主营业务成本　　300 000
　贷：库存商品　　300 000

【例2-37】 嘉华公司为增值税一般纳税人，本年5月开展一次促销活动，采用“买一赠一”的方式销售皮鞋，即顾客每购买一双皮鞋可获赠一双棉袜。每双皮鞋的不含增值税价格为900元，每条棉袜的不含增值税价格为40元。当月嘉华采用“买一赠一”的方式销售皮鞋100双。已知每双皮鞋和每双棉袜的成本分别为500元和30元。嘉华公司将销售皮鞋和随同皮鞋赠送的棉袜品名、数量以及按各项商品公允价值的比例分摊确认的价格在同一张发票上的“金额”栏分别注明。该批皮鞋和棉袜已经发出，且在发出时其控制权由嘉华公司转移给顾客。

要求：对嘉华公司上述业务进行账务处理。

增值税销项税额=900×100×13%=11 700（元）

销售皮鞋应分摊的收入=900×100×900÷（900+40）=86 170.21（元）

赠送棉袜应分摊的收入=900×100×40÷（900+40）=3 829.79（元）

借：银行存款　　101 700

　贷：主营业务收入——皮鞋　　86 170.21

　　　　　　　　——棉袜　　3 829.79

　　应交税费——应交增值税（销项税额）　　11 700

借：主营业务成本　　53 000

　贷：库存商品——皮鞋　　50 000

　　　　　　——棉袜　　3 000

②销售折扣的销项税额或应纳增值税税额的会计核算。销售折扣即会计上的现金折扣，是指销货方在销售货物或应税劳务后，为了鼓励购货方及早偿还货款而协议许诺给予购货方的一种折扣优待，即对在折扣期内付款的客户，按销售货款给予一定比例的价款减让。

《关于严格执行企业会计准则 切实做好企业2021年年报工作的通知》（财会〔2021〕32号）规定："企业应当按照新收入准则的相关规定，根据与客户的合同条款、并结合其以往的习惯做法确定合同的交易价格。企业在销售商品时给予客户的现金折扣，应当按照新收入准则中关于可变对价的相关规定进行会计处理。"

根据《企业会计准则第14号——收入》（2017年修订）的规定，企业与客户的合同中约定的对价金额可能是固定的，也可能会因折扣、价格折让、返利、退款、奖励积分、激励措施、业绩奖金、索赔等因素而变化。此外，根据一项或多项或有事项的发生而收取不同对价金额的合同，也属于可变对价的情形。

若合同中存在可变对价，企业应当对计入交易价格的可变对价进行估计。企业应当按照期望值或最可能发生金额确定可变对价的最佳估计数。但是，企业不能在两种方法之间随意进行选择。期望值是按照各种可能发生的对价金额及相关概率计算确定的金额；最可能发生金额是一系列可能发生的对价金额中最可能发生的单一金额，即合同最可能产生的单一结果。此外，需要注意的是，企业确定可变对价金额之后，计入交易价格的可变对价金额还应满足限制条件，即包含可变对价的交易价格，应当不超过在相关不确定性消除时，累计已确认的收入极可能不会发生重大转回的金额。企业在评估累计已确认收入是否极可能不会发生重大转回时，应当同时考虑收入转回的可能性及其比重。每一资产负债表日，企业应当重新估计应计入交易价格的可变对价金额。

对于销售折扣，企业选择总价法还是净价法进行会计处理，取决于对可变对价最佳估计数的判断。若对可变对价最佳估计数判断为总价，则为总价法。在总价法下，如果购买方能够在折扣期内付款，企业应按购买方获得的销售折扣金额调减营业收入。若对可变对价最佳估计数判断为净价，则为净价法。在净价法下，如果购买方未能在折扣期内付款，企业应按购买方放弃的销售折扣金额调增营业收入。

2.商业企业以返利、返点、促销费、进店费、展示费、管理费等名义向生产企业收取的各种费用增值税的会计核算

商业企业以返利、返点、促销费、进店费、展示费、管理费等名义向生产企业收取的各种费用的财税处理，分为两种情况。

（1）商业企业收取与商品销售量、销售额无必然联系的各项费用增值税的会计核算。对商业企业向供货方收取的与商品销售量、销售额无必然联系，且商业企业向供

货方提供一定劳务的收入，例如进场费、广告促销费、上架费、展示费等，不属于平销返利。商业企业不按照平销返利的方式冲减当期购入货物的增值税进项税额，而应按收取的进场费、广告促销费、上架费、展示费适用的税率缴纳增值税。其中，进场费、上架费按不动产租赁服务缴纳增值税（适用9%的增值税税率）；广告促销费、展示费按广告服务缴纳增值税（适用6%的增值税税率）。商业企业应当向供货方开具增值税专用发票或普通发票，供货方将此类费用作为销售费用列支。

【例2-38】嘉华公司是一家商业企业，乙公司是一家生产企业，均为增值税一般纳税人。乙公司是嘉华公司的常年货物供应商。本年10月嘉华公司共从乙公司购货452 000元，取得乙公司开具的增值税专用发票，发票上注明价款400 000元、增值税税额52 000元，货款未付，嘉华公司取得的增值税专用发票当月符合抵扣规定。乙公司向嘉华公司销售的这批货物成本为300 000元。本年10月嘉华公司从乙公司收取广告促销费31 800元，向乙公司开具的增值税专用发票上注明广告促销款30 000元、增值税税额1 800元；乙公司用银行存款支付广告促销费，该广告促销费与商品销售量、销售额无必然联系，乙公司取得的增值税专用发票本年10月符合抵扣规定。本年11月，嘉华公司以购进价格将该批货物全部对外销售。本年12月嘉华公司向乙公司支付所欠货款。

要求：分别对嘉华公司和乙公司上述业务进行账务处理。

（1）嘉华公司的账务处理如下：

①本年10月嘉华公司从乙公司购进货物时：

借：库存商品　400 000

　　应交税费——应交增值税（进项税额）　52 000

　贷：应付账款　452 000

②本年10月嘉华公司从乙公司收取广告促销费时：

借：银行存款　31 800

　贷：其他业务收入（31 800÷（1+6%））　30 000

　　　应交税费——应交增值税（销项税额）（31 800÷（1+6%）×6%）　1 800

③本年11月嘉华公司对外销售货物并结转成本时：

借：银行存款　452 000

　贷：主营业务收入　400 000

　　　应交税费——应交增值税（销项税额）　52 000

借：主营业务成本　400 000

　贷：库存商品　400 000

④本年12月嘉华公司向乙公司支付所欠货款时：

借：应付账款　452 000

　贷：银行存款　452 000

（2）供货方乙公司的账务处理如下：

①本年10月乙公司向嘉华公司销售货物并结转成本时：

借：应收账款　452 000

　贷：主营业务收入　400 000

贷：应交税费——应交增值税（销项税额） 52 000

借：主营业务成本 300 000

贷：库存商品 300 000

②本年10月乙公司向嘉华公司支付广告促销费时：

借：销售费用 30 000

应交税费——应交增值税（进项税额） 1 800

贷：银行存款 31 800

③本年12月乙公司从嘉华公司收回货款时：

借：银行存款 452 000

贷：应收账款 452 000

（2）商业企业收取与商品销售量、销售额挂钩的各种返还收入的增值税的会计核算。对商业企业向供货方收取的与商品销售量、销售额挂钩（如以一定比例、金额、数量计算）的各种返还收入，均应按照平销返利行为的有关规定冲减当期增值税进项税额。应冲减进项税额的计算公式为：

$$\text{当期应冲减的进项税额}=\text{当期取得的返还资金}\div(1+\text{所购货物适用增值税税率})\times\text{所购货物适用增值税税率}$$ 公式2-36

其他增值税一般纳税人向供货方收取的各种收入的纳税处理，比照上述规定执行。

商业企业收到的平销返利实质上是供货方对商业企业进销差价损失的弥补，且一般是在商品售出后结算的。在这种情况下，商业企业在冲减“应交税费——进项税额（进项税额转出）”的同时应冲减“主营业务成本”；若商品尚未售出就收到返利，则冲减“库存商品”；若到次年才收到返利，则应通过“以前年度损益调整”来调整核算。

生产企业（供货方）对给予商业企业的平销返利可以按销售折让或者折扣销售进行处理。若在商品售出后结算平销返利，则在实际返还时按有关规定开具红字增值税专用发票冲销销售收入和冲减销项税额；若商品尚未售出就支付返利，则将返利（即折扣金额）和销售价款开在同一张发票上，进行会计处理时可以直接按折扣后的金额入账；若到次年才支付返利，则应通过“以前年度损益调整”来调整核算。

【例2-39】嘉华公司是一家商业企业，丙公司是一家生产企业，均为增值税一般纳税人。丙公司是嘉华公司的常年货物供应商。本年10月嘉华公司共向丙公司购货452 000元，取得丙公司开具的增值税专用发票，发票上注明价款400 000元、增值税税额52 000元，货款未付，嘉华公司取得的增值税专用发票本年10月符合抵扣规定。丙公司向嘉华公司销售的这批货物成本为300 000元。本年11月，嘉华公司以购进价格将该批货物全部对外销售，当月嘉华公司按货物含增值税销售额的10%与丙公司结算返利，嘉华公司从丙公司收到45 200元现金返利。

要求：对嘉华公司和丙公司上述业务进行账务处理。

（1）嘉华公司的账务处理如下：

①本年10月嘉华公司从丙公司购进货物时：

借：库存商品 400 000

借：应交税费——应交增值税（进项税额）　52 000
　贷：应付账款　452 000

②本年11月嘉华公司对外销售货物并结转成本时：

借：银行存款　452 000
　贷：主营业务收入　400 000
　　　应交税费——应交增值税（销项税额）　52 000

借：主营业务成本　400 000
　贷：库存商品　400 000

③本年11月嘉华公司从丙公司收到返利时：

进项税额转出=45 200÷（1+13%）×13%=5 200（元）

借：银行存款　45 200
　贷：主营业务成本　40 000
　　　应交税费——应交增值税（进项税额转出）　5 200

（2）供货方丙公司的账务处理如下：

①本年10月丙公司向嘉华公司销售货物并结转成本时：

借：银行存款　452 000
　贷：主营业务收入　400 000
　　　应交税费——应交增值税（销项税额）　52 000

借：主营业务成本　300 000
　贷：库存商品　300 000

②本年11月丙公司向嘉华公司支付返利时：

借：银行存款　45 200
　贷：主营业务收入　40 000
　　　应交税费——应交增值税（销项税额）　5 200

3.以旧换新的销项税额或应纳增值税税额的会计核算

企业采取以旧换新的方式销售货物，应按新货物的同期销售价格确定销售额。考虑到金银首饰以旧换新业务的特殊情况，对金银首饰以旧换新业务，可以按销售方实际收取的不含增值税的全部价款征收增值税。企业应按扣除回收旧货物应收或实收价税合计后的金额，借记“银行存款”“库存现金”“应收账款”“应收票据”等科目；按回收的旧货物所抵价款，借记“原材料”“库存商品”等科目（若一般纳税人在一般计税方法下回收旧货物时，取得对方开具的增值税专用发票等扣税凭证，则按当月已认证的可抵扣增值税税额，借记“应交税费——应交增值税（进项税额）”科目；按当月未认证的可抵扣增值税税额，借记“应交税费——待认证进项税额”科目），按新货物正常对外销售不含增值税价款，贷记“主营业务收入”科目，并按此不含增值税价款计算增值税销项税额或者应纳增值税税额，贷记“应交税费——应交增值税（销项税额）”或“应交税费——简易计税”（小规模纳税人应贷记“应交税费——应交增值税”）等科目。

【例2-40】嘉实公司为增值税一般纳税人，本年10月采取以旧换新的方式向个人消费者销售摩托车100辆，摩托车零售价为6 780元/台，收回的旧摩托车作价1 000

元/台，嘉实公司向个人消费者共收取现金578 000元。该批摩托车已经由购买者提走，其控制权由嘉实公司转移给个人消费者。

要求：对嘉实公司上述业务进行账务处理。

借：库存现金 578 000

　　库存商品——旧彩电 100 000

　贷：主营业务收入 600 000

　　　应交税费——应交增值税（销项税额） 78 000

4.包装物销售、包装物租金及押金的销项税额或应纳增值税税额的会计核算

（1）包装物销售的销项税额或应纳增值税税额的会计核算。随同产品出售单独计价的包装物，在随同产品出售时要单独计价，单独反映其销售收入和销售成本，其销项税额或应纳增值税税额在确认销售收入的同时一并计算。企业应借记“银行存款”“应收账款”“应收票据”等科目，贷记“主营业务收入”、“其他业务收入——包装物”、“应交税费——应交增值税（销项税额）”或“应交税费——简易计税”（小规模纳税人应贷记“应交税费——应交增值税”）等科目，同时结转成本，借记“主营业务成本”科目，贷记“库存商品”科目，借记“其他业务成本”科目，贷记“周转材料——包装物”科目。随同商品出售而不单独计价的包装物，包装物收入实际上并入商品收入中，企业在确认商品收入的同时，结转商品成本，并按包装物的实际成本计入销售费用。企业应借记“银行存款”“应收账款”“应收票据”等科目，贷记“主营业务收入”、“应交税费——应交增值税（销项税额）”或“应交税费——简易计税”（小规模纳税人应贷记“应交税费——应交增值税”）等科目，同时借记“主营业务成本”科目，贷记“库存商品”科目，借记“销售费用”科目，贷记“周转材料——包装物”科目。

【例2-41】 嘉实公司为增值税一般纳税人，本年7月将附带包装物的A产品100件对外销售，包装物单独计价，开具的增值税专用发票上注明A产品价款400 000元、包装物价款80 000元、A产品增值税税额52 000元、包装物增值税税额10 400元。该批A产品和包装物已经发出，款项以银行存款收讫。A产品的单位实际成本为3 200元，包装物的单位成本为600元。该批A产品和包装物在发出时，其控制权由嘉实公司转移给客户。

要求：对嘉实公司上述业务进行账务处理。

（1）确认销售收入时：

借：银行存款 542 400

　贷：主营业务收入——A产品 400 000

　　　其他业务收入——包装物 80 000

　　　应交税费——应交增值税（销项税额）（52 000+10 400） 62 400

（2）结转成本时：

借：主营业务成本 320 000

　贷：库存商品 320 000

借：其他业务成本 60 000

　贷：周转材料——包装物 60 000

（2）包装物租金的销项税额或应纳增值税税额的会计核算。根据增值税相关政

策，包装物租金属于价外费用，应并入销售额计算销项税额或应纳增值税税额，价外费用属于含增值税收入，应换算成不含增值税收入计算缴纳增值税。根据全面试行营改增相关政策，销售货物的同时收取包装物租金的行为属于混合销售行为，应当根据主业销售货物的税率缴纳增值税。不管选择按照以上哪种规定来确认纳税行为，其应纳税额的计算和会计处理方式是相同的。企业应借记“银行存款”“应收账款”“应收票据”等科目；按产品销售收入，贷记“主营业务收入”科目；按包装物租金收入换算成的不含增值税收入，贷记“其他业务收入”科目；按计算出的销项税额或者应纳增值税税额，贷记“应交税费——应交增值税（销项税额）”或“应交税费——简易计税”（小规模纳税人应贷记“应交税费——应交增值税”）等科目。

【例2-42】 嘉实公司为增值税一般纳税人，本年7月向乙公司销售B产品一批，价款为40 000元（不含增值税），增值税税额为5 200元，同时出租包装物100个，共收取租金3 390元（含增值税），该批B产品当月已经发出，款项以银行存款收讫。该批B产品的成本为20 000元。该批B产品在发出时，其控制权由嘉实公司转移给乙公司。

要求：对嘉实公司上述业务进行账务处理。

（1）确认销售收入时：

借：银行存款　　48 590

　贷：主营业务收入——B产品　　40 000

　　其他业务收入——包装物租金（3 390÷（1+13%））　　3 000

　　应交税费——应交增值税（销项税额）（5 200+3 390÷（1+13%）×13%）　　5 590

（2）结转成本时：

借：主营业务成本　　20 000

　贷：库存商品　　20 000

（3）包装物押金的销项税额或应纳增值税税额的会计核算。一般情况下，企业为销售货物而出租出借包装物收取的押金，单独记账核算且时间在1年以内（以12个月为限）又未过期的，不并入销售额征税，但对因逾期未收回包装物不再退还的押金，应按所包装货物的适用税率计算销项税额或应纳增值税税额。其中，逾期是指按合同约定实际逾期，或以1年为期限，对收取1年以上的押金，无论是否退还均并入销售额征税。当然，在将包装物押金并入销售额征税时，需要先将该押金换算为不含税价。对于个别包装物周转使用期限较长的，报经税务机关确定后，可适当放宽逾期期限。从1995年6月1日起，对销售除啤酒、黄酒以外的其他酒类产品而收取的包装物押金，无论是否返还以及会计上如何核算，均应并入当期销售额征税。对销售啤酒、黄酒所收取的包装物押金，按上述一般包装物押金的规定处理。因此销售酒类产品收取的包装物押金分为两种情况：一是啤酒、黄酒的包装物押金，其会计核算与一般包装物押金的税务处理相同；二是除啤酒、黄酒以外的其他酒类产品的包装物押金，无论该押金是否返还以及会计上如何核算，均应在收取押金时并入当期销售额计算缴纳增值税。对于一般情况下的包装物押金，在收到押金时，应借记“银行存款”科目，贷记“其他应付款”科目，若在规定期限内收回包装物押金，再做相反的会计分录。而若在规定期限内未收回包装物，不再退还押金，则借记“其他应付款”科目；按包装物押金换算成的不含增值税收入，贷记“其他业务收入”科目；按计算出的销项税额或应纳增值税税额，贷记“应交税费——应交增值税（销项税额）”或“应交税费——简易计税”（小规模纳税人应贷记“应交税费——应交增值税”）等科目；同时结转包装物成本，借记“其他业务成本”科目，贷记“周转材料——包装物”科目。

【例2-43】嘉华公司为增值税一般纳税人，本年9月销售新型号电视机20台，每台不含税单价为4 000元，同时出借包装物一批，收到包装物押金11 300元，该批电视机已经发出，款项以银行存款收讫。电视机成本为3 500元/台，包装物成本一共为8 000元。该批电视机在发出时，其控制权由嘉实公司转移给客户。

要求：对嘉实公司上述业务进行账务处理。

（1）销售电视机并收到包装物押金时：

借：银行存款　101 700
　贷：主营业务收入　80 000
　　应交税费——应交增值税（销项税额）　10 400
　　其他应付款——存入保证金　11 300

（2）结转电视机成本时：

借：主营业务成本　70 000
　贷：库存商品　70 000

（3）退还或者没收包装物押金时：

①如果出借的包装物在约定期限或者1年内收回，则收回包装物并退还押金时：

借：其他应付款——存入保证金　11 300
　贷：银行存款　11 300

②如果出借的包装物逾期或者超过1年仍未收回，没收包装物押金，则确认收入及销项税额，同时结转包装物成本。

借：其他应付款——存入保证金　11 300
　贷：其他业务收入（11 300÷（1+13%））　10 000
　　应交税费——应交增值税（销项税额）（1 130÷（1+13%）×13%）　1 300
借：其他业务成本　8 000
　贷：周转材料——包装物　8 000

（四）小规模纳税人销售等业务应纳增值税税额的会计核算

小规模纳税人销售货物、加工修理修配劳务、服务、无形资产或不动产，应当按应收或已收的金额，借记“应收账款”“应收票据”“银行存款”等科目；按取得的收入金额，贷记“主营业务收入”“其他业务收入”“固定资产清理”等科目；按依据现行增值税制度规定计算的应纳增值税税额，贷记“应交税费——应交增值税”科目。发生销售退回的，应根据按规定开具的红字增值税专用发票做相反的会计分录。

【例2-44】嘉城公司为增值税小规模纳税人，2023年5月采取直接收款方式销售A产品一批，开具的增值税普通发票上注明价款40 000元、增值税税额1 200元。A产品的成本为30 000元。该批A产品已发出，款项以银行存款收讫。该批A产品在发出时，其控制权由嘉城公司转移给客户。嘉城公司2023年5月销售A产品适用的增值税征收率为3%。

要求：对嘉城公司上述业务进行账务处理。

借：银行存款 41 200

贷：主营业务收入 40 000

应交税费——应交增值税 1 200

借：主营业务成本 30 000

贷：库存商品 30 000

三、增值税进项税额的会计核算

（一）一般购进业务进项税额的会计核算

一般纳税人购进货物、加工修理修配劳务、服务、无形资产或不动产，按应计入相关成本费用或资产的金额，借记“在途物资”或“原材料”“库存商品”“委托加工物资”“生产成本”“无形资产”“固定资产”“管理费用”等科目；按当月已认证的可抵扣增值税税额，借记“应交税费——应交增值税（进项税额）”科目；按当月未认证的可抵扣增值税税额，借记“应交税费——待认证进项税额”科目（小规模纳税人购进货物、加工修理修配劳务、服务、无形资产或不动产支付或者承担的增值税不记入“应交税费——应交增值税（进项税额）”或“应交税费——待认证进项税额”等科目，而记入“在途物资”（或“材料采购”）或“原材料”、“库存商品”、“生产成本”、“固定资产”、“管理费用”等科目。一般纳税人适用简易计税方法时以及一般纳税人适用一般计税方法但取得增值税普通发票等情形时，购进货物、加工修理修配劳务、服务、无形资产或不动产支付或者承担的增值税不记入“应交税费——应交增值税（进项税额）”或“应交税费——待认证进项税额”等科目，而记入“在途物资”（或“材料采购”）或“原材料”、“库存商品”、“生产成本”、“固定资产”、“管理费用”等科目，下同），按应付或实际支付的金额，贷记“应付账款”“应付票据”“银行存款”等科目。发生退货的，如原增值税专用发票已做认证，应根据税务机关开具的红字增值税专用发票做相反的会计分录；如原增值税专用发票未做认证，应将发票退回并做相反的会计分录。

1.购进货物的进项税额的会计核算

一般纳税人购进货物，按应计入相关成本费用或资产的金额，借记“在途物资”（或“材料采购”）或“原材料”“库存商品”“生产成本”“固定资产”“管理费用”等科目；按当月已认证的可抵扣增值税税额，借记“应交税费——应交增值税（进项税额）”科目；按当月未认证的可抵扣增值税税额，借记“应交税费——待认证进项税额”科目；按应付或实际支付的金额，贷记“应付账款”“应付票据”“银行存款”等科目。

【特别提示】自2020年3月1日起，增值税一般纳税人取得2017年1月1日及以后开具的增值税专用发票、海关进口增值税专用缴款书、机动车销售统一发票、收费公路通行费增值税电子普通发票，取消认证确认、稽核比对、申报抵扣的期限。纳税人在进行增值税纳税申报时，应当通过本省（自治区、直辖市和计划单列市）增值税发票综合服务平台对上述扣税凭证信息进行用途确认。

【例2-45】嘉实公司为增值税一般纳税人，原材料成本核算采用实际成本法。嘉实公司本年5月购入原材料1 000千克，单价为60元/千克，取得的增值税专用发票上注明价款60 000元、增值税税额7 800元。当月货款已支付，原材料尚未到达。本年6月收到原材料，并验收入库。嘉实公司取得的增值税专用发票符合抵扣规定。

要求：对嘉实公司上述业务进行账务处理。

（1）本年5月购入原材料，取得增值税专用发票且取得的增值税专用发票当月符合抵扣规定，并支付货款时：

借：在途物资　60 000
　　应交税费——应交增值税（进项税额）　7 800
　贷：银行存款　67 800

（2）本年6月收到原材料，并验收入库时：

借：原材料　60 000
　贷：在途物资　60 000

【例2-46】嘉实公司为增值税一般纳税人，原材料成本的核算采用实际成本法。嘉实公司本年5月购入原材料1 000千克，单价为60元/千克，取得的增值税专用发票上注明价款60 000元、增值税税额7 800元。货款已支付，材料已验收入库。嘉实公司在本年8月初的纳税申报期内，才对取得的增值税专用发票通过增值税发票综合服务平台进行勾选确认。

要求：对嘉实公司上述业务进行账务处理。

（1）本年1月购入货物时：

借：原材料　60 000
　　应交税费——待认证进项税额　7 800
　贷：银行存款　67 800

（2）本年8月初的纳税申报期内，对取得的增值税专用发票通过增值税发票综合服务平台进行勾选确认，因此本年7月符合抵扣规定：

借：应交税费——应交增值税（进项税额）　7 800
　贷：应交税费——待认证进项税额　7 800

2.进口货物的进项税额的会计核算

一般纳税人进口货物，按应计入相关成本费用或资产的金额，借记“在途物资”（或“材料采购”）或“原材料”、“库存商品”、“生产成本”、“固定资产”、“管理费用”等科目；按从海关取得的海关进口增值税专用缴款书上注明的增值税税额（已申请稽核并取得稽核相符结果的海关缴款书进项税额），借记“应交税费——应交增值税（进项税额）”科目；按从海关取得的海关进口增值税专用缴款书上注明的增值税税额（尚未申请稽核或者已申请稽核但尚未取得稽核相符结果的海关缴款书进项税额），借记“应交税费——待认证进项税额”科目；按应付或实际支付的金额，贷记“应付账款”“应付票据”“银行存款”等科目。

【例2-47】嘉实公司为增值税一般纳税人，本年9月从国外进口一批原材料并已验收入库，海关完税凭证上注明的价款为3 000 000元，已知其关税税率为10%。嘉实公司原材料成本的核算采用实际成本法。从海关取得的海关进口增值税专用缴款书上注明增值税税额429 000元，该海关进口增值税专用缴款书本年9月已经申请稽核比对并且稽核比对结果为相符。

要求：对嘉实公司上述业务进行账务处理。

该批原材料进口时应纳关税=3 000 000×10%=300 000（元）

该批原材料进口时应纳增值税=（3 000 000+300 000）×13%=429 000（元）

借：原材料（3 000 000+300 000）　　3 300 000

　　应交税费——应交增值税（进项税额）　　429 000

　贷：银行存款　　3 729 000

3.购进免税农产品的进项税额的会计核算

自2019年4月1日起，纳税人购进农产品，按下列规定抵扣进项税额：

（1）纳税人购进农产品，取得一般纳税人开具的增值税专用发票或海关进口增值税专用缴款书的，以增值税专用发票或海关进口增值税专用缴款书上注明的增值税税额为进项税额；从按照简易计税方法依照3%征收率计算缴纳增值税的小规模纳税人处取得增值税专用发票的，以增值税专用发票上注明的金额和9%的扣除率计算进项税额；取得（开具）农产品销售发票或收购发票的，以农产品销售发票或收购发票上注明的农产品买价和9%的扣除率计算进项税额（买价是指纳税人购进农产品在农产品收购发票或者销售发票上注明的价款和按照规定缴纳的烟叶税）。

（2）纳税人从批发、零售环节购进适用免征增值税政策的蔬菜、部分鲜活肉蛋而取得的普通发票，不得作为计算抵扣进项税额的凭证。

（3）纳税人购进农产品既用于生产销售或委托加工13%税率货物又用于生产销售其他货物服务的，应当分别核算用于生产销售或委托加工13%税率货物和其他货物服务的农产品进项税额。未分别核算的，统一以增值税专用发票或海关进口增值税专用缴款书上注明的增值税税额为进项税额，或以农产品收购发票或销售发票上注明的农产品买价和9%的扣除率计算进项税额。

（4）销售发票是指农业生产者销售自产农产品适用免征增值税政策而开具的普通发票。购进免税农产品进项税额的会计核算具体分为以下两种情况：

一是农产品增值税进项税额核定扣除试点行业范围以外的一般纳税人购进农产品进项税额的会计核算。农产品增值税进项税额核定扣除试点行业范围以外的一般纳税人购进农产品，按应计入相关成本费用或资产的金额，借记“在途物资”（或“材料采购”）或“原材料”、“库存商品”、“生产成本”、“管理费用”等科目。取得一般纳税人开具的增值税专用发票或海关进口增值税专用缴款书的，以增值税专用发票或海关进口增值税专用缴款书上注明的增值税税额为进项税额；从按照简易计税方法依照3%征收率计算缴纳增值税的小规模纳税人处取得增值税专用发票的，以增值税专用发票上注明的金额和9%的扣除率计算进项税额；取得（开具）农产品销售发票或收购发票的，以农产品销售发票或收购发票上注明的农产品买价和9%的扣除率计算进项税额，借记“应交税费——应交增值税（进项税额）”科目。按应付或实际支付的金额，贷记“应付账款”“应付票据”“银行存款”等科目。

【例2-48】嘉华公司为一家食品公司，属于农产品增值税进项税额核定扣除试点行业范围以外的一般纳税人。本年8月嘉华公司以现金向农民收购一批免税农产品

A，法定收购凭证注明买价100 000元，并于本年9月领用全部农产品A生产增值税税率为13%的饼干。本年10月嘉华公司以现金向农民收购一批免税农产品B，法定收购凭证注明买价200 000元，并于本年11月将农产品B全部直接对外销售，同时开具增值税专用发票，注明价款210 000元、增值税税额18 900元。该批农产品B已经发出，款项以银行存款收讫。嘉华公司原材料成本的核算采用实际成本法。该批农产品B在发出时，其控制权由嘉华公司转移给客户。

要求：对嘉华公司上述业务进行账务处理。

（1）本年8月嘉华公司购入免税农产品A时：

可抵扣的进项税额=100 000×9%=9 000（元）

借：原材料（100 000−9 000） 91 000

  应交税费——应交增值税（进项税额） 9 000

 贷：库存现金 100 000

（2）本年9月嘉华公司领用农产品A生产增值税税率为13%的饼干时：

$$\text{加计扣除农产品进项税额} = \frac{\text{当期生产领用农产品已按9\%税率(扣除率)抵扣税额}}{} \div 9\% \times (10\% - 9\%)$$

$$= 9\,000 \div 9\% \times (10\% - 9\%)$$

$$= 1\,000(\text{元})$$

借：生产成本 90 000

  应交税费——应交增值税（进项税额） 1 000

 贷：原材料 91 000

（3）本年10月嘉华公司购入免税农产品B时：

可抵扣的进项税额=200 000×9%=18 000（元）

借：库存商品（200 000−18 000） 182 000

  应交税费——应交增值税（进项税额） 18 000

 贷：库存现金 200 000

（4）本年11月嘉华公司将农产品B全部直接对外销售时：

借：银行存款 228 900

 贷：主营业务收入 210 000

  应交税费——应交增值税（销项税额） 18 900

借：主营业务成本 182 000

 贷：库存商品 182 000

二是农产品增值税进项税额核定扣除试点行业范围以内的一般纳税人购进农产品进项税额的会计核算。农产品增值税进项税额核定扣除试点行业范围以内的一般纳税人购进农产品，若取得农产品增值税专用发票和海关进口增值税专用缴款书，应按照注明的金额及增值税税额一并计入所购农产品成本；若自行开具农产品收购发票和取得农产品销售发票，应按照注明的买价直接计入所购农产品成本。也就是说，实行《农产品增值税进项税额核定扣除试点实施办法》的纳税人（简称“试点纳税人”）在购进农产品时不计提增值税进项税额，直接按照含增值税购买价款借记“在途物资”“材料采购”等科目，贷记“库存现金”等科目。货物验收入库后，再由“在途物资”“材料采购”科目转入“原材料”“库存商品”等科目。

试点纳税人按照《农产品增值税进项税额核定扣除试点实施办法》的规定准确计算当期允许抵扣的农产品增值税进项税额，应从“主营业务成本”“其他业务成本”“销售费用”等相关科目转入“应交税费——应交增值税（进项税额）”科目。

需要注意的是，试点纳税人应自执行《农产品增值税进项税额核定扣除试点实施办法》之日起，将期初库存农产品以及库存半成品、产成品耗用的农产品增值税进项税额做转出处理，以避免重复抵扣增值税进项税额。

首先，以购进农产品为原料生产货物的试点纳税人，其农产品增值税进项税额可按照投入产出法、成本法和参照法核定。

第一，投入产出法。在投入产出法下，参照国家标准、行业标准（包括行业公认标准和行业平均耗用值），确定销售单位数量货物耗用外购农产品的数量（以下称“农产品单耗数量”）。

当期允许抵扣的农产品增值税进项税额依据农产品单耗数量、当期销售货物数量农产品平均购买单价（含税，下同）和农产品增值税进项税额扣除率（简称“扣除率”）计算。其计算公式为：

$$\frac{当期允许扣除的农产品}{增值税进项税额}=\frac{当期农产品}{耗用数量}\times\frac{当期农产品}{购买单价}\times 扣除率\div(1+扣除率) \quad 公式2\text{-}37$$

$$\frac{当期农产品}{耗用数量}=\frac{当期销售货物数量(不含采购除农产品}{以外的半成品生产的货物数量)}\times\frac{农产品}{单耗数量} \quad 公式2\text{-}38$$

对以单一农产品原料生产多种货物或者以多种农产品原料生产多种货物的，在核算当期农产品耗用数量和平均购买单价时，应依据合理的方法归集和分配。

农产品平均购买单价是指购买农产品的期末平均买价，不包括买价之外单独支付的运费和入库前的整理费用。期末平均买价的计算公式为：

$$\frac{期末平均}{买价}=\left(\frac{期初库存}{农产品数量}\times\frac{期初}{平均买价}+\frac{当期购进}{农产品数量}\times\frac{当期}{买价}\right)\div\left(\frac{期初库存}{农产品数量}+\frac{当期购进}{农产品数量}\right) \quad 公式2\text{-}39$$

扣除率为销售货物的适用税率。

第二，成本法。在成本法下，依据试点纳税人年度会计核算资料，计算确定耗用农产品的外购金额占生产成本的比例（以下称“农产品耗用率”）。当期允许抵扣的农产品增值税进项税额依据当期主营业务成本、农产品耗用率以及扣除率计算。其计算公式为：

$$\frac{当期允许抵扣的农产品}{增值税进项税额}=\frac{当期主营}{业务成本}\times\frac{农产品}{耗用率}\times 扣除率\div(1+扣除率) \quad 公式2\text{-}40$$

$$农产品耗用率=上年投入生产的农产品外购金额\div上年生产成本 \quad 公式2\text{-}41$$

农产品外购金额（含税）不包括不构成货物实体的农产品（包括包装物、辅助材料、燃料、低值易耗品等）和在购进农产品之外单独支付的运费、入库前的整理费用。

对以单一农产品原料生产多种货物或者以多种农产品原料生产多种货物的，在核算当期主营业务成本以及核定农产品耗用率时，试点纳税人应依据合理的方法归集和分配。

农产品耗用率由试点纳税人向主管税务机关申请核定。年度终了，主管税务机关应根据试点纳税人本年实际对当年已抵扣的农产品增值税进项税额进行纳税调整，重新核定当年的农产品耗用率，并作为下一年度的农产品耗用率。

扣除率为销售货物的适用税率。

第三，参照法。在参照法下，新办的试点纳税人或者试点纳税人新增产品的，试点纳税人可参照所属行业或者生产结构相近的其他试点纳税人确定农产品单耗数量或者农产品耗用率。次年，试点纳税人向主管税务机关申请核定当期的农产品单耗数量或者农产品耗用率，并据此计算确定当年允许抵扣的农产品增值税进项税额，同时对上年增值税进项税额进行调整。核定的进项税额超过实际抵扣的增值税进项税额的，其差额部分可以结转下期继续抵扣；核定的进项税额低于实际抵扣的增值税进项税额的，其差额部分应按现行增值税的有关规定将进项税额做转出处理。

其次，试点纳税人购进农产品直接销售的，农产品增值税进项税额按照以下方法核定扣除：

$$\text{当期允许抵扣农产品增值税进项税额} = \frac{\text{当期销售农产品数量}}{1-\text{损耗率}} \times \text{农产品平均购买单价} \times \frac{9\%}{1+9\%} \quad \text{公式2-42}$$

$$\text{损耗率}=\text{损耗数量}\div\text{购进数量} \quad \text{公式2-43}$$

最后，试点纳税人购进农产品用于生产经营且不构成货物实体的（包括包装物、辅助材料、燃料、低值易耗品等），增值税进项税额按照以下方法核定扣除：

$$\text{当期允许扣除的农产品增值税进项税额} = \text{当期农产品耗用数量} \times \text{当期农产品购买单价} \times \text{扣除率} \div \left(1+\text{扣除率}\right) \quad \text{公式2-44}$$

农产品单耗数量、农产品耗用率和损耗率统称为农产品增值税进项税额扣除标准（简称“扣除标准”）。

4.购进（接受）加工修理修配劳务的进项税额的会计核算

一般纳税人购进加工修理修配劳务，按应计入相关成本费用或资产的金额，借记“委托加工物资”“生产成本”“管理费用”等科目；按当月已认证的可抵扣增值税税额，借记“应交税费——应交增值税（进项税额）”科目；按当月未认证的可抵扣增值税税额，借记“应交税费——待认证进项税额”科目；按应付或实际支付的金额，贷记“应付账款”“应付票据”“银行存款”等科目。

【例2-49】 嘉实公司为增值税一般纳税人，本年5月拨付原材料100 000元，委托外单位配套加工，以转账支票支付加工费，取得受托方开具的增值税专用发票，发票上注明加工费20 000元、增值税税额2 600元，材料加工完毕按实际成本验收入库。嘉实公司取得的增值税专用发票本年5月符合抵扣规定。

要求：对嘉实公司上述业务进行账务处理。

（1）拨付委托加工材料时：

借：委托加工物资　　100 000

　贷：原材料　　100 000

（2）支付加工费时：

借：委托加工物资　　20 000
　　应交税费——应交增值税（进项税额）　　2 600
　贷：银行存款　　22 600

（3）加工完毕验收入库时：

借：原材料（或库存商品）　　120 000
　贷：委托加工物资　　120 000

5.购进（接受）服务的进项税额的会计核算

一般纳税人购进服务，按应计入相关成本费用或资产的金额，借记“在途物资”（或“材料采购”）或“原材料”、“库存商品”、“生产成本”、“销售费用”、“管理费用”等科目；按当月已认证的可抵扣增值税税额，借记“应交税费——应交增值税（进项税额）”科目；按当月未认证的可抵扣增值税税额，借记“应交税费——待认证进项税额”科目；按应付或实际支付的金额，贷记“应付账款”“应付票据”“银行存款”等科目。

【例2-50】嘉实公司为增值税一般纳税人，本年7月就有关经营事宜向某管理咨询公司咨询，支付咨询费用价税合计2 120元，取得的管理咨询公司开具的增值税专用发票上注明咨询费用2 000元、增值税税额120元。嘉实公司取得的增值税专用发票当月符合抵扣规定。

要求：对嘉实公司上述业务进行账务处理。

借：管理费用　　2 000
　　应交税费——应交增值税（进项税额）　　120
　贷：银行存款　　2 120

【例2-51】嘉实公司为增值税一般纳税人，本年7月从乙公司购入A材料2 000千克，单价为50元/千克，取得的乙公司开具的增值税专用发票上注明价款100 000元、增值税税额13 000元；另支付给丙运输公司运费2 180元，取得的丙运输公司开具的增值税专用发票上注明运输费用2 000元、增值税税额180元。上述款项均已支付，材料验收入库。嘉实公司原材料成本的核算采用实际成本法。嘉实公司取得的增值税专用发票当月符合抵扣规定。

要求：对嘉实公司上述业务进行账务处理。

借：原材料（100 000+2 000）　　102 000
　　应交税费——应交增值税（进项税额）（13 000+180）　　13 180
　贷：银行存款　　115 180

6.购进无形资产的进项税额的会计核算

一般纳税人购进无形资产，按应计入相关成本费用或资产的金额，借记“无形资产”等科目；按当月已认证的可抵扣增值税税额，借记“应交税费——应交增值税（进项税额）”科目；按当月未认证的可抵扣增值税税额，借记“应交税费——待认证进项税额”科目；按应付或实际支付的金额，贷记“应付账款”“应付票据”“银行存款”等科目。

【例2-52】嘉实公司为增值税一般纳税人，本年11月从乙公司购入一项非专利技术，取得的增值税专用发票上注明价款300 000元、增值税税额18 000元。嘉实公司取得的增值税专用发票当月符合抵扣规定。

要求：对嘉实公司上述业务进行账务处理。

借：无形资产——非专利技术　　300 000
　　应交税费——应交增值税（进项税额）　　18 000
　贷：银行存款（300 000+18 000）　　318 000

7.购进不动产或不动产在建工程进项税额抵扣的会计核算

自2019年4月1日起，纳税人取得不动产或者不动产在建工程的进项税额不再分2年抵扣。此前按照上述规定尚未抵扣完毕的待抵扣进项税额，可自2019年4月税款所属期起从销项税额中抵扣。

【例2-53】嘉实公司为增值税一般纳税人，本年8月购入一栋办公楼，取得的增值税专用发票上注明价款20 000 000元、增值税税额1 800 000元。当月用银行存款支付款项，办妥相关产权转移手续。嘉实公司取得的增值税专用发票当月符合抵扣规定。

要求：对嘉实公司上述业务进行账务处理。

借：固定资产——办公楼　　20 000 000
　　应交税费——应交增值税（进项税额）　　1 800 000
　贷：银行存款　　21 800 000

8.货物等已验收入库但尚未取得增值税扣税凭证的会计核算

一般纳税人购进的货物等已到达并验收入库，但尚未收到增值税扣税凭证并未付款的，应在月末按货物清单或相关合同协议上的价格暂估入账，不需要将增值税的进项税额暂估入账（财政部《关于〈增值税会计处理规定〉有关问题的解读》规定，暂估入账的金额不包含增值税进项税额。一般纳税人购进劳务、服务等但尚未取得增值税扣税凭证的，比照处理），借记“原材料”“库存商品”“固定资产”“无形资产”等科目，贷记“应付账款”“预付账款”等科目。下月初，用红字冲销原暂估入账金额。待取得相关增值税扣税凭证并经认证后，按应计入相关成本费用或资产的金额，借记“原材料”“库存商品”“固定资产”“无形资产”等科目；按可抵扣的增值税税额，借记“应交税费——应交增值税（进项税额）”科目；按应付金额，贷记“应付账款”等科目。

【例2-54】嘉实公司为增值税一般纳税人，本年8月购进一批货物，用于生产产品，已经验收入库，但尚未收到增值税扣税凭证并未付款，相关合同协议上的价格为100万元（不含增值税）。嘉实公司本年9月取得增值税专用发票，发票上注明价款100万元、增值税税额13万元，该增值税专用发票本年9月符合抵扣规定。

要求：对嘉实公司上述业务进行账务处理。

（1）一般纳税人购进的货物等已到达并验收入库，但尚未收到增值税扣税凭证并未付款，在月末按货物清单或相关合同协议上的价格100万元暂估入账时：

借：原材料　　1 000 000
　贷：应付账款　　1 000 000

（2）嘉实公司本年9月1日用红字冲销原暂估入账金额时：

借：原材料　　[1 000 000]

贷：应付账款 1 000 000

（3）嘉实公司本年9月取得增值税专用发票，发票上注明价款100万元、增值税税额13万元，且该增值税专用发票本年9月符合抵扣规定时：

借：原材料 1 000 000

应交税费——应交增值税（进项税额） 130 000

贷：应付账款 1 130 000

（二）视同购进业务进项税额的会计核算

1.受托代销行为的进项税额的会计核算

参见本节“二、销售等业务增值税的会计核算”中“（二）视同销售业务增值税的会计核算”中的“1.将货物交付他人代销和销售代销货物的销项税额或应纳增值税税额的会计核算”。

2.将货物在两个机构之间移送的进项税额的会计核算

参见本节“二、销售等业务增值税的会计核算”中“（二）视同销售业务增值税的会计核算”中的“2.将货物在两个机构之间移送的销项税额或应纳增值税税额的会计核算”。

3.接受投资的进项税额的会计核算

一般纳税人接受投资者以货物、加工修理修配劳务、服务、无形资产或不动产的投资时，按应计入相关成本费用或资产的金额，借记“在途物资”（或“材料采购”）或“原材料”、“库存商品”、“生产成本”、“无形资产”、“固定资产”、“管理费用”等科目；按当月已认证的可抵扣增值税税额，借记“应交税费——应交增值税（进项税额）”科目；按当月未认证的可抵扣增值税税额，借记“应交税费——待认证进项税额”科目；按接受的实物投资总额，贷记“实收资本”“股本”“资本公积”等科目。

【例2-55】嘉实公司为增值税一般纳税人，本年12月收到乙公司A材料一批作为实物投资，确认总价值为565 000元，同时收到投资方乙公司开具的增值税专用发票，发票上注明价款500 000元、增值税税额65 000元。嘉实公司对原材料成本的核算采用实际成本法。嘉实公司取得的增值税专用发票当月符合抵扣规定。

要求：对嘉实公司上述业务进行账务处理。

借：原材料——A材料 500 000

应交税费——应交增值税（进项税额） 65 000

贷：实收资本——乙公司 565 000

4.接受分配的进项税额的会计核算

一般纳税人接受被投资者以货物、加工修理修配劳务、服务、无形资产或不动产分配利润时（即接受实物股利时），按应计入相关成本费用或资产的金额，借记“在途物资”（或“材料采购”）或“原材料”、“库存商品”、“生产成本”、“无形资产”、“固定资产”、“管理费用”等科目；按当月已认证的可抵扣增值税税额，借记“应交税费——应交增值税（进项税额）”科目；按当月未认证的可抵扣增值税税额，借记“应交税费——待认证进项税额”科目；按接受的实物分配总额，贷记“应收股利”等科目。

【例2-56】嘉实公司为增值税一般纳税人，本年3月收到乙公司发放的实物股利A产品，将其作为原材料入账，确认总价值为339 000元，同时收到乙公司开具的增值税专用发票，发票上注明价款300 000元、增值税税额39 000元。嘉实公司对原材料成本的核算采用实际成本法。嘉实公司取得的增值税专用发票当月符合抵扣规定。

要求：对嘉实公司上述业务进行账务处理。

借：原材料——A产品	300 000	
应交税费——应交增值税（进项税额）	39 000	
贷：应收股利——乙公司		339 000

5.接受无偿赠送的进项税额的会计核算

一般纳税人无偿接受捐赠者以货物、加工修理修配劳务、服务、无形资产或不动产的捐赠时，按应计入相关成本费用或资产的金额，借记“在途物资”（或“材料采购”）或“原材料”、“库存商品”、“生产成本”、“无形资产”、“固定资产”、“管理费用”等科目；按当月已认证的可抵扣增值税税额，借记“应交税费——应交增值税（进项税额）”科目；按当月未认证的可抵扣增值税税额，借记“应交税费——待认证进项税额”科目；按接受的实物捐赠总额，贷记“营业外收入”等科目。

【例2-57】嘉实公司为增值税一般纳税人，本年4月接受乙公司捐赠的一批A材料，取得的增值税专用发票上注明价款50 000元、增值税税额6 500元。材料已验收入库。嘉实公司对原材料成本的核算采用实际成本法。嘉实公司取得的增值税专用发票当月符合抵扣规定。

要求：对嘉实公司上述业务进行账务处理。

借：原材料——A材料	50 000	
应交税费——应交增值税（进项税额）	6 500	
贷：营业外收入		56 500

（三）购进等业务进项税额不得抵扣的会计核算

1.购进货物、加工修理修配劳务、服务、无形资产或不动产，用于简易计税方法计税项目、免征增值税项目、集体福利或个人消费等进项税额不得抵扣的会计核算。

一般纳税人购进货物、加工修理修配劳务、服务、无形资产或不动产，用于简易计税方法计税项目、免征增值税项目、集体福利或个人消费等，其进项税额按照现行增值税制度规定不得从销项税额中抵扣的，取得增值税专用发票时，应借记相关成本费用或资产科目，借记“应交税费——待认证进项税额”科目，贷记“银行存款”“应付账款”等科目；经税务机关认证后，根据有关“进项税额”“进项税额转出”专栏及“待认证进项税额”明细科目的核算内容，先转入“进项税额”专栏，借记“应交税费——应交增值税（进项税额）”科目，贷记“应交税费——待认证进项税额”科目；按现行增值税制度规定转出时，记入“进项税额转出”专栏，借记相关成本费用或资产科目，贷记“应交税费——应交增值税（进项税额转出）”科目。

【特别提示】根据财税〔2016〕36号文件的规定，按照相关规定不得抵扣且未抵扣进项税额的固定资产、无形资产、不动产，发生用途改变，用于允许抵扣进项税额的应税项目，可在用途改变的次月按照下列公式计算可以抵扣的进项税额：

$$\text{可以抵扣的进项税额}=\text{固定资产、无形资产、不动产净值}\div(1+\text{适用税率})\times\text{适用税率}$$

上述可以抵扣的进项税额应取得合法有效的增值税扣税凭证。因此在实务中，企业应当取得合法有效的增值税扣税凭证，并且进行认证，以具备可以抵扣进项税额的必要条件。

【例2-58】嘉实公司为增值税一般纳税人，本年9月购入一批笔记本电脑，取得的增值税专用发票上注明价款500 000元、增值税税额65 000元，货款已用银行存款支付。本年12月嘉实公司准备将上述电脑用于行政管理人员福利，并于当月实际发放福利。在本年10月初的纳税申报期内，嘉实公司对取得的增值税专用发票通过增值税发票综合服务平台进行了勾选确认。

要求：对嘉实公司上述业务进行账务处理。

（1）本年9月，购入笔记本电脑时：

借：库存商品　　500 000
　　应交税费——待认证进项税额　　65 000
　贷：银行存款　　565 000

（2）嘉实公司取得的增值税专用发票本年10月符合抵扣规定时：

借：应交税费——应交增值税（进项税额）　　65 000
　贷：应交税费——待认证进项税额　　65 000

（3）本年12月，决定发放福利时：

借：管理费用　　565 000
　贷：应付职工薪酬——非货币性福利　　565 000

（4）本年12月，实际发放福利时：

借：库存商品　　65 000
　贷：应交税费——应交增值税（进项税额转出）　　65 000
借：应付职工薪酬——非货币性福利　　565 000
　贷：库存商品　　565 000

或者合并为一步：

借：应付职工薪酬——非货币性福利　　565 000
　贷：库存商品　　500 000
　　　应交税费——应交增值税（进项税额转出）　　65 000

2.兼营简易计税方法计税项目、免征增值税项目而无法划分不得抵扣的进项税额的会计核算。

适用一般计税方法的纳税人，兼营简易计税方法计税项目、免征增值税项目而无法划分不得抵扣的进项税额的，按照下列公式计算不得抵扣的进项税额：

$$\text{不得抵扣的进项税额}=\text{当期无法划分的全部进项税额}\times\left(\text{当期简易计税方法计税项目销售额}+\text{免征增值税项目销售额}\right)\div\text{当期全部销售额}\quad\text{公式2-45}$$

主管税务机关可以按照上述公式依据年度数据对不得抵扣的进项税额进行清算。其会计核算类似于“一般纳税人购进货物、加工修理修配劳务、服务、无形资产或不动产，用于简易计税方法计税项目、免征增值税项目、集体福利或个人消费等进项税额不得抵扣的会计核算”。

【例2-59】 嘉实公司为增值税一般纳税人，本年8月购入一批材料，既用于一般计税项目，又用于简易计税方法计税项目和免征增值税项目的生产，价款为800 000元，增值税税额为104 000元，并且无法划分不得抵扣的进项税额。当月一般计税项目销售额为700 000元，简易计税方法计税项目销售额为600 000元，免征增值税项目销售额为300 000元。

要求：对嘉实公司上述业务进行账务处理。

$$\text{不得抵扣的进项税额} = \text{当期无法划分的全部进项税额} \times \left(\text{当期简易计税方法计税项目销售额} + \text{免征增值税项目销售额}\right) \div \text{当期全部销售额}$$

$$= 104\,000 \times (600\,000 + 300\,000) \div (700\,000 + 600\,000 + 300\,000)$$

$$= 58\,500(\text{元})$$

（1）购入材料时：

借：原材料　800 000

　　应交税费——应交增值税（进项税额）　104 000

　贷：银行存款　904 000

（2）进项税额转出时：

借：主营业务成本（或原材料）　58 500

　贷：应交税费——应交增值税（进项税额转出）　58 500

3.进项税额抵扣情况发生改变的会计核算。

因发生非正常损失或改变用途等，原已计入进项税额、待抵扣进项税额或待认证进项税额，但按现行增值税制度规定不得从销项税额中抵扣的，借记“待处理财产损溢”“应付职工薪酬”“固定资产”“无形资产”等科目，贷记“应交税费——应交增值税（进项税额转出）”、“应交税费——待抵扣进项税额”或“应交税费——待认证进项税额”科目；原不得抵扣且未抵扣进项税额的固定资产、无形资产等，因改变用途等用于允许抵扣进项税额的应税项目的，应按允许抵扣的进项税额，借记“应交税费——应交增值税（进项税额）”科目，贷记“固定资产”“无形资产”等科目。固定资产、无形资产等经上述调整后，应按调整后的账面价值在剩余使用寿命内计提折旧或摊销。

（1）因发生非正常损失导致进项税额抵扣情况发生改变的会计核算。货物因管理不善发生的非正常损失（如因保管不善而发生货物被盗等），其进项税额不允许抵扣，对于原已计入进项税额、待抵扣进项税额或待认证进项税额，但按现行增值税制度规定不得从销项税额中抵扣的情况，企业应借记“待处理财产损溢”科目，贷记“原材料”、“库存商品”、“应交税费——应交增值税（进项税额转出）”、“应交税费——待抵扣进项税额”或“应交税费——待认证进项税额”等科目。

货物非因管理不善发生的非正常损失（如自然灾害等），其进项税额可以抵扣，原已计入进项税额、待抵扣进项税额或待认证进项税额的，无须对进项税额进行转出，也无须对待抵扣进项税额或待认证进项税额进行冲减，企业应按损失货物的成本，借记“待处理财产损溢”科目，贷记“原材料”“库存商品”等科目。

在按管理权限报经批准后应做如下会计核算：对于入库的残料价值，借记“原材料”等科目；对于应由保险公司和过失人负担的赔款，借记“其他应收款”科目；扣除残料价值和应由保险公司、过失人负担的赔款后的净损失，属于管理不善等非正常损失的，借记“管理费用”科目，属于自然灾害等非正常损失的，借记“营业外支出”科目。同时，贷记“待处理财产损溢”科目。

【例2-60】嘉实公司本年7月由于保管不善，原材料A发生非正常损失，其实际成本为50 000元（购入时取得增值税专用发票，发票上注明价款50 000元、增值税税额6 500元）；在产品D发生非正常损失，其实际成本为22 000元，其中所耗原材料B的成本为12 000元（购入时取得增值税专用发票，发票上注明价款12 000元、增值税税额1 560元）；产成品E发生非正常损失，其实际成本为20 000元，其中所耗原材料C的成本为10 000元（购入时取得增值税专用发票，发票上注明价款10 000元、增值税税额1 300元）。上述增值税专用发票在原材料购入当月均符合抵扣规定。假设最终损失由保险公司和嘉实公司保管员张某各负担30%，剩余40%作为一般经营损失。

要求：对嘉实公司上述业务进行账务处理。

（1）购入原材料时：

借：原材料——A　　50 000

　　　　　——B　　12 000

　　　　　——C　　10 000

　　应交税费——应交增值税（进项税额）　　9 360

　贷：银行存款　　81 360

（2）发生非正常损失时：

原材料进项税额转出=50 000×13%=6 500（元）

在产品进项税额转出=12 000×13%=1 560（元）

产成品进项税额转出=10 000×13%=1 300（元）

借：待处理财产损溢——待处理流动资产损溢　　56 500

　贷：原材料——A　　50 000

　　应交税费——应交增值税（进项税额转出）　　6 500

借：待处理财产损溢——待处理流动资产损溢　　23 560

　贷：生产成本　　22 000

　　应交税费——应交增值税（进项税额转出）　　1 560

借：待处理财产损溢——待处理流动资产损溢　　21 300

　贷：库存商品　　20 000

　　应交税费——应交增值税（进项税额转出）　　1 300

（3）报经批准核销时：

借：其他应收款——保险公司（101 360×30%）　　30 408

　　　　　　——张某（101 360×30%）　　30 408

　　管理费用（101 360×40%）　　40 544

　贷：待处理财产损溢——待处理流动资产损溢（56 500+23 560+21 300）　　101 360

（2）因改变用途导致进项税额抵扣情况发生改变的会计核算。购入的原材料、固定资产、无形资产等因改变用途等，原可以抵扣进项税额且已计入进项税额、待抵扣进项税额或待认证进项税额，但按现行增值税制度规定不得从销项税额中抵扣的，借记“应付职工薪酬”“原材料”“固定资产”“无形资产”等科目，贷记“应交税费——应交增值税（进项税额转出）”、“应交税费——待抵扣进项税额”或“应交税费——待认证进项税额”科目；原不得抵扣且未抵扣进项税额的原材料、固定资产、无形资产等，因改变用途等用于允许抵扣进项税额的应税项目的，应按允许抵扣的进项税额，借记“应交税费——应交增值税（进项税额）”科目，贷记“固定资产”“无形资产”等科目。

【例2-61】 嘉美食品加工厂为增值税一般纳税人，共有员工200人，其中生产工人180人，厂部管理人员20人。本年12月，工厂决定以其外购食用植物油作为福利发放给员工，每人当月发放2桶。该食用植物油系生产用原料，于本年10月购买，每桶采购成本为80元，共计32 000元（不含增值税），工厂购买时取得增值税专用发票，发票上注明价款32 000元、增值税税额2 880元。工厂取得的增值税专用发票本年10月符合抵扣规定。

要求：对嘉美食品加工厂上述业务进行账务处理。

（1）本年10月购买食用植物油时：

借：原材料	32 000	
应交税费——应交增值税（进项税额）	2 880	
贷：银行存款		34 880

（2）本年12月确认应付职工薪酬时：

借：生产成本（180×2×80×（1+9%））	31 392	
管理费用（20×2×80×（1+9%））	3 488	
贷：应付职工薪酬——非货币性福利		34 880

（3）本年12月给职工实际发放食用植物油时：

借：原材料	2 880	
贷：应交税费——应交增值税（进项税额转出）		2 880
借：应付职工薪酬——非货币性福利	34 880	
贷：原材料		34 880

或者合并为一个会计分录：

借：应付职工薪酬——非货币性福利	34 880	
贷：原材料		32 000
应交税费——应交增值税（进项税额转出）		2 880

【例2-62】 嘉实公司为增值税一般纳税人，本年6月购进办公楼用于办公，取得的增值税专用发票上注明价款24 000万元、增值税税额2 160万元，嘉实公司取得的增值税专用发票当月符合抵扣规定。该办公楼折旧采用直线法，折旧年限为20年，假设不考虑净残值。本年12月，将办公楼改造成员工食堂。

要求：对嘉实公司上述业务进行账务处理。

（1）本年6月购进办公楼时：

借：固定资产	240 000 000
应交税费——应交增值税（进项税额）	21 600 000

贷：银行存款 261 600 000

（2）本年7月起计提折旧，每月折旧金额为100万元（24 000÷20÷12）。每月计提折旧时：

借：管理费用 1 000 000

贷：累计折旧 1 000 000

（3）本年12月，将办公楼改造成员工食堂。已抵扣进项税额的不动产发生非正常损失或者改变用途，用于简易计税方法计税项目、免征增值税项目、集体福利或者个人消费的，按照下列公式计算不得抵扣的进项税额，并从当期进项税额中扣减。

不得抵扣的进项税额=已抵扣进项税额×不动产净值率

式中，不动产净值率=不动产净值÷不动产原值×100%

=（24 000−24 000÷20÷12×6）÷24 000×100%

=97.5%

不得抵扣的进项税额=已抵扣进项税额×不动产净值率

=2 160×97.5%

=2 106（万元）

借：固定资产 21 060 000

贷：应交税费——应交增值税（进项税额转出） 21 060 000

（3）购货过程中发生短缺或毁损的情况下进项税额的会计核算。由于材料短缺或毁损的原因不同，其损失的承担者不同，短缺或毁损材料损失中所含的进项税额的会计处理也不同。

购进货物在运输途中的合理损耗，其进项税额应予以抵扣。对于运输途中的合理损耗部分的金额，计入采购货物的成本。

销货方造成的短缺或毁损，若销货方决定近期内予以补货，则短缺材料的进项税额暂不得抵扣，补来材料验收入库后，方可予以抵扣；若销货方决定退赔货款，则应视不同情况比照销货退回或折让进行处理。

购进货物在运输途中因管理不善发生的非正常损失（如因保管不善而发生货物被盗等），原已计入进项税额、待抵扣进项税额或待认证进项税额，但按现行增值税制度规定不得从销项税额中抵扣的，借记“待处理财产损溢”科目，贷记“在途物资”（或“材料采购”）、“原材料”、“库存商品”、“应交税费——应交增值税（进项税额转出）”、“应交税费——待抵扣进项税额”或“应交税费——待认证进项税额”等科目。

购进货物途中非因管理不善发生的非正常损失（如自然灾害等），其进项税额可以抵扣，无须做进项税额转出。应当按损失货物的成本，借记“待处理财产损溢”科目，贷记“在途物资”（或“材料采购”）、“原材料”、“库存商品”等科目。

在按管理权限报经批准后应进行如下会计核算：对于入库的残料价值，借记“原材料”等科目；对于应由保险公司和过失人负担的赔款，借记“其他应收款”科目；扣除残料价值和应由保险公司、过失人负担的赔款后的净损失，属于管理不善等非正常损失的，借记“管理费用”科目，属于自然灾害等非正常损失的，借记“营业外支出”科目。同时，贷记“待处理财产损溢”科目。

【例2-63】嘉实公司为增值税一般纳税人，本年4月从外地购进一批材料，取得的增值税专用发票上注明价款300 000元、增值税税额39 000元。嘉实公司取得的增值税专用发票本年4月符合抵扣规定。上述款项以银行存款支付。5月货物验收入库时发现丢失20%，经查由业务员张丰管理不善造成。按管理权限报经批准，材料损失中的20%由张丰赔偿，材料损失中的80%计入管理费用。嘉实公司原材料成本的核算采用实际成本法。

要求：对嘉实公司上述业务进行账务处理。

（1）购入材料时：

借：在途物资 300 000
　　应交税费——应交增值税（进项税额） 39 000
　贷：银行存款 339 000

（2）材料验收入库时，丢失的20%材料由管理不善造成，应当作进项税额转出处理：

借：原材料 240 000
　　待处理财产损溢——待处理流动资产损溢 67 800
　贷：在途物资 300 000
　　应交税费——应交增值税（进项税额转出）（300 000×20%×13%） 7 800

或者分成两个会计分录：

借：原材料 240 000
　　待处理财产损溢——待处理流动资产损溢 60 000
　贷：在途物资 300 000
借：待处理财产损溢——待处理流动资产损溢 7 800
　贷：应交税费——应交增值税（进项税额转出） 7 800

（3）报经批准时：

借：其他应收款——张丰（67 800×20%） 13 560
　　管理费用（67 800×80%） 54 240
　贷：待处理财产损溢——待处理流动资产损溢 67 800

（四）购买方作为扣缴义务人的增值税的会计核算

境外单位或个人在境内发生应税行为，在境内未设有经营机构的，以购买方为增值税扣缴义务人。境内一般纳税人购进服务、无形资产或不动产，按应计入相关成本费用或资产的金额，借记“生产成本”“无形资产”“固定资产”“管理费用”等科目；按可抵扣的增值税税额，借记“应交税费——应交增值税（进项税额）”科目（小规模纳税人应借记相关成本费用或资产科目）；按应付或实际支付的金额，贷记“应付账款”等科目；按应代扣代缴的增值税税额，贷记“应交税费——代扣代交增值税”科目。实际缴纳代扣代缴增值税时，按代扣代缴的增值税税额，借记“应交税费——代扣代交增值税”科目，贷记“银行存款”科目。

【例2-64】嘉实公司为增值税一般纳税人，本年9月1日从境外乙公司购买了一项专利权，协议规定价格为84.8万元（含增值税），尚未付款，尚未取得解缴税款的完税凭证。境外乙公司在我国境内未设立经营机构。本年9月10日嘉实公司向乙公司支付相关款项。

要求：对嘉实公司上述业务进行账务处理。

由于境外乙公司在我国境内未设立经营机构，嘉实公司应当作为其增值税和企业所得税的扣缴义务人。

嘉实公司应代扣代缴的增值税=84.8÷（1+6%）×6%=4.8（万元）

嘉实公司应代扣代缴的企业所得税=84.8÷（1+6%）×10%=8（万元）

（1）从境外购买专利权时：

借：无形资产　800 000

　　应交税费——应交增值税（待认证进项税额）　48 000

　贷：应付账款（848 000−48 000−80 000）　720 000

　　　应交税费——代扣代交增值税　48 000

　　　　　　　——代扣代交所得税　80 000

（2）向乙公司支付款项时：

借：应付账款　720 000

　贷：银行存款　720 000

（3）实际缴纳代扣代缴的增值税和企业所得税，并取得解缴税款完税凭证时：

借：应交税费——代扣代交增值税　48 000

　　　　　　——代扣代交所得税　80 000

　贷：银行存款　128 000

借：应交税费——应交增值税（进项税额）　48 000

　贷：应交税费——待认证进项税额　48 000

（五）小规模纳税人采购等业务增值税的会计核算

小规模纳税人购买物资、服务、无形资产或不动产，取得增值税专用发票，发票上注明的增值税应计入相关成本费用或资产，不通过“应交税费——应交增值税”科目核算。

【例2-65】嘉城公司为增值税小规模纳税人，本年9月购入原材料。销售材料方为增值税一般纳税人，开具给嘉城公司的增值税专用发票上注明价款8 000元、增值税税额1 040元。款项未付。

要求：对嘉城公司上述业务进行账务处理。

借：原材料　9 040

　贷：应付账款　9 040

【例2-66】嘉城公司为增值税小规模纳税人，本年11月接受咨询服务。提供咨询服务方为增值税一般纳税人，开具给嘉城公司增值税普通发票，发票上注明价款50 000元、增值税税额3 000元。款项已付。

要求：对嘉城公司上述业务进行账务处理。

借：管理费用　53 000

　贷：银行存款　53 000

四、差额征税的会计核算

（一）企业发生相关成本费用允许扣减销售额的增值税的会计核算

按现行增值税制度规定企业发生相关成本费用允许扣减销售额的，发生成本费用时，按应付或实际支付的金额，借记“主营业务成本”“存货”“合同履约成本”等科目，贷记“应付账款”“应付票据”“银行存款”等科目。待取得合规增值税扣税凭证且纳税义务发生时，按照允许抵扣的税额，借记“应交税费——应交增值税（销项税额抵减）”或“应交税费——简易计税”科目（小规模纳税人应借记“应交税费——应交增值税”科目），贷记“主营业务成本”“存货”“合同履约成本”等科目。

【例2-67】 嘉实公司为增值税一般纳税人，本年3月提供劳务派遣服务，选择按照简易计税方法差额纳税，含增值税销售额为12.6万元，向用工单位收取用于支付给劳务派遣员工工资、福利和为其办理社会保险及住房公积金的费用4.2万元。用工单位已经取得嘉实公司提供劳务派遣服务的控制权。

要求：对嘉实公司上述业务进行账务处理。

一般纳税人提供劳务派遣服务，可以按照《财政部 国家税务总局关于全面推开营业税改征增值税试点的通知》（财税〔2016〕36号）的有关规定，以取得的全部价款和价外费用为销售额，按照一般计税方法计算缴纳增值税；也可以选择差额纳税，以取得的全部价款和价外费用，扣除代用工单位支付给劳务派遣员工的工资、福利和为其办理社会保险及住房公积金后的余额为销售额，按照简易计税方法依5%的征收率计算缴纳增值税。

（1）确认收入时：

借：银行存款	126 000	
贷：主营业务收入（126 000÷（1+5%））		120 000
应交税费——简易计税（126 000÷（1+5%）×5%）		6 000

（2）支付给劳务派遣员工工资、福利和为其办理社会保险及住房公积金时：

借：应交税费——简易计税（42 000÷（1+5%）×5%）	2 000	
主营业务成本（42 000÷（1+5%））	40 000	
贷：银行存款		42 000

上述会计分录可以分成两步进行。

成本费用发生时：

借：主营业务成本	42 000	
贷：银行存款		42 000

待取得合规增值税扣税凭证且纳税义务发生时：

借：应交税费——简易计税	2 000	
贷：主营业务成本		2 000

（二）金融商品转让的增值税的会计核算

金融商品实际转让月末，如产生转让收益，则按应纳税额借记“投资收益”等科目，贷记“应交税费——转让金融商品应交增值税”科目；如产生转让损失，则按可结转下月抵减税额，借记“应交税费——转让金融商品应交增值税”科目，贷记“投资收益”等科目。缴纳增值税时，应借记“应交税费——转让金融商品应交增值税”科目，贷记“银行存款”科目。年末，本科目如有借方余额，则借记“投资收益”等科目，贷记“应交税费——转让金融商品应交增值税”科目。

【特别提示】金融商品转让按照卖出价扣除买入价后的余额为销售额。转让金融商品出现的正负差，按盈亏相抵后的余额为销售额。若相抵后出现负差，可结转下一纳税期与下期转让金融商品销售额相抵，但年末仍出现负差的，不得转入下一会计年度。金融商品的买入价可以选择按照加权平均法或者移动加权平均法进行核算，选择后36个月内不得变更。金融商品转让不得开具增值税专用发票。

【例2-68】嘉实公司于本年5月30日在公开市场购入甲公司股票10万股，每股成本价为10元。本年12月31日全部卖出，售价为每股12元。假设不考虑其他因素。同年8月30日在公开市场购入乙公司股票10万股，每股成本价为12元。本年12月31日全部卖出，售价为每股10元。假设不考虑其他因素。

要求：对嘉实公司上述业务进行账务处理。

（1）本年12月31日转让甲公司股票时：

转让甲公司股票应纳增值税=（12×10−10×10）÷（1+6%）×6%=1.13（万元）

借：其他货币资金——存出投资款	1 200 000	
贷：交易性金融资产		1 000 000
投资收益		200 000
借：投资收益	11 300	
贷：应交税费——转让金融商品应交增值税		11 300

（2）本年12月31日转让乙公司股票时：

转让乙公司股票可抵减增值税=（12×10−10×10）÷（1+6%）×6%=1.13（万元）

借：其他货币资金——存出投资款	1 000 000	
投资收益	200 000	
贷：交易性金融资产		1 200 000
借：应交税费——转让金融商品应交增值税	11 300	
贷：投资收益		11 300

本年12月31日“应交税费——转让金融商品应交增值税”科目借方发生额11 300元，抵减贷方发生额11 300元，“应交税费——转让金融商品应交增值税”期末余额为0，无须纳税。

五、出口退税的会计核算

为核算纳税人出口业务应收取的出口退税款，设置“应收出口退税款”科目。“应收出口退税款”科目可以设置“应收出口退税款——增值税”“应收出口退税款——消费税”两个明细科目。“应收出口退税款——增值税”科目的借方反映销售出口货物、劳务、服务或者无形资产按规定向税务机关申报应退回的增值税税额，贷方反映实际收到的出口货物、劳务、服务或者无形资产应退回的增值税税额，期末借方余额反映尚未收到的应退增值税税额。“应收出口退税款——消费税”

科目的借方反映销售出口应税消费品按规定向税务机关申报应退回的消费税税额，贷方反映实际收到的出口应税消费品应退回的消费税税额，期末借方余额反映尚未收到的应退消费税税额。

（一）出口货物或者加工修理修配劳务退（免）税办法的种类

适用增值税退（免）税政策的出口货物或者劳务，按照下列规定实行增值税“免、抵、退”办法或“免、退”办法。

1.“免、抵、退”办法

生产企业出口自产货物和视同自产货物及对外提供加工修理修配劳务，以及《财政部 国家税务总局关于出口货物劳务增值税和消费税政策的通知》（财税〔2012〕39号）附件5列明生产企业出口非自产货物，免征增值税，相应的进项税额抵减应纳增值税税额（不包括适用增值税“即征即退”“先征后退”政策的应纳增值税税额），未抵减完的部分予以退还。

2.“免、退”办法

不具有生产能力的出口企业（以下称“外贸企业”）或其他单位出口货物或者劳务，免征增值税，相应的进项税额予以退还。

3.出口货物或者加工修理修配劳务退（免）税的计税依据

就票据来说，出口货物或者劳务的增值税退（免）税的计税依据，按出口货物或者劳务的出口发票（外销发票）、其他普通发票或购进出口货物或者劳务的增值税专用发票、海关进口增值税专用缴款书确定。

就金额来说，出口货物或者劳务的增值税退（免）税的计税依据，对生产企业而言，一般是扣减所含保税和免税金额之后的离岸价格；对外贸企业而言，一般是购进货物或者劳务增值税专用发票注明的金额或海关进口增值税专用缴款书注明的完税价格。

4.出口货物或者加工修理修配劳务退（免）税的增值税退税率

除单独规定外，出口货物的退税率为其适用征税率。出口企业委托加工修理修配货物，其加工修理修配费用的退税率为出口货物的退税率。

适用不同退税率的货物应分开核算，凡未分开核算而划分不清适用税率的，一律从低适用退税率。

（二）出口服务或者无形资产增值税退（免）税办法的种类

适用增值税退（免）税政策的出口服务或者无形资产，按照下列规定实行增值税“免、抵、退”办法或“免、退”办法。

1.“免、抵、退”办法

境内的单位和个人提供适用增值税零税率的服务或者无形资产，如果属于适用增值税一般计税方法，生产企业实行“免、抵、退”办法，外贸企业直接将服务或自行研发的无形资产出口，视同生产企业连同其出口货物统一实行“免、抵、退”办法。

2.“免、退”办法

外贸企业将外购服务或者无形资产出口实行“免、退”办法。

另外，出口服务或者无形资产退（免）税有以下几项特殊规定：

（1）境内的单位和个人提供适用增值税零税率的服务或者无形资产，如果属于适用简易计税方法，实行免征增值税办法。

（2）按照国家有关规定应取得相关资质的国际运输服务项目，纳税人取得相关资质的，适用增值税零税率政策；未取得的，适用增值税免税政策。

（3）境内的单位或个人提供程租服务，如果租赁的交通工具用于国际运输服务和我国港澳台地区运输服务，由出租方按规定申请适用增值税零税率。

（4）境内的单位和个人向境内单位或个人提供期租、湿租服务，如果承租方利用租赁的交通工具向其他单位或个人提供国际运输服务和我国港澳台地区运输服务，由承租方适用增值税零税率。境内的单位或个人向境外单位或个人提供期租、湿租服务，由出租方适用增值税零税率。

（5）境内单位和个人以无运输工具承运方式提供的国际运输服务，由境内实际承运人适用增值税零税率；无运输工具承运业务的经营者适用增值税免税政策。

3.出口服务或者无形资产增值税退（免）税的计税依据

（1）实行“免、抵、退”办法的零税率服务或者无形资产退（免）税的计税依据。

①以铁路运输方式载运旅客的，为按照铁路合作组织清算规则清算后的实际运输收入。

②以铁路运输方式载运货物的，为按照《铁路运输进款清算办法》，对“发站”或“到站（局）”名称包含“境”字的货票上注明的运输费用以及直接相关的国际联运杂费清算后的实际运输收入。

③以航空运输方式载运货物或旅客的，如果国际运输或我国港澳台地区运输各航段由多个承运人承运，为中国航空结算有限责任公司清算后的实际收入；如果国际运输或我国港澳台地区运输各航段由一个承运人承运，为提供航空运输服务取得的收入。

④其他实行“免、抵、退”办法的增值税零税率服务或者无形资产，为提供增值税零税率服务或者无形资产取得的收入。

（2）实行“免、退”办法的零税率服务或者无形资产退（免）税的计税依据。

①从境内单位或者个人购进出口零税率服务或者无形资产的，为取得的提供方开具的增值税专用发票上注明的金额。

②从境外单位或者个人购进出口零税率服务或者无形资产的，为取得的解缴税款的完税凭证上注明的金额。

（3）根据出口价格的高低实行退（免）税办法的服务或者无形资产，如果主管税务机关认定出口价格偏高，有权按照核定的出口价格计算退（免）税。核定的出口价格低于外贸企业购进价格的，低于部分对应的进项税额不予退税，转入成本。

4.出口服务或者无形资产的增值税退税率

出口服务或者无形资产的退税率为其按照销售服务或者无形资产规定适用的增值税税率。

（三）未实行“免、抵、退”办法出口退税的会计核算

未实行“免、抵、退”办法（未实行“免、抵、退”办法，则实行的是“免、退”办法）的一般纳税人出口业务按规定退税的，按规定计算的应收出口退税额，借记“应收出口退税款——增值税”科目，贷记“应交税费——应交增值税（出口退税）”科目；收到出口退税时，借记“银行存款”科目，贷记“应收出口退税款——增值税”科目；退税额低于购进时取得的增值税专用发票上的增值税税额的差额，借记“主营业务成本”科目，贷记“应交税费——应交增值税（进项税额转出）”科目，

【特别提示】“免、退”办法是指不具有生产能力的出口企业或其他单位出口货物、加工修理修配劳务、服务或者无形资产，免征增值税，相应的进项税额予以退还。该办法目前主要适用于外贸出口企业。

1.外贸企业出口委托加工修理修配货物以外的货物

$$\text{增值税应退税额}=\text{购进出口货物的增值税专用发票或海关进口增值税专用缴款书注明的金额}\times\text{出口货物退税率}$$

公式2-46

2.外贸企业出口委托加工修理修配货物

$$\text{增值税应退税额}=\text{加工修理修配费用增值税专用发票注明的金额}\times\text{出口货物退税率}$$

公式2-47

退税率低于适用税率的，相应计算出的差额部分的税款为不予退税金额，须做进项税额转出处理，计入出口货物劳务成本。

$$\text{不予退税金额（即进项税额转出额）}=\text{购进出口货物的增值税专用发票或海关进口增值税专用缴款书注明的金额或者加工修理修配费用增值税专用发票注明的金额}\times\left(\text{出口货物征税率}-\text{出口货物退税率}\right)$$

公式2-48

3.外贸企业出口服务或者无形资产

境内的单位和个人提供适用增值税零税率的服务或者无形资产，如果属于适用增值税一般计税方法的，外贸企业外购服务或者无形资产出口实行“免、退”办法。

外贸企业外购服务或者无形资产出口时，免征增值税，其对应的外购服务或者无形资产的进项税额予以退还。外贸企业外购服务或者无形资产出口免退税的计算公式为：

$$\text{外贸企业外购服务或者无形资产出口应退税额}=\text{外贸企业外购服务或者无形资产出口退免税计税依据}\times\text{零税率服务或者无形资产增值税退税率}$$

公式2-49

【例2-69】嘉实公司是一家外贸公司，拥有进出口经营权，为增值税一般纳税人，本年9月从某日用化妆品公司购进高档化妆品（应缴消费税的高档化妆品税率为15%）1 000箱，取得的增值税专用发票上注明价款80万元、增值税税额10.4万元，货款已用银行存款支付。当月该批化妆品已全部出口，售价为每箱200美元（当日汇率为1美元=6.8元人民币），申请退税的单证齐全，款项尚未收到。该批化妆品增值税退税率为9%。嘉实公司取得的增值税专用发票符合抵扣规定。该批化妆品在出口时，其控制权由嘉实公司转移给客户。

要求：（1）计算嘉实公司应退的增值税、消费税。

（2）对嘉实公司上述业务进行账务处理。

（1）出口货物应退增值税=800 000×9%=72 000（元）

出口货物应退消费税=800 000×15%=120 000（元）

不予退还的增值税税额=104 000-72 000=32 000（元）

（2）嘉实公司的账务处理如下：

①购进化妆品时：

借：库存商品　800 000
　　应交税费——应交增值税（进项税额）　104 000
　贷：银行存款　904 000

②出口销售时：

借：应收账款　1 360 000
　贷：主营业务收入（200×1 000×6.8）　1 360 000

借：主营业务成本　800 000
　贷：库存商品　800 000

③申报退税时：

应收增值税退税时：

借：应收出口退税款——增值税　72 000
　贷：应交税费——应交增值税（出口退税）　72 000

应收消费税退税时：

借：应收出口退税款——消费税　120 000
　贷：主营业务成本　120 000

④收到退税款时：

借：银行存款　192 000
　贷：应收出口退税款——增值税　72 000
　　　　　　　　　　——消费税　120 000

⑤不予退还的部分做进项税额转出时：

增值税进项税额转出=104 000-72 000=32 000（元）

借：主营业务成本　32 000
　贷：应交税费——应交增值税（进项税额转出）　32 000

【例2-70】嘉华公司是一家外贸公司，拥有进出口经营权，为增值税一般纳税人。本年9月嘉华公司外购国内甲设计公司服务424 000元，取得甲设计公司开具的增值税专用发票，发票上注明价款400 000元、增值税税额24 000元，然后嘉华公司以480 000元的价格出口给新加坡乙公司。嘉华公司取得的增值税专用发票符合抵扣规定。

要求：（1）计算嘉华公司应退的增值税税额。

（2）对嘉华公司上述业务进行账务处理。

（1）出口服务应退增值税=400 000×6%=24 000（元）

（2）嘉华公司的账务处理如下：

①申报退税时：

借：应收出口退税款——增值税　24 000
　贷：应交税费——应交增值税（出口退税）　24 000

②收到退税款时：

借：银行存款　　24 000

　贷：应收出口退税款——增值税　　24 000

（四）实行“免、抵、退”办法出口退税的会计核算

生产企业出口自产货物和视同自产货物及对外提供加工修理修配劳务，除另有规定外，增值税一律实行“免、抵、退”办法。以出口货物为例，“免”是指对生产企业出口的自产货物，免征本企业生产销售环节增值税（指的是免征出口销售环节的增值税销项税额）；“抵”是指生产企业出口自产货物所耗用的原材料、零部件、燃料、动力等所含应予退还的进项税额，先抵顶内销货物的应纳税额（指的是内销产品销项税额-内销产品进项税额-上期留抵税额）；“退”是指生产企业出口的自产货物，在当月内应抵顶的进项税额大于内销货物的应纳税额时，对未抵顶完的进项税额部分按规定予以退税。

“免、抵、退”办法的计算步骤如下：

第一步：免。免征生产销售环节的增值税（即出口货物时免征增值税销项税额）。

第二步：剔。

$$\text{免抵退税不得免征和抵扣税额（即进项税额转出额）}=\text{当期出口货物离岸价格}\times\text{外汇人民币牌价}\times\left(\text{出口货物征税率}-\text{出口货物退税率}\right)-\text{免抵退税不得免征和抵扣税额抵减额}$$　公式2-50

$$\text{免抵退税不得免征和抵扣税额抵减额}=\text{免税购进原材料价格}\times\left(\text{出口货物征税率}-\text{出口货物退税率}\right)$$　公式2-51

第三步：抵。

$$\text{当期应纳税额}=\text{当期内销货物销项税额}-\left(\text{当期全部进项税额}-\text{当期免抵退税不得免征和抵扣税额}\right)-\text{上期留抵税额}$$　公式2-52

本步计算结果如为正数，则是应纳税额，不涉及退税，但涉及免抵；如为负数，则其绝对值为当期期末退税前的留抵税额。这样，才进入下一步对比大小并计算应退税额。

第四步：退。首先计算免抵退税额。

$$\text{免抵退税额}=\text{当期出口货物离岸价格}\times\text{外汇人民币牌价}\times\text{出口货物退税率}-\text{免抵退税额抵减额}$$　公式2-53

免抵退税额抵减额=免税购进原材料价格×出口货物退税率

然后运用孰低原则确定出口退税额，并确定退税之外的免抵税额。

（1）当期期末退税前的留抵税额≤当期免抵退税额时：

当期应退税额=当期期末退税前的留抵税额

当期免抵税额=当期免抵退税额-当期应退税额

当期期末退税后的留抵税额=0

（2）当期期末退税前的留抵税额>当期免抵退税额时：

当期应退税额=当期免抵退税额

当期免抵税额=0

当期期末退税后的留抵税额=当期期末退税前的留抵税额-当期应退税额

以出口货物为例，实行“免、抵、退”办法的一般纳税人出口货物，在货物出口销售后结转产品销售成本时，按规定计算的退税额低于购进时取得的增值税专用发票上的增值税税额的差额，借记“主营业务成本”科目，贷记“应交税费——应交增值税（进项税额转出）”科目；按规定计算的当期出口货物的进项税抵减内销产品的应纳税额，借记“应交税费——应交增值税（出口抵减内销产品应纳税额）”科目，贷记“应交税费——应交增值税（出口退税）”科目。在规定期限内，内销产品的应纳税额不足以抵减出口货物的进项税额，不足部分按有关税法规定给予退税的，应在实际收到退税款时，借记“银行存款”科目，贷记“应交税费——应交增值税（出口退税）”科目。

【例2-71】嘉实公司是一家拥有进出口经营权的生产企业，为增值税一般纳税人，对自产货物既有出口销售又有国内销售。嘉实公司本年4月购进原材料，取得的增值税专用发票上注明价款5 000 000元、增值税税额650 000元，货款已用银行存款支付；内销货物取得销售额3 000 000元（不含增值税），内销货物成本为2 000 000元，该批货物已经发出，款项以银行存款收讫，该批货物控制权已由嘉实公司转移给客户；出口货物离岸价折合人民币2 400 000元，出口货物成本为1 600 000元，款项尚未收到，该批货物在出口时，其控制权由嘉实公司转移给客户。上期留抵税额为50 000元，增值税税率为13%，退税率为9%。嘉实公司取得的增值税专用发票符合抵扣规定。

要求：对嘉实公司上述业务进行账务处理。

（1）购进原材料时：

借：原材料	5 000 000	
应交税费——应交增值税（进项税额）	650 000	
贷：银行存款		5 650 000

（2）货物外销（出口）时：

借：应收账款	2 400 000	
贷：主营业务收入		2 400 000
借：主营业务成本	1 600 000	
贷：库存商品		1 600 000

（3）货物内销时：

借：银行存款	3 390 000	
贷：主营业务收入		3 000 000
应交税费——应交增值税（销项税额）		390 000
借：主营业务成本	2 000 000	
贷：库存商品		2 000 000

（4）计算月末当期免抵退税不得免征和抵扣税额，做进项税额转出时：

$$\begin{array}{c}\text{免抵退税不得免征和抵扣税额}\\ \text{(即进项税额转出额)}\end{array} = \begin{array}{c}\text{当期出口货物}\\ \text{离岸价格}\end{array} \times \begin{array}{c}\text{外汇人民币}\\ \text{牌价}\end{array} \times \left(\begin{array}{c}\text{出口货物}\\ \text{征税率}\end{array} - \begin{array}{c}\text{出口货物}\\ \text{退税率}\end{array}\right) - \begin{array}{c}\text{免抵退税不得免征}\\ \text{和抵扣税额抵减额}\end{array}$$

$$=2\,400\,000\times(13\%-9\%)-0=96\,000\text{（元）}$$

借：主营业务成本	96 000	

贷：应交税费——应交增值税（进项税额转出）　　96 000

（5）计算应纳税额。

$$\text{当期应纳税额}=\text{当期内销货物、劳务的销项税额}-\left(\text{当期进项税额}-\text{当期免抵退税不得免征和抵扣税额}\right)-\text{上期留抵进项税额}$$

$$=390\,000-(650\,000-96\,000)-50\,000=-214\,000(\text{元})$$

由于应纳税额小于0，说明当期期末退税前的留抵税额为214 000元，无须编制会计分录。

（6）计算应退税额和应免抵税额。

$$\text{免抵退税额}=\text{当期出口货物离岸价格}\times\text{外汇人民币牌价}\times\text{出口货物退税率}-\text{免抵退税额抵减额}$$

$$=2\,400\,000\times 9\%-0=216\,000(\text{元})$$

由于当期期末退税前的留抵税额214 000元<当期免抵退税额216 000元，因此：

当期应退税额=当期期末退税前的留抵税额=214 000元

当期免抵税额=当期免抵退税额-当期应退税额

=216 000-214 000=2 000（元）

退税后无留抵税额。

申报退税时：

借：应收出口退税款——增值税　　214 000

应交税费——应交增值税（出口抵减内销产品应纳税额）　　2 000

贷：应交税费——应交增值税（出口退税）　　216 000

（7）收到退税款时：

借：银行存款　　214 000

贷：应收出口退税款——增值税　　214 000

【例2-72】嘉实公司为具有自营出口经营权的生产企业，其生产产品既有国内销售又有出口销售。该企业9月份购进原材料等货物，价款1 000万元，允许抵扣的进项税额为130万元，款项已付。内销产品销售额680万元，出口产品FOB价格折合人民币3 850万元。上期留抵税额为6.5万元，增值税税率为13%，退税率为9%。

要求：对嘉实公司上述业务进行账务处理。

（1）购入原材料时：

借：原材料　　10 000 000

应交税费——应交增值税（进项税额）　　1 300 000

贷：银行存款　　1 130 000

（2）产品内销时：

借：银行存款　　7 684 000

贷：主营业务收入——内销产品　　6 800 000

应交税费——应交增值税（销项税额）　　884 000

（3）产品外销时，免征本环节增值税：

借：应收账款　　38 500 000

贷：主营业务收入——出口产品　　38 500 000

（4）月末计算当月出口货物不予抵扣或退税的税额时：

当期不予抵扣或退税的税额=3 850×（13%-9%）=154（万元）

借：主营业务成本　　1 540 000

　贷：应交税费——应交增值税（进项税额转出）　　1 540 000

（5）计算应纳税额并实际缴纳时：

当期应纳税额 = 当期内销货物、劳务的销项税额 −（当期进项税额 − 当期免抵退税不得免征和抵扣税额）− 上期留抵进项税额

= 884 000 −（1 300 000 − 1 540 000）− 65 000 = 1 059 000（元）

借：应交税费——应交增值税（已交增值税）　　1 059 000

　贷：银行存款　　1 059 000

由于当期应纳税额为105.9万元，说明当期期末退税前的留抵税额为0，当期应退税额为0，无须编制会计分录。

（6）计算应退税额和应免抵税额时：

免抵退税额 = 当期出口货物离岸价格 × 外汇人民币牌价 × 出口货物退税率 − 免抵退税额抵减额

= 38 500 000 × 9% − 0 = 3 465 000（元）

当期期末退税前的留抵税额=0

当期应退税额=0

当期免抵税额=当期免抵退税额-当期应退税额

=当期免抵退税额-0=当期免抵退税额=3 465 000元

当期期末退税后的留抵税额（结转下期继续留抵税额）=0

（五）出口服务或者无形资产增值税的退税

1.专营零税率服务或者无形资产纳税人免抵退增值税的计算

专营零税率服务或者无形资产纳税人免抵退税的计算程序和方法如下：

（1）当期零税率服务或者无形资产免抵退税额的计算。

当期零税率服务或者无形资产免抵退税额 = 当期零税率服务或者无形资产免抵退税计税价格 × 外汇人民币牌价 × 零税率服务或者无形资产增值税退税率　　公式2-54

（2）当期应退税额和当期免抵税额的计算。

①当期期末退税前的留抵税额≤当期免抵退税额时：

当期应退税额=当期期末退税前的留抵税额

当期免抵税额=当期免抵退税额-当期应退税额

当期期末退税前的留抵税额为当期“增值税及附加税费申报表（一般纳税人适用）”中的“期末留抵税额”。

②当期期末退税前的留抵税额>当期免抵退税额时：

当期应退税额=当期免抵退税额

当期免抵税额=0

当期应纳税额=当期销项税额-当期进项税额-上期留抵进项税额

2.兼营货物出口的零税率服务或者无形资产纳税人免抵退增值税的计算

实行“免、抵、退”办法的增值税零税率服务或者无形资产提供者如果同时出口货物和劳务（劳务指对外加工修理修配劳务，下同）且未分别核算，应一并计算免抵

退税。税务机关在审批时，应按照增值税零税率服务或者无形资产、出口货物劳务免抵退税额的比例划分其退税额和免抵税额。

出口货物征税率和退税率不一致，产生免抵退税不得免征和抵扣税额的，出口货物必须在出口业务单证齐全和系统信息齐全的条件下方可办理申报，两个因素共同影响出口退税免抵退增值税的计算。

兼营货物出口的零税率服务或者无形资产纳税人免抵退增值税计算公式调整如下：

$$\text{当期免抵退税额}=\text{当期零税率服务或者无形资产免抵退税额}+\text{当期出口货物免抵退税额}$$
$$=\text{当期零税率服务或者无形资产免抵退税计税价格}\times\text{外汇人民币牌价}\times\text{零税率服务或者无形资产退税率}+\text{当期出口货物的离岸价格}\times\text{外汇人民币牌价}\times\text{出口货物退税率}$$

公式2-55

$$\text{当期应纳税额}=\text{当期内销货物、劳务的销项税额}-\left(\text{当期进项税额}-\text{当期免抵退税不得免征和抵扣税额}\right)-\text{上期留抵进项税额}$$

公式2-56

式中，

$$\text{当期免抵退税不得免征和抵扣税额}=\text{当期出口货物离岸价格}\times\text{外汇人民币牌价}\times\left(\text{出口货物征税率}-\text{出口货物退税率}\right)-\text{免抵退税不得免征和抵扣税额抵减额}$$

公式2-57

$$\text{免抵退税不得免征和抵扣税额抵减额}=\text{免税购进原材料价格}\times\left(\text{出口货物征税率}-\text{出口货物退税率}\right)$$

公式2-58

（1）当期应纳税额<0，且当期期末退税前的留抵税额≤当期免抵退税额时：

当期应退税额=当期期末退税前的留抵税额

当期免抵税额=当期免抵退税额-当期应退税额

当期期末退税前的留抵税额为当期“增值税及附加税费申报表（一般纳税人适用）”中的“期末留抵税额”。

（2）当期应纳税额<0，且当期期末退税前的留抵税额>当期免抵退税额时：

当期应退税额=当期免抵退税额

当期免抵税额=0

（3）当期有应纳税额（即应纳税额>0）时：

当期免抵税额=当期免抵退税额

【例2-73】嘉实公司主要从事安装设计服务，为增值税一般纳税人，不符合增值税加计抵减政策，已办理出口退（免）税认定手续，设计服务的征税率和退税率均为6%，期初留抵税额为6.5万元。本年3月发生如下业务，4月办理“退免税”申报。

（1）3月10日，为乙公司提供安装服务，开具增值税专用发票，发票上注明价款100万元、增值税税额9万元，款项未收。乙公司已经取得嘉实公司提供安装服务的控制权。

（2）3月15日，为美国的一家企业提供设计服务，成交价格为8万美元，3月1日人民币对美元的汇率中间价为7.2；3月18日收到该客户支付的全部设计费，该项设计服务当月已经完成，客户已经取得嘉实公司提供设计服务的控制权。

（3）3月18日，购进一台专用设备，取得的增值税专用发票上注明价款40万元，增值税税额5.2万元，设备款转账付讫。

（4）3月20日，支付北京丁律师事务所（一般纳税人）法律顾问费，取得的增值税专用发票上注明价款20万元、增值税税额1.2万元，法律顾问费转账付讫。

（5）4月8日，该公司向主管税务机关办理"免、抵、退"申报，4月25日收到税务机关审批的汇总表。

（6）4月27日，收到退税款。

嘉实公司取得的增值税专用发票符合抵扣规定。

要求：计算嘉实公司上述业务的出口退税额并对嘉实公司上述业务进行账务处理。

（1）相关计算如下：

当期应纳税额=90 000-（52 000+12 000）-65 000=-39 000（元）

当期期末退税前的留抵税额=39 000元

当期免抵退税额=80 000×7.2×6%=34 560（元）

由于当期期末退税前的留抵税额39 000元>当期免抵退税额34 560元，因此：

当期应退税额=34 560元

当期免抵税额=0

当期期末退税后的留抵税额=39 000-34 560=4 440（元）

（2）账务处理如下：

①国内提供服务时：

借：应收账款	1 090 000	
贷：主营业务收入		1 000 000
应交税费——应交增值税（销项税额）		90 000

②出口服务时：

借：银行存款（80 000×7.2）	576 000	
贷：主营业务收入		576 000

③购进设备时：

借：固定资产	400 000	
应交税费——应交增值税（进项税额）	52 000	
贷：银行存款		452 000

④结算法律顾问费时：

借：管理费用	200 000	
应交税费——应交增值税（进项税额）	12 000	
贷：银行存款		212 000

⑤申报退税时：

借：应收出口退税款——增值税	34 560	
贷：应交税费——应交增值税（出口退税）		34 560

⑥收到退税款时：

借：银行存款	34 560	

贷：应收出口退税款——增值税 34 560

六、月末转出多缴增值税和未缴增值税的会计核算

月度终了，企业应当将当月应缴未缴或多缴的增值税自“应交增值税”明细科目转入“未交增值税”明细科目。对于当月应缴未缴的增值税，借记“应交税费——应交增值税（转出未交增值税）”科目，贷记“应交税费——未交增值税”科目；对于当月多缴的增值税，借记“应交税费——未交增值税”科目，贷记“应交税费——应交增值税（转出多交增值税）”科目。

【例2-74】嘉实公司为增值税一般纳税人，本年6月申报期内缴纳5月应纳增值税后，“应交税费——应交增值税”科目无余额；本年5月发生允许抵扣的进项税额合计120 000元，销项税额合计140 000元，其他增值税明细科目无发生额，当月未缴纳增值税，于6月初缴纳。本年6月发生允许抵扣的进项税额合计120 000元，销项税额合计140 000元，6月末又缴纳增值税40 000元。

要求：对嘉实公司5、6月增值税业务进行账务处理。

（1）嘉实公司5月应纳增值税=140 000-120 000=20 000（元）

当月未缴纳当月应纳增值税，则：

月末应纳增值税=20 000元

月末转出未缴增值税时：

借：应交税费——应交增值税（转出未交增值税） 20 000

贷：应交税费——未交增值税 20 000

（2）嘉实公司6月初缴纳5月增值税时：

借：应交税费——未交增值税 20 000

贷：银行存款 20 000

6月应纳增值税=140 000-120 000=20 000（元）

当月缴纳增值税40 000元，则：

当月多缴增值税=40 000-20 000=20 000（元）

嘉实公司6月末缴纳增值税时：

借：应交税费——应交增值税（已交税金） 40 000

贷：银行存款 40 000

月末转出多缴增值税时：

借：应交税费——未交增值税 20 000

贷：应交税费——应交增值税（转出多交增值税） 20 000

七、缴纳增值税的会计核算

（一）缴纳当月应缴增值税的会计核算

企业缴纳当月应缴增值税，借记“应交税费——应交增值税（已交税金）”科目（小规模纳税人应借记“应交税费——应交增值税”科目），贷记“银行存款”科目。

【例2-75】嘉实公司为增值税一般纳税人，采用一般计税方法，税务机关将其纳

税期限核定为15日。本年11月5日销售一批货物，开具增值税专用发票，发票上注明价款500 000元、增值税税额65 000元。该批货物已经发出，款项尚未收到。假设当期没有进项税可以抵扣。本年11月25日预缴税款65 000元。该批货物在发出时，其控制权由嘉实公司转移给客户。

要求：对嘉实公司上述业务进行账务处理。

(1) 11月5日销售货物时：

借：应收账款　565 000

　贷：主营业务收入　500 000

　　应交税费——应交增值税（销项税额）　65 000

(2) 11月25日预缴税款时：

借：应交税费——应交增值税（已交税金）　65 000

　贷：银行存款　65 000

（二）缴纳以前期间未缴增值税的会计核算

企业缴纳以前期间未缴增值税，可分为三种情况：(1) 一般纳税人适用一般计税方法的，通过"应交税费——未交增值税"科目核算；(2) 一般纳税人适用简易计税方法的，通过"应交税费——简易计税"科目核算；(3) 小规模纳税人通过"应交税费——应交增值税"科目核算。

【例2-76】嘉实公司为增值税一般纳税人，采用一般计税方法。本年10月外购货物，发生允许抵扣的进项税额合计320 000元，本月初无留抵进项税额；本月对外销售货物，取得销项税额合计560 000元。11月12日，嘉实公司依法申报缴纳5月应缴未缴增值税。

要求：对嘉实公司上述业务进行账务处理。

应纳增值税=560 000−320 000=240 000（元）

(1) 10月31日，嘉实公司转出本月应缴未缴增值税时：

借：应交税费——应交增值税（转出未交增值税）　240 000

　贷：应交税费——未交增值税　240 000

(2) 11月12日，嘉实公司申报缴纳上月应缴未缴增值税时：

借：应交税费——未交增值税　240 000

　贷：银行存款　240 000

（三）预缴增值税的会计核算

企业预缴增值税时，借记"应交税费——预交增值税"科目，贷记"银行存款"科目。月末，企业应将"预交增值税"明细科目的余额转入"未交增值税"明细科目，借记"应交税费——未交增值税"科目，贷记"应交税费——预交增值税"科目。房地产开发企业等在预缴增值税后，应直至纳税义务发生时方可从"应交税费——预交增值税"科目结转至"应交税费——未交增值税"科目。

如果一般纳税人适用简易计税方法，通过"应交税费——简易计税"科目核算预缴的增值税。小规模纳税人通过"应交税费——应交增值税"科目核算预缴的增值税。

【例2-77】嘉实建筑公司为增值税一般纳税人，9月份在本市承包甲公司R工程项目，同总金额（含税）2 180万元，签订合同5日内，甲公司按合同总价款的20%预付工程款。10月1日，甲公司支付的预付款436万元入账，嘉实建筑公司采用一般计税方法。

要求：对嘉实公司上述业务进行账务处理。

（1）10月份收到甲公司的预付款时：

借：银行存款　　4 360 000

　贷：合同负债——甲公司　　4 360 000

（2）计提并预缴增值税时：

借：应交税费——预交增值税（4 360 000÷1.09×3%）　　120 000

　贷：银行存款　　120 000

（3）月末，将“预交增值税”结转至“未交增值税”。

借：应交税费——未交增值税　　120 000

　贷：应交税费——预交增值税　　120 000

八、减免增值税的会计核算

（一）直接减免增值税的会计核算

对于当期直接减免的增值税，一般纳税人适用一般计税方法的，借记“应交税费——应交增值税（减免税款）”科目，贷记损益类（“其他收益”或“营业外收入”）相关科目。一般纳税人适用简易计税方法的，通过“应交税费——简易计税”科目核算减免的增值税；小规模纳税人通过“应交税费——应交增值税”科目核算减免的增值税。

《增值税专用发票使用规定》第十条规定，销售免税货物不得开具专用发票，法律、法规及国家税务总局另有规定的除外。这意味着销售免税货物一般情况下只能开具普通发票。

【例2-78】嘉实公司为增值税一般纳税人，生产残疾人用品。本年9月共取得收入452万元，款项以银行存款收讫。该批残疾人用品的控制权由嘉实公司转移给客户。根据税法的规定，残疾人用品免征增值税。嘉实公司未放弃享受残疾用品免增值税的优惠政策。

要求：对嘉实公司上述业务进行账务处理。

借：银行存款　　3 390 000

　贷：主营业务收入　　3 000 000

　　应交税费——应交增值税（销项税额）　　390 000

借：应交税费——应交增值税（减免税款）　　390 000

　贷：其他收益　　390 000

（二）先征后返、先征后退和即征即退增值税的会计核算

1.先征后返增值税的会计核算

企业销售货物时应正常计税，即借记“银行存款”“应收账款”等科目，贷记“主营业务收入”“应交税费——应交增值税（销项税额）”或“应交税费——简易计税”（小规模纳税人应贷记“应交税费——应交增值税”）等科目，并按规定纳税期

限正常纳税。若本月缴纳本月应缴纳的增值税，则借记“应交税费——应交增值税（已交税金）”或“应交税费——简易计税”科目（小规模纳税人应借记“应交税费——应交增值税”科目），贷记“银行存款”科目；若本月缴纳以前期间应缴未缴增值税，则借记“应交税费——未交增值税”或“应交税费——简易计税”科目（小规模纳税人应借记“应交税费——应交增值税”科目），贷记“银行存款”科目。在确认先征后返增值税时，借记“其他应收款”科目，贷记“其他收益”科目；日后收到退税款时，借记“银行存款”科目，贷记“其他应收款”科目。

《企业会计准则第16号——政府补助》规定，与企业日常活动相关的政府补助，应当按照经济业务实质，计入其他收益或冲减相关成本费用。与企业日常活动无关的政府补助，应当计入营业外收支。

对于各种税收返还及减免，如果属于日常活动范畴，则记入“其他收益”科目；如果与企业日常活动无关，则记入“营业外收入”科目。一般情况下，若政府补助补偿的成本费用属于营业利润中的项目，或该政府补助与企业日常销售行为密切相关（如增值税先征后返、先征后退、即征即退等），则认为该政府补助与日常活动相关，应当记入“其他收益”科目。否则，就与企业日常活动无关，应当记入“营业外收入”科目。

2.先征后退增值税的会计核算

同本部分“1.先征后返增值税的会计核算”。

3.即征即退增值税的会计核算

企业销售货物时应正常计税，即借记“银行存款”“应收账款”等科目，贷记“主营业务收入”、“应交税费——应交增值税（销项税额）”或“应交税费——简易计税”（小规模纳税人应贷记“应交税费——应交增值税”）等科目，并按规定纳税期限正常缴税。若本月缴纳本月应缴纳的增值税，则借记“应交税费——应交增值税（已交税金）”或“应交税费——简易计税”科目（小规模纳税人应借记“应交税费——应交增值税”科目），贷记“银行存款”科目；若本月缴纳以前期间应缴未缴增值税，则借记“应交税费——未交增值税”或“应交税费——简易计税”科目（小规模纳税人应借记“应交税费——应交增值税”科目），贷记“银行存款”科目。在收到退税款时，借记“银行存款”科目，贷记“其他收益”科目（最后一步账务处理也可分为两步：在确认即征即退增值税时，借记“其他应收款”科目，贷记“其他收益”科目；在收到退税款时，借记“银行存款”科目，贷记“其他应收款”科目）。

【归纳总结】“即征即退”“先征后退”“先征后返”大同小异。即征即退、先征后退的税款由税务机关退还；先征后返的税款由财政机关返还。三种方式取得的时间是不同的，即征即退最快，先征后退次之，先征后返最慢。这三种优惠都是在增值税正常缴纳之后的退库，并不影响增值税计算抵扣链条的完整性。在销售货物时，可以按规定开具增值税专用发票，正常计算销项税额，购买方也可以按规定抵扣。

【例2-79】嘉实公司是一家软件开发企业，为增值税一般纳税人，本年9月销售自行开发的软件产品，取得销售额3 000 000元（不含增值税），开具增值税专用发票。该批软件产品已经发出，款项以银行存款收讫。本月开发软件产品的可抵扣增值税进项税额为150 000元，本月无其他增值税事项。该批软件产品在发出时，其控制权由嘉实公司转移给客户。

要求：对嘉实公司上述业务进行账务处理。

增值税一般纳税人销售自行开发的软件产品，按13%税率征收增值税后，对其增值税实际税负超过3%的部分实行即征即退政策。

应纳增值税=3 000 000×13%-150 000=240 000（元）

实际增值税税负=240 000÷3 000 000×100%=8%>3%

应退增值税=240 000-3 000 000×3%=150 000（元）

（1）销售软件时：

借：银行存款　　3 390 000

　贷：主营业务收入　　3 000 000

　　　应交税费——应交增值税（销项税额）　　390 000

（2）9月末转出未缴增值税时：

借：应交税费——应交增值税（转出未交增值税）　　240 000

　贷：应交税费——未交增值税　　240 000

（3）10月初缴纳增值税时：

借：应交税费——未交增值税　　240 000

　贷：银行存款　　240 000

（4）收到即征即退应退税款时：

借：银行存款　　150 000

　贷：其他收益　　150 000

九、增值税税控系统专用设备和技术维护费用抵减增值税的会计核算

按现行增值税制度的规定，企业初次购买增值税税控系统专用设备支付的费用以及缴纳的技术维护费允许在增值税应纳税额中全额抵减的，按规定抵减的增值税应纳税额，借记“应交税费——应交增值税（减免税款）”或“应交税费——简易计税”科目（小规模纳税人应借记“应交税费——应交增值税”科目），贷记“管理费用”等科目。

【例2-80】嘉美公司是一家新设公司，为增值税一般纳税人，采用一般计税方法。本年5月嘉美公司用银行存款支付初次购买增值税税控系统专用设备的费用以及缴纳技术维护费，取得的增值税专用发票价税合计4 520元。

要求：对嘉美公司上述业务进行账务处理。

（1）购买增值税税控系统专用设备以及缴纳技术维护费时：

借：管理费用　　4 520

　贷：银行存款　　4 520

（2）取得的增值税专用发票价税合计3 390元抵减增值税应纳税额时：

借：应交税费——应交增值税（减免税款）　　4 520

　贷：管理费用　　4 520

十、小微企业免征增值税的会计核算

小微企业在取得销售收入时，应当按照税法的规定计算应当缴纳的增值税，并记入“应交税费——应交增值税”科目；在达到增值税制度规定的免征增值税条件时，再从“应交税费——应交增值税”科目转入当期损益（“其他收益”科目）。

十一、增值税账务调整的会计核算

按照《国家税务总局关于印发〈增值税日常稽查办法〉的通知》（国税发〔1998〕44号）的规定，增值税一般纳税人在税务机关对其增值税纳税情况进行检查后，凡涉及应交增值税账务调整的，应设立“应交税费——增值税检查调整”专门账户。凡检查后应调减账面进项税额或调增销项税额和进项税额转出的数额的，借记有关科目，贷记“应交税费——增值税检查调整”科目；凡检查后应调增账面进项税额或调减销项税额和进项税额转出的数额的，借记“应交税费——增值税检查调整”科目，贷记有关科目；全部调账事项入账后，应结出本账户的余额，并对该余额进行处理。

（1）若本账户的余额在借方，全部视同留抵进项税额，按借方余额数，借记“应交税费——应交增值税（进项税额）”科目，贷记“应交税费——增值税检查调整”科目。

（2）若本账户的余额在贷方，且“应交税费——应交增值税”账户无余额，按贷方余额数，借记“应交税费——增值税检查调整”科目，贷记“应交税费——未交增值税”科目。

（3）若本账户的余额在贷方，“应交税费——应交增值税”账户有借方余额且等于或大于这个贷方余额，按贷方余额数，借记“应交税费——增值税检查调查”科目，贷记“应交税费——应交增值税”科目。

（4）若本账户的余额在贷方，“应交税费——应交增值税”账户有借方余额但小于这个贷方余额，应将这两个账户的余额冲出，其差额贷记“应交税费——未交增值税”科目。

上述账务调整应按纳税期逐期进行。

【例2-81】 嘉实公司是一家工业企业，为增值税一般纳税人。本年2月，市税务局稽查局对嘉实公司上年度缴纳增值税的情况进行检查时发现：上年度12月，嘉实公司的存货因管理不善发生非正常损失，全部记入“管理费用”科目，但相应的增值税进项税额32 000元并未转出；将自产产品作为福利发放给企业管理人员，未按视同销售进行税务处理，少计算增值税销项税额60 000元。据此，稽查局作出补缴增值税92 000元（32 000+60 000），加收滞纳金和罚款30 000元的决定。嘉实公司当即缴纳了上述税款、滞纳金和罚款。

要求：对嘉实公司上述业务进行账务处理。

（1）发生非正常损失的存货对应的增值税进项税额转出时：

借：以前年度损益调整　　　　32 000

　贷：应交税费——增值税检查调整　　　　32 000

（2）补提视同销售的增值税销项税额时：

借：以前年度损益调整　　　　60 000

贷：应付职工薪酬 60 000

借：应付职工薪酬 60 000

贷：应交税费——增值税检查调整 60 000

（3）缴纳查补的增值税、滞纳金和罚款时：

“应交税费——增值税检查调整”明细科目的贷方余额为92 000元，将“应交税费——增值税检查调整”科目的贷方余额转入“应交税费——未交增值税”科目贷方。

借：应交税费——增值税检查调整 92 000

贷：应交税费——未交增值税 92 000

借：应交税费——未交增值税 92 000

营业外支出——税收罚款和滞纳金 30 000

贷：银行存款 122 000

十二、“应交税费”科目下的各明细科目在财务报表相关项目中的列示

应交税费分为三种情况在资产负债表中列示：

1.“应交税费”科目下的“应交增值税”“未交增值税”“待抵扣进项税额”“待认证进项税额”“增值税留抵税额”等明细科目期末借方余额，列示在资产负债表中的“其他流动资产”或“其他非流动资产”项目。

2.“应交税费——待转销项税额”等科目期末贷方余额，列示在资产负债表中的“其他流动负债”或“其他非流动负债”项目。

3.“应交税费”科目下的“未交增值税”“简易计税”“转让金融商品应交增值税”“代扣代交增值税”等科目期末贷方余额，列示在资产负债表中的“应交税费”项目。

因此，应交税费的余额只有在第3种情况下才保留在资产负债表中的“应交税费”项目列示。

“预交增值税”明细科目一般没有期末余额。如有期末余额应将其在资产负债表中的“其他流动资产”或“其他非流动资产”项目列示。

第三节 增值税的纳税申报

二维码2-5

情境引例解析

情境引例

增值税纳税申报表包含很多内容，请同学们思考一下纳税申报表的填列顺序。

一、一般纳税人增值税的纳税申报

（一）申报及缴纳程序

一般纳税人办理纳税申报，需要经过抄报税、发票认证、纳税申报、税款缴纳、清卡解锁等工作。

1.抄报税

抄税是指开票纳税人在次月的纳税申报期内将防伪税控系统中本月开具的增值税发票的信息读入纳税人开发票使用的金税盘中；报税是指纳税人将金税盘中的开票信息报送给税务机关。纳税人在征期内登录开票软件，通过“报税处理”功能中的“网

上抄报”系统自动实现抄报税功能，将纳税人的开票信息联网上报给税务机关。实务中，税务会计人员在次月的纳税申报期内将税控盘插入电脑的USB孔并打开后，便自动进行抄报税。

2.发票认证

增值税一般纳税人本期申报抵扣的增值税专用发票必须先进行认证，纳税人可以持增值税专用发票的抵扣联在办税服务厅认证窗口认证，或进行远程认证（指的是网上增值税专用发票认证，包括扫描认证、勾选确认认证两种）。未经认证的，不得申报抵扣。自2019年3月1日起，将取消增值税发票认证（指的是扫描认证）的纳税人范围扩大至全部一般纳税人。一般纳税人取得增值税发票（包括增值税专用发票、机动车销售统一发票、收费公路通行费增值税电子普通发票，下同）后，可以自愿使用增值税发票综合服务平台查询、选择用于申报抵扣、出口退税或者代办退税的增值税发票信息（一般称作发票勾选确认认证）。纳税人取得增值税发票，通过增值税发票综合服务平台未查询到对应发票信息的，仍可进行扫描认证。扫描专用发票认证在本月末进行，而通过增值税发票综合服务平台进行发票勾选确认认证一般在次月纳税申报期内进行。

3.纳税申报

本步纳税申报主要是指提交纳税申报表等资料，而广义的纳税申报包括第一步抄报税。纳税申报工作可分为上门申报和网上申报。纳税人在次月1日起15日内，不论有无销售额，均应按主管税务机关核定的纳税期限按期向当地税务机关申报。

上门申报是指纳税人到办税服务大厅纳税申报窗口请购，或到税务局网站下载、打印整套“增值税及附加税费申报表（一般纳税人适用）”，依填报说明，填写一式两份纸质报表或在税务局网站上直接填写申报表。纳税人携带填写好的“增值税及附加税费申报表（一般纳税人适用）”和相关资料到办税服务厅纳税窗口进行纳税申报。

网上申报是指纳税人通过网络，填写增值税纳税申报相关表格，并向主管税务机关提交纳税申报表等资料的一种纳税申报方法。目前，我国大多数地区已经实行网上申报。

4.税款缴纳

对于实行税库银联网的纳税人，税务机关将纳税申报表单据送到纳税人的开户银行，由银行进行自动转账处理；而对于未实行税库银联网的纳税人，应当到税务机关指定的银行进行现金缴纳或通过微信、支付宝扫描申报网页中的缴款二维码进行直接缴纳。

5.清卡解锁

网上申报成功后，纳税人需再次登录开票软件，执行“清卡解锁”操作，本步操作是将开票信息进行整理，纳税人可以转入下期进行开票处理。

如果企业在征期内没有按期进行纳税申报或执行“清卡解锁”操作，则金税盘将自动锁死，纳税人将无法进行下期的购买发票和开票处理。

（二）纳税申报时需提交的资料

增值税一般纳税人纳税申报，必须实行电子信息采集。使用防伪税控系统开具增值税专用发票的纳税人，在抄税、报税成功后方可向所在地税务局办税服务厅进行纳税申报。

纳税申报资料包括纳税申报表及其附列资料和纳税申报的其他资料。为进一步优化办税流程、减轻办税负担、提高办税质效，国家税务总局规定自2021年8月1日起，在全国推行增值税、消费税及附加税费申报表整合。

1.纳税申报表及其附列资料。

增值税一般纳税人纳税申报表及其附列资料包括：

（1）《增值税及附加税费申报表（一般纳税人适用）》（见表2-2）。

表2-2 **增值税及附加税费申报表**

（一般纳税人适用）

根据国家税收法律法规及增值税相关规定制定本表。纳税人不论有无销售额，均应按税务机关核定的纳税期限填写本表，并向当地税务机关申报。

税款所属时间：自　年　月　日至　年　月　日　填表日期：　年　月　日　金额单位：元（列至角分）

纳税人识别号（统一社会信用代码）：□□□□□□□□□□□□□□□□□□□□□□□□□□□　所属行业：

纳税人名称：		法定代表人姓名		注册地址		生产经营地址	
开户银行及账号		登记注册类型				电话号码	

项　目		栏次	一般项目		即征即退项目	
			本月数	本年累计	本月数	本年累计
销售额	（一）按适用税率计税销售额	1				
	其中：应税货物销售额	2				
	应税劳务销售额	3				
	纳税检查调整的销售额	4				
	（二）按简易办法计税销售额	5				
	其中：纳税检查调整的销售额	6				
	（三）免、抵、退办法出口销售额	7			—	—
	（四）免税销售额	8			—	—
	其中：免税货物销售额	9			—	—
	免税劳务销售额	10			—	—
税款计算	销项税额	11				
	进项税额	12				
	上期留抵税额	13				—
	进项税额转出	14				
	免、抵、退应退税额	15			—	—
	按适用税率计算的纳税检查应补缴税额	16			—	—
	应抵扣税额合计	17=12+13-14-15+16		—		—
	实际抵扣税额	18（如17<11，则为17，否则为11）				
	应纳税额	19=11-18				
	期末留抵税额	20=17-18				—

续表

项目		栏次	一般项目		即征即退项目	
			本月数	本年累计	本月数	本年累计
税款计算	简易计税办法计算的应纳税额	21				
	按简易计税办法计算的纳税检查应补缴税额	22			—	—
	应纳税额减征额	23				
	应纳税额合计	24=19+21-23				
税款缴纳	期初未缴税额（多缴为负数）	25				
	实收出口开具专用缴款书退税额	26			—	—
	本期已缴税额	27=28+29+30+31				
	①分次预缴税额	28		—		—
	②出口开具专用缴款书预缴税额	29		—	—	—
	③本期缴纳上期应纳税额	30				
	④本期缴纳欠缴税额	31				
	期末未缴税额（多缴为负数）	32=24+25+26-27				
	其中：欠缴税额（≥0）	33=25+26-27		—		—
	本期应补（退）税额	34=24-28-29		—		—
	即征即退实际退税额	35	—	—		
	期初未缴查补税额	36			—	—
	本期入库查补税额	37			—	—
	期末未缴查补税额	38=16+22+36-37			—	—
附加税费	城市维护建设税本期应补（退）税额	39			—	—
	教育费附加本期应补（退）税额	40			—	—
	地方教育附加本期应补（退）税额	41			—	—

声明：此表是根据国家税收法律法规及相关规定填写的，本人（单位）对填报内容（及附带资料）的真实性、可靠性、完整性负责。

纳税人（签章）：　　　　年　月　日

经办人： 经办人身份证号： 代理机构签章： 代理机构统一社会信用代码：	受理人： 受理税务机关（章）： 受理日期：　　年　月　日

（2）《增值税及附加税费申报表附列资料（一）》（本期销售情况明细）（见表2-3）。

表 2-3

增值税及附加税费申报表附列资料（一）

（本期销售情况明细）

税款所属时间：　　年　月　日至　　年　月　日

纳税人名称：（公章）　　　　　　　　　　　　　　　金额单位：元（列至角分）

项目及栏次				开具增值税专用发票		开具其他发票		未开具发票		纳税检查调整		合计			服务、不动产和无形资产扣除项目本期实际扣除金额	扣除后	
				销售额	销项（应纳）税额	销售额	销项（应纳）税额	销售额	销项（应纳）税额	销售额	销项（应纳）税额	销售额	销项（应纳）税额	价税合计		含税（免税）销售额	销项（应纳）税额
				1	2	3	4	5	6	7	8	9=1+3+5+7	10=2+4+6+8	11=9+10	12	13=11−12	14=13÷（100%+税率或征收率）×税率或征收率
一、一般计税方法计税	全部征税项目	13%税率的货物及加工修理修配劳务	1											—	—	—	—
		13%税率的服务、不动产和无形资产	2														
		9%税率的货物及加工修理修配劳务	3											—	—	—	—
		9%税率的服务、不动产和无形资产	4														
		6%税率	5														
	其中：即征即退项目	即征即退货物及加工修理修配劳务	6	—	—	—	—	—	—	—	—			—	—	—	—
		即征即退服务、不动产和无形资产	7	—	—	—	—	—	—	—	—						

续表

项目及栏次				开具增值税专用发票		开具其他发票		未开具发票		纳税检查调整		合计			服务、不动产和无形资产扣除项目本期实际扣除金额	扣除后	
				销售额	销项（应纳）税额	销售额	销项（应纳）税额	销售额	销项（应纳）税额	销售额	销项（应纳）税额	销售额	销项（应纳）税额	价税合计		含税（免税）销售额	销项（应纳）税额
				1	2	3	4	5	6	7	8	9=1+3+5+7	10=2+4+6+8	11=9+10	12	13=11-12	14=13÷（100%+税率或征收率）×税率或征收率
二、简易计税方法计税	全部征税项目	6%征收率	8							—	—			—	—	—	—
		5%征收率的货物及加工修理修配劳务	9a							—	—			—	—	—	—
		5%征收率的服务、不动产和无形资产	9b							—	—						
		4%征收率	10							—	—			—	—	—	—
		3%征收率的货物及加工修理修配劳务	11							—	—			—	—	—	—
		3%征收率的服务、不动产和无形资产	12							—	—						
		预征率 %	13a							—	—						
		预征率 %	13b							—	—						
		预征率 %	13c							—	—						

续表

项目及栏次				开具增值税专用发票		开具其他发票		未开具发票		纳税检查调整		合计			服务、不动产和无形资产扣除项目本期实际扣除金额	扣除后	
				销售额	销项（应纳）税额	销售额	销项（应纳）税额	销售额	销项（应纳）税额	销售额	销项（应纳）税额	销售额	销项（应纳）税额	价税合计		含税（免税）销售额	销项（应纳）税额
				1	2	3	4	5	6	7	8	9=1+3+5+7	10=2+4+6+8	11=9+10	12	13=11-12	14=13÷（100%+税率或征收率）×税率或征收率
二、简易计税方法计税	其中：即征即退项目	即征即退货物及加工修理修配劳务	14	—	—	—	—	—	—	—	—			—	—	—	—
		即征即退服务、不动产和无形资产	15	—	—	—	—	—	—	—	—						
三、免抵退税	货物及加工修理修配劳务		16	—	—		—		—	—	—		—	—	—	—	—
	服务、不动产和无形资产		17	—	—		—		—	—	—		—				—
四、免税	货物及加工修理修配劳务		18				—		—	—	—		—	—	—	—	—
	服务、不动产和无形资产		19	—	—		—		—	—	—		—				—

（3）《增值税及附加税费申报表附列资料（二）》（本期进项税额明细）（见表2-4）。

表2-4　　增值税及附加税费申报表附列资料（二）

（本期进项税额明细）

税款所属时间：　　年　月　日至　　年　月　日

纳税人名称：（公章）　　　　金额单位：元（列至角分）

一、申报抵扣的进项税额

项目	栏次	份数	金额	税额
（一）认证相符的增值税专用发票	1=2+3			
其中：本期认证相符且本期申报抵扣	2			
前期认证相符且本期申报抵扣	3			
（二）其他扣税凭证	4=5+6+7+8a+8b			
其中：海关进口增值税专用缴款书	5			
农产品收购发票或者销售发票	6			
代扣代缴税收缴款凭证	7		—	
加计扣除农产品进项税额	8a	—	—	
其他	8b			
（三）本期用于购建不动产的扣税凭证	9			
（四）本期用于抵扣的旅客运输服务扣税凭证	10			
（五）外贸企业进项税额抵扣证明	11	—	—	
当期申报抵扣进项税额合计	12=1+4+11			

二、进项税额转出额

项目	栏次	税额
本期进项税额转出额	13=14至23之和	
其中：免税项目用	14	
集体福利、个人消费	15	
非正常损失	16	
简易计税方法征税项目用	17	
免抵退税办法不得抵扣的进项税额	18	
纳税检查调减进项税额	19	

续表

项目	栏次	份数	金额	税额
红字专用发票信息表注明的进项税额	20			
上期留抵税额抵减欠税	21			
上期留抵税额退税	22			
异常凭证转出进项税额	23a			
其他应作进项税额转出的情形	23b			

三、待抵扣进项税额

项目	栏次	份数	金额	税额
（一）认证相符的增值税专用发票	24	—	—	—
期初已认证相符但未申报抵扣	25			
本期认证相符且本期未申报抵扣	26			
期末已认证相符但未申报抵扣	27			
其中：按照税法规定不允许抵扣	28			
（二）其他扣税凭证	29=30至33之和			
其中：海关进口增值税专用缴款书	30			
农产品收购发票或者销售发票	31			
代扣代缴税收缴款凭证	32		—	
其他	33			
	34			

四、其他

项目	栏次	份数	金额	税额
本期认证相符的增值税专用发票	35			
代扣代缴税额	36	—	—	

（4）《增值税及附加税费申报表附列资料（三）》（服务、不动产和无形资产扣除项目明细）。

一般纳税人销售服务、不动产和无形资产，在确定服务、不动产和无形资产销售额时，按照有关规定可以从取得的全部价款和价外费用中扣除价款的，须填报《增值税及附加税费申报表附列资料（三）》（见表2-5）。其他情况不填写该附列资料。

表2-5

增值税及附加税费申报表附列资料（三）

（服务、不动产和无形资产扣除项目明细）

税款所属时间：　　年　月　日至　　年　月　日

纳税人名称：（公章）　　　　　　　　　　　　　　　　金额单位：元（列至角分）

项目及栏次		本期服务、不动产和无形资产价税合计额（免税销售额）	服务、不动产和无形资产扣除项目				
			期初余额	本期发生额	本期应扣除金额	本期实际扣除金额	期末余额
		1	2	3	4=2+3	5（5≤1且5≤4）	6=4-5
13%税率的项目	1						
9%税率的项目	2						
6%税率的项目（不含金融商品转让）	3						
6%税率的金融商品转让项目	4						
5%征收率的项目	5						
3%征收率的项目	6						
免抵退税的项目	7						
免税的项目	8						

（5）《增值税及附加税费申报表附列资料（四）》（税额抵减情况表）（见表2-6）。

表2-6

增值税及附加税费申报表附列资料（四）

（税额抵减情况表）

税款所属时间：　　年　月　日至　　年　月　日

纳税人名称：（公章）　　　　　　　　　　　　　　　　金额单位：元（列至角分）

一、税额抵减情况

序号	抵减项目	期初余额	本期发生额	本期应抵减税额	本期实际抵减税额	期末余额
		1	2	3=1+2	4≤3	5=3-4
1	增值税税控系统专用设备费及技术维护费					
2	分支机构预征缴纳税款					
3	建筑服务预征缴纳税款					
4	销售不动产预征缴纳税款					
5	出租不动产预征缴纳税款					

二、加计抵减情况

序号	加计抵减项目	期初余额	本期发生额	本期调减额	本期可抵减额	本期实际抵减额	期末余额
		1	2	3	4=1+2-3	5	6=4-5
6	一般项目加计抵减额计算						
7	即征即退项目加计抵减额计算						
8	合计						

（6）《增值税及附加税费申报表附列资料（五）》（附加税费情况表）（见表2-7）。

表2-7 增值税及附加税费申报表附列资料（五）

（附加税费情况表）

税（费）款所属时间：　年　月　日至　年　月　日

纳税人名称：（公章）　　　　　　　　　　　　　　　　　　金额单位：元（列至角分）

<table>
<tr><td colspan="5" rowspan="2">本期是否适用小微企业“六税两费”减免政策</td><td colspan="2" rowspan="2">□是 □否</td><td colspan="2">减免政策适用主体</td><td colspan="6">□个体工商户 □小型微利企业</td></tr>
<tr><td colspan="2">适用减免政策起止时间</td><td colspan="6">年 月至 年 月</td></tr>
<tr><td colspan="2" rowspan="3">税（费）种</td><td colspan="3">计税（费）依据</td><td rowspan="2">税（费）率（%）</td><td rowspan="2">本期应纳税（费）额</td><td colspan="2">本期减免税（费）额</td><td colspan="2">小微企业“六税两费”减免政策</td><td colspan="2">试点建设培育产教融合型企业</td><td rowspan="2">本期已缴税（费）额</td><td rowspan="2">本期应补（退）税（费）额</td></tr>
<tr><td>增值税税额</td><td>增值税免抵税额</td><td>留抵退税本期扣除额</td><td>减免性质代码</td><td>减免税（费）额</td><td>减征比例（%）</td><td>减征额</td><td>减免性质代码</td><td>本期抵免金额</td></tr>
<tr><td>1</td><td>2</td><td>3</td><td>4</td><td>5=（1+2-3）×4</td><td>6</td><td>7</td><td>8</td><td>9=（5-7）×8</td><td>10</td><td>11</td><td>12</td><td>13=5-7-9-11-12</td></tr>
<tr><td>城市维护建设税</td><td>1</td><td></td><td></td><td></td><td></td><td></td><td></td><td></td><td></td><td></td><td>—</td><td>—</td><td></td><td></td></tr>
<tr><td>教育费附加</td><td>2</td><td></td><td></td><td></td><td></td><td></td><td></td><td></td><td></td><td></td><td></td><td></td><td></td><td></td></tr>
<tr><td>地方教育附加</td><td>3</td><td></td><td></td><td></td><td></td><td></td><td></td><td></td><td></td><td></td><td></td><td></td><td></td><td></td></tr>
<tr><td>合计</td><td>4</td><td>—</td><td>—</td><td>—</td><td></td><td></td><td></td><td></td><td>—</td><td></td><td>—</td><td></td><td></td><td></td></tr>
<tr><td colspan="5" rowspan="3">本期是否适用试点建设培育产教融合型企业抵免政策</td><td colspan="2" rowspan="3">□是
□否</td><td colspan="5">当期新增投资额</td><td>5</td><td colspan="2"></td></tr>
<tr><td colspan="5">上期留抵可抵免金额</td><td>6</td><td colspan="2"></td></tr>
<tr><td colspan="5">结转下期可抵免金额</td><td>7</td><td colspan="2"></td></tr>
<tr><td colspan="7" rowspan="3">可用于扣除的增值税留抵退税额使用情况</td><td colspan="5">当期新增可用于扣除的留抵退税额</td><td>8</td><td colspan="2"></td></tr>
<tr><td colspan="5">上期结存可用于扣除的留抵退税额</td><td>9</td><td colspan="2"></td></tr>
<tr><td colspan="5">结转下期可用于扣除的留抵退税额</td><td>10</td><td colspan="2"></td></tr>
</table>

（7）《增值税减免税申报明细表》（见表2-8）。

表2-8

增值税减免税申报明细表

税款所属时间：自　　年　月　日至　　年　月　日

纳税人名称（公章）：　　　　　　　　　　　　　　　　金额单位：元（列至角分）

一、减税项目

减税性质代码及名称	栏次	期初余额	本期发生额	本期应抵减税额	本期实际抵减税额	期末余额
		1	2	3=1+2	4≤3	5=3-4
合计	1					
	2					
	3					
	4					
	5					
	6					

二、免税项目

免税性质代码及名称	栏次	免征增值税项目销售额	免税销售额扣除项目本期实际扣除金额	扣除后免税销售额	免税销售额对应的进项税额	免税额
		1	2	3=1-2	4	5
合　计	7					
出口免税	8		—	—	—	
其中：跨境服务	9		—	—	—	
	10				—	
	11				—	
	12				—	
	13				—	
	14				—	
	15				—	
	16				—	

2.纳税申报的其他资料。

（1）已开具的税控机动车销售统一发票和普通发票的存根联。

（2）符合抵扣条件且在本期申报抵扣的增值税专用发票（含税控机动车销售统一发票）的抵扣联。

（3）符合抵扣条件且在本期申报抵扣的海关进口增值税专用缴款书、购进农产品取得的普通发票的复印件。

（4）符合抵扣条件且在本期申报抵扣的税收完税凭证及其清单，书面合同、付款证明和境外单位的对账单或者发票。

（5）已开具的农产品收购凭证的存根联或报查联。

（6）纳税人销售服务、不动产和无形资产，在确定服务、不动产和无形资产销售额时，按照有关规定从取得的全部价款和价外费用中扣除价款的合法凭证及其清单。

（7）主管税务机关规定的其他资料。

3.纳税申报表及其附列资料为必报资料。纳税申报其他资料的报备要求由各省、自治区、直辖市和计划单列市税务主管部门确定。

（三）纳税人预缴税款需填写《增值税及附加税费预缴表》

纳税人跨县（市）提供建筑服务、房地产开发企业预售自行开发的房地产项目、纳税人出租与机构所在地不在同一县（市）的不动产，按规定需要在项目所在地或不动产所在地主管税务机关预缴税款的，需填写《增值税及附加税费预缴表》。

二、小规模纳税人增值税的纳税申报

增值税小规模纳税人纳税申报表及其附列资料包括：

（一）《增值税及附加税费申报表（小规模纳税人适用）》（见表2-9）

表2-9 **增值税及附加税费申报表**

（小规模纳税人适用）

纳税人识别号（统一社会信用代码）：□□□□□□□□□□□□□□□□□□□□□□

纳税人名称： 金额单位：元（列至角分）

税款所属期： 年 月 日至 年 月 日 填表日期： 年 月 日

	项 目	栏次	本期数		本年累计	
			货物及劳务	服务、不动产和无形资产	货物及劳务	服务、不动产和无形资产
一、计税依据	（一）应征增值税不含税销售额（3%征收率）	1				
	增值税专用发票不含税销售额	2				
	其他增值税发票不含税销售额	3				
	（二）应征增值税不含税销售额（5%征收率）	4	—		—	
	增值税专用发票不含税销售额	5	—		—	
	其他增值税发票不含税销售额	6	—		—	

续表

	项 目	栏次	本期数		本年累计	
			货物及劳务	服务、不动产和无形资产	货物及劳务	服务、不动产和无形资产
一、计税依据	（三）销售使用过的固定资产不含税销售额	7（7≥8）		—		—
	其中：其他增值税发票不含税销售额	8		—		—
	（四）免税销售额	9=10+11+12				
	其中：小微企业免税销售额	10				
	未达起征点销售额	11				
	其他免税销售额	12				
	（五）出口免税销售额	13（13≥14）				
	其中：其他增值税发票不含税销售额	14				
二、税款计算	本期应纳税额	15				
	本期应纳税额减征额	16				
	本期免税额	17				
	其中：小微企业免税额	18				
	未达起征点免税额	19				
	应纳税额合计	20=15-16				
	本期预缴税额	21			—	—
	本期应补（退）税额	22=20-21			—	—
三、附加税费	城市维护建设税本期应补（退）税额	23				
	教育费附加本期应补（退）费额	24				
	地方教育附加本期应补（退）费额	25				

声明：此表是根据国家税收法律法规及相关规定填写的，本人（单位）对填报内容（及附带资料）的真实性、可靠性、完整性负责。

纳税人（签章）： 年 月 日

经办人： 经办人身份证号： 代理机构签章： 代理机构统一社会信用代码：	受理人： 受理税务机关（章）： 受理日期： 年 月 日

（二）《增值税及附加税费申报表（小规模纳税人适用）附列资料》

小规模纳税人销售服务，在确定服务销售额时，按照有关规定可以从取得的全部价款和价外费用中扣除价款的，须填报《增值税及附加税费申报表（小规模纳税人适用）附列资料（一）》（见表2-10）。其他情况不填写该附列资料。表2-11为小规模纳税人适用的附加税费情况表。

表2-10　**增值税及附加税费申报表（小规模纳税人适用）附列资料（一）**

（服务、不动产和无形资产扣除项目明细）

税款所属期：　年　月　日至　年　月　日　　　　填表日期：　年　月　日

纳税人名称（公章）：　　　　金额单位：元（列至角分）

应税行为（3%征收率）扣除额计算

期初余额	本期发生额	本期扣除额	期末余额
1	2	3（3≤1+2之和，且3≤5）	4=1+2-3

应税行为（3%征收率）计税销售额计算

全部含税收入（适用3%征收率）	本期扣除额	含税销售额	不含税销售额
5	6=3	7=5-6	8=7÷1.03

应税行为（5%征收率）扣除额计算

期初余额	本期发生额	本期扣除额	期末余额
9	10	11（11≤9+10之和，且11≤13）	12=9+10-11

应税行为（5%征收率）计税销售额计算

全部含税收入（适用5%征收率）	本期扣除额	含税销售额	不含税销售额
13	14=11	15=13-14	16=15÷1.05

表2-11

增值税及附加税费申报表（小规模纳税人适用）附列资料（二）

（附加税费情况表）

税（费）款所属时间：　年　月　日至　年　月　日

纳税人名称：（公章）　　　　金额单位：元（列至角分）

税（费）种	计税（费）依据	税（费）率（%）	本期应纳税（费）额	本期减免税（费）额		增值税小规模纳税人“六税两费”减征政策		本期已缴税（费）额	本期应补（退）税（费）额
	增值税税额			减免性质代码	减免税（费）额	减征比例（%）	减征额		
	1	2	3=1×2	4	5	6	7=（3-5）×6	8	9=3-5-7-8
城市维护建设税									
教育费附加									
地方教育附加									
合计	—	—		—		—			

（三）《增值税减免税申报明细表》（略）

前述的纳税申报其他资料同样适用于小规模纳税人。

本章小结

本章认知学习内容结构如下图所示：

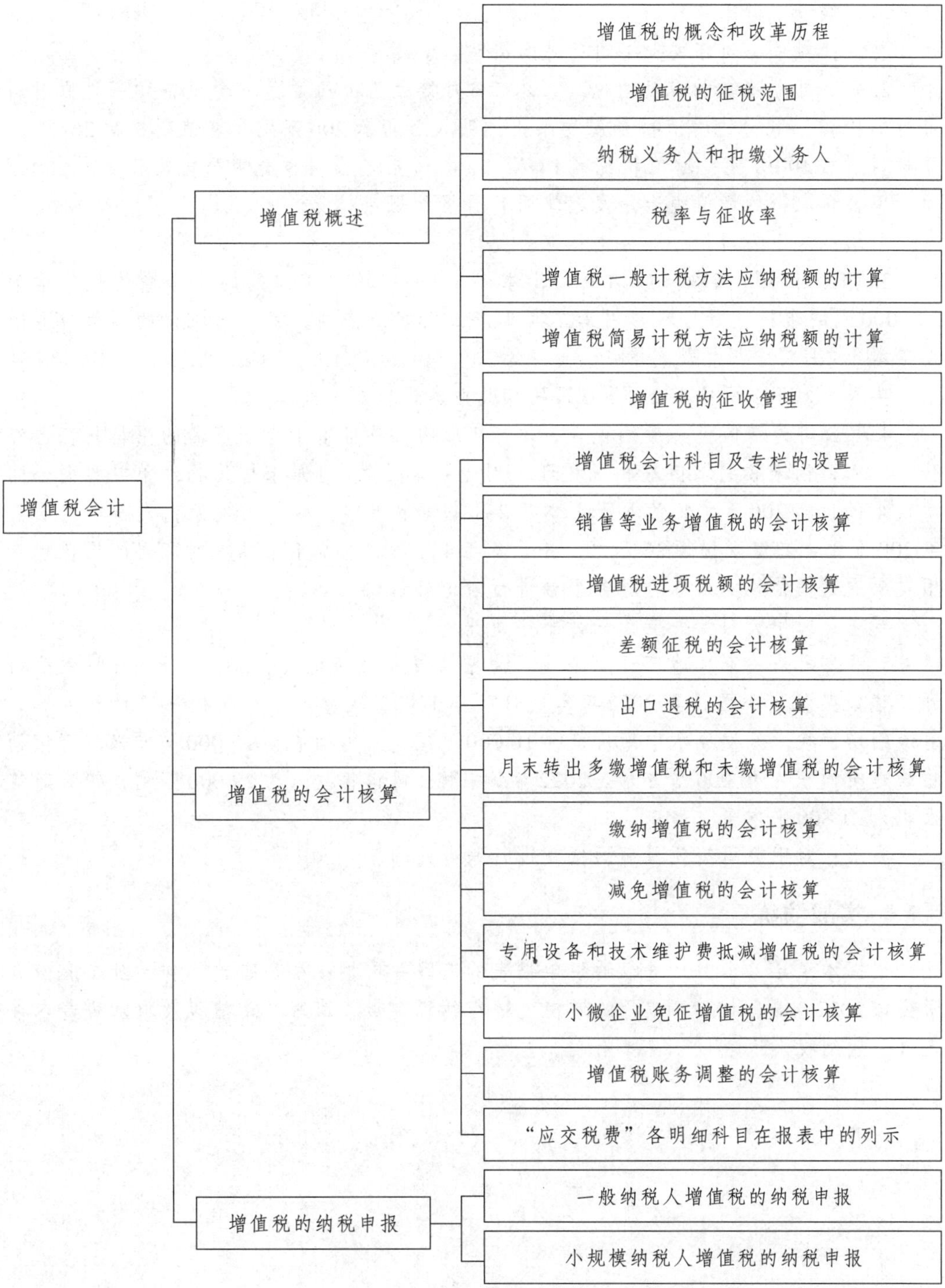

技能训练

1.甲公司为增值税一般纳税人，本年3月1日购入一幢办公楼，取得的增值税专用发票上注明价款1 000万元、增值税税额90万元，以上款项通过银行转账方式支付。甲公司取得的增值税专用发票当月符合抵扣规定。甲公司将该办公楼作为固定资产核算，假设不考虑契税。

要求：对甲公司相关业务进行账务处理。

2.甲公司为增值税一般纳税人，本年3月接受乙公司通过一台设备和一批原材料进行的投资，取得的增值税专用发票上注明设备价款200万元、增值税税额26万元，原材料价款100万元、增值税税额13万元。投资后乙公司占有甲公司实收资本260万元。甲公司取得的增值税专用发票当月符合抵扣规定。

要求：对甲公司相关业务进行账务处理。

3.甲公司为增值税一般纳税人，本年3月将本年2月外购的不含增值税价格为200 000元的布料（原材料）用于车间生产工人职工福利。甲公司取得的增值税专用发票本年2月符合抵扣规定。

要求：对甲公司本年2月和3月的相关业务进行账务处理。

4.甲公司为增值税一般纳税人，本年1月购入一批用于生产产品的原材料，已经验收入库，尚未收到增值税扣税凭证，因此并未付款，1月末按货物清单或相关合同协议上的价格200万元暂估入账。本年2月中旬取得增值税专用发票，发票上注明金额200万元、增值税税额26万元，并于本年4月初的纳税申报期内对取得的增值税专用发票通过增值税发票综合服务平台进行勾选确认。

要求：对甲公司相关业务进行账务处理。

5.甲公司是一家房地产开发企业，为增值税一般纳税人。2019年6月1日甲公司开工建设某住宅小区，至2022年8月31日全部竣工决算。甲公司按一般计税方法计算缴纳增值税。开发成本中地价款为10 000万元，土地面积为15 000平方米，可供销售的建筑面积为40 000平方米。2022年9月甲公司销售收入为29 000万元，销售建筑面积为21 800平方米。

要求：对甲公司销项税额的抵减进行账务处理。

实战演练

根据本章导入案例，进行纳税申报表的填写并申报：杭州市迷你食品加工股份有限公司2022年8月10日对7月的增值税进行纳税申报，填写“增值税及附加税费申报表（一般纳税人适用）”及其附表。

第三章

消费税会计

学习目标

能力目标

1. 熟悉消费税的基本税制，根据业务资料准确计算消费税。

2. 能够设置消费税会计科目，根据相关业务资料对消费税进行会计核算。

3. 能够准确填写消费税纳税申报表，并进行消费税的纳税申报。

素养目标

我国对一些过度消费会不利于人类健康的消费品和一些不可再生稀缺消费品征收消费税，有利于引导消费者节约资源、健康消费，并促进国家环境保护。纳税人应遵守国家税收政策，合法合规纳税。

导入案例

消费税在筹集财政收入、引导生产和消费、促进节能环保、调节收入分配等方面发挥了重要作用。消费税的征收范围具有较强的选择性，可以在保证国家财政收入的同时调节消费行为，引导消费需求，间接调节收入分配和引导产业结构，因而在保证国家财政收入、体现国家经济政策等方面具有十分重要的意义。

我国消费税在征收范围上根据产业政策与消费政策仅选择部分消费品征税，主要在生产销售和进口环节征收。消费税的平均税率水平比较高，并且不同征税项目的税负差异较大。如小汽车按排气量大小划分，最低税率为1%，最高税率为40%。计税方法灵活，既采用对消费品规定单位税额，以消费品的数量实行从量定额的计税方法，也采用对消费品制定比例税率，以消费品的价格实行从价定率的计税方法。对卷烟、酒还采用了从量征收与从价征收相结合的复合计税方式。

随着生产和消费的变化，我国消费税的税目随之有所变动。部分高耗能、高污染产品、高端消费产品或服务被纳入征税范围，以增强消费税的调控功能；一些应税产品不适合继续征收消费税，从征税范围中剔除，从而改革和完善消费税制度。例如，随着机动车保有量的快速增长，耗油量急剧增加，机动车尾气排放的一氧化碳和氮氧化物，使得燃油污染日益严重。为此，我国提高了成品油的消费税，以加强大气污染治理，合理引导消费需求，促进石油资源节约利用与新能源产业的发展。小排量摩托车成为县以下城镇居民和农村居民的主要代步工具，为了有效减轻中低收入群体的负担，取消了小排量摩托车的消费税。汽车轮胎和酒精主要用于工业生产和交通运输工具，取消这两个税目的消费税，从而有效消除重复征税，降低相关产业的生产成本。为完善消费税制度，促进税制公平统一，更好地发挥消费税引导健康消费的作用，财政部、海关总署、国家税务总局联合发布《财政部 海关总署 税务总局关于对电子烟征收消费税的公告》（2022年第33号公告），对电子烟消费税政策进行了明确。

二维码3-1

视频：导入案例解析

案例要求

查找有关资料，列出我国有关电子烟征收消费税的具体规定。

第一节　消费税概述

二维码3-2

情境引例解析

情境引例

北京市某化工厂为增值税一般纳税人，其经营项目包括中高档化妆品、护肤护发品、痱子粉、爽身粉和民用洗涤灵等日常用品。去年2月，该化工厂向一小规模纳税人销售高档化妆品10万元，普通彩妆品20万元、护肤品5万元、护发品10万元，并开具普通发票。本月，该厂各项进项税额为3万元。月末，该厂财务人员申报应纳消费税为6万元，计算方法如下：

10×15%+20×15%+5×10%+10×10%=4.5+1.5=6（万元）

应纳增值税为（10+20+5+10）÷（1+3%）×3%=1.31（万元）

各项销售业务共应纳税7.31万元。本月，该厂生产上述各产品成本为37万元，由此企业本月经营亏损0.62万元（（10+20+5+10）÷（1+3%）−37−7.31）。

请同学们学完本章后，自行计算并分析上述税额计算是否正确。如果不正确，请重新计算该化工厂到底有多少利润/亏损？从该案例中，你能得到什么启示？

一、消费税的纳税人

消费税的纳税人是在我国境内从事生产、委托加工和进口应税消费品的单位和个人。消费税属于价内税，作为产品价格的一部分存在，其税款最终由消费者承担。

【思政课堂】

新中国成立以来消费税的发展及其作用

新中国成立初期，对筵席、娱乐（电影、戏剧、舞场）、冷饮等开征了特种消费行为税，后在1953年修订工商税制时取消。1989年为适应商品经济发展的需要，充分发挥税收调控消费的作用，对彩色电视机和小轿车开征了特种消费税。为了适应经济发展的需要，调节我国的消费结构，正确引导消费方向，抑制超前消费结构，国务院于1993年12月13日发布了《中华人民共和国消费税暂行条例》及实施细则，并决定于1994年1月1日起实施。消费税作为增值税的辅助税种，对烟、酒、化妆品、汽油、柴油、小汽车等11类消费品开征消费税，从而对生产经营和消费进行特殊调节。2006年4月1日起，我国对消费税税目、税率及相关政策进行调整，对原有税目、税率调整有高有低。其目的是贯彻落实科学发展观、建设节约型社会和构建和谐社会。调整后，消费税的税目由原来的11个增至14个。现行消费税的基本规范，是2009年1月1日起施行的《中华人民共和国消费税暂行条例》和2008年12月15日财政部、国家税务总局第51号令颁布的《中华人民共和国消费税暂行条例实施细则》，目前消费税税目有15个。

开征消费税有利于体现国家的产业政策，促进产业结构的合理化。奢侈消费将受遏制，更多体现社会公平。比如在2006年调整项目中：将游艇纳入消费税征收范围，按照10%的税率征收消费税；将高尔夫球及球具作为一个税目，按照10%的税率征收消费税；将高档手表（万元以上）纳入征收范围，按照20%的税率征收消费税。消费税主要“向富人征税”，开征消费税可以调节收入，缓解社会分配不公的状况。通过征收消费税，特别是对烟、酒等嗜好性消费品及贵重首饰，高档化妆品等奢侈品和非生活必需品采用较高的税率，不仅可以限制不良消费、改变社会消费结构，而且能够避免超前消费和过度消费，从而有利于平衡市场供求关系，稳定市场物价，甚至可以促进增加投资和储蓄，对调整积累与消费的比例关系，保证国民经济健康、协调地发展具有积极意义。同时，新设置的消费税税目，如对木制一次性筷子和实木地板征收消费税，靠税收引导消费，在正常生活中提倡环保、节约。又如，对航空煤油、石脑油等征收消费税，谁耗能多，谁就付出更大代价。调整小汽车税率结构，提高大排量汽车的税率，引导消费者购买轻型汽车和新能源汽车。

资料来源：佚名．消费税设立意义［EB/OL］．［2021-08-21］．https：//www.qinxue365.com/Accounting/455253.html.经作者加工整理。

二、消费税的征税范围

消费税的征收范围比较狭窄，同时也会根据经济发展、环境保护等国家大政方针进行修订，依据《中华人民共和国消费税暂行条例》（以下称《消费税暂行条例》）及相关法规规定，目前消费税税目包括烟、酒、高档化妆品等15个，部分税目还进一步划分了若干子目。

（一）烟

本税目的征收范围包括凡是以烟叶为原料加工生产的产品，不论使用何种辅料。

1.卷烟

卷烟的征收范围包括工业和商业批发两个子目，分别在生产环节和批发环节征收。

（1）甲类卷烟，是指每标准条（200支）调拨价格在70元（不含增值税）以上（含70元）的卷烟。

（2）乙类卷烟，是指每标准条调拨价格在70元（不含增值税）以下的卷烟。

2.电子烟

电子烟是指用于产生气溶胶供人抽吸等的电子传输系统，包括烟弹、烟具以及烟弹与烟具组合销售的电子烟产品。烟弹是指含有雾化物的电子烟组件。烟具是指将雾化物雾化为可吸入气溶胶的电子装置。

电子烟进出口税则号列及商品名称包括：

（1）24041200，指不含烟草或再造烟草、含尼古丁的非经燃烧吸用的产品。

（2）ex85434000，将税目24041200所列产品中的雾化物雾化为可吸入气溶胶的设备及装置，无论是否配有烟弹。

3.雪茄烟

4.烟丝

（二）酒

酒是酒精度在1度以上的各种酒类饮料。

1.白酒

白酒生产企业向商业销售单位收取的“品牌使用费”是随着应税白酒的销售而向购货方收取的，属于应税白酒销售价款的组成部分，因此，不论企业采取何种方式或以何种名义收取价款，均应并入白酒的销售额中缴纳消费税。

2.黄酒

3.啤酒

（1）甲类啤酒，是指每吨出厂价（含包装物及包装物押金）在3 000元（含3 000元，不含增值税）以上的啤酒。

（2）乙类啤酒，是指每吨出厂价（含包装物及包装物押金）在3 000元（不含增值税）以下的啤酒。

包装物押金不包括重复使用的塑料周转箱的押金。

对饮食业、商业、娱乐业举办的啤酒屋（啤酒坊）利用啤酒生产设备生产的啤酒，应当征收消费税。

果啤属于啤酒，应征收消费税。

4.其他酒

配制酒（露酒）是指以发酵酒、蒸馏酒或食用酒精为酒基，加入可食用或药食两用的辅料或食品添加剂，进行调配、混合或再加工制成的并改变了其原酒基风格的饮料酒。

具体规定如下：

（1）以蒸馏酒或食用酒精为酒基，具有国家相关部门批准的国食健字或卫食健字文号并且酒精度低于38度（含）的配制酒，按消费税税目税率表“其他酒”10%的适用税率征收消费税。

（2）以发酵酒为酒基，酒精度低于20度（含）的配制酒，按消费税税目、税率（额）表“其他酒”10%的适用税率征收消费税。

（3）其他配制酒，按消费税税目、税率（额）表中“白酒”的适用税率征收消费税。

葡萄酒消费税适用“酒”税目下设的“其他酒”子目。葡萄酒是指以葡萄为原料，经破碎（压榨）、发酵而成的酒精度在1度（含）以上的葡萄原酒和成品酒（不含以葡萄为原料的蒸馏酒）。

根据国家新出台的调味品分类国家标准，调味料酒属于调味品，不属于配制酒和泡制酒，不征收消费税。

（三）高档化妆品

本税目包括高档美容、修饰类化妆品、高档护肤类化妆品和成套化妆品。

高档美容、修饰类化妆品和高档护肤类化妆品是指生产（进口）环节销售（完税）价格（不含增值税）在10元/毫升（克）或15元/片（张）及以上美容、修饰类化妆品和护肤类化妆品。

美容、修饰类化妆品是指香水、香水精、香粉、口红、指甲油、胭脂、眉笔、唇笔、蓝眼油、眼睫毛以及成套化妆品。

舞台、戏剧、影视演员化妆用的上妆油、卸妆油、油彩，不属于本税目的征收范围。

（四）贵重首饰及珠宝玉石

贵重首饰及珠宝玉石包括以金、银、白金、宝石、珍珠、钻石、翡翠、珊瑚、玛瑙等高贵稀有物质以及其他金属、人造宝石等制作的各种纯金银首饰及镶嵌首饰和经采掘、打磨、加工的各种珠宝玉石。对出国人员免税商店销售的金银首饰征收消费税。

（五）鞭炮、焰火

鞭炮、焰火包括各种鞭炮、焰火。体育上用的发令纸，鞭炮药引线，不按本税目征收。

（六）成品油

1.汽油

汽油是指用原油或其他原料加工生产的辛烷值不小于66的可用作汽油发动机燃

料的各种轻质油。

2.柴油

柴油是指用原油或其他原料加工生产的倾点或凝点在-50℃~30℃的可用作柴油发动机燃料的各种轻质油和以柴油组分为主、经调和精制可用作柴油发动机燃料的非标油。

从2009年1月1起，对同时符合下列条件的纯生物柴油免征消费税：

（1）生产原料中废弃的动物油和植物油用量所占比重不低于70%。

（2）生产的纯生物柴油符合国家《柴油机燃料调合生物柴（BD100）》标准。

3.航空煤油

航空煤油征收范围包括各种航空煤油。

4.石脑油

石脑油又叫化工轻油，是以原油或其他原料加工生产的用于化工原料的轻质油，包括除汽油、柴油、航空煤油、溶剂油以外的各种轻质油。

生产企业将自产石脑油用于本企业连续生产汽油等应税消费品的，不缴纳消费税；用于连续生产乙烯等非应税消费品或其他方面的，于移送使用时缴纳消费税。

5.溶剂油

溶剂油是用原油或其他原料加工生产的用于涂料、油漆、食用油、印刷油墨、皮革、农药、橡胶、化妆品生产和机械清洗、胶粘行业的轻质油。

橡胶填充油、溶剂油原料，属于溶剂油征收范围。

6.润滑油

润滑油是用原油或其他原料加工生产的用于内燃机、机械加工过程的润滑产品，分为矿物性润滑油、植物性润滑油、动物性润滑油和化工原料合成润滑油。

以植物性、动物性和矿物性基础油（或矿物性润滑油）混合掺配而成的“混合性”润滑油，不论矿物性基础油（或矿物性润滑油）所占比例高低，均属润滑油的征税范围。

变压器油、导热类油等绝缘油类产品不属于润滑油，不征收消费税。

7.燃料油

（七）摩托车

1.轻便摩托车

2.摩托车

气缸容量250毫升（不含）以下的小排量摩托车不征收消费税。

（八）小汽车

1.乘用车：含驾驶员座位在内最多不超过9个座位（含）的，在设计和技术特性上用于载运乘客和货物的各类乘用车。

2.中轻型商用客车：含驾驶员座位在内的座位数在10~23座（含23座）的，在设计和技术特性上用于载运乘客和货物的各类中轻型商用客车。

3.超豪华小汽车：每辆零售价格130万元（不含增值税）及以上的乘用车和中轻型商用客车。

电动汽车不属于本税目征收范围。车身长度大于7米（含），并且座位在10~23座（含）以下的商用客车，不属于中轻型商用客车的征收范围，不征收消费税。沙滩车、雪地车、卡丁车、高尔夫车不属于消费税征收范围。

（九）高尔夫球及球具

本税目征收范围包括高尔夫球、高尔夫球杆、高尔夫球包（袋）、高尔夫球杆的杆头、杆身和握把。

（十）高档手表

本税目征收范围包括销售价格（不含增值税）每只在10 000元（含）以上的各类手表。

（十一）游艇

本税目征收范围包括艇身长度大于8米（含）小于90米（含），内置发动机，可以在水上移动，一般为私人或团体购置，主要用于水上运动和休闲娱乐等非牟利活动的各类机动艇。

（十二）木制一次性筷子

木制一次性筷子是指以木材为原料，经过锯段、浸泡、旋切、刨切、烘干、筛选、打磨、倒角、包装等环节加工而成的各类一次性使用的筷子。这种筷子无论是否经过打磨、倒角等后期加工处理，都属于消费税的征税范围。

（十三）实木地板

未经涂饰的素板也属于本税目征收范围。

（十四）电池

对无汞原电池、金属氢化物镍蓄电池（又称氢镍蓄电池或镍氢蓄电池）、锂原电池、锂离子蓄电池、太阳能电池、燃料电池、全钒液流电池免征消费税。对铅蓄电池按4%的税率征收消费税。

二维码3-3

视频：合理命名，依法纳税

（十五）涂料

自2015年2月1日起对涂料征收消费税，施工状态下挥发性有机物（volatile organic compounds，VOC）含量低于420克/升（含）的涂料免征消费税。

三、消费税的税率

消费税采用比例税率和定额税率两种形式。大部分应税消费品适用比例税率，例如，烟丝税率为30%，摩托车税率为3%等；黄酒、啤酒、成品油按单位重量或单位体积确定单位税额；卷烟、白酒采用比例税率和定额税率双重征收形式。消费税税目税率表见表3-1。

表3-1 消费税税目税率表

税目	税率		
	生产（进口）环节	批发环节	零售环节
一、烟			
1.卷烟			

续表

税目	税率		
	生产（进口）环节	批发环节	零售环节
（1）甲类卷烟	56%加0.003元/支	11% 加 0.005元/支	
（2）乙类卷烟	36%加0.003元/支		
2.电子烟	36%	11%	
3.雪茄烟	36%		
4.烟丝	30%		
二、酒			
1.白酒	20%加0.5元/500克（或者500毫升）		
2.黄酒	240元/吨		
3.啤酒			
（1）甲类啤酒	250元/吨		
（2）乙类啤酒	220元/吨		
4.其他酒	10%		
三、高档化妆品	15%		
四、贵重首饰及珠宝玉石			
1.金银首饰、铂金首饰和钻石及钻石饰品			5%
2.其他贵重首饰和珠宝玉石	10%		
五、鞭炮焰火	15%		
六、成品油			
1.汽油	1.52元/升		
2.柴油	1.2元/升		
3.航空煤油	1.2元/升		
4.石脑油	1.52元/升		

续表

税目	税率		
	生产（进口）环节	批发环节	零售环节
5.溶剂油	1.52元/升		
6.润滑油	1.52元/升		
7.燃料油	1.2元/升		
七、摩托车			
1.气缸容量250毫升	3%		
2.气缸容量在250毫升（不含）以上的	10%		
八、小汽车			
1.乘用车			
（1）气缸容量（排气量，下同）在1.0升（含1.0升）以下的	1%		
（2）气缸容量在1.0升以上至1.5升（含1.5升）的	3%		
（3）气缸容量在1.5升以上至2.0升（含2.0升）的	5%		
（4）气缸容量在2.0升以上至2.5升（含2.5升）的	9%		
（5）气缸容量在2.5升以上至3.0升（含3.0升）的	12%		
（6）气缸容量在3.0升以上至4.0升（含4.0升）的	25%		
（7）气缸容量在4.0升以上的	40%		
2.中轻型商用客车	5%		
3.超豪华小汽车	按子税目1和子税目2的规定征收		10%
九、高尔夫球及球具	10%		
十、高档手表	20%		

续表

税目	税率		
	生产（进口）环节	批发环节	零售环节
十一、游艇	10%		
十二、木制一次性筷子	5%		
十三、实木地板	5%		
十四、电池	4%		
十五、涂料	4%		

纳税人兼营不同税率的应税消费品，应当分别核算不同税率应税消费品的销售额、销售数量。未分别核算销售额、销售数量，或者将不同税率的应税消费品组成成套消费品销售的，从高适用税率。

第二节　消费税的计算与申报

情境引例

嘉美化妆品有限责任公司是一家经营各种高档化妆品、护肤护发品的合资企业。20×5年5月，该公司共生产各类高档化妆品和护肤护发品价值30万元，但由于产品市场定位欠佳，预计该月仅能销售高档化妆品及护肤护发品共15万元。为了避免产品积压，该公司决定将部分剩余的化妆品赠送给协作企业，并加大广告宣传的力度。5月该公司发生如下业务：

1. 用高档化妆品和护肤护发品做成礼品盒赠送给协作企业，价值3万元。
2. 用高档化妆品赞助当地电视台举办的大型歌舞晚会，价值5万元。
3. 用高档化妆品和护肤护发品作广告样品，未分别核算，共计价值0.4万元。
4. 将高档化妆品分配给本公司职工，共计价值2万元。
5. 销售高档化妆品10万元，护肤护发品6万元。

月末进行纳税申报时，公司财务人员计算应纳消费税如下：

10×15%=1.5（万元）

但是经税务机关审核，实际应纳税额为：

3×15%+5×15%+0.4×15%+2×15%+10×15%=3.06（万元）

公司对此不服，认为公司将产品赠送、赞助或作为广告样品时，并未销售取得收入，不应缴纳消费税，并提出行政复议，但上级税务机关审核后维持原判。

请同学们认真阅读该案例，从该案例中可以得到哪些启示？

二维码3-4

情境引例解析

一、生产应税消费品应纳税额的计算

消费税实行从价计税、从量计税，或者从价和从量复合计税（以下简称“复合计

税”）的办法计算应纳税额。生产并销售应税消费品，就销售的数量或金额计算应纳消费税税额。

1.实行从价计税办法计算

应纳税额=销售额×比例税率　　　　公式 3-1

【例3-1】某汽车制造厂将一辆高档小轿车以150万元（不含增值税）的价格直接销售给国内一个客户，该小轿车生产环节的消费税税率为40%。

要求：计算该厂应纳消费税税额。

该例中，出厂价就是零售价。超豪华小汽车（零售价高于130万元每辆）零售环节要按10%的税率缴纳消费税。

该厂应纳消费税=150×（40%+10%）=75（万元）

实行从价定率办法计算应纳税额的应税消费品连同包装销售的，不论包装是否单独计价，也不论在会计上如何核算，均应并入应税消费品的销售额中征收消费税。如果包装物不作价随同产品销售，而是收取押金，此项押金则不应并入应税消费品的销售额中征税。但对因逾期未收回的包装物不再退还的或者已收取的时间超过12个月的押金，应并入应税消费品的销售额，按照应税消费品的适用税率缴纳消费税。对销售啤酒、黄酒外的其他酒类产品而收取的包装物押金，无论是否返还以及会计上如何核算，均应并入当期销售额征税。

纳税人通过自设非独立核算门市部销售的自产应税消费品，应当按照门市部对外销售额或者销售数量征收消费税。

纳税人用于换取生产资料和消费资料、投资入股和抵偿债务等方面的应税消费品，应当以纳税人同类应税消费品的最高销售价格作为计税依据计算消费税。

纳税人采用以旧换新（含翻新改制）方式销售的金银首饰，应按实际收取的不含增值税的全部价款确定计税依据征收消费税。

2.实行从量计税办法计算

应纳税额=销售数量×定额税率　　　　公式 3-2

【例3-2】海河啤酒厂为增值税一般纳税人，适用的增值税税率为13%。20×5年6月，该啤酒厂向某大型商场销售A型啤酒20吨，开具的增值税专用发票上注明不含税价款61 000元，另收取包装物押金3 000元；向农工商超市销售B型啤酒5吨，开具普通发票，金额为15 200元，另收取包装物押金1 000元。

要求：计算海河啤酒厂应缴纳的消费税。

A型啤酒每吨出厂价（含包装物和包装物押金）=（61 000+3 000÷（1+13%））÷20
=3 182.74（元/吨）

3 182.74元/吨>3 000元/吨，属于甲类啤酒，消费税税额为250元/吨。

B型啤酒每吨出厂价（含包装物和包装物押金）=（15 200+1 000）÷（1+13%）÷5
=2 867.26（元/吨）

2 867.26元/吨<3 000元/吨，属于乙类啤酒，消费税税额为220元/吨。

甲啤酒厂20×5年6月应缴纳消费税税额=20×250+5×220 =6 100（元）

3.实行复合计税办法计算

应纳税额=销售额×比例税率+销售数量×定额税率　　　　公式 3-3

【例 3-3】帆元酒厂为增值税一般纳税人，适用的增值税税率为13%。20×5 年 8 月，该酒厂对外销售自制粮食白酒5吨，收到不含税销售额30万元，另收取包装物押金0.5万元。

要求：计算帆元酒厂应纳消费税税额。

应纳消费税=（30+0.5÷（1+13%））×20% + 5×2 000×0.5÷10 000

= 6.09 + 0.5

= 6.59（万元）

【例 3-4】辉宏卷烟生产厂X型卷烟出厂价格为每标准条60元（不含增值税，下同），税务机关采集X型卷烟批发环节价格为每标准条110元，国家税务总局核定的同类卷烟的批发环节毛利率为29%。假设该企业当期出厂销售X型卷烟200标准箱（每标准箱250标准条）。

要求：计算辉宏卷烟生产厂应纳消费税税额。

X型卷烟计税价格=110×（1−29%）=78.1（元/条），属于甲类卷烟。

当期应纳消费税=200×150+78.1×200×250×56%=2 216 800（元）

二、自产自用应税消费品应纳税额的计算

纳税人自产自用的应税消费品，除用于连续生产应税消费品外，凡用于其他方面，应当纳税的，按照纳税人生产同类消费品并移送使用的数量或其对应的销售价格计算纳税。同类消费品的销售价格是指纳税人当月销售的同类消费品的销售价格，如果当月同类消费品各期销售价格高低不同，应按销售数量加权平均计算。但销售的应税消费品有下列情况之一的，不得列入加权平均计算：

（1）销售价格明显偏低又无正当理由的。

（2）无销售价格的。

如果当月无销售或者当月未完结，应按照同类消费品上月或者最近月份的销售价格计算纳税。

没有同类消费品销售价格的，按照组成计税价格计算纳税。

（1）实行从价定率办法计算纳税的组成计税价格，其计算公式为：

组成计税价格=（成本+利润）÷（1−比例税率）　　公式 3-4

应纳税额=组成计税价格×比例税率　　公式 3-5

（2）实行从量计税办法计算：

应纳税额=自产自用数量×定额税率　　公式 3-6

（3）实行复合计税办法计算纳税的组成计税价格，其计算公式为：

组成计税价格=（成本+利润+自产自用数量×定额税率）÷（1−比例税率）　　公式 3-7

应纳税额=组成计税价格×比例税率+自产自用数量×定额税率　　公式 3-8

这里的利润指按国家税务总局确定的全国平均成本利润率计算的利润。

三、委托加工应税消费品应纳税额的计算

委托加工的应税消费品是指由委托方提供原料和主要材料，受托方只收取加工费和代垫部分辅助材料加工的应税消费品。对于由受托方提供原材料生产的应税消

费品，或者受托方先将原材料卖给委托方，然后再接受加工的应税消费品，以及由受托方以委托方名义购进原材料生产的应税消费品，不论纳税人在财务上是否作销售处理，都不得作为委托加工应税消费品，而应当按照销售自制应税消费品缴纳消费税。

对于确实属于委托方提供原料和主要材料，受托方只收取加工费和代垫部分辅助材料加工的应税消费品，由受托方在向委托方交货时代收代缴消费税。委托个人（含个体工商户）加工的应税消费品，由委托方收回后缴纳消费税。

委托加工的应税消费品，就纳税人收回的数量或其对应的销售额计算消费税税额。如果受托方生产同类消费品的，按照受托方同类消费品的销售价格计算纳税；没有同类消费品销售价格的，按照组成计税价格计算纳税。

1.实行从价定率办法计算纳税的组成计税价格计算公式：

组成计税价格=（材料成本+加工费）÷（1-比例税率） 公式3-9

应纳税额=组成计税价格×比例税率 公式3-10

【例3-5】餐翔公司为生产销售木制餐具的增值税一般纳税人，适用的增值税税率为13%。20×5年5月，该公司将木材一批（不含税价款20万元）运往小规模纳税人丙公司处加工木制一次性筷子，取得税务局代开运输费专用发票，注明运费2万元、税额0.06万元；取得普通发票，注明委托加工费总金额3万元；款项均已支付。假定一次性筷子消费税税率为5%，丙公司无同类产品对外销售。

要求：计算丙公司应代收代缴的消费税。

丙公司应代收代缴的消费税=（20+2+3÷（1+3%））÷（1-5%）×5%=1.31（万元）

2.实行从量计税办法计算：

应纳税额=委托加工数量×定额税率 公式3-11

3.实行复合计税办法计算纳税的组成计税价格计算公式：

组成计税价格=（材料成本+加工费+委托加工数量×定额税率）÷（1-比例税率） 公式3-12

应纳税额=组成计税价格×比例税率+委托加工数量×定额税率 公式3-13

四、进口应税消费品应纳税额的计算

进口的应税消费品，按照海关核定的应税消费品进口征税数量或对应的组成计税价格计算纳税。

1.实行从价定率办法计算纳税的组成计税价格计算公式：

组成计税价格=（关税完税价格+关税）÷（1-消费税比例税率） 公式3-14

应纳税额=组成计税价格×比例税率 公式3-15

2.实行从量计税办法计算：

实行从量计税办法计算的应纳税额=进口数量×定额税率 公式3-16

3.实行复合计税办法计算纳税的组成计税价格计算公式：

组成计税价格=（关税完税价格+关税+进口数量×消费税定额税率）÷（1-消费税比例税率） 公式3-17

应纳税额=组成计税价格×比例税率+进口数量×定额税率 公式3-18

五、已纳消费税扣除的计算

（一）外购应税消费品已纳税款扣除

外购的应税消费品用于连续生产应税消费品的，符合下列情形的所纳消费税税款准予按规定抵扣：

1.烟丝生产卷烟的；

2.鞭炮、焰火生产鞭炮、焰火的；

3.杆头、杆身和握把生产高尔夫球杆的；

4.木制一次性筷子生产木制一次性筷子的；

5.实木地板生产实木地板的；

6.石脑油、燃料油生产成品油的；

7.汽油、柴油、润滑油分别生产汽油、柴油、润滑油的；

8.集团内部企业间用啤酒液生产啤酒的；

9.葡萄酒生产葡萄酒的；

10.高档化妆品生产高档化妆品的。

除第6、7、8项外，上述准予抵扣的情形仅限于进口、从同税目纳税人购进的应税消费品。纳税人应凭合法有效凭证抵扣消费税。

消费税的抵扣只是在生产环节，在批发环节、零售环节缴纳消费税时是不能抵扣已纳消费税的。消费税实行的是领用扣税法，即准予抵扣的消费税税额应按当期消费品生产领用数量逐笔计算，只有实际生产领用的数量才是计提准予抵扣的消费税税额的唯一依据。

（1）外购从价征收的应税消费品

$$\text{当期准予扣除的外购应税消费品已纳税款}=\text{当期准予扣除的外购应税消费品买价}\times\text{外购应税消费品适用税率}$$

$$\text{当期准予扣除的外购应税消费品买价}=\text{期初库存的外购应税消费品的买价}+\text{当期购进的应税消费品的买价}-\text{期末库存的外购应税消费品的买价}$$

（2）外购从量征收的应税消费品

当期准予扣除的外购应税消费品已纳税款=当期准予扣除的外购应税消费品数量×定额税率

（3）外购复合征收的应税消费品

$$\text{当期准予扣除的外购应税消费品已纳税款}=\text{当期准予扣除的外购应税消费品买价}\times\text{外购应税消费品适用税率}+\text{当期准予扣除的外购应税消费品数量}\times\text{定额税率}$$

【例3-6】某鞭炮厂（增值税一般纳税人）用外购已税的焰火继续加工高档焰火。10月销售高档焰火，开具增值税专用发票注明销售额1 000万元；本月外购焰火400万元，取得增值税专用发票，月初库存外购焰火60万元，月末库存外购焰火50万元，相关发票当月已认证。已知焰火消费税税率为15%，上述价格均不含增值税。

要求：计算当月该鞭炮厂应纳消费税。

该鞭炮厂计算缴纳消费税时，可以按照本月生产领用数量计算扣除外购已税鞭炮焰火已纳的消费税。

当月该鞭炮厂应纳消费税=1 000×15%-（60+400-50）×15%=88.5（万元）

当期投入生产的原材料可抵扣的已纳消费税大于当期应纳消费税不足抵扣的部分，可以在下期继续抵扣。

（二）委托加工收回的应税消费品已纳税款扣除

委托加工的应税消费品，受托方在交货时已代收代缴消费税，委托方收回后直接销售的，不再征收消费税。委托方以高于受托方的计税价格出售的，不属于直接出售，需按照规定申报缴纳消费税，在计税时准予扣除受托方已代收代缴的消费税。

【例3-7】住友公司收回一批委托其他企业加工的实木地板，受托方以不含税售价35万元代收代缴消费税，住友公司将该批实木地板以不含税售价50万元对外销售。实木地板的消费税税率为5%。

要求：计算住友公司应缴纳的消费税。

住友公司将收回的委托加工应税消费品以高于受托方计税价格进行出售，须按规定申报缴纳消费税，在计税时准予扣除委托方已代收代缴的消费税。

住友公司应缴纳的消费税=50×5%-35×5%=0.75（万元）

按照国家税务总局的规定，下列连续生产的应税消费品准予从应纳消费税税额中按当期生产领用数量计算扣除委托加工收回的应税消费品已纳消费税税款。

1.以委托加工收回的已税烟丝为原料生产的卷烟。

2.以委托加工收回的已税高档化妆品为原料生产的高档化妆品。

3.以委托加工收回的已税珠宝玉石为原料生产的贵重首饰及珠宝玉石。

4.以委托加工收回的已税鞭炮、焰火为原料生产的鞭炮、焰火。

5.以委托加工收回的已税杆头、杆身和握把为原料生产的高尔夫球杆。

6.以委托加工收回的已税木制一次性筷子为原料生产的木制一次性筷子。

7.以委托加工收回的已税实木地板为原料生产的实木地板。

8.以委托加工收回的已税汽油、柴油、石脑油、燃料油、润滑油为原料生产的应税成品油。

用委托加工收回上述应税消费品连续生产应税消费品，在计征消费税时可以扣除委托加工收回应税消费品的已纳税款。

$$\begin{matrix}\text{当期准予扣除的委托加工}\\\text{应税消费品已纳税款}\end{matrix}=\begin{matrix}\text{期初库存的委托加工}\\\text{应税消费品已纳税款}\end{matrix}+\begin{matrix}\text{当期收回的委托加工}\\\text{应税消费品已纳税款}\end{matrix}-\begin{matrix}\text{期末库存的委托加工}\\\text{应税消费品已纳税款}\end{matrix}$$

【例3-8】甲企业委托乙企业加工一批烟丝，甲企业提供的原材料的成本为20万元，向乙企业支付加工费3万元，乙企业按照本企业同类烟丝价格36万元代收代缴消费税10.8万元，甲企业将委托加工收回烟丝的10%以3.6万元的价格销售给职工，烟丝的25%以12万元的价格销售给丙卷烟厂。上述价格均不含增值税。

要求：计算甲企业收回烟丝后的上述行为应缴纳的消费税。

委托加工收回烟丝的10%以3.6万元的价格销售给职工，没有超过受托方的计税价格，不需要缴纳消费税。

委托加工收回烟丝的25%以12万元的价格销售给丙卷烟厂，需要计算缴纳消费税：12×30%-36×25%×30%=3.6-2.7=0.9（万元）。

六、消费税的出口退（免）税

【例 3-9】甲外贸公司为增值税一般纳税人，具有出口经营权。20×5 年 6 月从生产企业购进高档化妆品一批，取得增值税专用发票，全额 30 万元，增值税 3.9 万元，发生运费取得增值税专用发票，全额 1 万元，增值税 0.09 万元。当月该批高档化妆品全部出口，取得销售收入 35 万元。高档化妆品的消费税税率为 15%。

要求：计算该公司出口高档化妆品应退的消费税金额。

应退消费税=30×15%=4.5（万元）

外贸企业受其他外贸企业委托，代理出口应税消费品才可以办理退税，外贸企业受其他企业（主要是非生产性的商贸企业）委托，代理出口应税消费品不予退（免）税。

（一）出口免税但不退税

有出口经营权的生产性企业自营出口或生产企业委托外贸企业代理出口自产的应税消费品，依据其实际出口数量免征消费税，不予办理退还消费税。

免征消费税是指对生产性企业按其实际出口数量免征生产环节的消费税。不予办理退还消费税，是因为已免征生产环节的消费税，该应税消费品出口时，已不含消费税，所以无须再办理退还消费税。

（二）出口不免税也不退税

除生产企业、外贸企业外的其他企业，具体是指一般商贸企业，这类企业委托外贸企业代理出口应税消费品一律不予退（免）税。

七、消费税的申报与缴纳

（一）纳税地点

纳税人销售的应税消费品，以及自产自用的应税消费品，除国务院财政、税务主管部门另有规定外，应当向纳税人机构所在地或者居住地的主管税务机关申报纳税。

委托加工的应税消费品，除受托方为个人外，由受托方向机构所在地或者居住地的主管税务机关解缴消费税税款。

进口的应税消费品，由进口人或者其代理人向报关地海关申报纳税。

纳税人到外县（市）销售或者委托外县（市）代销自产应税消费品的，于应税消费品销售后，向机构所在地或者居住地主管税务机关申报纳税。

纳税人直接出口的应税消费品办理免税后，发生退关或者国外退货，复进口时已予以免税的，可暂不办理补税，待其转为国内销售的当月申报缴纳消费税。

（二）纳税义务发生时间

消费税纳税义务发生的时间，根据货款结算方式或行为发生时间确定。

1.纳税人销售的应税消费品，其纳税义务的发生时间为：

（1）纳税人采取赊销和分期收款结算方式的，为书面合同约定的收款日期的当天，书面合同没有约定收款日期或者无书面合同的，为发出应税消费品的当天。

（2）纳税人采取预收货款结算方式的，为发出应税消费品的当天。

（3）纳税人采取托收承付和委托银行收款方式销售的应税消费品，为发出应税消费品并办妥托收手续的当天。

（4）纳税人采取其他结算方式的，为收讫销售款或者取得索取销售款凭据的当天。

2. 纳税人自产自用的应税消费品，其纳税义务的发生时间，为移送使用的当天。

3. 纳税人委托加工的应税消费品，其纳税义务的发生时间，为纳税人提货的当天。

4. 纳税人进口的应税消费品，其纳税义务的发生时间，为报关进口的当天。

（三）纳税期限

消费税的纳税期限分别为1日、3日、5日、10日、15日、1个月或者1个季度。纳税人的具体纳税期限，由主管税务机关根据纳税人应纳税额的大小分别核定；不能按照固定期限纳税的，可以按次纳税。

纳税人以1个月或者1个季度为1个纳税期的，自期满之日起15日内申报纳税；以1日、3日、5日、10日或者15日为1个纳税期的，自期满之日起5日内预缴税款，于次月1日起15日内申报纳税并结清上月应纳税款。

纳税人进口应税消费品，应当自海关填发海关进口消费税专用缴款书之日起15日内缴纳税款。

八、纳税申报

二维码3-5

拓展阅读：寻找“消失”的5 000吨汽油

消费税的纳税人应按有关规定及时办理纳税申报，据实填写纳税申报表，见表3-2。

表3-2　　消费税及附加税申报表

税款所属期：　　年　月　日至　　年　月　日

纳税人识别号（统一社会信用代码）：□□□□□□□□□□□□□□□□□□□□□□□□□□

纳税人名称：　　　　　　　　　　　　　　　　金额单位：人民币元（列至角分）

项目 应税消费品名称	适用税率		计量单位	本期销售数量	本期销售额	本期应纳税额
	定额税率	比例税率				
	1	2	3	4	5	6=1×4+2×5
合计	—	—	—	—	—	

续表

项目 应税消费品名称	适用税率		计量单位	本期销售数量	本期销售额	本期应纳税额
	定额税率	比例税率				
	1	2	3	4	5	6=1×4+2×5

	栏次	本期税费额
本期减（免）税额	7	
期初留抵税额	8	
本期准予扣除税额	9	
本期应扣除税额	10=8+9	
本期实际扣除税额	11［10<（6−7），则为10，否则为6−7］	
期末留抵税额	12=10−11	
本期预缴税额	13	
本期应补（退）税额	14-6−7−11−13	
城市维护建设税本期应补（退）税额	15	
教育费附加本期应补（退）费额	16	
地方教育附加本期应补（退）费额	17	

声明：此表是根据国家税收法律法规及相关规定填写的，本人（单位）对填报内容（及附带资料）的真实性、可靠性、完整性负责。

纳税人（签章）：　　　年　月　日

经办人： 经办人身份证号： 代理机构签章： 代理机构统一社会信用代码：	受理人： 受理税务机关（章）： 受理日期：　　　年　月　日

第三节　消费税的会计核算

情境引例

二维码3-6

视频：情境引例解析

消费税的会计处理一般包括两部分，即应交消费税的会计处理和实际缴纳消费税的会计处理。根据应税消费品的不同用途，消费税可能计入不同的科目，或者计入“税金及附加”“销售费用”等费用类科目直接减少当期利润，或者先在“在建工程”“长期股权投资”等资产的成本中归集。实务中，应根据具体业务具体分析，将资本化与费用化的金额进行区分。

一、消费税会计账户的设置

设置“应交税费——应交消费税”账户，反映应纳消费税的金额。

应交税费——应交消费税

借（减）	贷（增）
已缴纳的消费税	应缴纳的消费税
企业多缴纳的消费税	企业尚未缴纳的消费税

二、生产销售应税消费品应纳消费税的核算

企业将生产的产品直接对外销售的，按规定计算应缴纳的消费税税额：

借：税金及附加

　贷：应交税费——应交消费税

【例3-10】甲企业销售所生产的高档化妆品，价款100万元（不含增值税），适用的消费税税率为15%，不考虑其他相关税费。

要求：编制应交消费税的相关会计分录。

应纳消费税税额=1 000 000×15%= 150 000（元）

借：税金及附加	150 000	
贷：应交税费——应交消费税		150 000

三、自产自用应税消费品应纳消费税的核算

企业将应税消费品用于在建工程、非生产机构等其他方面，按规定应缴纳的消费税应计入有关成本。

【例3-11】乙企业在建工程领用自产柴油，成本为50 000元，应纳消费税6 000元。不考虑其他相关税费。

要求：编制应交消费税的相关会计分录。

借：在建工程	56 000	
贷：库存商品		50 000
应交税费——应交消费税		6 000

四、委托加工应税消费品应纳消费税的核算

企业如有应缴纳消费税的委托加工物资，一般应由受托方代收代缴税款。委托加工物资收回时的会计分录根据收回后的用途而有所区别：

（1）收回后直接出售（不高于受托方的计税价格）：

借：委托加工物资

　贷：银行存款等

（2）收回后连续生产应税消费品：

借：委托加工物资

　　应交税费——应交消费税

　贷：银行存款等

待用委托加工的应税消费品生产出应纳消费税的产品销售时，再缴纳消费税。

委托方以高于受托方的计税价格出售的，不属于直接出售，须按照规定申报缴纳消费税，在计税时准予扣除受托方已代收代缴的消费税。

【例3-12】 甲企业委托乙企业代为加工一批应交消费税的材料（非金银首饰）。甲企业的材料成本为2 000 000元，加工费为400 000元，增值税税率为13%，由乙企业代收代缴消费税160 000元。材料加工已经完成，并由甲企业收回验收入库，加工费尚未支付。甲企业采用实际成本法进行原材料的核算。

要求：编制甲企业的相关会计分录。

（1）如果委托加工物资收回继续用于生产应税消费品：

借：委托加工物资	2 000 000	
贷：原材料		2 000 000
借：委托加工物资	400 000	
应交税费——应交增值税（进项税额）	52 000	
——应交消费税	160 000	
贷：应付账款		612 000
借：原材料	2 400 000	
贷：委托加工物资		2 400 000

（2）如果委托加工物资收回后直接对外销售：

借：委托加工物资	2 000 000	
贷：原材料		2 000 000
借：委托加工物资	560 000	
应交税费——应交增值税（进项税额）	52 000	
贷：应付账款		612 000
借：库存商品	2 560 000	
贷：委托加工物资		2 560 000

五、进口应税消费品的核算

企业进口应税物资在进口环节应交的消费税，计入该项物资的成本。

借：材料采购/固定资产等

　　应交税费——应交增值税（进项税额）

　贷：银行存款

本章小结

本章认知学习内容结构如下图所示：

- 消费税会计
  - 消费税概述
    - 消费税的纳税人
    - 消费税的征税范围
    - 消费税的税率
  - 消费税的计算与申报
    - 生产应税消费品应纳税额的计算
    - 自产自用应税消费品应纳税额的计算
    - 委托加工应税消费品应纳税额的计算
    - 进口应税消费品应纳税额的计算
    - 已纳消费税扣除的计算
    - 消费税的出口退（免）税
    - 消费税的申报与缴纳
  - 消费税的会计核算
    - 消费税会计账户的设置
    - 生产销售应税消费品应纳消费税的核算
    - 自产自用应税消费品应纳消费税的核算
    - 委托加工应税消费品应纳消费税的核算
    - 进口应税消费品的核算

技能训练

1.某企业5月份采购原油400 000升，委托炼油厂加工成汽油120 000升。

要求：计算应纳消费税税额。

2.某卷烟厂8月份外购烟丝价款100 000元，月初库存外购已税烟丝75 000元，月末库存外购已税烟丝36 000元。

要求：计算当月准予抵扣的外购应纳消费品已纳税额。

3.某日化厂将某品牌的高档化妆品与普通化妆品组成成套化妆品，其中，高档化妆品的生产成本为120元/套，普通化妆品的生产成本为50元/套。2009年3月将100

套成套化妆品分给职工作为奖励。

要求：计算该日化厂上述业务应纳消费税税额（化妆品成本利润率为5%，消费税税率为15%）。

4.A企业受托加工一批应税消费品，委托方提供的材料成本为9 500元，双方协议加工费为1 200元，消费税税率为10%。

要求：计算A企业应代收代缴的消费税税额。

5.甲企业从农户手中收购的高粱成本为42万元，所收购的高粱当月全部委托乙公司生产白酒35 000千克，收回时乙公司开具的增值税专用发票上注明加工费金额5万元。

要求：

（1）计算乙公司应代收代缴的消费税；

（2）计算乙公司应纳增值税。

6.甲礼花厂2023年6月发生如下业务：

（1）委托乙厂加工一批焰火，甲厂提供原料的成本为37.5万元，当月乙厂将加工完毕的焰火交付甲厂，开具增值税专用发票，注明收取加工费5万元。

（2）将委托加工收回的焰火60%用于销售，取得不含税销售额38万元（焰火的消费税税率为15%）。

要求：

（1）计算业务（1）中乙厂代收代缴的消费税。

（2）列出业务（2）中用于销售的焰火是否应缴纳消费税，并说明理由，如果需要缴纳，计算应缴纳的消费税。

7.2023年6月，某企业进口一批烟丝，境外成交价格为170万元，运至我国境内输入地点起卸前的运费和保险费为30万元。将烟丝从海关监管区运往仓库，支付运费15万元，取得货运增值税专用发票。

要求：计算进口环节缴纳的各项税费（关税税率为10%、消费税税率为30%）。

实战演练

1.将全班同学分成若干小组，每组10人左右。每组按不同行业方向，通过电话、电子邮件调查问卷、网页版调查问卷或者纸质版调查问卷的方式，调查群众眼里的消费价值取向及影响因素（包括危害人体健康、对ESG有负面影响、奢侈消费等），举出相关消费品的具体例子，描述其产品流转具体特征，调查群众认为应当/可以征收消费税的消费品并排序，调查数字经济发展背景下新消费品、消费行为的理性引导需求。

要求：

（1）设计消费价值取向及影响因素的调查问卷。

（2）对获取的调查结果进行分析，统计相关消费品并按需调节消费程度由高到低排序。

（3）重点关注排序在前消费品/消费行为的消费方式与流转环节，讨论征收消费税的意义与可行性。

2. 嘉兴某经批准具有经营金银首饰资质的商业企业为增值税一般纳税人，20×5年8月向消费者个人零售金银首饰取得含税收入88 140元，零售金银镶嵌首饰取得含税收入28 250元，零售镀金首饰取得含税收入40 356元，零售包金首饰取得含税收入32 280元，另取得首饰修理清洗收入850元。

要求：计算该商业企业应纳消费税税额。

3. 某工业企业为增值税一般纳税人，20×5年8月发生以下经济业务：

（1）生产食用酒精一批，将其中的30%用于销售，开具的增值税专用发票注明金额8万元、税额1.04万元。将剩余70%的食用酒精作为酒基，加入食品添加剂调制成38度的配制酒，当月全部销售，开具的增值税专用发票注明金额25万元、税额3.25万元。

（2）配制葡萄酒一批，将20%的葡萄酒用于生产酒心巧克力，不含税总价为38万元，货已经交付，合同约定12月31日付款。将剩余80%的葡萄酒装瓶对外销售，开具的增值税专用发票注明金额40万元、税额5.2万元。

（3）销售啤酒1 000吨，取得不含增值税收入300万元，增值税税款39万元，另收取包装物押金31.64万元。

（4）将自产的5吨新型粮食白酒作为职工福利发放给本厂职工，已知该批白酒的成本为10万元，无同类产品市场销售价格，成本利润率为10%。

要求：计算该工业企业应纳消费税税额。

第四章

关税会计

学习目标

能力目标

1. 熟悉关税基本税制，能根据业务资料准确计算进出口关税。

2. 能够设置关税会计科目，根据相关业务资料对关税进行会计核算。

3. 掌握关税会计的确认、计量、记录与申报。

素养目标

对进口商品征收关税既体现了国家主权，也增加了国家财政收入。

导入案例

国内某钢铁集团急需进口一批铁矿石，进口需求为10万吨，可供选择的进货渠道有两家：

二维码4-1

导入案例解析

一是澳大利亚。铁矿石质优、品位高，价格为20美元/吨，运费为10万美元。

二是加拿大。铁矿石品位比澳大利亚略低，价格为19美元/吨，但航程为澳大利亚的2倍，又经巴拿马运河，故运费杂费高达25万美元，且其他费用只高不低。

案例要求

请同学们思考，应该选择何种进货渠道呢？

第一节 关税概述

情境引例

二维码4-2

视频：情境引例解析

众所周知，关税在国民经济发展中扮演着重要的角色，比如进口关税的征收可以保护本国产业、为国家财政提供一定的资金保障等等。我们目前比较熟知的是关税在经济发展、保护产业等方面作出的贡献，那么，你觉得关税在生态保护上也能发挥作用吗？又该如何实现呢？

一、关税的概念、特点及作用

（一）关税的概念

关税是以进出境的货物和物品为课税对象，由海关依法征收的一种税。

“境”是指关境，又称“海关境域”或“关税领域”，是国家《海关法》全面实施的领域。通常情况下，一国关境与国境是一致的，包括国家全部的领土、领海、领空。但有些国家和地区关境同国境并不完全一致。一种情况是当某一国家在国境内设立了自由港或自由贸易区时，这些区域就处在关境之外，这时该国的关境小于其国境。例如，根据《中华人民共和国香港特别行政区基本法》和《中华人民共和国澳门特别行政区基本法》，香港和澳门保持自由港地位，为我国单独的关税地区，即单独关境区。单独关境区是不完全适用该国海关法律、法规或实施单独海关管理制度的区域。再比如，海南自由贸易港建成后，海南省也将成为一个“境内关外”的区域。在缔结关税同盟的国家，它们的领土成为统一的关境。在此情况下，关境则大于国境。另一种情况是在缔结关税同盟的国家，它们的领土成为统一的关境，关境则大于国境，比如欧盟。

（二）关税的特点

关税的特点包括：纳税具有统一性和一次性；税率具有复式性；征管具有权威性；征收具有过关性；对进出口贸易具有调节性。

1.纳税具有统一性和一次性

关税是按照全国统一的进出口关税条例和税则进行征收的，在征收一次性关税后，货物就可以在整个关境内，不需要再另行征收关税。

2.税率具有复式性

同一进口货物设置复式的税制，即一种是优惠税率，另一种则是普通税率。其中，优惠税率是一般的正常税率，比较适用于同我国订有贸易互利条约或协定的国家；而普通税率比较适用于同我国没有签订贸易条约或协定的国家。因此，税率上的复式性能够充分反映关税具有维护国家主权和平等互利发展国际贸易往来和经济技术合作的特点。

3.征管具有权威性

关税是通过海关执行的，而海关是设在关境上的国家行政管理机构，同时，也是贯彻执行本国有关进出口政策、法令和规章的重要工具。其主要任务就是根据有关政策、法令和规章，对进出口货物和运输工具等实行监督管理。

4.征收具有过关性

是否征收关税主要是根据货物是否通过关境而规定的，也就是说，只有要进出关境的货物才征收关税，而那些未进出关境的货物则不征收关税。

5.对进出口贸易具有调节性

许多国家都是通过制定和调整关税税率来调节进出口贸易。在出口方面，主要通过低税、免税和退税来鼓励商品出口，而在进口方面，则主要是通过税率的高低、减免来调节商品进口。

（三）关税的作用

1.维护国家主权和经济利益

关税是一个主权国家维护本国政治、经济权益，进行国际经济斗争的重要工具。中国根据平等互利和对等原则，通过关税复式税则的运用，在争取国际的关税互惠、反对他国对中国进行关税歧视、促进对外经济技术交往、扩大对外经济合作等方面发挥了积极的作用。

2.保护和促进民族企业的发展

针对外国经济入侵和国际激烈的商品竞争，关税具有保护和促进民族企业发展的作用。就进口而言，一国可以运用进口关税提高进口外国制成品的销售价格，削弱其在本国市场的竞争力，保护本国优质工业的建立和生存。就出口而言，一国为防止本国某些自然资源或能源的外流阻碍本国产业的发展，会运用出口关税，控制其出口量，为本国产业的生存和发展奠定基础。

3.促进对外贸易发展

关税是国家贯彻对外经济贸易政策的重要经济杠杆，通过制定高低不同的关税税率水平以及关税的减免，可以影响进出口规模，调节国民经济活动。

二、关税的课税对象

关税的征税对象是准许进出境的货物和物品。货物是指贸易性商品；物品是指入境旅客随身携带的行李物品、个人邮递物品、各种运输工具上的服务人员携带进口的自用物品、馈赠物品以及其他方式进境的个人物品。

凡准许进出口的货物，除国家另有规定的以外，均应由海关征收进口关税或出口关税。对从境外采购进口的原产于中国境内的货物，也应按规定征收进口关税。

三、关税的分类

按照不同的划分标准，关税可以分成若干种类。本章主要从征收对象的流向、征收的一般方法、征税的目的、征税待遇等几个方面做进一步介绍。

（一）进口关税、出口关税和过境关税

以“征收对象的流向”作为划分标准，可以把关税分为进口关税、出口关税和过境关税。

1.进口关税

进口关税（import duties），又称为一般进口税，指进口国海关在国外货物输入其关境时征收的正常关税。它是关税中最重要的一种。进口关税在外国商品直接进入关境时征收，或者外国商品从自由港、自由贸易区或海关保税仓库等提出运往进口国的国内市场销售，在办理海关手续时征收。

2.出口关税

出口关税（export duties），是指出口国的海关对本国产品输往国外在出口国时所征收的一种关税。

3.过境关税

过境关税（transit duties），又称通过税，是指一国对通过其关境的外国货物所征收的一种关税。征收过境关税的目的是增加财政收入。

中国目前对进出境货物征收的关税分为进口关税和出口关税两大类。

（二）从价税、从量税、复合税、选择税、滑准税、差价税和季节税

以“征税的一般方法或征税标准”作为划分标准，可以把关税分为从价税、从量税、复合税、选择税、滑准税、差价税和季节税。

1.从价税

从价税（ad valorem duties，拉丁文，从价之意），是基于进出口货物或物品的价格来征收关税，以百分比的形式表示。即，以价格为标准计征一定比率的关税，其税率表现为货物或物品价格的百分比。

2.从量税

从量税（specific duties），是基于进出口货物或物品的单位数量来征收关税。即，以商品的重量、数量、容量、长度和面积等计量单位为计税基准的一种计征关税的方法。

3.复合税

复合税（mixed or compound duties）又称混合税，是对某一进出口货物或物品既征收从价税，又征收从量税。即，采用从量税和从价税同时征收的一种方法。复合税可以分为两种：一种是以从量税为主加征从价税；另一种则是以从价税为主加征从量税。

4.选择税

选择税（alternative duties），是对某一进出口货物或物品根据规定的条件，征收从价税或征收从量税。即，同时订有从价税和从量税两种税率，海关在征税时选择其税额较高的一种征税。

5.滑准税

滑准税（sliding duties）又称滑动税，是对进口税则中的同一种商品按其市场价格标准分别制定不同价格档次的税率而征收的一种进口关税。其高档商品价格的税率低或不征税，低档商品价格的税率高。征收这种关税的目的是使该种进口商品，不论其进口价格高低，其税后价格保持在一个预定的价格标准上，以稳定进口国国内该种商品的市场价格，而不受国际市场影响。

6.差价税

差价税（variable levy）又称差额税，是指在本国生产某种产品的国内价格高于同类的进口商品价格时，为了削弱进口商品的竞争能力，保护国内生产和国内市场，按国内价格与进口价格之间的差额征收的一种关税。

7.季节税

季节税（season duties），是指对某种商品在不同季节进口适用不同关税税率的计征关税的一种方法。季节税主要针对季节性较强的农产品，通常旺季适用高税率，淡季适用低税率，平时采用中间税率，以维系进口商品的平稳供应。

（三）财政关税和保护关税

以“征税的目的”作为划分标准，可以把关税分为财政关税和保护关税。

1.财政关税

财政关税（revenue tariff）又称收入关税，是指以增加国家的财政收入为主要目的而征收的关税。

2.保护关税

保护关税（protective tariff），是指一国为保护本国的工农业而对进口商品征收的关税。保护关税税率要高，越高越能达到保护的目的。一般来说，大多数国家的关税结构是：对工业制成品的进口征收较高的关税。对半制成品的进口税率次之，而对原料的进口税率最低甚至免税。

（四）普通关税、差别关税、进口附加税和优惠关税

以“征税待遇”作为划分标准，可以把关税分为普通关税、差别关税、进口附加税和优惠关税。

1.普通关税

普通关税（ordinary customs duties）又称一般关税，是指对与本国没有签署贸易或经济互惠等友好协定的国家原产的货物征收的非优惠性关税。

2.差别关税

差别关税（differential customs duties），是指针对不同国家的同种进口商品征收税率不同的关税。差别关税税率是由正常关税税率和特设关税税率组成。

3.进口附加税

进口附加税（import surtaxes），是指一国对进口货物，除了征收一般进口税外，根据某种目的再加征的进口税。进口附加税通常是一种特定的临时性措施。通常采用反贴补税（countervailing duty）、反倾销税（anti-dumping duty）等形式实行。

4.优惠关税

优惠关税为广义概念，一般包括最惠国待遇关税、特惠关税、普惠制税等形式。

最惠国待遇是指缔约国双方相互之间现在和将来所给予第三国在贸易上的优惠、豁免和特权同样给予缔约对方，体现在关税上，即为最惠国税。最惠国待遇既存在于国家之间，也通过多边贸易协定在缔约方之间实施。最惠国待遇关税税率低于普通关税税率，但高于特惠关税税率。

特惠税（preferential customs duties），全称特定优惠关税。它是指对从某个国家或地区进口的全部商品或部分商品，给予特别优惠的低关税或免税待遇，其税率低于最惠国税率。它不适用于从非优惠国家或地区进口的商品。特惠关税一般在签订友好协定、贸易协定等国际协定或条约的国家之间实施。

普遍优惠制（generalized system of preferences，GSP），简称普惠制，是指发达国家对从发展中国家或地区输入的商品，特别是制成品和半制成品，给予普遍的、非歧视的和非互惠的关税优惠待遇，这种税称为普惠制税。

四、关税的税目和税率

（一）关税税目

关税的税目、税率都由《中华人民共和国进出口税则》规定。该税则是我国海关凭以征收关税的法律依据，也是我国关税政策的具体体现。它主要包括三个部分：归类总规则、进口税率表、出口税率表，其中归类总规则是对进出口货物分类具有法律效力的原则和方法。按照归类总规则及其归类方法，可以将每项具体进出口商品按其特性在税则中找出其最合适的某一个税号“对号入座”，以便确定其适用的税率，计算关税税负。税则归类错误会导致关税的多征或少征，影响关税作用的发挥。因此，税则归类关系到关税政策的正确贯彻。关税税目繁多，书中不再具体列示。最新公布的《中华人民共和国进出口税则（2024）》中，关税税目数共计8 957个。

（二）关税税率

1.税率的种类

关税的税率分为进口税率和出口税率两种。

2.进口关税税率

进口税率可分为普通税率、最惠国税率、协定税率、特惠税率、关税配额税率和暂定税率。进口货物所适用税率主要以进口货物的原产地为标准。根据《中华人民共和国进出口货物原产地条例》的规定，完全在一个国家（地区）获得的货物，以该国（地区）为原产地；两个以上国家（地区）参与生产的货物，以最后完成实质性改变的国家（地区）为原产地。

进口货物税率在我国加入世界贸易组织（WTO）之前，设有两栏税率，即普通税率和优惠税率。对原产于与我国未订有关税互惠协议的国家或者地区的进口货物，按普通税率征收；对原产于与我国订有关税互惠协议的国家或者地区的进口货物，按照优惠税率征收。

在加入世界贸易组织后，为履行关税减让谈判中承诺的有关义务，享有世贸组织成员应有的权利，自2002年1月1日起，我国进口税率设有最惠国税率、协定税率、特惠税率、普通税率、关税配额税率等形式，对进口货物在一定期限内可以实行暂定税率。最惠国汇率适用于原产于与我国共同适用最惠国待遇条款的世界贸易组织成员的进口货物，或原产于与我国订有相互给予最惠国待遇条款的双边贸易协定的国家或地区进口的货物，以及原产于我国境内的进口货物。协定税率适用于原产于与我国签订含有关税优惠条款的区域性贸易协定的国家或地区的进口货物。特惠税率适用于原产于与我国签订含有特殊关税优惠条款的贸易协定的国家或地区的进口货物。特惠税率主要针对最不发达国家。普通税率适用于原产于上述国家或地区以外的其他国家或地区的进口货物，以及原产地不明的进口货物。关税配额税率是指对实行关税配额管理的进口货物，关税配额内的，适用关税配额税率；配额外的可按照不同情况分别适用最惠国税率、协定税率、特惠税率或普通税率。暂定税率是在进出口税则规定的进口优惠税率的基础上，对进口的某些重要的工农业生产原材料和机电产品关键部件（但只限于从与中国订有关税互惠协议的国家和地区进口的货物）和出口的特定货物实施的更为优惠的关税税率。暂定税率通常按年制定，并可随时按需恢复原税率征税。

进口关税一般采用比例税率，实行从价计征的办法，但对于特殊商品或货物，会采用其他类型的税率进行计算。比如，对啤酒、原油等少数货物实行从量计征办法；对广播用录像机、放像机、摄像机等采用从价加从量的复合税率；对小麦、玉米等7种农产品和尿素等3种化肥产品实施关税配额管理。

3.出口关税税率

出口关税税率是对出口货物征收关税而规定的税率。我国仅对少数资源性产品及易于竞相杀价，需要规范出口秩序的半制成品征收出口关税。与进口关税税率一样，出口关税税率也规定有暂定税率。出口暂定税率优先适用于出口税则中规定的出口关税税率。未订有出口关税税率的货物，不征收出口关税。

4.税率的确定

进出口货物应当按照《中华人民共和国进出口税则》规定的归类原则归入合适的税目，按照适用的税率征税。关税税率的确定原则如下（包括但不限于）：第一，进出口货物应按纳税义务人申报进口或出口之日实施的税率征税。第二，进口货物达到之前，经海关核准先行申报的，应该按照装载此货物的运输工具申报进境之日实施的税率征税。第三，经海关批准集中申报的进出口货物，应当适用每次货物进出口时海关接受该货物申报之日实施的税率。

第二节　关税的确认与计量

一、关税完税价格的确认

（一）关税的计税依据

关税以进出口货物的价格为计税依据。进出口货物的价格应当等于进出口货物数量乘以单位完税价格。进出口货物的完税价格，由海关以该货物的成交价格为基础审查确定。成交价格不能确定时，由海关依法估定。成交价格是一般贸易项下进口或者出口货物的买方为购买该项货物向卖方实际支付或者应当支付的价格。

1.进口货物的完税价格

（1）基本形式进口货物完税价格的确认

进口货物的完税价格是以海关确认的正常成交价格为基准的到岸价格（CIF）。正常成交价格是指成交双方不具有特殊经济关系，且该项货物在公开市场上可以采购到的正常价格。CIF价格，包括货价以及货物运抵关境内输入地起卸前的包装、运输、保险和其他劳务等费用。对于卖方付给我方的正常回扣、佣金，在合同内订明的，应从成交价格内扣除。在成交价格外，买方另行付给卖方一部分佣金的，应加入成交价格。

进口货物的成交价格经海关审查未能确定的，应以从该货物的同一出口国（地区）购进的相同或类似货物的正常成交价格为基础的CIF价格作为完税价格。相同货物是指在所有方面都相同的货物，包括物理或化学性质、质量和信誉，但是表面上的微小差别或包装的差别允许存在。类似货物是指具有类似原理和结构、类似特性、类似组成材料，并有同样的使用价值，而且在功能上与商业上可以互换的货物。

如按上述规定，完税价格仍未能确定的，应当以相同或类似进口货物在国内市场的批发价格，减去进口关税、进口环节其他税收以及进口后的正常运输、储存、营业成本、利润作为完税价格，上述进口后的各项费用及利润经综合计算定为完税价格的20%。

【例4-1】万宏公司从日本进口铁盘条10万吨，其成交价格为130 000美元（运抵上海新港的CIF价格），外汇牌价为1美元=6.33元人民币，关税税率为15%。

要求：计算该公司应纳关税。

完税价格=130 000×6.33=822 900（元）

应纳关税税额=822 900×15%=123 435（元）

（2）特殊形式进口货物完税价格的确认

运往境外加工的货物，出境时已向海关报明，并在海关规定期限内复运进境的，应当以加工后的货物进境时的CIF价格与原出境货物或者相同的、类似的货物在进境时的CIF价格之间的差额作为完税价格。如上述原出境货物在进境时的CIF价格无法得到，可用原出境货物申报出境时的FOB价格替代。如上述两种方法的CIF价格都无法得到，可用原出境货物在境外加工时支付的费用加上运抵中国关境输入地点起卸前的包装费、运费、保险费和其他劳务费等 切费用作为完税价格。

运往境外修理的机械器具、运输工具或者其他货物，出境时已向海关报明并在海关规定期限内复运进境的，应当以海关审定的修理费和料件费作为完税价格。

以租赁（包括租借）方式进境的货物应当以海关审定的货物的租金作为完税价格。如租赁进口货物是一次性支付租金的，也可以海关审定的该项进口货物的成交价格作为完税价格。

寄售进口货物完税价格的确认有两种方法：一种是作为保税货物处理，即将货物存入保税仓库，按实际出库销售的价格作为完税价格；另一种是进口后即投入市场销售，则以海关审核的货主开出的发票价格作为该项货物的完税价格。

2.出口货物的完税价格

出口货物应当以海关审定的货物售于境外的离岸价格（FOB），扣除出口关税后，作为完税价格。离岸价格不能确定时，完税价格由海关估定。出口完税价的计算公式为：

出口完税价=FOB÷（1+出口关税税率） 公式4-1

如果企业对外报价是CFR（FOB+运费）或CIF，则必须先将报价转化为FOB报价方可计算。

3.进出口货物完税价格的审定

当存在以下几种情况时，进出口货物的完税价格需要审定：

（1）进出口货物的收发货人或其代理人向海关申报进出口货物的成交价格明显偏低，而又不能提供合法证据和正当理由的。

（2）申报价格明显低于海关掌握的相同或类似货物的国际市场上公开成交货物的价格，而又不能提供合法证据和正当理由的。

（3）申报价格经海关调查认定买卖双方之间有特殊经济关系或对货物的适用、转让互相订有特殊条件或特殊安排，影响成交价格的，以及其他特殊成交情况，海关认为需要估价的。

二、关税应纳税额的计算

1.从价税计算方法

从价税是最普遍的关税计征方法，它以进出口货物的完税价格作为计税依据。其应纳税额的计算公式为：

关税应纳税额=进（出）口货物数量×单位完税价格×适用税率 公式4-2

2.从量税计算方法

从量税是以进出口货物的数量为计税依据的一种关税计征方法。其应纳税额的计算公式为：

关税应纳税额=进（出）口货物数量×单位税额 公式4-3

3.复合税计算方法

复合税是对某种进出口货物同时使用从价计征和从量计征的一种关税计税方法。其应纳税额的计算公式为：

$$\text{关税应纳税额}=\text{进（出）口货物数量}\times\text{单位税额}+\text{进（出）口货物数量}\times\text{单位完税价格}\times\text{适用税率}$$ 公式4-4

【例4-2】万宏公司进口2台美国产摄像机，每台价格为CIF14 000美元，外汇牌价为1美元=6.40元人民币，从量税为每台13 280元，从价税税率为3%。

要求：计算该公司应纳进口关税。

应纳关税税额=2×13 280+14 000×6.40×3%×2=31 936（元）

4.滑准税计算方法

滑准税是指关税的税率随着进出口货物价格的变动而反方向变动的一种税率形式，即价格越高，税率越低，税率为比例税率。因此，实行滑准税率的进出口货物应纳关税税额的计算方法与从价税的计算方法相同。其应纳税额的计算公式为：

关税应纳税额=进（出）口货物数量×单位完税价格×滑准税率 公式4-5

【例4-3】万宏公司是一家工业企业，增值税一般纳税人。2×24年7月进口甲材料，海关核定的货价为50 000美元，货物运抵中国关境内输入地点起卸前的包装费为1 000美元，运费为2 500美元，保险费为500美元。当日汇率为1美元=7元人民币。进口关税税率为15%，进口增值税税率为13%，万宏公司采用实际成本法对进口材料进行核算。万宏公司已从海关获得海关进口增值税专用缴款书，该海关进口增值税专用缴款书于当月已经申请稽核比对且比对相符。

要求：计算万宏公司进口甲材料应纳关税和进口增值税金额。

完税价格=50 000+1 000+2 500+500=54 000（美元）

54 000×7=378 000（元）

应纳进口关税税额=378 000×15%=56 700（元）

甲材料采购成本（组成计税价格）=378 000+56 700=434 700（元）

应纳进口增值税=434 700×13%=56 511（元）

第三节 关税的会计处理

一、关税会计核算的科目设置

企业对关税的会计核算分为两种：一种是单独核算；另一种是不单独核算。

对于单独核算的企业，为了全面反映企业关税的缴纳、结余情况及进出口关税的计算，企业应在“应交税费”一级科目下分别设置“应交进口关税”“应交出口关税”二级明细科目。

“应交税费——应交进口关税”科目的贷方发生额反映应缴的进口关税，借方发生额反映实际上缴的进口关税，贷方余额表示欠缴的进口关税，借方余额表示多缴的进口关税。当企业计算出应缴的进口关税时，借记有关科目，贷记“应交税费——应交进口关税”科目，实际缴纳时，借记“应交税费——应交进口关税”科目，贷记“银行存款”等科目。

“应交税费——应交出口关税”科目的贷方发生额反映应缴的出口关税，借方发生额反映实际上缴的出口关税，贷方余额表示欠缴的出口关税，借方余额表示多缴的出口关税。当企业计算出应缴的出口关税时，借记有关科目，贷记“应交税费——应交出口关税”科目，实际缴纳时，借记“应交税费——应交出口关税”科目，贷记“银行存款”等科目。

对于不单独核算的企业，纳税人不需要设置“应交税费——应交进口关税”和“应交税费——应交出口关税”科目。企业在实际缴纳进口关税时，直接借记“在途物资”“材料采购”“原材料”“固定资产”等科目，贷记“银行存款”等科目；在实际缴纳出口关税时，直接借记“税金及附加”等科目，贷记“银行存款”等科目。

二、进口关税的会计核算

（一）工业企业进口关税的会计核算

工业企业通过外贸企业代理或直接从国外进口原材料，应支付的进口关税不通过

“应交税费”账户核算，而是将其与进口原材料的价款、国外运费、装卸费、保费、国内费用一并直接计入进口原材料的采购成本，借记“在途物资”“材料采购”“原材料”“固定资产”等科目，贷记“银行存款”“应付账款”等科目。但这种会计处理方法不便于进行税负分析。

企业根据同外商签订的加工装配和补偿贸易合同而引进的国外设备，应支付的进口关税按规定以企业专用拨款等支付。支付时，借记“在建工程——引进设备工程”科目，贷记“银行存款”等科目。

【例4-4】接【例4-3】的资料。

要求：对万宏公司的该笔业务进行账务处理。

(1) 购入现汇时：

借：银行存款——美元存款　　378 000

　贷：银行存款——人民币存款　　378 000

(2) 对外付汇并缴纳进口关税和增值税，计算采购成本时：

借：在途物资——甲材料　　434 700

　　应交税费——应交增值税（进项税额）　　56 511

　贷：银行存款——美元存款　　378 000

　　　　　　——人民币存款（56 700+56 511）　　113 211

(3) 材料验收入库时：

借：原材料——甲材料　　434 700

　贷：在途物资——甲材料　　434 700

（二）外贸企业进口关税的会计核算

1.自营进口业务的进口关税的会计核算

外贸企业从国外自营进口商品时，可单独核算进口关税。应支付的进口关税，与进口货物的价款、国外运费和保费、国内费用一并直接计入进口货物的成本，借记“在途物资”“材料采购”“原材料”“固定资产”等科目，贷记“应交税费——应交进口关税”科目；实际缴纳时，借记“应交税费——应交进口关税”科目，贷记“银行存款”“应付账款”等科目。

也可不单独核算进口关税，直接借记“在途物资”“材料采购”“原材料”“固定资产”等科目，贷记“银行存款”“应付账款”等科目。

【例4-5】宏达公司是一家外贸企业，从国外自营进口商品一批，该商品的CIF价格为人民币400 000元，货款尚未支付，进口关税税率为50%，进口增值税税率为13%。

要求：对宏达公司的该笔业务进行账务处理。

(1) 计算进口关税税额和采购成本：

应纳进口关税税额=400 000×50%=200 000（元）

采购成本=400 000+200 000=600 000（元）

进口增值税税额=600 000×13%=78 000（元）

(2) 购进商品并计算税额时：

借：在途物资　　600 000

借：应交税费——应交增值税（进项税额） 78 000

贷：应付账款 400 000

银行存款 278 000

（3）商品验收入库时：

借：原材料 600 000

贷：在途物资 600 000

2.代理进口业务的进口关税的会计核算

代理进出口业务是指外贸企业接受国内委托方的委托，代委托单位进出口货物并由委托单位承担进出口盈亏，外贸企业只按规定收取手续费，并代征代缴进出口关税，最后原数向委托单位收取进出口关税的一种进出口方式。代理进出口业务，受托方一般不垫付货款。进口关税实际由委托方缴纳，受托方只是代垫或代付关税，日后要与委托方结算。

外贸企业代垫进口关税时，借记“应交税费——应交进口关税”科目，贷记“银行存款”科目；向委托单位托收时，借记“应收账款”科目，贷记“应交税费——应交进口关税”科目；实际收到款项时，借记“银行存款”科目，贷记“应收账款”科目。

【例 4-6】 甲矿业公司委托宏达公司进口钢材一批，该批钢材国外离岸价格为50 000美元，另支付运费5 000美元、包装费2 000美元、保险费3 000美元，外汇牌价为1美元=6.30元人民币，进口关税税率为15%，进口增值税税率为13%，代理手续费按货价的2%收取，代理服务增值税税率为6%。进口货款由甲矿业公司直接向外方支付。其他款项均以银行存款支付，钢材已验收入库。

要求：对宏达公司的该笔进口业务进行账务处理。

（1）计算进口关税和增值税税额。

完税价格=50 000+5 000+2 000+3 000=60 000（美元）

=60 000×6.30=378 000（元）

应纳进口关税税额=378 000×15%=56 700（元）

应纳进口增值税税额=（378 000+56 700）×13%=56 511（元）

（2）计算代理手续费及增值税。

代理手续费=378 000×2%=7 560（元）

代理手续费应缴纳的增值税销项税额=7 560×6%=453.6（元）

（3）对宏达公司进口业务进行账务处理。

计算并代垫进口关税和增值税时：

借：应交税费——应交进口关税 56 700

——应交增值税（进项税额） 56 511

贷：银行存款 113 211

向委托单位托收时：

借：应收账款 113 211

贷：应交税费——应交进口关税 56 700

——应交增值税（进项税额） 56 511

实际收到款项并收取手续费时：

借：银行存款　　121 224.6

　贷：应收账款　　113 211

　　主营业务收入（或其他业务收入）　　7 560

　　应交税费——应交增值税（销项税额）　　453.6

三、出口关税的会计核算

（一）工业企业出口关税的会计核算

工业企业出口产品应缴纳的出口关税，支付时可直接借记“税金及附加”科目，贷记“银行存款”“应付账款”等科目。

【例4-7】万宏公司出口商品一批，该商品离岸价格为300 000元，出口关税税率为20%，关税以支票支付。

要求：对万宏公司出口业务进行账务处理。

（1）计算完税价格及应纳出口关税：

完税价格=300 000÷（1+20%）=250 000（元）

应纳出口关税税额=250 000×20%=50 000（元）

（2）缴纳出口关税的账务处理：

借：税金及附加　　50 000

　贷：银行存款　　50 000

（二）外贸企业出口关税的会计核算

1. 自营出口业务的出口关税的会计核算

外贸企业自营出口业务应缴纳的出口关税，支付时可直接借记“税金及附加”科目，贷记“应交税费——应交出口关税”科目；实际缴纳时，借记“应交税费——应交出口关税”科目，贷记“银行存款”科目。也可不通过“应交税费——应交出口关税”科目核算，直接借记“税金及附加”科目，贷记“银行存款”科目。

【例4-8】宏达公司本年3月直接对外出口产品一批，离岸价格为300 000元，出口关税税率为20%。

要求：对宏达公司该笔出口业务进行账务处理。

（1）计算完税价格及应纳出口关税：

完税价格=300 000÷（1+20%）=250 000（元）

应纳出口关税税额=250 000×20%=50 000（元）

（2）缴纳出口关税的账务处理：

计提出口关税时：

借：税金及附加　　50 000

　贷：应交税费——应交出口关税　　50 000

实际缴纳出口关税时：

借：应交税费——应交出口关税　　50 000

　贷：银行存款　　50 000

2.代理出口业务的出口关税的会计核算

外贸企业代付出口关税时，借记“应收账款”科目，贷记“应交税费——应交出口关税”科目。实际缴纳时，借记“应交税费——应交出口关税”科目，贷记“银行存款”科目。日后与委托方办理结算。

【例 4-9】宏达公司代理某企业出口商品一批，该批商品离岸价格为450 000元，出口关税税率为20%，手续费为14 000元（不含增值税），手续费适用的增值税税率为6%。

要求：对宏达公司上述业务进行账务处理。

（1）计提并缴纳出口关税时：

应纳出口关税税额=450 000÷（1+20%）×20%=75 000（元）

借：应收账款　　75 000
　　贷：应交税费——应交出口关税　　75 000

借：应交税费——应交出口关税　　75 000
　　贷：银行存款　　75 000

（2）计提手续费时：

手续费应缴纳的增值税销项税额=14 000×6%=840（元）

借：应收账款　　14 840
　　贷：主营业务收入（或其他业务收入）　　14 000
　　　　应交税费——应交增值税（销项税额）　　840

（3）实际收到款项时：

借：银行存款　　89 840
　　贷：应收账款　　89 840

第四节　关税的纳税申报

情境引例

刚刚参加工作的小李，被安排到财务部门做纳税申报的岗位。通过几个月的工作，小李已经熟练掌握了增值税等税种的申报工作。但是，2023年10月，所在单位新增了进出口业务，对于关税的首次申报，小李一时不知从何入手。请问关税的纳税申报需要填制纳税申报表吗？

二维码4-3

情境引例解析

一、关税的申报

进口货物应自运输工具申报进境之日起14日内，由纳税人向货物进境地海关申报。海关根据《中华人民共和国进出口税则》对其进行归类后，依据其完税价格和适用税率计算应缴纳的进口关税和进口环节代征税，并填发“关税专用缴款书”。

出口货物应在货物运抵海关监管区后装货的24小时以前，由纳税人向货物出境地海关申报。海关根据《中华人民共和国进出口税则》对其进行归类后，依据其完税价格和适用税率计算应缴纳的出口关税，并填发“关税专用缴款书”。

“关税专用缴款书”一式六联，依次是收据联（此联是由银行收款签章后交缴款单位或者纳税义务人作为完税凭证的法律文书，是关税核算的原始凭证)、付款凭证联、收款凭证联、回执联、报查联、存根联。

二、关税的缴纳

纳税义务人应当自海关填发税款缴款书之日起15日内，向指定银行缴纳税款。缴款期限届满日遇双休或法定节假日的，应当顺延至休息日或者法定节假日之后的第一个工作日。国务院临时调整休息日与工作日的，海关应当按照调整后的情况计算缴款期限。

关税纳税人因不可抗力或在国家税收政策调整的情形下，不能按期缴纳税款的，依法提供税款担保后，可以向海关办理延期缴纳税款手续，延期纳税最长不超过6个月。逾期不缴纳关税即构成关税滞纳，除依法追缴外，还应征收相应的滞纳金。

三、关税滞纳金、保全和强制措施

征收关税滞纳金。滞纳金自关税缴纳期限届满之日起至纳税义务人缴清关税之日止，按滞纳税款万分之五的比例按日征收。

关税滞纳金金额=滞纳关税税额×滞纳金征收比率×滞纳天数

进出口货物的纳税义务人在规定的纳税期限内有明显的转移、藏匿其应税货物以及其他财产迹象的，海关可以责令纳税义务人提供担保；纳税义务人不能提供纳税担保的，海关可以采取税收保全措施。

强制措施。如纳税义务人、担保人自缴纳税款期限届满之日起3个月仍未缴纳税款，经直属海关关长或者其授权的隶属海关关长批准，海关可以采取强制扣缴、变价抵缴等强制措施。

四、关税的退还

海关发现多征税款的，应当立即通知纳税义务人办理退税手续。纳税义务人发现多缴税款的，自缴纳税款之日起1年内，可以以书面形式要求海关退还多缴的税款并加算银行同期活期存款利息；海关应当自受理退税申请之日起30日内查实并通知纳税义务人办理退还手续。

纳税义务人应当自收到海关通知之日起3个月内办理有关退税手续。

五、关税补征和追征

非因纳税人违反海关规定造成短征关税的，称为补征。海关发现的，自缴纳税款或货物放行之日起1年内补征。

由于纳税人违反海关规定造成短征关税的，称为追征。海关发现的，自纳税人应缴纳税款或者货物放行之日起3年内追征，并从缴纳税款或者货物放行之日起按日加收少征或者漏征税款万分之五的滞纳金。

六、关税纳税争议

纳税义务人对海关确定纳税义务人、确定完税价格、商品归类、确定原产地、适用税率或者计征汇率、减征或者免征税款、补税、退税、征收滞纳金、确定计征方式以及确定纳税地点有异议的，应当按照海关作出的相关行政决定依法缴纳税款。

纳税争议的申诉程序和期限：纳税义务人自海关填发税款缴款书之日起60日内，应向原征税海关的上一级海关书面申请复议。逾期申请复议的，海关不予受理；海关复议机关应当自受理申请之日起60日内作出复议决定，并以复议决定书的形式正式答复纳税义务人；纳税义务人对海关复议决定仍然不服的，可以自收到复议决定书之日起15日内，向人民法院提起诉讼。

本章小结

本章认知学习内容结构如下图所示：

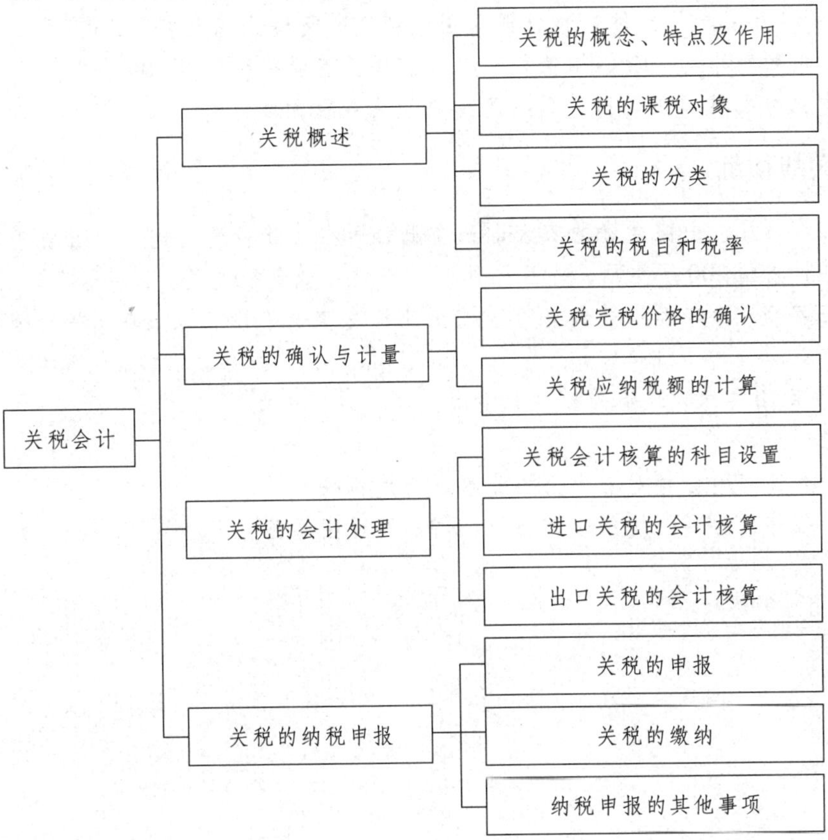

技能训练

1.某位于市区的外贸公司2023年进口一批货物，到岸价为120 000欧元，另支付包装费4 050欧元、港口到厂区公路运费2 000元人民币，取得国际货物运输发票。当期欧元与人民币汇率为1∶7.83，关税税率为28%。

要求：计算进口环节应纳关税税额。

2.TYO进出口公司2023年7月22日从德国进口巨型轮胎一批，该批轮胎采购地的货价为92万欧元（人民币外汇牌价1∶7.83），运抵境内口岸前支付运输费5万欧元、保险费3万欧元。该轮胎的最惠国税率为25%，暂定税率为6%。经海关审定成交价格正常。

要求：计算该公司应缴纳的关税。

3. 某企业2023年7月进口原产于美国的放像机20台，该批放像机单价为每台2 500美元（人民币外汇牌价1：7.27），运费及保险费共6万元人民币。已知放像机关税税率为：每台完税价格低于或等于2 000美元的，执行单一从价税，税率为30%；每台完税价格高于2 000美元的，每台征收从量税，税额4 482元，加上3%从价税。

要求：计算该企业应缴纳的关税。

4. 上海某进出口公司从美国进口货物一批，货物以离岸价格成交，成交价格折合人民币1 410万元，其中包括单独计价并已经海关审查属实的向境外采购代理人支付的买方佣金10万元，但不包括使用该货物而向境外支付的软件费50万元、向卖方支付的佣金15万元。另支付货物运抵我国上海港的运费、保险费等35万元。假设该货物适用的关税税率为20%、增值税税率为13%、消费税税率为10%。

要求：分别计算该公司应缴纳的关税、消费税和增值税。

实战演练

2022年3月，中德合资的宏大电子有限公司在大连投资时进口一套电子零件加工设备，共计价值200万美元，并且以外商投资物资减免税通关。

2023年9月，未经海关的许可，该企业将这套电子设备以150万美元转销给国内某国有企业。

2023年10月，大连海关获悉此情况。

要求：

（1）大连海关会针对宏大公司此事进行处罚吗？

（2）若你认为需要处罚宏大公司，请简要说明原因。

第五章

企业所得税会计

学习目标

能力目标

1. 熟悉企业所得税的基本税制，能根据业务资料准确计算企业所得税。

2. 能够设置核算企业所得税的会计科目，根据相关业务资料对企业所得税进行会计核算。

3. 能够准确填写所得税预缴纳税申报表和年度纳税申报表，进行企业所得税的预缴纳税申报和年度汇算清缴申报。

素养目标

我国出台了很多企业所得税免税、减税等优惠政策，体现了国家对相关行业的鼓励和扶持，财税人员应该充分学习并运用国家相关优惠政策，助力企业快速发展。

导入案例

嘉禾公司是位于市区的一家家电制造企业，2023年度会计自行核算取得主营业务收入67 000万元、其他业务收入7 000万元、资产处置收益2 500万元、营业外收入2 000万元、投资收益1 500万元，应扣除的主营业务成本40 000万元、其他业务成本4 500万元、营业外支出4 400万元、税金及附加6 200万元、管理费用6 400万元、销售费用12 000万元、财务费用3 000万元，当年拟申报的企业所得税应纳税所得额与利润总额相等。2024年2月，经聘请的会计师事务所审核，该企业2023年度的会计核算存在以下问题：

（1）2023年12月8日，购置一栋办公楼，已办妥权属证明，当月已经提取折旧费用50万元。

（2）营业外支出中包含通过中国红十字基金会向灾区捐赠的款项460万元。

（3）扣除的成本和费用中包含了实发工资总额5 500万元、职工福利费900万元、拨缴的工会经费120万元、职工教育经费160万元。

（4）销售费用和管理费用中包含全年发生的广告费11 300万元、业务招待费660万元。

（5）财务费用中包含向非居民企业（非关联方）借款支付的6个月利息费用130万元，借款金额为3 200万元，当年同期同类银行贷款年利息率为6%。

（6）管理费用中包含新产品研究开发费用450万元。

（7）投资收益中包含取得的国债利息收入70万元、直接投资居民企业一年的股息收入150万元。

（8）技术转让收入2 300万元，与收入对应的成本和税费共计1 400万元。

二维码5-1

导入案例解析

案例要求

根据上述资料，逐项分析应调整的应纳税所得额。

第一节　企业所得税概述

情境引例

二维码5-2

情境引例解析

A企业成立于2022年，从事国家非限制和禁止行业，2023年度第一季度和第二季度相关指标为：从业人数季度平均值分别为170人、190人；资产总额季度平均值分别为2 100万元、2 500万元。第二季度累计应纳税所得额为200万元，其中第一季度应纳税所得额为90万元，已预缴企业所得税4.5万元。请问A企业第二季度应缴纳的企业所得税税额为多少？

一、企业所得税的纳税人

企业所得税的纳税义务人，是指在中华人民共和国境内的企业和其他取得收入的组织。企业所得税的纳税人分为居民企业和非居民企业。根据国际上的通行做法，我国选择了地域管辖权和居民管辖权的双重管辖权标准，最大限度地维护我国的税收利益。

（一）居民企业

居民企业，是指依法在中国境内成立，或者依照外国（地区）法律成立但实际管理机构在中国境内的企业。这里的企业包括企业、事业单位、社会团体以及其他取得收入的组织。其中，实际管理机构，是指对企业的生产经营、人员、账务、财产等实施实质性全面管理和控制的机构。

（二）非居民企业

非居民企业，是指依照外国（地区）法律成立且实际管理机构不在中国境内，但在中国境内设立机构、场所的，或者在中国境内未设立机构、场所，但有来源于中国境内所得的企业。上述所称机构、场所，是指在中国境内从事生产经营活动的机构、场所，包括：

1.管理机构、营业机构、办事机构。

2.工厂、农场、开采自然资源的场所。

3.提供劳务的场所。

4.从事建筑、安装、装配、修理、勘探等工程作业的场所。

5.其他从事生产经营活动的机构、场所。

非居民企业委托营业代理人在中国境内从事生产经营活动的，包括委托单位或者个人经常代其签订合同，或者储存、交付货物等，该营业代理人视为非居民企业在中国境内设立的机构、场所。

二、企业所得税的征税对象

企业所得税的征税对象，是指企业的生产经营所得、其他所得和清算所得。

（一）居民企业的征税对象

居民企业应将来源于中国境内、境外的所得作为征税对象。所得包括销售货物所得，提供劳务所得，转让财产所得，股息、红利等权益性投资所得，利息所得，租金所得，特许权使用费所得，接受捐赠所得和其他所得。

（二）非居民企业的征税对象

非居民企业在中国境内设立机构、场所的，应当就其所设机构、场所取得的来源于中国境内的所得，以及发生在中国境外但与其所设机构、场所有实际联系的所得，缴纳企业所得税。非居民企业在中国境内未设立机构、场所的，或者虽设立机构、场所但取得的所得与其所设机构、场所没有实际联系的，应当就其来源于中国境内的所得缴纳企业所得税。

（三）所得来源的确定

1.销售货物所得，按照交易活动发生地确定。

2.提供劳务所得，按照劳务发生地确定。

3.转让财产所得。（1）不动产转让所得按照不动产所在地确定。（2）动产转让所得按照转让动产的企业或者机构、场所所在地确定。（3）权益性投资资产转让所得按照被投资企业所在地确定。

4.股息、红利等权益性投资所得，按照分配所得的企业所在地确定。

5.利息所得、租金所得、特许权使用费所得，按照负担、支付所得的企业或者机构、场所所在地确定，或者按照负担、支付所得的个人的住所地确定。

6.其他所得，由国务院财政、税务主管部门确定。

三、企业所得税的税率

1.25%税率，为基本税率，适用于居民企业和在中国境内设有机构、场所且所得与机构、场所有实际联系的非居民企业。

2.20%税率，适用于符合条件的小型微利企业，要求其年度应纳税所得额不超过300万元，从业人数不超过300人，资产总额不超过5 000万元，从事非限制和禁止行业。对小型微利企业减按25%计算应纳税所得额、按20%的税率缴纳企业所得税的政策，延续执行至2027年12月31日。（《财政部 税务总局关于进一步支持小微企业和个体工商户发展有关税费政策的公告》（2023年第12号公告）

3.15%税率，适用于国家需要重点扶持的高新技术企业、经认定的技术先进型服务企业、设在平潭综合实验区的符合条件的企业（自2021年1月1日起至2025年12月31日止）、注册在海南自由贸易港并实质性运营的鼓励类产业企业（自2020年1月1日起至2024年12月31日止）、设在西部地区的鼓励类产业企业（自2021年1月1日起至2030年12月31日止）、上海自贸试验区临港新片区重点产业自设立之日起5年内（自2020年1月1日起）。

4.10%税率，适用于在中国境内未设立机构、场所的，或者虽设立机构、场所但取得的所得与其所设机构、场所没有实际联系的非居民企业。自2020年1月1日起，国家鼓励的重点集成电路设计企业和软件企业，自获利年度起，第一年至第五年免征企业所得税，接续年度减按10%的税率征收企业所得税。

四、企业所得税的优惠政策

（一）免征与减征优惠

1.从事农、林、牧、渔业项目所得

企业从事下列项目的所得，免征企业所得税：（1）蔬菜、谷物、薯类、油料、豆类、棉花、麻类、糖料、水果、坚果的种植；（2）农作物新品种的选育；（3）中药材的种植；（4）林木的培育和种植；（5）牲畜、家禽的饲养；（6）林产品的采集；（7）灌溉、农产品初加工、兽医、农技推广、农机作业和维修等农、林、牧、渔服务业项目；（8）远洋捕捞。

企业从事下列项目的所得，减半征收企业所得税：（1）花卉、茶以及其他饮料作物和香料作物的种植；（2）海水养殖、内陆养殖。

2.从事国家重点扶持的公共基础设施项目投资经营的所得

企业从事国家重点扶持的公共基础设施项目的投资经营的所得，自项目取得第一笔生产经营收入所属纳税年度起，第1年至第3年免征企业所得税，第4年至第6年减半征收企业所得税。

3.从事符合条件的环境保护、节能节水项目的所得

环境保护、节能节水项目的所得，自项目取得第一笔生产经营收入所属纳税年度起，享受企业所得税“三免三减半”优惠。

4.符合条件的技术转让所得

《中华人民共和国企业所得税法》（以下简称"《企业所得税法》"）所称符合条件的技术转让所得免征、减征企业所得税，是指一个纳税年度内，居民企业转让技术所得不超过500万元的部分，免征企业所得税；超过500万元的部分，减半征收企业所得税。居民企业从直接或间接持有股权之和达到100%的关联方取得的技术转让所得，不享受技术转让减免企业所得税优惠政策。

5.民族自治地方的优惠

民族自治地方的自治机关对本民族自治地方的企业应缴纳的企业所得税中属于地方分享的部分，可以决定减征或者免征企业所得税。自治州、自治县决定减征或者免征的，须报省、自治区、直辖市人民政府批准。

6.非居民企业优惠

非居民企业取得下列所得免征企业所得税：（1）外国政府向中国政府提供贷款取得的利息所得；（2）国际金融组织向中国政府和居民企业提供优惠贷款取得的利息所得；（3）经国务院批准的其他所得。

（二）加计扣除优惠

1.一般企业研究开发费加计扣除

企业开展研发活动中实际发生的研发费用，未形成无形资产计入当期损益的，在按规定据实扣除的基础上，自2023年1月1日起，再按照实际发生额的100%在税前加计扣除；形成无形资产的，自2023年1月1日起，按照无形资产成本的200%在税前摊销。烟草制造业、住宿和餐饮业、批发和零售业、房地产业、租赁和商务服务业、娱乐业等不适用税前加计扣除政策。

研发费用具体包括人员人工费用，直接投入费用，折旧费用，无形资产摊销，新产品设计费、新工艺规程制定费、新药研制的临床试验费、勘探开发技术的现场试验费和其他相关费用等费用，其中，其他相关费用采取限额扣除的方式。

2.企业委托境外研究开发费用加计扣除

企业委托境外的研究开发费用按照费用实际发生额的80%计入委托方的委托境外研究开发费用，不超过境内符合条件的研究开发费用2/3的部分，可以按规定在企业所得税税前加计扣除。

3.企业安置残疾人员所支付工资加计扣除

企业安置残疾人员所支付工资费用的加计扣除，是指企业安置残疾人员的，在按照支付给残疾职工工资据实扣除的基础上，按照支付给残疾职工工资的100%加计扣除。

4.支持我国基础研究加计扣除

自2022年1月1日起，对企业出资给非营利性科研机构、高等学校和政府性自然科学基金用于基础研究的支出，在计算应纳税所得额时可按实际发生额在税前扣除，并可按100%在税前加计扣除。对非营利性科研机构、高等学校接收企业、个人和其他组织机构基础研究资金收入，免征企业所得税。

5.企业预缴申报享受研发费用加计扣除

自2023年1月1日起，企业7月份预缴申报第二季度（按季预缴）或6月份（按月预缴）企业所得税时，可以自主选择就当年前两季度研发费用享受加计扣除优惠政策。对7月份预缴申报期未选择享受研发费用加计扣除优惠政策的，可以在10月份预缴申报或办理当年度企业所得税汇算清缴时享受。

（三）加速折旧优惠

1.可一次性扣除的固定资产

（1）制造业及信息传输、软件和信息技术服务业中的小型微利企业新购进的研发和生产经营共用的仪器，设备单位价值不超过100万元的，允许一次性扣除。

（2）所有行业企业新购进的专门用于研发的仪器、设备，单位价值不超过100万元的，允许一次性扣除。

（3）所有行业企业持有的单位价值不超过5 000元的固定资产，允许一次性扣除。

2.可采用缩短折旧年限或者采取加速折旧方法的固定资产

（1）所有行业企业新购进并专门用于研发活动的仪器设备，单位价值超过100万元的，可缩短折旧年限，或采取双倍余额递减法或者年数总和法。

（2）制造业及信息传输、软件和信息技术服务业企业新购进包括自行建造的固定资产，可缩短折旧年限，或采取双倍余额递减法或者年数总和法。

（3）所有行业企业外购的软件，凡符合固定资产或无形资产确认条件的，可以按照固定资产或无形资产进行核算，其折旧或摊销年限可以适当缩短，最短可为2年（含）。

（4）集成电路生产企业的生产设备，其折旧年限可以适当缩短。最短可为3年（含）。

（5）所有行业企业的以下固定资产可以采取缩短折旧年限或采取双倍余额递减法或者年数总和法：①由于技术进步，产品更新换代较快的固定资产；②常年处于强震动、高腐蚀状态的固定资产。

采取缩短折旧年限方法的，最低折旧年限不得低于规定折旧年限的60%；采取加速折旧方法的，可采取双倍余额递减法或年数总和法。

（四）减计收入优惠

企业综合利用资源，生产符合国家产业政策规定的产品所取得的收入，可在计算应纳税所得额时减计收入，减按90%计入收入总额。

（五）所得额抵免优惠

二维码5-3

拓展阅读：企业所得税的三大优惠方式：税率、税基、税额

所得额抵免，是指创业投资企业采取股权投资方式直接投资于初创科技型企业满2年的，可以按照其投资额的70%在股权持有满2年的当年抵扣该创业投资企业的应纳税所得额；当年不足抵扣的，可以在以后纳税年度结转抵扣。

（六）税额抵免优惠

税额抵免，是指企业购置并实际使用《环境保护专用设备企业所得税优惠目录（2017年版）》《节能节水专用设备企业所得税优惠目录（2017年版）》《安全生产专用设备企业所得税优惠目录（2018年版）》规定的环境保护、节能节水、安全生产等专用设备的，该专用设备的投资额的10%可以从企业当年的应纳税额中抵免；当年不足抵免的，可以在以后5个纳税年度结转抵免。

第二节 应纳税所得额

情境引例

二维码5-4

情境引例解析

金税四期是中国实施的“金税四期”计划的第四期，是第三期的全新升级。作为经国务院办公厅批准的国家一级智慧政务工程项目“十二金”之一，金税工程项目是消化吸收国际成功经验，将新科技融合于中国所得税管理方法的新科技智能管理系统。本系统的软件由因特网四个子系统组成。一网指的是国税总局和省、地、县税务局四级互联网；四个分系统是指所得税税控盘开税票分系统、税控盘验证分系统、所得税核查分系统和税票核查分系统。金税四期上线后对企业应纳税所得额的监管有何影响？

应纳税所得额是企业所得税的计税依据，按照《企业所得税法》的规定，应纳税所得额为企业每一个纳税年度的收入总额，减除不征税收入、免税收入、各项扣除以及允许弥补的以前年度亏损后的余额。其基本公式为：

应纳税所得额=收入总额-不征税收入-免税收入-各项扣除-允许弥补的以前年度亏损　公式5-1

应纳税所得额的正确计算直接关系到国家财政收入和企业的税收负担，并且同成本、费用核算关系密切。因此，《企业所得税法》对应纳税所得额的计算作出了明确规定。

一、收入总额

企业的收入总额包括以货币形式和非货币形式从各种来源取得的收入。收入的具体构成为：

（一）一般收入的确认

1.销售货物收入，是指企业销售商品、产品、原材料、包装物、低值易耗品以及其他存货取得的收入。

2.提供劳务收入，是指企业从事建筑安装、修理修配、交通运输、仓储租赁、金融保险、邮电通信、咨询经纪、文化体育、科学研究、技术服务、教育培训、餐饮住宿、中介代理、卫生保健、社区服务、旅游、娱乐、加工以及其他劳务服务活动取得的收入。

3.转让财产收入，是指企业转让固定资产、生物资产、无形资产、股权、债权等财产取得的收入。企业转让股权收入，应于转让协议生效且完成股权变更手续时，确认收入的实现。

4.股息、红利等权益性投资收益，是指企业因权益性投资从被投资方取得的收入。除国务院财政、税务主管部门另有规定外，按照被投资方作出利润分配决定的日期确认收入的实现。

5.利息收入，是指企业将资金提供他人使用但不构成权益性投资，或者因他人占用本企业资金取得的收入，包括存款利息、贷款利息、债券利息、欠款利息等收入，按照合同约定的债务人应付利息的日期确认收入的实现。

6.租金收入，是指企业提供固定资产、包装物或者其他有形资产的使用权取得的收入，按照合同约定的承租人应付租金的日期确认收入的实现。其中，如果交易合同或协议中规定租赁期限跨年度，且租金提前一次性支付的，出租人可对上述已确认的收入，在租赁期内分期均匀计入相关年度收入。

7.特许权使用费收入，是指企业提供专利权、非专利技术、商标权、著作权以及其他特许权的使用权取得的收入，按照合同约定的特许权使用人应付特许权使用费的日期确认收入的实现。

8.接受捐赠收入，是指企业接受的来自其他企业、组织或者个人无偿给予的货币性资产、非货币性资产，按照实际收到捐赠资产的日期确认收入的实现。

9.其他收入，是指企业取得的除以上收入外的其他收入，包括企业资产溢余收入、逾期未退包装物押金收入、确实无法偿付的应付款项、已作坏账损失处理后又收回的应收款项、债务重组收入、补贴收入、违约金收入、汇兑收益等。

（二）特殊收入的确认

1.以分期收款方式销售货物的，按照合同约定的收款日期确认收入的实现。

2.企业受托加工制造大型机械设备、船舶、飞机，以及从事建筑、安装、装配工程业务或者提供其他劳务等，持续时间超过12个月的，按照纳税年度内完工进度或者完成的工作量确认收入的实现。

3.采取产品分成方式取得收入的，按照企业分得产品的日期确认收入的实现，其收入额按照产品的公允价值确定。

4.企业发生非货币性资产交换，以及将货物、财产、劳务用于捐赠、偿债、赞助、集资、广告、样品、职工福利或者利润分配等用途的，应当视同销售货物、转让财产或者提供劳务，但国务院财政、税务主管部门另有规定的除外。

5.对企业投资者持有2019—2023年发行的铁路债券取得的利息收入，减半征收企业所得税。

6.自2019年1月1日起，企业发行的永续债，可以适用股息、红利企业所得税政策。

（三）处置资产收入的确认

1.企业发生下列情形的处置资产，除将资产转移至境外以外，由于资产所有权属在形式和实质上均不发生改变，可作为内部处置资产，不视同销售确认收入，相关资产的计税基础延续计算。

（1）将资产用于生产、制造、加工另一产品。

（2）改变资产形状、结构或性能。

（3）改变资产用途（如自建商品房转为自用或经营）。

（4）将资产在总机构及其分支机构之间转移。

（5）上述两种或两种以上情形的混合。

（6）其他不改变资产所有权属的用途。

2.企业将资产移送他人的下列情形，因资产所有权属已发生改变而不属于内部处置资产，应按规定视同销售确认收入。

（1）用于市场推广或销售。

（2）用于交际应酬。

（3）用于职工奖励或福利。

（4）用于股息分配。

（5）用于对外捐赠。

（6）其他改变资产所有权属的用途。

3.企业发生上述第2项规定情形时，除另有规定外，应按照被移送资产的公允价值确认销售收入。

二维码5-5

拓展阅读：增值税收入和企业所得税收入不一致的7种情形

二、不征税收入和免税收入

国家为了扶持和鼓励某些特殊的纳税人和特定的项目，或者避免因征税影响企业的正常经营，对企业取得的某些收入予以不征税或免税的特殊政策。

（一）不征税收入

1.财政拨款，是指各级人民政府对纳入预算管理的事业单位、社会团体等组织拨付的财政资金，但国务院和国务院财政、税务主管部门另有规定的除外。

2.依法收取并纳入财政管理的行政事业性收费、政府性基金。行政事业性收费是指依照法律法规等有关规定，按照国务院规定程序批准，在实施社会公共管理，以及在向公民、法人或者其他组织提供特定公共服务过程中，向特定对象收取并纳入财政管理的费用。政府性基金，是指企业依照法律、行政法规等有关规定，代政府收取的具有专项用途的财政资金。

3.国务院规定的其他不征税收入，是指企业取得的，由国务院财政、税务主管部门规定专项用途并经国务院批准的财政性资金。财政性资金，是指企业取得的来源于政府及其有关部门的财政补助、补贴、贷款贴息，以及其他各类财政专项资金，包括直接减免的增值税和即征即退、先征后退、先征后返的各种税收，但不包括企业按规定取得的出口退税款。

4.专项用途财政性资金，是指企业从县级以上各级人民政府财政部门及其他部门取得的应计入收入总额同时符合以下条件的财政性资金：（1）企业能够提供规定资金专项用途的资金拨付文件；（2）财政部门或其他拨付资金的政府部门对该资金有专门的资金管理办法或具体管理要求；（3）企业对该资金以及以该资金发生的支出单独进行核算。

上述不征税收入用于支出所形成的费用，不得在计算应纳税所得额时扣除；用于支出所形成的资产，其计算的折旧、摊销不得在计算应纳税所得额时扣除。

专项用途财政性资金作为不征税收入处理后，在5年内未发生支出且未缴回财政部门或其他拨付资金的政府部门的部分，应计入取得该资金第6年的应税收入总额；计入应税收入总额的财政性资金发生的支出，允许在计算应纳税所得额时扣除。

（二）免税收入

1.国债利息收入。

2.符合条件的居民企业之间的股息、红利等权益性收益，是指居民企业直接投资于其他居民企业取得的投资收益。

3.在中国境内设立机构、场所的非居民企业从居民企业取得与该机构、场所有实际联系的股息、红利等权益性投资收益。该收益不包括连续持有居民企业公开发行并上市流通的股票不足12个月取得的投资收益。

4.符合条件的非营利组织的收入。该收入不包括非营利组织从事营利性活动取得的收入，但国务院财政、税务主管部门另有规定的除外。

5.非营利组织的其他免税收入。具体包括：接受其他单位或者个人捐赠的收入；除《企业所得税法》第七条规定的财政拨款以外的其他政府补助收入，但不包括因政府购买服务取得的收入；按照省级以上民政、财政部门规定收取的会费；不征税收入和免税收入孳生的银行存款利息收入；财政部、国家税务总局规定的其他收入。

三、各项扣除

（一）扣除项目的原则

企业申报的扣除项目和金额要真实、合法，在具体进行税前扣除时，一般应遵循以下原则：

1.权责发生制原则，是指企业费用应在发生的所属期扣除，而不是在实际支付时确认扣除。

2.配比原则，是指企业发生的费用应当与收入配比扣除。除特殊规定外，企业发生的费用不得提前或滞后申报扣除。

3.相关性原则，是指企业可扣除的费用从性质和根源上须与取得的应税收入直接相关。

4.确定性原则，是指企业可扣除的费用不论何时支付，其金额必须是确定的。

5.合理性原则，是指符合生产经营活动常规，应当计入当期损益或者有关资产成本的必要和正常的支出。

（二）扣除项目的范围

企业实际发生的与取得收入有关的、合理的支出，包括成本、费用、税金、损失和其他支出，准予在计算应纳税所得额时扣除。除《企业所得税法》及其实施条例另有规定外，不得重复扣除。

1.成本，是指企业在生产经营活动中发生的销售成本、销货成本、业务支出以及其他耗费。

2.费用，是指企业每一个纳税年度为生产、经营商品和提供劳务等所发生的销售（经营）费用、管理费用和财务费用。已经计入成本的有关费用除外。

3.税金，是指企业发生的除企业所得税和允许抵扣的增值税以外的各项税金及附加。

4.损失，是指企业在生产经营活动中发生的固定资产和存货的盘亏、毁损、报废损失，转让财产损失，呆账损失，坏账损失，自然灾害等不可抗力因素造成的损失以及其他损失。

5.其他支出，是指除成本、费用、税金、损失外，企业在生产经营活动中发生的与生产经营活动有关的、合理的支出。

（三）扣除项目及其标准

在计算应纳税所得额时，下列项目可按照实际发生额或规定的标准扣除。

1.工资、薪金支出

（1）企业发生的合理的工资、薪金支出准予据实扣除。合理的工资、薪金是指企业按照股东大会、董事会、薪酬委员会或相关管理机构制定的工资、薪金制度规定实际发放给员工的工资、薪金，包括基本工资、奖金、津贴、补贴、年终加薪、加班工资，以及与任职或者受雇有关的其他支出。

（2）属于国有性质的企业，其工资、薪金不得超过政府有关部门给予的限定数额。

（3）企业因雇用季节工、临时工、实习生、返聘离退休人员以及接受外部劳务派遣用工所实际发生的费用，应区分为工资、薪金支出和职工福利费支出。

（4）上市公司实施股权激励计划，在股权激励计划可行权时根据该股票实际行权时的公允价格（实际行权日的股票收盘价）与激励对象实际行权支付价格的差额及数量，计算确定当年上市公司的工资、薪金支出。

（5）企业福利性补贴支出税前扣除。列入企业员工工资、薪金制度，固定与工资、薪金一起发放的企业福利性补贴支出，符合合理工资、薪金支出条件的，可作为企业发生的工资、薪金支出，不符合合理工资、薪金支出条件的，作为职工福利费支出。

（6）企业年度汇算清缴结束前支付的汇缴年度工资、薪金准予税前扣除。

（7）企业接受外部劳务派遣用工所实际发生的费用，除按照协议（合同）约定直接支付给劳务派遣公司的费用作为劳务费支出外，直接支付给员工个人的费用，应作为工资、薪金支出和职工福利费支出。

2.职工福利费、工会经费、职工教育经费

企业发生的职工福利费、工会经费、职工教育经费按标准扣除，未超过标准的按实际数扣除，超过标准的只能按标准扣除。

（1）企业发生的职工福利费支出，不超过工资、薪金总额14%的部分准予扣除。

（2）企业拨缴的工会经费，不超过工资、薪金总额2%的部分凭工会组织开具的《工会经费收入专用收据》准予扣除。

（3）除国务院财政、税务主管部门另有规定外，企业发生的职工教育经费支出，不超过工资、薪金总额8%的部分，准予在计算企业所得税应纳税所得额时扣除；超过部分，准予在以后纳税年度结转扣除。

软件生产企业发生的职工教育经费中的职工培训费用，可以全额在企业所得税税前扣除。软件生产企业对职工教育经费中的职工培训费支出不能准确划分的，以及准确划分后职工教育经费中扣除职工培训费用的余额，一律按照工资、薪金总额8%的比例扣除。

核力发电企业为培养核电厂操纵员发生的培养费用，可作为企业的发电成本在税前扣除。企业应将核电厂操纵员培养费与员工的职工教育经费严格区分，单独核算。

3.社会保险费

（1）企业依照国务院有关主管部门或者省级人民政府规定的范围和标准为职工缴纳的五险一金，即基本养老保险费、基本医疗保险费、失业保险费、工伤保险费、生育保险费等基本社会保险费和住房公积金，准予扣除。企业为投资者或者职工支付的商业保险费，不得扣除。

（2）企业为投资者或者职工支付的补充养老保险费、补充医疗保险费，在国务院财政、税务主管部门规定的范围和标准内，准予扣除。

4.利息费用

（1）非金融企业向金融企业借款的利息支出、金融企业的各项存款利息支出和同业拆借利息支出、企业经批准发行债券的利息支出可据实扣除。

（2）非金融企业向非金融企业借款的利息支出，不超过按照金融企业同期同类贷款利率计算的数额的部分可据实扣除，超过部分不允许扣除。

（3）企业实际支付给关联方的利息支出，除提供相关资料证明相关交易活动符合独立交易原则，或者该企业的实际税负不高于境内关联方外，其接受关联方债权性投资与其权益性投资比例为：金融企业5∶1，其他企业2∶1。不超过规定标准计算的部分准予扣除，超过的部分不得在发生当期和以后年度扣除。

（4）企业向无关联关系自然人借款的利息支出，企业与个人之间的借贷是真实、合法、有效的且签订了借款合同，在不超过按照金融企业同期同类贷款利率计算的数额的部分，准予扣除。

5.借款费用

企业在生产经营活动中发生的合理的不需要资本化的借款费用，准予扣除。符合资本化条件的借款费用，应计入相关资产成本。

6.汇兑损失

企业在货币交易中，以及纳税年度终了时将人民币以外的货币性资产、负债按照期末即期人民币汇率中间价折算为人民币时产生的汇兑损失，除已经计入有关资产成本以及与向所有者进行利润分配相关的部分外，准予扣除。

7.业务招待费

（1）企业发生的与生产经营活动有关的业务招待费支出，按照发生额的60%扣除，但最高不得超过当年销售收入（含视同销售收入）的5‰。

（2）对从事股权投资业务的企业（包括集团公司总部、创业投资企业等），其从被投资企业所分配的股息、红利以及股权转让收入，可以按规定的比例计算业务招待费扣除限额。

（3）企业在筹建期间，发生的与筹办活动有关的业务招待费支出，可按实际发生额的60%计入企业筹办费，并按有关规定在税前扣除。

8.广告费和业务宣传费

（1）企业发生的符合条件的广告费和业务宣传费支出，除国务院财政、税务主管部门另有规定外，不超过当年销售收入（含视同销售收入和创投企业的投资收益，但不包括营业外收入和非创投企业的投资收益）15%的部分，准予扣除；超过部分，准予结转以后纳税年度扣除。

（2）自2021年1月1日起至2025年12月31日止，对化妆品制造或销售、医药制造和饮料制造（不含酒类制造）企业发生的广告费和业务宣传费支出，不超过当年销售收入30%的部分，准予扣除；超过部分，准予在以后纳税年度结转扣除。

（3）企业在筹建期间，发生的广告费和业务宣传费，可按实际发生额计入企业筹办费，并按上述规定在税前扣除。

(4) 烟草企业的烟草广告费和业务宣传费支出，一律不得在计算应纳税所得额时扣除。

9.环境保护专项资金

企业依照法律、行政法规有关规定提取的用于环境保护、生态恢复等方面的专项资金，准予扣除。上述专项资金提取后改变用途的，不得扣除。

10.保险费

企业参加财产保险，按照规定缴纳的保险费，准予扣除。

11.租赁费

企业以经营租赁方式租入固定资产发生的租赁费支出，按照租赁期限均匀扣除。以融资租赁方式租入固定资产发生的租赁费支出，按照规定构成融资租入固定资产价值的部分应当提取折旧费用，分期扣除。

12.劳动保护费

企业发生的合理的劳动保护支出，准予扣除。

13.公益性捐赠支出

公益性捐赠，是指企业通过公益性社会团体或者县级（含县级）以上人民政府及其部门，用于《中华人民共和国公益事业捐赠法》规定的公益事业的捐赠。企业发生的公益性捐赠支出，不超过年度利润总额12%的部分，准予扣除。超过年度利润总额12%的部分，准予以后3年内在计算应纳税所得额时结转扣除。年度利润总额，是指企业依照国家统一会计制度的规定计算的年度会计利润。

14.有关资产的费用

企业转让各类固定资产发生的费用，允许扣除。企业按规定计算的固定资产折旧费、无形资产和长期待摊费用的摊销费，准予扣除。

15.总机构分摊的费用

非居民企业在中国境内设立的机构、场所，就其中国境外总机构发生的与该机构、场所生产经营有关的费用，能够提供总机构出具的费用汇集范围、定额、分配依据和方法等证明文件，并合理分摊的，准予扣除。

16.资产损失

企业向税务机关申报扣除资产损失，仅需填报企业所得税年度纳税申报表《资产损失税前扣除及纳税调整明细表》，不再报送资产损失相关资料，相关资料由企业留存备查。

17.手续费及佣金支出

(1) 企业发生的与生产经营有关的手续费及佣金支出，不超过以下规定计算限额以内的部分，准予扣除；超过部分，不得扣除。

① 保险企业，自2019年1月1日起，发生与其经营活动有关的手续费及佣金支出，不超过当年全部保费收入扣除退保金等后余额的18%（含本数）的部分，在计算应纳税所得额时准予扣除；超过部分，允许结转以后年度扣除。

② 其他企业，按与具有合法经营资格中介服务机构或个人（不含交易双方及其雇员、代理人和代表人等）所签订服务协议或合同确认的收入金额的5%计算限额。

（2）企业应与具有合法经营资格的中介服务企业或个人签订代办协议或合同，并按国家有关规定支付手续费及佣金。除委托个人代理外，企业以现金等非转账方式支付的手续费及佣金不得在税前扣除。企业为发行权益性证券支付给有关证券承销机构的手续费及佣金不得在税前扣除。

（3）企业不得将手续费及佣金支出计入回扣、业务提成、返利、进场费等费用。

（4）企业已计入固定资产、无形资产等相关资产的手续费及佣金支出，应当通过折旧、摊销等方式分期扣除，不得在发生当期直接扣除。

（5）企业支付的手续费及佣金不得直接冲减服务协议或合同金额，并如实入账。

（6）电信企业在发展客户、拓展业务等过程中（如委托销售电话入网卡、电话充值卡等），需向经纪人、代办商支付手续费及佣金的，其实际发生的相关手续费及佣金支出，不超过企业当年收入总额5%的部分，准予在企业所得税税前据实扣除。

（7）从事代理服务、主营业务收入为手续费、佣金的企业（如证券、期货、保险代理等企业），为取得该类收入而实际发生的营业成本（包括手续费及佣金支出），准予在企业所得税税前据实扣除。

18.其他项目

依照有关法律、行政法规和国家有关税法规定准予扣除的其他项目，如会员费、合理的会议费、差旅费、违约金、诉讼费用等。

19.会计处理确认的支出

企业依据财务会计制度的规定，实际在财务会计处理上已确认的支出，凡没有超过《企业所得税法》和有关税收法规规定的税前扣除范围和标准的，可按企业实际会计处理确认的支出，在企业所得税税前扣除，计算其应纳税所得额。

20.企业维简费支出

企业实际发生的维简费支出，属于收益性支出的，可作为当期费用税前扣除；属于资本性支出的，应计入有关资产成本，并按规定计提折旧或摊销费用在税前扣除。

21.企业参与政府统一组织的棚户区改造支出

企业参与政府统一组织的工矿（含中央下放煤矿）棚户区改造、林区棚户区改造、垦区危房改造并同时符合一定条件（提供书面说明材料）的棚户区改造支出，准予在企业所得税税前扣除。

22.金融企业贷款损失准备金

（1）准予税前提取贷款损失准备金的贷款资产范围包括：

① 贷款（含抵押、质押、担保、信用等贷款）。

② 银行卡透支、贴现、信用垫款（含银行承兑汇票垫款、信用证垫款、担保垫款等）、进出口押汇、同业拆出、应收融资租赁款等各项具有贷款特征的风险资产。

③ 由金融企业转贷并承担对外还款责任的国外贷款，包括国际金融组织贷款、外国买方信贷、外国政府贷款、日本国际协力银行不附条件贷款和外国政府混合贷款等资产。

（2）金融企业准予当年税前扣除的贷款损失准备金的计算公式为：

$$\frac{\text{准予当年税前扣除的}}{\text{贷款损失准备金}}=\frac{\text{本年末准予提取贷款损失}}{\text{准备金的贷款资产余额}}\times 1\%-\frac{\text{截至上年末已在税前扣除的}}{\text{贷款损失准备金的余额}}$$

金融企业按上述公式计算的数额如为负数，应当相应调增当年应纳税所得额。

（3）金融企业的委托贷款、代理贷款、国债投资、应收股利、上交央行准备金以及金融企业剥离的债权和股权、应收财政贴息、央行款项等不承担风险和损失的资产，以及除（1）列举资产之外的其他风险资产不得提取贷款损失准备金在税前扣除。

（4）金融企业发生的符合条件的贷款损失，应先冲减已在税前扣除的贷款损失准备金，不足冲减部分可据实在计算当年应纳税所得额时扣除。

23.可转换债券转换为股权投资

（1）购买方企业

① 购买方企业购买可转换债券，在其持有期间按照约定利率取得的利息收入，应当依法申报缴纳企业所得税。

② 购买方企业可转换债券转换为股票时，将应收未收利息一并转为股票的，该应收未收利息即使会计上未确认收入，税收上也应当作为当期利息收入申报纳税；转换后以该债券购买价、应收未收利息和支付的相关税费为该股票投资成本。

（2）发行方企业

① 发行方企业发生的可转换债券的利息，按照规定在税前扣除。

② 发行方企业按照约定将购买方持有的可转换债券和应付未付利息一并转为股票的，其应付未付利息视同已支付，按照规定在税前扣除。

（四）不得扣除的项目

在计算应纳税所得额时，下列支出不得扣除：

1.向投资者支付的股息、红利等权益性投资收益款项。

2.企业所得税税款。

3.税收滞纳金，是指纳税人违反税收法规，被税务机关处以的滞纳金。

4.罚金、罚款和被没收财物的损失，是指纳税人违反国家有关法律、法规规定，被有关部门处以的罚款，以及被司法机关处以的罚金和被没收财物。

5.超过规定标准的捐赠支出。

6.赞助支出，是指企业发生的与生产经营活动无关的各种非广告性质支出。

7.未经核定的准备金支出，是指不符合国务院财政、税务主管部门规定的各项资产减值准备、风险准备等准备金支出。

8.企业之间支付的管理费、企业内营业机构之间支付的租金和特许权使用费，以及非银行企业内营业机构之间支付的利息。

9.与取得收入无关的其他支出。

四、亏损弥补

1.亏损，是指企业依照《企业所得税法》及其实施条例的规定，将每一纳税年度的收入总额减除不征税收入、免税收入和各项扣除后小于零的数额。税法规定，企业某一纳税年度发生的亏损可以用下一年度的所得弥补，下一年度的所得不足以弥补的，可以逐年延续弥补，但最长不得超过5年。而且，企业在汇总计算缴纳企业所得税时，其境外营业机构的亏损不得抵减境内营业机构的盈利。

2.自2018年1月1日起，当年具备高新技术企业或科技型中小企业资格（以下统称资格）的企业，其具备资格年度之前5个年度发生的尚未弥补完的亏损，准予结转以后年度弥补，最长结转年限由5年延长至10年。

3.企业筹办期间不计算为亏损年度，企业自开始生产经营的年度，为开始计算企业损益的年度。企业从事生产经营之前进行筹办活动期间发生的筹办费用支出，不得计算为当期的亏损，企业可以在开始经营之日的当年一次性扣除，也可以按照税法有关长期待摊费用的规定处理，但一经选定，不得改变。

4.对于税务机关对企业以前年度纳税情况进行检查时调增的应纳税所得额，凡企业以前年度发生亏损且该亏损属于《企业所得税法》规定允许弥补的，应允许以调增的应纳税所得额弥补该亏损。弥补该亏损后仍有余额的，按照《企业所得税法》的规定计算缴纳企业所得税。对检查调增的应纳税所得额应根据其情节，依照《中华人民共和国税收征收管理法》的有关规定进行处理或处罚。

5.对企业发现以前年度实际发生的、按照税法规定应在企业所得税税前扣除而未扣除或者少扣除的支出，企业作出专项申报及说明后，准予追补至该项目发生年度计算扣除，但追补确认期限不得超过5年。

企业由于上述原因多缴的企业所得税税款，可以在追补确认年度的企业所得税应纳税款中抵扣，不足抵扣的，可以向以后年度递延抵扣或申请退税。

亏损企业追补确认以前年度未在企业所得税税前扣除的支出，或盈利企业经过追补确认后出现亏损的，应首先调整该项支出所属年度的亏损额，然后再按照弥补亏损的原则计算以后年度多缴的企业所得税税款，并按上述规定处理。

6.受新冠肺炎疫情影响较大的困难行业企业2020年度发生的亏损，最长结转年限由5年延长至8年。

困难行业企业，包括交通运输、餐饮、住宿、旅游（指旅行社及相关服务、游览景区管理两类）四大类，具体判断标准按照现行《国民经济行业分类》执行。困难行业企业2020年度主营业务收入须占收入总额（剔除不征税收入和投资收益）的50%以上。

【思政课堂】

疫情期间的公益性捐赠

2020年开年，一场来势汹汹的新冠肺炎席卷中华大地。疫情无情，人间有爱，正所谓，一方有难八方支援，此次抗疫期间，全国各大企业纷纷通过捐款或者捐赠医疗物资的方式驰援湖北武汉，据不完全统计，捐款超过一亿元的企业是相当多的。

我国知名网络科技公司腾讯科技有限公司自疫情暴发以来，陆续捐了15亿元防控基金，这15亿元防控基金中，首期3亿元用于采购紧缺物资，解前线燃眉之急；第二期2亿元用作战疫开发者公益联盟资金池，旨在开放自身的技术资源与研发能力，联合生态伙伴一同做公益，帮助行业共同成长；从15亿元战疫基金中拿出其中2亿元，用于救助因感染新型冠状病毒而导致经济困难的患者及其家人；专设3亿元的“致敬战疫人物基金”，用于对“战疫”一线作出特殊贡献人士的致敬和慰问。还有5亿元的战疫后备基金，可视战疫进展考虑追加到上述项目，也可用于与防疫相关的科学研究、未来医疗健康设施完善、权威医学科普等工作。

资料来源：佚名. 疫情期间税收优惠［EB/OL］.［2021-11-13］. https：//zhuanlan.zhihu.com/p/432930411.

第三节 应纳税额的计算

一、居民企业应纳税额的计算

居民企业应缴纳所得税税额等于应纳税所得额乘以适用税率，减除依照税法关于税收优惠的规定减免和抵免的税额后的余额，其基本计算公式为：

应纳税额=应纳税所得额×适用税率-减免税额-抵免税额　　公式5-2

根据计算公式可以看出，应纳税额的多少，主要取决于应纳税所得额和适用税率两个因素。在实际过程中，应纳税所得额的计算一般有两种方法。

（一）直接计算法

在直接计算法下，企业每一纳税年度的收入总额减除不征税收入、免税收入、各项扣除以及允许弥补的以前年度亏损后的余额为应纳税所得额。其计算公式为：

应纳税所得额=收入总额-不征税收入-免税收入-各项扣除金额-允许弥补的以前年度亏损

（二）间接计算法

在间接计算法下，会计利润总额加上或减去按照税法规定调整的项目金额后，即为应纳税所得额。其计算公式为：

应纳税所得额=会计利润总额±纳税调整项目金额　　公式5-3

纳税调整项目金额包括两方面的内容：（1）税法规定范围与会计规定不一致的应予以调整的金额；（2）税法规定扣除标准与会计规定不一致的应予以调整的金额。

【例5-1】某企业为居民企业，2023年发生经营业务如下：

（1）取得产品销售收入5 200万元。

（2）应结转产品销售成本3 300万元。

（3）发生销售费用1 000万元（其中广告费800万元）、管理费用400万元（其中业务招待费45万元）、财务费用60万元。

（4）缴纳税金及附加80万元。

（5）取得营业外收入120万元，发生营业外支出80万元（含通过公益性社会团体向贫困山区捐款70万元，支付税收滞纳金10万元）。

（6）计入成本、费用中的实发工资总额为300万元，拨缴职工工会经费8万元，发生职工福利费46万元，发生职工教育经费27万元。

要求：计算该企业2023年度实际应缴纳的企业所得税。

（1）会计利润总额=5 200-3 300-1 000-400-60-80+120-80=400（万元）

（2）广告费应调增应纳税所得额=800-5 200×15%=20（万元）

（3）业务招待费应调增应纳税所得额=45-5 200×5‰=19（万元）

5 200×5‰=26（万元）<45×60%=27（万元）

（4）捐赠支出应调增应纳税所得额=70-400×12%=22（万元）

（5）工会经费应调增应纳税所得额=8-300×2%=2（万元）

（6）职工福利费应调增应纳税所得额=46-300×14%=4（万元）

（7）职工教育经费应调增应纳税所得额=27-300×8%=3（万元）

（8）税收滞纳金不能税前扣除，应调增应纳税所得额10万元。

（9）应纳税所得额=400+20+19+22+2+4+3+10=480（万元）

（10）该企业2023年应缴纳企业所得税=480×25%=120（万元）

【例5-2】某制造业企业为居民企业，2023年度发生经营业务如下：

（1）全年取得产品销售收入5 500万元、其他业务收入700万元，取得国债利息收入50万元。

（2）发生产品销售成本3 500万元、其他业务成本700万元，缴纳税金及附加320万元。

（3）发生管理费用780万元，含新技术的研究开发费用160万元、业务招待费用50万元；发生财务费用180万元。

（4）取得直接投资其他居民企业的权益性收益40万元（已在投资方所在地按15%的税率缴纳了企业所得税）。

（5）取得营业外收入150万元，发生营业外支出260万元（含公益性捐赠90万元）。

要求：计算该企业2023年应缴纳的企业所得税。

（1）利润总额=5 500+700+50+40+150-3 500-700-320-780-180-260=700（万元）

（2）国债利息收入免征企业所得税，应调减应纳税所得额50万元。

（3）技术开发费应调减应纳税所得额=160×100%=160（万元）

（4）业务招待费应调增应纳税所得额=50-50×60%=20（万元）

（5 500+700）×5‰=31（万元）>50×60%=30（万元）

（5）取得的直接投资其他居民企业的权益性收益属于免税收入，应调减应纳税所得额40万元。

（6）捐赠支出应调增应纳税所得额=90-700×12%=6（万元）

（7）应纳税所得额=700-50-160+20-40+6=476（万元）

（8）该企业2023年应缴纳企业所得税=476×25%=119（万元）

【例5-3】某制造业中小企业，职工90人，资产总额2 800万元。2023年度生产经营业务如下：

（1）取得产品销售收入2 800万元、国债利息收入30万元。

（2）与产品销售收入配比的成本为1 800万元。

（3）发生销售费用260万元、管理费用370万元（其中业务招待费30万元、新产品研发费用150万元）。

（4）向非金融企业借款150万元，支付年利息费用12万元（金融企业同期同类借款年利息率为6%）。

（5）企业所得税税前准许扣除的税金及附加为20万元。

（6）10月购进符合《环境保护专用设备企业所得税优惠目录》的专用设备，取得的增值税专用发票上注明金额40万元、增值税进项税额5.2万元，该设备当月投入使用。

（7）计入成本、费用中的实发工资总额为200万元，拨缴职工工会经费5万元，发生职工福利费36万元，发生职工教育经费15万元。

要求：计算该企业2023年度应缴纳的企业所得税。

（1）会计利润总额=2 800+30-1 800-260-370-12-20=368（万元）

（2）国债利息收入免征企业所得税，应调减应纳税所得额30万元。

（3）业务招待费应调增应纳税所得额=30-14=16（万元）

30×60%=18（万元）>2 800×5‰=14（万元）

（4）新产品研发费用应调减应纳税所得额=150×100%=150（万元）

（5）利息费用支出应调增应纳税所得额=12-150×6%=3（万元）

（6）工会经费应调增应纳税所得额=5-200×2%=1（万元）

（7）职工福利费应调增应纳税所得额=36-200×14%=8（万元）

（8）职工教育经费实际发生额小于扣除限额16万元（200×8%），不用作纳税调整。

（9）应纳税所得额=368-30+16-150+3+1+8=216（万元）

（10）该企业2023年度应缴纳的企业所得税=216×25%×20%-40×10%=10.8-4=6.8（万元）

二、居民企业核定征收应纳税额的计算

（一）核定征收企业所得税的范围

居民企业纳税人具有下列情形之一的，税务机关可核定征收企业所得税：

1.依照法律、行政法规的规定可以不设置账簿的。

2.依照法律、行政法规的规定应当设置但未设置账簿的。

3.擅自销毁账簿或者拒不提供纳税资料的。

4.虽设置账簿，但账目混乱或者成本资料、收入凭证、费用凭证残缺不全，难以查账的。

5.发生纳税义务，未按照规定的期限办理纳税申报，经税务机关责令限期申报，逾期仍不申报的。

6.申报的计税依据明显偏低，又无正当理由的。

特殊行业、特殊类型的纳税人和一定规模以上的纳税人不适用核定征收办法。自2012年1月1日起，专门从事股权（股票）投资业务的企业，不得核定征收企业所得税。

（二）核定征收的办法

税务机关应根据纳税人的具体情况，对核定征收企业所得税的纳税人，核定应税所得率或者核定应纳所得税额。

1.具有下列情形之一的，核定其应税所得率：

（1）能正确核算（查实）收入总额，但不能正确核算（查实）成本费用总额的。

（2）能正确核算（查实）成本费用总额，但不能正确核算（查实）收入总额的。

（3）通过合理方法，能计算和推定纳税人收入总额或成本费用总额的。

纳税人不属于以上情形的，核定其应纳所得税额。

2.税务机关采用下列方法核定征收企业所得税：

（1）参照当地同类行业或者类似行业中经营规模和收入水平相近的纳税人的税负水平核定。

（2）按照应税收入额或成本费用支出额定率核定。

（3）按照耗用的原材料、燃料、动力等推算或测算核定。

（4）按照其他合理方法核定。

采用上述所列的一种方法不足以正确核定应纳税所得额或应纳税额的，可以同时采用两种以上的方法核定。采用两种以上方法测算的应纳税额不一致时，可按测算的应纳税额从高核定。

采用应税所得率方式核定征收企业所得税的，应纳所得税额的计算公式为：

应纳所得税额=应纳税所得额×适用税率　　公式5-4

应纳税所得额=应税收入额×应税所得率　　公式5-5

或：应纳税所得额=成本（费用）支出额÷（1-应税所得率）×应税所得率　　公式5-6

实行应税所得率方式核定征收企业所得税的纳税人，经营多种业务的，无论其经营项目是否单独核算，均由税务机关根据其主营项目确定适用的应税所得率。

纳税人的生产经营范围、主营业务发生重大变化，或者应纳税所得额或应纳税额增减变化达到20%的，应及时向税务机关申报调整已确定的应纳税额或应税所得率。

三、非居民企业应纳税额的计算

对于在中国境内未设立机构、场所的，或者虽设立机构、场所但取得的所得与其所设机构、场所没有实际联系的非居民企业的所得，按照下列方法计算应纳税所得额：

1.股息、红利等权益性投资收益和利息、租金、特许权使用费所得，以收入全额为应纳税所得额。

2.转让财产所得，以收入全额减除财产净值后的余额为应纳税所得额。财产净值是指财产的计税基础减除已经按照规定扣除的折旧、折耗、摊销、准备金等后的余额。

3.其他所得，参照第1、2项规定的方法计算应纳税所得额。

4.扣缴企业所得税应纳税额的计算。

扣缴企业所得税应纳税额=应纳税所得额×实际征收率　　公式5-7

（1）扣缴义务人扣缴企业所得税的，应当按照扣缴义务发生之日人民币汇率中间价折合成人民币，计算非居民企业应纳税所得额。扣缴义务发生之日为相关款项实际支付或者到期应支付之日。

（2）取得收入的非居民企业在主管税务机关责令限期缴纳税款前自行申报缴纳应源泉扣缴税款的，应当按照填开税收缴款书之日前一日人民币汇率中间价折合成人民币，计算非居民企业应纳税所得额。

（3）主管税务机关责令取得收入的非居民企业限期缴纳应源泉扣缴税款的，应当按照主管税务机关作出限期缴税决定之日前一日人民币汇率中间价折合成人民币，计算非居民企业应纳税所得额。

四、非居民企业核定征收应纳税额的计算

非居民企业应纳企业所得税的计算公式如下：

应纳所得税=应纳税所得额×适用税率–抵免税额　　公式5-8

因会计账簿不健全，资料残缺难以查账，或者其他原因不能准确计算并据实申报其应纳税所得额的，税务机关有权采取以下方法核定其应纳税所得额。

1.按收入总额核定应纳税所得额：适用于能够正确核算收入或通过合理方法推定收入总额，但不能正确核算成本费用的非居民企业。其计算公式为：

应纳税所得额=收入总额×经税务机关核定的利润率　　公式5-9

2.按成本费用核定应纳税所得额：适用于能够正确核算成本费用，但不能正确核算收入总额的非居民企业。其计算公式为：

应纳税所得额=成本费用总额÷（1–经税务机关核定的利润率）×经税务机关核定的利润率

公式5-10

3.按经费支出换算收入核定应纳税所得额：适用于能够正确核算经费支出总额，但不能正确核算收入总额和成本费用的非居民企业。其计算公式为：

应纳税所得额=经费支出总额÷（1–经税务机关核定的利润率）×经税务机关核定的利润率

公式5-11

4.非居民企业与中国居民企业签订机器设备或货物销售合同，同时提供设备安装、装配、技术培训、指导、监督服务等劳务，其销售货物合同中未列明提供上述劳务服务收费金额，或者计价不合理的，主管税务机关可以根据实际情况，参照相同或相近业务的计价标准核定劳务收入。无参照标准的，以不低于销售货物合同总价款的10%为原则，确定非居民企业的劳务收入。

五、境外所得税抵免

（一）抵免法及其意义

抵免法是指一国政府在优先承认其他国家的地域税收管辖权的前提下，在对本国纳税人来源于国外的所得征税时，以本国纳税人在国外缴纳的税款冲抵本国税收的方法。

抵免法能够较为彻底地消除国际重复征税，使投资者向国外投资与向国内投资的税收负担大致相同，有利于促进国际投资和各国对外经济关系的发展；既避免了同一笔所得的双重征税，又在一定程度上防止了国际逃税、避税，保证对一笔所得必征一次税；体现了公平税负的原则，有利于维护各国的税收管辖权和税收利益。因此，它是目前世界各国普遍采用的方法。

（二）抵免法的分类

1.按计算方式划分为全额抵免与限额抵免

全额抵免是指居住国政府对跨国纳税人在国外直接缴纳的所得税税款予以全部抵免。限额抵免也称普通抵免，是指居住国政府对跨国纳税人在国外直接缴纳的所得税税款给予抵免，但可抵免的数额不得超过国外所得额按本国税率计算的应纳税额。我国在参考国际惯例的基础上，出于维护本国税收利益的考虑，采用了限额抵免。

2.按适用对象不同划分为直接抵免与间接抵免

直接抵免是直接对本国纳税人在国外已经缴纳的所得税进行抵免，它一般适用于同一法人实体的总公司与海外分公司、总机构与海外分支机构之间的抵免。间接抵免是指母公司所在的居住国政府，允许母公司将其子公司已缴居住国的所得税中应由母公司分得股息承担的那部分税额，来冲抵母公司的应纳税额。我国税法在保留直接抵免的同时，又引入了间接抵免方式。

（三）境外所得税直接抵免的计算

1.境外应纳税所得额的确认

居民企业在境外投资设立的不具有独立纳税地位的分支机构，其来源于境外的所得，以境外收入总额扣除与取得境外收入有关的各项合理支出后的余额为应纳税所得额。居民企业在境外设立的不具有独立纳税地位的分支机构取得的各项境外所得，无论是否汇回中国境内，均应计入该企业所属纳税年度的境外应纳税所得额。

居民企业应就其来源于境外的股息、红利等权益性投资收益，以及利息、租金、特许权使用费、转让财产等收入，扣除按照《企业所得税法》及其实施条例等规定计算的与取得该项收入有关的各项合理支出后的余额为应纳税所得额。来源于境外的股息、红利等权益性投资收益，应按被投资方作出利润分配决定的日期确认收入的实现；来源于境外的利息、租金、特许权使用费、转让财产等收入，应按有关合同约定应付交易对价款的日期确认收入的实现。

非居民企业在境内设立机构、场所的，应就其发生在境外但与境内所设机构、场所有实际联系的各项应税所得，比照居民企业的规定计算相应的应纳税所得额。

2.可抵免境外所得税税额的计算

可抵免境外所得税税额是指企业来源于中国境外的所得依照境外税收法律以及相关规定应当缴纳并已实际缴纳的企业所得税性质的税款。但它不包括：①按照境外所得税法律及相关规定属于错缴或错征的境外所得税税款；②按照税收协定的规定不应征收的境外所得税税款；③因少缴或迟缴境外所得税而追加的利息、滞纳金或罚款；④境外所得税纳税人或者其利害关系人从境外征税主体处得到实际返还或补偿的境外所得税税款；⑤按照我国企业所得税法及其实施条例的规定，已经免征我国企业所得税的境外所得负担的境外所得税税款；⑥按照国务院财政、税务主管部门的有关规定，已经从企业境外应纳税所得额中扣除的境外所得税税款。

企业可以选择按国别（地区）分别计算（即“分国（地区）不分项”）或不按国别（地区）汇总（即“不分国别（地区）不分项”）其来源于境外的应纳税所得额，并按规定税率分别计算其可抵免境外所得税税额和抵免限额。一经选择，5年内不得改变。

$$\text{境外所得税抵免限额} = \text{境内、境外所得按所得税法规定计算的应纳税总额} \times \text{来源于境外的应纳税所得额} \div \text{我国境内、境外应纳税所得总额}$$ 公式5-12

式中“境内、境外所得按所得税法规定计算的应纳税总额”适用的税率，除国务院财政、税务主管部门另有规定外，应为企业所得税的基本税率（25%）。

在计算实际应抵免的境外已缴纳和间接负担的所得税税额时，企业在境外当年缴纳和间接负担的符合规定的所得税税额低于所计算的境外抵免限额的，应以该项税额作为境外所得税抵免额从企业应纳税总额中据实抵免；超过抵免限额的，当年应以抵免限额作为境外所得税抵免额进行抵免，超过抵免限额的部分允许从次年起在连续5个纳税年度内，在每年度抵免限额抵免当年应抵税额后的余额内进行抵补。

企业按有关规定计算的当期境内外应纳税所得总额小于零时，应以零计算当期境内外应纳税所得总额，其当期境外所得税的抵免限额也为零。

【例5-4】A国某银行在我国境内设立一家分行，该分行2023年通过将在我国筹集的资金借给A国甲企业，取得利息收入80万元。假设A国针对利息收入的预提所得税税率为20%，当年该分行除来自A国的利息收入外，实现应纳税所得额1 000万元，适用所得税税率为25%。

要求：分析我国对该分行来自A国的利息收入有无征税权，并计算该分行当年应在我国缴纳多少企业所得税。

（1）对A国利息收入有无征税权分析

非居民企业在我国境内设立机构、场所的，应当就其取得的来自我国境外但与该机构、场所有实际联系的所得缴纳企业所得税。该笔利息收入虽然是境外借款人因在我国境外使用该分行提供的借款而支付的，但因据以取得该笔利息收入的债权为我国境内的分行所拥有，因此，该笔利息收入应被认定为该分行取得的来自我国境外但与其有实际联系的所得，故我国政府对该笔利息收入有征税权。

（2）应当在我国缴纳的企业所得税的计算

该分行来自A国的应纳税所得额=80÷（1−20%）=100（万元）

该笔利息收入在A国缴纳的预提所得税=100×20%=20（万元）

抵免限额=100×25%=25（万元）>20万元

因此，允许抵免的税额为20万元。

该分行当年应在我国缴纳的所得税税额=（1 000+100）×25%−20=255（万元）

3.境外所得已纳税额抵免的简易计算

企业从境外取得的营业利润所得以及符合境外税额间接抵免条件的股息所得，虽有所得来源国（地区）政府机关核发的具有纳税性质的凭证或证明，但若因客观原因无法真实、准确地确认应当缴纳并已经实际缴纳的境外所得税税额时，除就该所得直接缴纳及间接负担的税额在所得来源国（地区）的实际有效税率低于我国企业所得税法规定25%税率的50%的外，可以境外应纳税所得额的12.5%作为抵免限额，企业按该国（地区）税务机关或政府机关核发的具有纳税性质凭证或证明的金额，其不超过抵免限额的部分，准予抵免；超过的部分不得抵免。

（四）境外所得税间接抵免的计算

居民企业从其直接或者间接控股的外国企业分得的来源于我国境外的股息、红利等权益性投资收益，外国企业在境外实际缴纳的所得税税额中属于该项所得负担的部分，可以作为该居民企业可抵免境外所得税的税额，在法定的抵免限额内抵免。

居民企业在按照《企业所得税法》的规定用境外所得间接负担的税额进行税收抵免时，其取得的境外投资收益实际间接负担的税额，是指根据直接或者间接持股方式合计持股20%（含20%，下同）以上的规定层级的外国企业股份，由此应分得的股息、红利等权益性投资收益中，从最低一层外国企业起逐层计算的属于由上一层企业负担的税额，其计算公式如下：

$$\text{本层企业所纳税额属于由一家上一层企业负担的税额}=(\text{本层企业就利润和投资收益实际缴纳的税额}+\text{符合规定的由本层企业间接负担的税额})\times\text{本层企业向一家上一层企业分配的股息（红利）}\div\text{本层企业所得税后利润额}$$

公式5-13

【例5-5】我国居民企业A拥有设立在乙国的B企业50%的有表决权股份。2023年A企业本部确认计量的应纳税所得额为800万元，收到B企业分回的股息45万元。A企业适用的所得税税率为25%。B企业实现应纳税所得额400万元，适用20%的所得税税率。乙国规定的股息预提所得税税率为10%。假定B企业按适用税率在乙国已经缴纳了企业所得税，且A企业当年无减免税和投资抵免。

要求：计算A企业当年应在我国缴纳的企业所得税。

B企业应支付给A企业的股息=45÷（1−10%）=50（万元）

B企业针对A企业股息代缴预提所得税税额=50×10%=5（万元）

B企业当年实现的税后利润=400×（1−20%）=320（万元）

B企业支付给A企业的股息所承担的所得税税额=400×20%×50÷320=12.5（万元）

B企业支付给A企业的股息还原后的应纳税所得额=50+12.5=62.5（万元）

A企业收到B企业分回的股息已在乙国纳税额=12.5+5=17.5（万元）

抵免限额=62.5×25%=15.625（万元）<17.5万元

因此，允许抵免税额为15.625万元。

A企业当年应在我国缴纳企业所得税=（800+62.5）×25%−15.625=200（万元）

企业从境外取得的营业利润所得以及符合境外税额间接抵免条件的股息所得，就该所得及间接负担的税额在所得来源国（地区）的法定税率且其实际有效税率明显高于我国的（国家或地区名单由财政部、国家税务总局公布），可直接以按文件规定计算的境外应纳税所得额和我国企业所得税法规定的税率计算的抵免限额为可抵免的已在境外实际缴纳的企业所得税税额。

第四节　企业所得税的确认与计量

情境引例

二维码5-6

情境引例解析

2023年12月31日，天成公司库存A商品的账面成本为500万元，由于市场价格下跌，预计可变现净值为450万元，天成公司对此提取了50万元的存货跌价准备。请同学们确认该项存货2023年12月31日的账面价值和计税基础分别是多少？形成的是什么差异？应确认为递延所得税资产还是递延所得税负债？

一、企业所得税会计的差异分析

由于会计准则与税法的计算基础不尽相同，所得税在会计核算中通常会产生两种差异，即永久性差异和暂时性差异。

（一）永久性差异

永久性差异是指会计准则与税法对收入或费用等支出项目的计算口径不同而形成

的不能在以后各期转回的差异。永久性差异有四种基本类型：

1.财务会计确认为收入，但税法不作为应税收入。如企业购买国债取得的利息收入，财务会计确认为投资收益并计入利润总额，而税法规定国债利息收入为免税收入；长期股权投资持有期间的收益，财务会计确认为投资收益并计入利润总额，而税法规定股权投资所得是被投资企业的税后利润，属于免税收入，仅对投资企业与被投资企业所得税税率的差额部分进行补税。

2.财务会计不确认收入，但税法作为应税收入。如企业与关联企业以不合理定价为手段减少应纳税所得额，税法规定税务机关有权合理调整增加企业应纳税所得额；又如价外收费、视同销售业务，会计上可能不确认收入，但税法将其作为应税收入；再如企业销售商品（产品）时，因错开发票而将原发票作废，但原发票存根未予保留，在税法上仍按销售收入确认。

3.财务会计列为费用或损失，但税法不予扣减。计算应税所得时，应将这些项目金额加到利润总额中一并计税。其产生的原因主要有两种：

第一，口径（范围）不同。即财务会计上作为费用或损失的项目，在税法上不作为扣除项目处理。如贿赂等违法支出、违法经营的罚款和被没收财物的损失，各项税收的滞纳金、罚金和罚款，各种非公益性捐赠和赞助支出。这些项目及其金额在财务会计中可列为营业外支出等，但税法规定不得扣减应税所得。

第二，标准不同。即财务会计上作为费用或损失的项目，在税法上也可作为扣除项目处理，但规定了计税支出标准，超过限额部分不允许在税前扣除也不允许结转到以后年度扣除。如利息支出、业务招待费、公益性捐赠、税务机关不予认定的工薪支出及相应的职工福利费支出、工会经费、职工教育经费支出等。

4.财务会计未确认为费用或损失，但税法允许扣减。如研究开发费用的加计扣除额是财务会计未确认的费用，但允许在税前扣除。

（二）暂时性差异

暂时性差异是指资产、负债的账面价值与其计税基础不同产生的差异。根据对未来期间应纳税所得额的影响方向（性质），暂时性差异分为应纳税暂时性差异和可抵扣暂时性差异。

1.应纳税暂时性差异

应纳税暂时性差异是指在确定未来收回资产或清偿负债期间的应纳税所得额时，将导致产生应税金额的暂时性差异。应纳税暂时性差异通常产生于以下情况：

（1）资产的账面价值大于其计税基础。资产的账面价值代表的是企业在持续使用或最终出售该项资产时取得的经济利益的总额。资产的计税基础是指企业在收回资产账面价值的过程中，计算应纳税所得额时按照税法规定可以自应税经济利益中抵扣的金额，即某项资产在未来期间计税时可予税前扣除的金额，用公式表示为：

资产的计税基础=未来期间计税时可予税前扣除的金额　　公式5-14

资产的账面价值大于其计税基础，则该项资产未来期间产生的经济利益不能全部税前抵扣，两者之间的差额需要缴税，从而产生应纳税暂时性差异。

【例5-6】甲公司2023年12月购入某设备，取得成本为60万元，采用年限平均法计提折旧，预计使用年限为10年，假设净残值为0。假定计税时允许将折旧年限缩短为5年计提折旧，净残值为0。2024年12月底，甲公司估计该项固定资产的可收回金额为52万元。

要求：分析甲公司应确认的暂时性差异。

按照企业会计准则，该固定资产的账面价值为52万元（60-60÷10-（54-52）），但依照税法，未经核定的准备金支出不得税前扣除，该固定资产的计税基础为48万元（60-60÷5）。该固定资产的账面价值52万元大于其计税基础48万元，差额4万元为应纳税暂时性差异。

【例5-7】某企业拥有一项交易性金融资产，成本为500万元，期末公允价值为750万元。

要求：分析该企业应确认的暂时性差异。

按照企业会计准则，交易性金融资产期末按公允价值750万元计价，但依照税法，交易性金融资产持有期间，其公允价值的变动不计入应纳税所得额，即其计税基础仍为500万元。该项交易性金融资产账面价值750万元大于其计税基础500万元，差额250万元为应纳税暂时性差异。

（2）负债的账面价值小于其计税基础。负债的账面价值为企业预计在未来期间清偿该项负债时的经济利益流出。负债的计税基础是指负债的账面价值减去未来期间计税时可予税前扣除的金额，用公式表示为：

负债的计税基础=账面价值-未来期间计税时可予税前扣除的金额　　公式5-15

负债的账面价值小于其计税基础，意味着该项负债未来期间按照税法规定可予税前扣除的金额为负数，即应在未来期间应纳税所得额的基础上调增，增加未来期间的应纳税所得额和应纳企业所得税，从而产生应纳税暂时性差异

【例5-8】某公司1月份因融资业务确认了交易性金融负债100万元，到当年12月底这项交易性金融负债的公允价值为60万元。

要求：分析该公司应确认的暂时性差异。

按照企业会计准则，交易性金融负债期末按公允价值60万元计价，但依照税法，交易性金融负债持有期间，其公允价值的变动不计入应纳税所得额，即其计税基础仍为100万元。该项交易性金融负债账面价值60万元小于其计税基础100万元，差额40万元为应纳税暂时性差异。

2.可抵扣暂时性差异

可抵扣暂时性差异是指在确定未来收回资产或清偿负债期间的应纳税所得额时，将导致产生可抵扣金额的暂时性差异。可抵扣暂时性差异会导致未来期间少缴纳企业所得税。可抵扣暂时性差异通常产生于以下情况：

（1）资产的账面价值小于其计税基础。资产的账面价值小于其计税基础，意味着资产在未来期间产生的经济利益少，按照税法规定允许税前扣除的金额多，两者之间的差额会减少企业在未来期间的应纳税所得额并减少应纳企业所得税税额。

【例5-9】A公司某项设备原价为300万元，财务会计的折旧年限为3年，税务会计的折旧年限为5年，两者均采用直线法计提折旧。第2年折旧后的会计期末，公司对该固定资产计提了10万元的减值准备。假设财务会计和税务会计中的预计净残值均为0。

要求：分析A公司应确认的暂时性差异。

按照企业会计准则，该固定资产的账面价值为90万元（300−300÷3×2−10），但依照税法，未经核定的准备金支出不得税前扣除，该固定资产的计税基础为180万元（300−300÷5×2）。该固定资产的账面价值90万元小于其计税基础180万元，差额90万元为可抵扣暂时性差异。

（2）负债的账面价值大于其计税基础。负债的账面价值大于其计税基础，意味着未来期间按照税法规定与负债相关的全部或部分支出可以自未来应税经济利益中扣除，减少未来期间的应纳税所得额和应纳企业所得税税额。

【例5−10】企业A按经验预计未来将发生的产品质量保修费为10万元。

要求：分析企业A应确认的暂时性差异。

按照企业会计准则，企业将产品保修费用10万元确认为负债，计入当期损益，但依照税法，产品保修费用于实际支付时才能抵扣应纳税所得额，该项预计负债的计税基础是0。该项预计负债账面价值10万元大于其计税基础0，差额10万元为可抵扣暂时性差异。

（3）未作为资产、负债确认的项目产生的暂时性差异。某些交易或事项发生以后，因不符合资产、负债确认条件而未体现为资产负债表中的资产或负债，但按照税法规定能够确定其计税基础的，其账面价值为0，与计税基础之间的差异构成暂时性差异。

【例5−11】甲公司当年实现销售收入2 000万元，发生500万元广告费和业务宣传费支出。

要求：分析甲公司应确认的暂时性差异。

按照企业会计准则，该广告费和业务宣传费支出在发生时已计入当期损益，不体现为期末资产负债表中的资产，如果将其视为资产，则其账面价值为0。按照税法的规定，广告费和业务宣传费支出应根据当期销售收入的15%计算，当期可予税前扣除300万元（2 000×15%），当期未予税前扣除的200万元（500−300）可以向以后年度结转，因此其计税基础为200万元。该项“资产”的账面价值0小于其计税基础200万元，差额200万元将于未来期间减少企业的应纳税所得额，为可抵扣暂时性差异。

（4）可抵扣亏损及税款抵减产生的暂时性差异。按照税法的规定可以结转以后年度的未弥补亏损及税款抵减，虽不是因资产、负债的账面价值与计税基础的不同产生的，但均能减少未来期间的应纳企业所得税税额，会计处理上视同可抵扣暂时性差异。

【例5−12】甲公司本年由于政策性原因首次发生经营亏损1 000万元。

要求：分析甲公司应确认的暂时性差异。

按照税法的规定，该亏损1 000万元用于抵减以后5个年度的应纳税所得额，从性质上可以减少未来期间企业的应纳税所得额和应纳企业所得税税额，属于可抵扣暂时性差异。

二、递延所得税负债和递延所得税资产的确认与计量

除企业会计准则中规定的特殊情况外，资产、负债的账面价值与其计税基础之间存在差异的，分应纳税暂时性差异与可抵扣暂时性差异来确定资产负债表日递延所得税负债和递延所得税资产的应有金额。

（一）递延所得税负债的确认与计量

递延所得税负债的计算公式为：

递延所得税负债=应纳税暂时性差异×预计税率　　公式5-16

其中，预计税率为应纳税暂时性差异转回期间适用的企业所得税税率。通常企业适用的企业所得税税率不会发生变化，可用现行适用的企业所得税税率。

会计准则规定不确认相关递延所得税负债的情况主要包括：

（1）非同一控制下的企业合并，按照税法的规定计税时在免税合并的情况下，商誉的计税基础为0，其账面价值与计税基础形成应纳税暂时性差异，所得税准则规定不确认与其相关的递延所得税负债。

（2）除企业合并以外的其他交易或事项中，如果该项交易或事项发生时既不影响会计利润，也不影响应纳税所得额，则所产生的资产、负债的初始确认金额与其计税基础不同，形成应纳税暂时性差异的，交易或事项发生时不确认相应的递延所得税负债。

（3）投资企业可以运用自身的影响力决定暂时性差异的转回，如果不希望其转回，则在可预见的未来该项暂时性差异不会转回，从而投资企业无须确认相关的递延所得税负债。对于采用权益法核算的长期股权投资，其账面价值与计税基础之间的差异，在准备长期持有的情况下，投资企业一般不确认相关的所得税影响。在持有意图由长期持有转变为拟近期出售的情况下，企业应确认相关的所得税影响。

（二）递延所得税资产的确认与计量

递延所得税资产的确认应以未来期间可能取得的应纳税所得额为限。如果未来期间很可能无法取得足够的应纳税所得额以利用可抵扣暂时性差异带来的利益，应当减计递延所得税资产的账面价值。以后期间根据新的环境和情况判断能够产生足够的应纳税所得额以利用可抵扣暂时性差异，使得递延所得税资产包含的经济利益能够实现的，应相应恢复递延所得税资产的账面价值。递延所得税资产的计算公式为：

递延所得税资产=可抵扣暂时性差异×预计税率　　公式5-17

其中，预计税率为预期收回该资产期间适用的企业所得税税率。

会计准则规定不确认相关递延所得税资产的情况主要包括：

（1）在可抵扣暂时性差异转回的未来期间内，企业无法产生足够的应纳税所得额来利用可抵扣暂时性差异的影响，使得与可抵扣暂时性差异相关的经济利益无法实现的，不应确认递延所得税资产。

（2）企业发生的某项交易或事项不属于企业合并，交易发生时既不影响会计利润，也不影响应纳税所得额，且该项交易中产生的资产、负债的初始确认金额与其计税基础不同，形成可抵扣暂时性差异的，所得税准则规定在交易或事项发生时不确认相应的递延所得税资产。

三、递延所得税的确认与计量

递延所得税是递延所得税费用的简称，是指按照所得税准则的规定当期应予确认的递延所得税资产和递延所得税负债金额，即递延所得税资产及递延所得税负债当期发生额或予以转销金额的综合结果，但不包括计入所有者权益的交易或事项的所得税影响。其计算公式为：

$$\text{递延所得税费用}=\left(\text{递延所得税负债的期末余额}-\text{递延所得税负债的期初余额}\right)-\left(\text{递延所得税资产的期末余额}-\text{递延所得税资产的期初余额}\right)$$

公式5-18

四、当期所得税的确认与计量

当期所得税是当期所得税费用的简称，是指企业按照税法的规定计算确定的针对当期发生的交易和事项，应向税务机关缴纳的企业所得税。

一般情况下，应纳税所得额可在会计利润的基础上，考虑会计与税收法规之间的差异，按照以下公式计算确定：

$$\text{应纳税所得额}=\text{会计利润}+\text{计入利润表但计税时不允许税前扣除的费用}\pm\text{计入利润表的费用与按照税法规定可予税前抵扣的金额之间的差额}\pm\text{计入利润表的收入与按照税法规定应计入应纳税所得额的收入之间的差额}-\text{税法规定的不征税收入}\pm\text{其他需要调整的因素}$$

公式5-19

当期所得税费用=应纳税所得额×当期适用税率　　公式5-20

五、所得税费用的确认与计量

利润表中的所得税费用包括当期所得税费用和递延所得税费用两部分。所得税费用的计算公式如下：

所得税费用=当期所得税费用+递延所得税费用　　公式5-21

第五节　企业所得税的会计核算

一、企业所得税会计账户的设置

企业采用的所得税会计处理方法不同，所得税会计账户的设置也有所区别。我国所得税会计采用资产负债表债务法核算，一般应设置以下账户：

（一）“递延所得税资产”账户

“递延所得税资产”账户核算企业根据所得税准则确认的可抵扣暂时性差异产生的所得税资产。根据税法规定可用以后年度税前利润弥补的亏损产生的所得税资产，也在本账户核算。企业应当按照可抵扣暂时性差异等项目进行明细核算。

资产负债表日，若企业初次确认递延所得税资产，借记本账户，贷记“所得税费用——递延所得税费用”等账户。以后各期的资产负债表日，应予确认的递延所得税资产大于本账户余额的，应按其差额借记本账户，贷记“所得税费用——递延所得税费用”等账户；应予确认的递延所得税资产小于本账户余额的，做相反的会计分录。

企业合并中取得资产、负债的入账价值与其计税基础不同形成可抵扣暂时性差异的，应于购买日确认递延所得税资产，借记本账户，贷记“商誉”账户。

与直接计入所有者权益的交易或事项相关的递延所得税资产，借记本账户，贷记“资本公积——其他资本公积”账户。

资产负债表日，预计未来期间很可能无法获得足够的应纳税所得额用于抵扣可抵扣暂时性差异的，按应减记的金额，借记“所得税费用——递延所得税费用”“资本公积——其他资本公积”账户，贷记本账户。

本账户期末借方余额反映企业已确认的递延所得税资产的余额。

（二）“递延所得税负债”账户

“递延所得税负债”账户核算企业根据所得税准则确认的应纳税暂时性差异产生的所得税负债。企业应当按照应纳税暂时性差异项目进行明细核算。

资产负债表日，若企业初次确认递延所得税负债，借记“所得税费用——递延所得税费用”等账户，贷记本账户。以后各期的资产负债表日，应予确认的递延所得税负债大于本账户余额的，应按其差额借记“所得税费用——递延所得税费用”等账户，贷记本账户；应予确认的递延所得税负债小于本账户余额的，做相反的会计分录。

企业合并中取得资产、负债的入账价值与其计税基础不同形成应纳税暂时性差异的，应于购买日确认递延所得税负债，同时调整商誉，借记“商誉”账户，贷记本账户。

与直接计入所有者权益的交易或事项相关的递延所得税负债，借记“资本公积——其他资本公积”账户，贷记本账户。

本账户期末贷方余额反映企业已确认的递延所得税负债的余额。

（三）“应交税费——应交所得税”账户

“应交税费——应交所得税”账户反映企业所得税的当期应缴、实际缴纳和退补情况。本账户的贷方反映当期应缴和应补缴的企业所得税，借方反映实际缴纳和补缴的企业所得税；贷方余额反映当期应缴未缴的企业所得税，借方余额反映多缴的企业所得税。纳税人在当期期末，应当按照当期应纳企业所得税，借记“所得税费用——当期所得税费用”账户，贷记本账户。实际缴纳时，借记本账户，贷记“银行存款”账户。

（四）“所得税费用”账户

“所得税费用”账户核算企业确认的应从当期利润总额中扣除的所得税费用。本账户可按“当期所得税费用”“递延所得税费用”进行明细核算。期末，应将本账户的余额转入“本年利润”账户，结转后本账户无余额。

企业所得税纳税期限的期末，企业按照税法规定计算确定的当期应纳企业所得税，借记“所得税费用——当期所得税费用”账户，贷记“应交税费——应交所得税”账户。

资产负债表日，根据所得税准则应予确认的递延所得税资产大于“递延所得税资产”账户余额的差额（若初次确认递延所得税资产，则按初次确认的递延所得税资产金额），借记“递延所得税资产”账户，贷记“所得税费用——递延所得税费用”“资本公积——其他资本公积”等账户；应予确认的递延所得税资产小于“递延所得税资产”账户余额的差额，做相反的会计分录。

资产负债表日，根据所得税准则应予确认的所得税负债大于“递延所得税负债”

账户余额的差额（若初次确认递延所得税负债，则按初次确认的递延所得税负债金额），借记“所得税费用——递延所得税费用”“资本公积——其他资本公积”等账户，贷记“递延所得税负债”账户；应予确认的递延所得税负债小于“递延所得税负债”账户余额的差额，做相反的会计分录。

二、企业所得税的会计核算实务

【例5-13】甲公司的所得税采用资产负债表债务法核算，所得税税率为25%。该公司2022年度税前利润为1 000万元，资产负债表中递延所得税资产和递延所得税负债年初数均为0，存货的年末数为500万元。甲公司持有一项交易性金融资产，成本为1 000万元，期末公允价值为1 300万元；固定资产中包含一台B设备，系上年12月25日购入，原价为1 000万元，预计净残值为0，计税按年数总和法计提折旧，折旧年限为4年，财务会计采用直线法计提折旧，折旧年限为5年；确认一笔预计负债200万元，为未决诉讼费，已经列支在管理费用中；发生税款滞纳金、罚款50万元；通过县民政局向灾区捐赠50万元、直接向灾区某小学捐赠10万元。另外，公司“存货跌价准备”账户年末贷方余额为120万元。

要求：确认甲公司2022年度所得税费用，并进行账务处理。

（1）确认当期递延所得税资产和当期递延所得税负债：

存货产生的暂时性差异=账面价值-计税基础=500-（500+120）=-120（万元）

交易性金融资产产生的暂时性差异=账面价值-计税基础=1 300-1 000=300（万元）

固定资产产生的暂时性差异=账面价值-计税基础=（1 000-1000÷5）-（1 000-1 000×4÷10）

=800-600=200（万元）

预计负债产生的暂时性差异=账面价值-计税基础=200-0=200（万元）

应纳税暂时性差异=（正的）资产类差异+|（负的）负债类差异|=300+200=500（万元）

可抵扣暂时性差异=|（负的）资产类差异|+（正的）负债类差异=120+200=320（万元）

当期递延所得税资产=期末数-期初数=320×25%-0=80（万元）

当期递延所得税负债=期末数-期初数=500×25%-0=125（万元）

（2）确认应交企业所得税：

公益性捐赠实际发生额50万元小于扣除限额120万元（1 000×12%），不用作纳税调整。

发生税款滞纳金、罚款50万元和直接向灾区某小学捐赠10万元不能税前扣除，应调增所得额60万元（50+10）。

应纳税所得额=1 000-500+320+60=880（万元）

应纳所得税额=880×25%=220（万元）

（3）确认所得税费用：

所得税费用=220+125-80=265（万元）

（4）根据计算结果编制会计分录：

借：所得税费用——当期所得税费用	2 200 000	
贷：应交税费——应交所得税		2 200 000
借：所得税费用——递延所得税费用	1 250 000	
贷：递延所得税负债		1 250 000

借：递延所得税资产　　800 000

　　贷：所得税费用——递延所得税费用　　800 000

【例5-14】接【例5-13】，甲公司2023年度税前会计利润总额为700万元，原来的交易性金融资产成本为1 000万元，期初公允价值为1 300万元，期末公允价值也为1 300万元，公允价值没有发生变动；新购入一项交易性金融资产，成本为3 000万元，期末公允价值为2 300万元；2021年12月购入的B设备，原价1 000万元，预计净残值为0，计税按年数总和法计提折旧，折旧年限为4年，财务会计采用直线法计提折旧，折旧年限为5年，期末计提100万元的减值准备。另外，甲公司上年确认了一笔预计负债200万元的未决诉讼费在2023年实际发生，并取得了符合税法规定的票据。该公司取得政府补助600万元，计入当期损益，符合税法中不征税收入的相关规定，未发生对应不征税成本。

要求：确认甲公司2023年度所得税费用，并进行账务处理。

（1）确认当期递延所得税资产和当期递延所得税负债：

交易性金融资产产生的暂时性差异=账面价值-计税基础=2 300-3 000=-700（万元）

固定资产产生的暂时性差异=账面价值-计税基础=（800-1 000÷5-100）-（600-1 000×3÷10）=500-300=200（万元）

未决诉讼实际发生转回预计负债产生的暂时性差异=（-1）×（账面价值-计税基础）=-200（万元）

应纳税暂时性差异=（正的）资产类差异+|（负的）负债类差异|=200万元

可抵扣暂时性差异=|（负的）资产类差异|+（正的）负债类差异=700-200=500（万元）

当期递延所得税资产=期末数-期初数=500×25%-80=45（万元）

当期递延所得税负债=期末数-期初数=200×25%-125=-75（万元）

（2）确认应交企业所得税：

应纳税所得额=700+500-200-600=400（万元）

应纳所得税额=400×25%=100（万元）

（3）确认所得税费用：

所得税费用=100-75-45=-20（万元）

（4）根据计算结果做会计分录：

借：所得税费用——当期所得税费用　　1 000 000

　　贷：应交税费——应交所得税　　1 000 000

借：递延所得税负债　　750 000

　　贷：所得税费用——递延所得税费用　　750 000

借：递延所得税资产　　450 000

　　贷：所得税费用——递延所得税费用　　450 000

第六节　企业所得税的申报与缴纳

二维码5-7

情境引例解析

情境引例

小天是一名大四的学生，在A公司进行毕业实习，从事报税工作。小天发现公司由于经营方面的问题出现了亏损，认为企业没有利润，就不需要缴纳企业所得税，那么也就不需要纳税申报了。即使申报也是零申报。小天的做法是否正确？企业在什么情况下才能零申报？

一、企业所得税的纳税地点、纳税年度和纳税申报

（一）纳税地点

除税收法律、行政法规另有规定外，居民企业以企业登记注册地为纳税地点，但登记注册地在境外的，以实际管理机构所在地为纳税地点。

非居民企业取得税法规定的所得，以机构、场所所在地为纳税地点。非居民企业在我国境内未设立机构、场所，或者虽设立了机构、场所，但取得的所得与其所设机构、场所没有实际联系的，其所得应缴纳的所得税以扣缴义务人所在地为纳税地点。

除国务院另有规定外，企业之间不得合并缴纳企业所得税。

（二）纳税年度

企业所得税按纳税年度计征，分月或分季预缴，年终汇算清缴，多退少补。纳税年度自公历1月1日起，至12月31日止。企业在一个纳税年度中间开业或者终止经营活动，使该纳税年度的实际经营期不足12个月的，应以其实际经营期为一个纳税年度。

（三）纳税申报

企业预缴企业所得税时，应当自月份或季度终了之日起15日内，向税务机关报送预缴企业所得税纳税申报表，预缴企业所得税。在正常情况下，企业自年度终了之日起5个月内，向税务机关报送年度企业所得税纳税申报表，并汇算清缴，结清应交或应退税款。企业在年度中间终止经营的，应自实际经营终止之日起60日内，向税务机关办理企业所得税汇算清缴。

企业在纳税年度内无论盈亏，均应依照税法规定期限，向税务机关报送预缴企业所得税纳税报表、年度企业所得税纳税申报表、同期财务报告和税务机关要求报送的其他有关资料。

二、企业所得税纳税申报表的填制

企业所得税纳税申报表的填制一般以财务会计信息为基础，按税法的规定进行纳税调整或重新组织，从而及时、正确地提供税务会计信息。

企业进行所得税纳税申报时，必须正确填制并及时报送企业所得税纳税申报表，还应附送同期财务会计报告等资料。预缴企业所得税时应按规定填制“企业所得税月（季）度预缴纳税申报表”；年终进行企业所得税汇算清缴时，应按规定填制“企业所得税年度纳税申报表”及有关附表。

（一）企业所得税预缴纳税申报表及其填制

企业所得税预缴纳税申报表分A类申报表和B类申报表（2018版）两种。企业所得税月（季）度预缴纳税申报表（A类），适用于实行查账（核实）征收企业所得税的居民企业纳税人在月（季）度预缴纳税申报时填报；跨地区经营汇总纳税企业的分支机构，在进行月（季）度预缴申报时填报。企业所得税月（季）度预缴和年度纳税申报表（B类）适用于核定征收企业所得税的居民企业在月（季）度预缴申报和年度

汇算清缴申报时填报。扣缴义务人还应填报“扣缴报告表”，汇总纳税企业应填报“汇总纳税分支机构分配表”。A类预缴纳税申报表、B类预缴和年度纳税申报表格式分别见表5-1和表5-2。

表5-1 A200000　**中华人民共和国企业所得税月（季）度预缴纳税申报表（A类）**

税款所属期间：　　年　月　日至　　年　月　日

纳税人识别号（统一社会信用代码）：□□□□□□□□□□□□□□□□□□□□□□□

纳税人名称：　　　　　　　　　　　　　　　　　　金额单位：人民币元（列至角分）

<table>
<tr><th colspan="10">优惠及附报事项有关信息</th></tr>
<tr><td rowspan="2">项　　目</td><td colspan="2">一季度</td><td colspan="2">二季度</td><td colspan="2">三季度</td><td colspan="2">四季度</td><td rowspan="2">季度平均值</td></tr>
<tr><td>季初</td><td>季末</td><td>季初</td><td>季末</td><td>季初</td><td>季末</td><td>季初</td><td>季末</td></tr>
<tr><td>从业人数</td><td></td><td></td><td></td><td></td><td></td><td></td><td></td><td></td><td></td></tr>
<tr><td>资产总额（万元）</td><td></td><td></td><td></td><td></td><td></td><td></td><td></td><td></td><td></td></tr>
<tr><td>国家限制或禁止行业</td><td colspan="4">□是　□否</td><td colspan="4">小型微利企业</td><td>□是　□否</td></tr>
<tr><td></td><td colspan="8">附报事项名称</td><td>金额或选项</td></tr>
<tr><td>事项1</td><td colspan="8">（填写特定事项名称）</td><td></td></tr>
<tr><td>事项2</td><td colspan="8">（填写特定事项名称）</td><td></td></tr>
</table>

	预缴税款计算	本年累计
1	营业收入	
2	营业成本	
3	利润总额	
4	加：特定业务计算的应纳税所得额	
5	减：不征税收入	
6	减：资产加速折旧、摊销（扣除）调减额（填写A201020）	
7	减：免税收入、减计收入、加计扣除（7.1+7.2+…）	
7.1	（填写优惠事项名称）	
7.2	（填写优惠事项名称）	
8	减：所得减免（8.1+8.2+…）	
8.1	（填写优惠事项名称）	
8.2	（填写优惠事项名称）	

续表

	预缴税款计算		本年累计
9	减：弥补以前年度亏损		
10	实际利润额（3+4-5-6-7-8-9）\按照上一纳税年度应纳税所得额平均额确定的应纳税所得额		
11	税率（25%）		
12	应纳所得税额（10×11）		
13	减：减免所得税额（13.1+13.2+…）		
13.1	（填写优惠事项名称）		
13.2	（填写优惠事项名称）		
14	减：本年实际已缴纳所得税额		
15	减：特定业务预缴（征）所得税额		
16	本期应补（退）所得税额（12-13-14-15）\税务机关确定的本期应纳所得税额		
	汇总纳税企业总分机构税款计算		
17	总机构	总机构本期分摊应补（退）所得税额（18+19+20）	
18		其中：总机构分摊应补（退）所得税额（16×总机构分摊比例__%）	
19		财政集中分配应补（退）所得税额（16×财政集中分配比例__%）	
20		总机构具有主体生产经营职能的部门分摊所得税额（16×全部分支机构分摊比例__%×总机构具有主体生产经营职能部门分摊比例__%）	
21	分支机构	分支机构本期分摊比例	
22		分支机构本期分摊应补（退）所得税额	
	实际缴纳企业所得税计算		
23	减：民族自治地区企业所得税地方分享部分：□ 免征 □ 减征：减征幅度____%	本年累计应减免金额［（12-13-15）×40%×减征幅度］	
24	实际应补（退）所得税额		

谨声明：本纳税申报表是根据国家税收法律法规及相关规定填报的，是真实的、可靠的、完整的。

纳税人（签章）：　　年　月　日

经办人： 经办人身份证号： 代理机构签章： 代理机构统一社会信用代码：	受理人： 受理税务机关（章）： 受理日期：年　月　日

国家税务总局监制

表5-2　B100000　中华人民共和国企业所得税月（季）度预缴和年度纳税申报表

（B类，2018年版）

税款所属期间：　　年　月　日至　　年　月　日

纳税人识别号（统一社会信用代码）：□□□□□□□□□□□□□□□□□□□□□□□□

纳税人名称：　　　　　　　　　　　　　　　　　　　金额单位：人民币元（列至角分）

核定征收方式	□核定应税所得率（能核算收入总额的）□核定应税所得率（能核算成本费用总额的） □核定应纳所得税额

按季度填报信息

项目	一季度		二季度		三季度		四季度		季度平均值
	季初	季末	季初	季末	季初	季末	季初	季末	
从业人数									
资产总额（万元）									
国家限制或禁止行业	□是　□否				小型微利企业		□是　□否		

按年度填报信息

从业人数 （填写平均值）		资产总额 （填写平均值，单位：万元）	
国家限制或禁止行业	□是　□否	小型微利企业	□是　□否

行次	项　目	本年累计金额
1	收入总额	
2	减：不征税收入	
3	减：免税收入（4+5+10+11）	
4	国债利息收入免征企业所得税	
5	符合条件的居民企业之间的股息、红利等权益性投资收益免征企业所得税（6+7.1+7.2+8+9）	
6	其中：一般股息红利等权益性投资收益免征企业所得税	
7.1	通过沪港通投资且连续持有H股满12个月取得的股息红利所得免征企业所得税	
7.2	通过深港通投资且连续持有H股满12个月取得的股息红利所得免征企业所得税	
8	居民企业持有创新企业CDR取得的股息红利所得免征企业所得税	
9	符合条件的居民企业之间属于股息、红利性质的永续债利息收入免征企业所得税	
10	投资者从证券投资基金分配中取得的收入免征企业所得税	

续表

行次	项　目	本年累计金额
11	取得的地方政府债券利息收入免征企业所得税	
12	应税收入额（1-2-3）\ 成本费用总额	
13	税务机关核定的应税所得率（%）	
14	应纳税所得额（第12×13行）\［第12行÷（1-第13行）×第13行］	
15	税率（25%）	
16	应纳所得税额（14×15）	
17	减：符合条件的小型微利企业减免企业所得税	
18	减：实际已缴纳所得税额	
L19	减：符合条件的小型微利企业延缓缴纳所得税额（是否延缓缴纳所得税 □是 □否）	
19	本期应补（退）所得税额（16-17-18-L19）\ 税务机关核定本期应纳所得税额	
20	民族自治地方的自治机关对本民族自治地方的企业应缴纳的企业所得税中属于地方分享的部分减征或免征（ □免征 □减征：减征幅度____% ）	
21	本期实际应补（退）所得税额	

谨声明：本纳税申报表是根据国家税收法律法规及相关规定填报的，是真实的、可靠的、完整的。

纳税人（签章）：　　年　月　日

经办人： 经办人身份证号： 代理机构签章： 代理机构统一社会信用代码：	受理人： 受理税务机关（章）： 受理日期：　　年　　月　　日

国家税务总局监制

（二）企业所得税年度纳税申报表（A类）及其填制

企业所得税年度纳税申报表（A类，2017年版）适用于查账征收企业，由37张表单组成。其中，必填表2张，选填表35张。从表单结构角度看，全套申报表分为基础信息表、主表、一级明细表、二级明细表和三级明细表，表单数据逐级汇总。从填报内容角度看，全套申报表由反映纳税人整体情况（2张）、会计核算（6张）、纳税调整（13张）、弥补亏损（1张）、税收优惠（9张）、境外税收（4张）、汇总纳税（2张）等明细情况的表单组成。企业所得税年度纳税申报表（A类）填报表单和表单结构图分别见表5-3和图5-1。

表5-3　　企业所得税年度纳税申报表填报表单

表单编号	表单名称	是否填报
A000000	企业所得税年度纳税申报基础信息表	√
A100000	中华人民共和国企业所得税年度纳税申报表（A类）	√
A101010	一般企业收入明细表	□
A101020	金融企业收入明细表	□
A102010	一般企业成本支出明细表	□
A102020	金融企业支出明细表	□
A103000	事业单位、民间非营利组织收入、支出明细表	□
A104000	期间费用明细表	□
A105000	纳税调整项目明细表	□
A105010	视同销售和房地产开发企业特定业务纳税调整明细表	□
A105020	未按权责发生制确认收入纳税调整明细表	□
A105030	投资收益纳税调整明细表	□
A105040	专项用途财政性资金纳税调整明细表	□
A105050	职工薪酬支出及纳税调整明细表	□
A105060	广告费和业务宣传费等跨年度纳税调整明细表	□
A105070	捐赠支出及纳税调整明细表	□
A105080	资产折旧、摊销及纳税调整明细表	□
A105090	资产损失税前扣除及纳税调整明细表	□
A105100	企业重组及递延纳税事项纳税调整明细表	□
A105110	政策性搬迁纳税调整明细表	□
A105120	贷款损失准备金及纳税调整明细表	□
A106000	企业所得税弥补亏损明细表	□
A107010	免税、减计收入及加计扣除优惠明细表	□
A107011	符合条件的居民企业之间的股息、红利等权益性投资收益优惠明细表	□
A107012	研发费用加计扣除优惠明细表	□
A107020	所得减免优惠明细表	□
A107030	抵扣应纳税所得额明细表	□
A107040	减免所得税优惠明细表	□
A107041	高新技术企业优惠情况及明细表	□
A107042	软件、集成电路企业优惠情况及明细表	□
A107050	税额抵免优惠明细表	□
A108000	境外所得税收抵免明细表	□
A108010	境外所得纳税调整后所得明细表	□
A108020	境外分支机构弥补亏损明细表	□
A108030	跨年度结转抵免境外所得税明细表	□
A109000	跨地区经营汇总纳税企业年度分摊企业所得税明细表	□
A109010	企业所得税汇总纳税分支机构所得税分配表	□

说明：企业应当根据实际情况选择需要填报的表单。

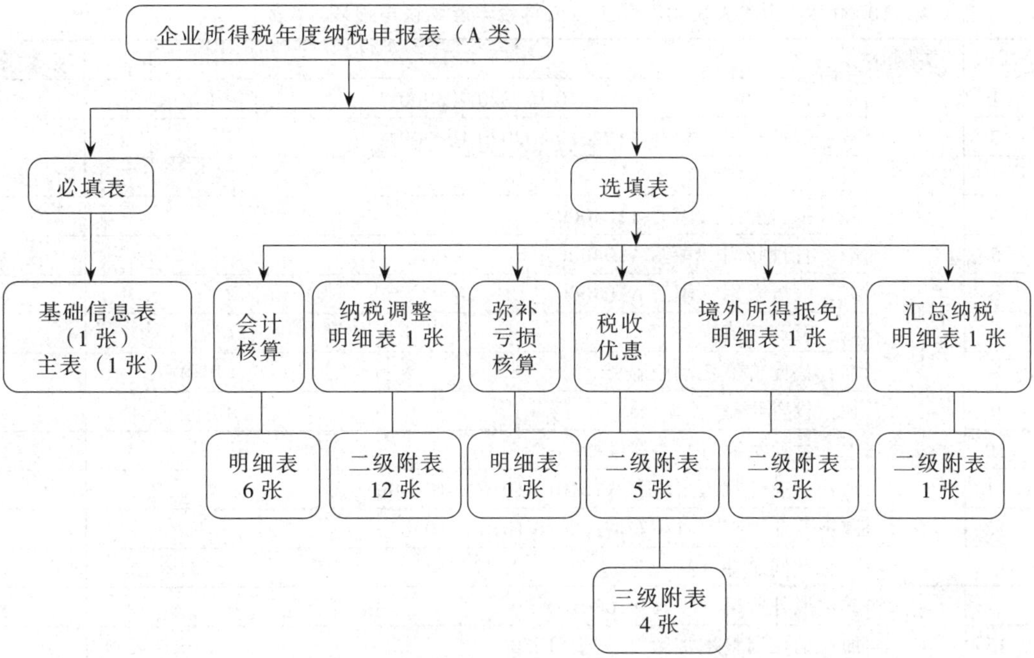

图5-1 企业所得税年度纳税申报表（A类）表单结构图

从使用频率角度看，绝大部分纳税人实际填报表单的数量为8～10张。除两张必填表外，"一般企业收入明细表""一般企业成本支出明细表""期间费用明细表""纳税调整项目明细表""职工薪酬支出及纳税调整明细表""减免所得税优惠明细表"等为常用表单。其余表单应根据纳税人所在行业类型、业务发生情况正确选择填报。

企业分月或季预缴企业所得税时，应当按照月度或季度的实际利润额预缴，按实际利润额预缴有困难的，可以根据上一纳税年度应纳税所得额的月度或者季度平均预缴，或者按照税务机关认可的其他方法预缴。预缴方法一经确定，该纳税年度内不得随意变更。

实际利润额为按会计准则核算的利润总额减去以前年度待弥补亏损以及不征税收入、免税收入后的余额。对不征税收入，在所得税预缴或汇算清缴时，按照"调表不调账"的原则，作纳税调减处理。免税收入，有的形成永久性差异（如国债利息收入），有的属于暂时性差异（如投资收益），企业应视具体情况进行分析。年度纳税申报以主表为核心，主表（见表5-4）是以企业所得税的间接法原理为基础设计的。填制时，以利润表为起点，将财务会计利润按税法的规定调整为应纳税所得额，进而计算应纳所得税额，具体包括利润总额计算、应纳税所得额计算、应纳所得税额计算三部分。主表数据大部分从附表中生成，个别数据从财务报表中取得。纳税申报表的每张附表既独立体现现行企业所得税政策，又与主表密切相关。

企业在计算应纳税所得额及应纳所得税额时，对企业财务会计处理方法与税法规定不一致的，应当按照税法的规定计算。税法规定不明确的，在未作出明确规定之前，可以暂按企业财务会计规定计算。

表5-4 A100000　中华人民共和国企业所得税年度纳税申报表（A类）

行次	类别	项　目	金额
1	利润总额计算	一、营业收入（填写A101010\101020\103000）	
2		减：营业成本（填写A102010\102020\103000）	
3		减：税金及附加	
4		减：销售费用（填写A104000）	
5		减：管理费用（填写A104000）	
6		减：财务费用（填写A104000）	
7		减：资产减值损失	
8		加：公允价值变动收益	
9		加：投资收益	
10		二、营业利润（1-2-3-4-5-6-7+8+9）	
11		加：营业外收入（填写A101010\101020\103000）	
12		减：营业外支出（填写A102010\102020\103000）	
13		三、利润总额（10+11-12）	
14	应纳税所得额计算	减：境外所得（填写A108010）	
15		加：纳税调整增加额（填写A105000）	
16		减：纳税调整减少额（填写A105000）	
17		减：免税、减计收入及加计扣除（填写A107010）	
18		加：境外应税所得抵减境内亏损（填写A108000）	
19		四、纳税调整后所得（13-14+15-16-17+18）	
20		减：所得减免（填写A107020）	
21		减：弥补以前年度亏损（填写A106000）	
22		减：抵扣应纳税所得额（填写A107030）	
23		五、应纳税所得额（19-20-21-22）	
24	应纳税额计算	税率（25%）	
25		六、应纳所得税额（23×24）	
26		减：减免所得税额（填写A107040）	
27		减：抵免所得税额（填写A107050）	
28		七、应纳税额（25-26-27）	
29		加：境外所得应纳所得税额（填写A108000）	
30		减：境外所得抵免所得税额（填写A108000）	
31		八、实际应纳所得税额（28+29-30）	
32		减：本年累计实际已缴纳的所得税额	
33		九、本年应补（退）所得税额（31-32）	
34		其中：总机构分摊本年应补（退）所得税额（填写A109000）	
35		财政集中分配本年应补（退）所得税额（填写A109000）	
36		总机构主体生产经营部门分摊本年应补（退）所得税额（填写A109000）	
37	实际应纳税额计算	减：民族自治地区企业所得税地方分享部分：（□免征 □减征：减征幅度_%）	
38		十、本年实际应补（退）所得税额（33-37）	

三、与企业所得税缴纳相关的会计处理

（一）预缴企业所得税的会计处理

企业分月或季预缴企业所得税时，应当按照月度或季度的实际利润额预缴，按实际利润额预缴有困难的，可以根据上一纳税年度应纳税所得额的月度或者季度平均预缴，或者按照税务机关认可的其他方法预缴。预缴方法一经确定，该纳税年度内不得随意变更。

实际利润额为按会计准则核算的利润总额减去以前年度待弥补亏损以及不征税收入、免税收入后的余额。对于不征税收入，在所得税预缴或汇算清缴时，按照“调表不调账”的原则，作纳税调减处理。对于免税收入，有的形成永久性差异（如国债利息收入），有的属于暂时性差异（如投资收益），企业应视具体情况进行分析。

二维码5-8

视频：企业所得税申报表体系

二维码5-9

拓展阅读：2022年度企业所得税汇算清缴申报表新变化！

【例5-15】嘉明公司2023年第一季度会计利润总额为100万元（含国债利息收入5万元），以前年度未弥补亏损15万元，企业所得税税率为25%。

企业“长期借款”账户记载：年初向工商银行借款80万元，年利率为5%；向A公司借款100万元，年利率为7%。上述借款全部用于生产经营。另外，计提固定资产减值损失4万元。假设无其他纳税调整事项。

要求：对嘉明公司上述企业所得税相关业务进行账务处理。

（1）计算2023年第一季度应预缴企业所得税：

季度实际利润额=100−5−15=80（万元）

应预缴企业所得税=80×25%=20（万元）

借：所得税费用　200 000

　贷：应交税费——应交所得税　200 000

（2）2023年4月初，缴纳应预缴的企业所得税：

借：应交税费——应交所得税　200 000

　贷：银行存款　200 000

（3）对于其他永久性差异，如长期借款利息超支2万元（100×（7%−5%））和暂时性差异（固定资产减值损失4万元），季度预缴时不做纳税调整。按照会计准则的规定，对于暂时性差异产生的对递延所得税的影响1万元（4×25%），应该在产生时立即确认。

借：递延所得税资产　10 000

　贷：所得税费用——递延所得税费用　10 000

（二）减免企业所得税的会计处理

1.直接减免企业所得税的会计处理

纳税人对法定直接减免的企业所得税，国家未指定特定用途的，可以不进行账务处理。但严谨起见，应当先借记“所得税费用——当期所得税费用”科目，贷记“应交税费——应交所得税”科目；税务机关确认减免时再借记“应交税费——应交所得税”科目，贷记“所得税费用——当期所得税费用”科目。

纳税人对法定直接减免的企业所得税，国家指定特定用途的，应当先借记“所得费用——当期所得税费用”科目，贷记“应交税费——应交所得税”科目；再借“应交税费——应交所得税”科目，贷记“实收资本——国家资本金”或“资本公积”

科目。

2.先征后返、先征后退和即征即退企业所得税的会计处理

纳税人对实行先征后返、先征后退和即征即退企业所得税的减免方式，应当先按正常计税要求计算缴纳企业所得税，并进行相应的会计核算。本月缴纳以前期间应缴未缴的企业所得税，则借记“应交税费——应交所得税”科目，贷记“银行存款”科目；收到退税款时，借记“银行存款”科目，贷记“其他收益”科目。

（三）企业所得税汇算清缴的会计处理

企业汇算清缴企业所得税时，若全年应纳企业所得税大于全年已预缴的企业所得税，则其差额为应补缴的企业所得税，企业应借记“以前年度损益调整”科目，贷“应交税费——应交所得税”科目；实际缴纳应补缴的企业所得税时，应借记“应交税费——应交所得税”科目，贷记“银行存款”科目。最后，企业应当将“以前年度损益调整”科目的余额转入“利润分配”科目，借记“利润分配——未分配利润”科目，贷记“以前年度损益调整”科目，同时还需要相应地调整盈余公积，借记“盈余公积”科目，贷记“利润分配——未分配利润”科目。

企业汇算清缴企业所得税时，若全年应纳企业所得税小于全年已预缴的企业所得税，则其差额为多缴的企业所得税，企业应借记“应交税费——应交所得税”科目，贷记“以前年度损益调整”科目；若经税务机关审核批准退还多缴的企业所得税，则企业应借记“银行存款”科目，贷记“应交税费——应交所得税”科目；若多缴的企业所得税不办理退税，则可以挂账用以抵缴未来应预缴的企业所得税。最后，企业应当将“以前年度损益调整”科目的余额转入“利润分配”科目，借记“以前年度损益调整”科目，贷记“利润分配——未分配利润”科目；同时还需要相应地调整盈余公积，借记“利润分配——未分配利润”科目，贷记“盈余公积”科目。

【例5-16】接【例5-15】，嘉明公司2023年第二季度实际利润额的累计金额为140万元，第三季度实际利润额的累计金额为180万元，第四季度实际利润额的累计金额为280万元。假设无其他纳税调整事项。嘉明公司于2024年3月10日进行企业所得税汇算清缴。

要求：对嘉明公司上述企业所得税相关业务进行账务处理。

（1）计算2023年第二季度应预缴企业所得税：

季度实际利润额=140−80=60（万元）

应预缴企业所得税=60×25%=15（万元）

借：所得税费用	150 000	
贷：应交税费——应交所得税		150 000

（2）2023年7月初，缴纳应预缴的企业所得税：

借：应交税费——应交所得税	150 000	
贷：银行存款		150 000

（3）计算2023年第三季度应预缴企业所得税：

季度实际利润额=180−140=40（万元）

应预缴企业所得税=40×25%=10（万元）

借：所得税费用　　100 000
　贷：应交税费——应交所得税　　100 000

（4）2023年10月初，缴纳应预缴的企业所得税：

借：应交税费——应交所得税　　100 000
　贷：银行存款　　100 000

（5）计算2023年第四季度应预缴企业所得税：

季度实际利润额=280-180=100（万元）

应预缴企业所得税=100×25%=25（万元）

借：所得税费用　　250 000
　贷：应交税费——应交所得税　　250 000

（6）2024年1月初，缴纳应预缴的企业所得税：

借：应交税费——应交所得税　　250 000
　贷：银行存款　　250 000

（7）2024年3月10日进行所得税汇算清缴：

2023年度应纳税所得额=会计利润总额±纳税调整项目金额
=280+100×（7%-5%）+4=286（万元）

2023年度实际应纳企业所得税=286×25%=71.5（万元）

汇算清缴时应补缴企业所得税=71.5-（20+15+10+25）=1.5（万元）

①计提应补缴的企业所得税：

借：以前年度损益调整——所得税费用　　15 000
　贷：应交税费——应交所得税　　15 000

②补缴企业所得税：

借：应交税费——应交所得税　　15 000
　贷：银行存款　　15 000

③将“以前年度损益调整”科目的余额转入利润分配：

借：利润分配——未分配利润　　15 000
　贷：以前年度损益调整——所得税费用　　15 000

④因净利润变动调整盈余公积：

借：盈余公积　　1 500
　贷：利润分配——未分配利润　　1 500

（四）预提所得税代扣代缴的会计处理

外国企业在中国境内未设立机构、场所，但有来源于中国境内的利润（股息）、利息、租金、特许权使用费和其他所得，按规定其所得税应由支付人在每次支付的款项中扣除，应当自代扣之日起7天内缴入国库，并向所在地税务机关报送扣缴企业所得税报告表。

代扣企业所得税时，扣缴义务人应借记“其他应付款”科目，贷记“应交税费——代扣代交所得税”科目；实际缴纳代扣的企业所得税时，扣缴义务人应借记“应交税费——代扣代交所得税”科目，贷记“银行存款”科目。

本章小结

本章认知学习内容结构如下图所示：

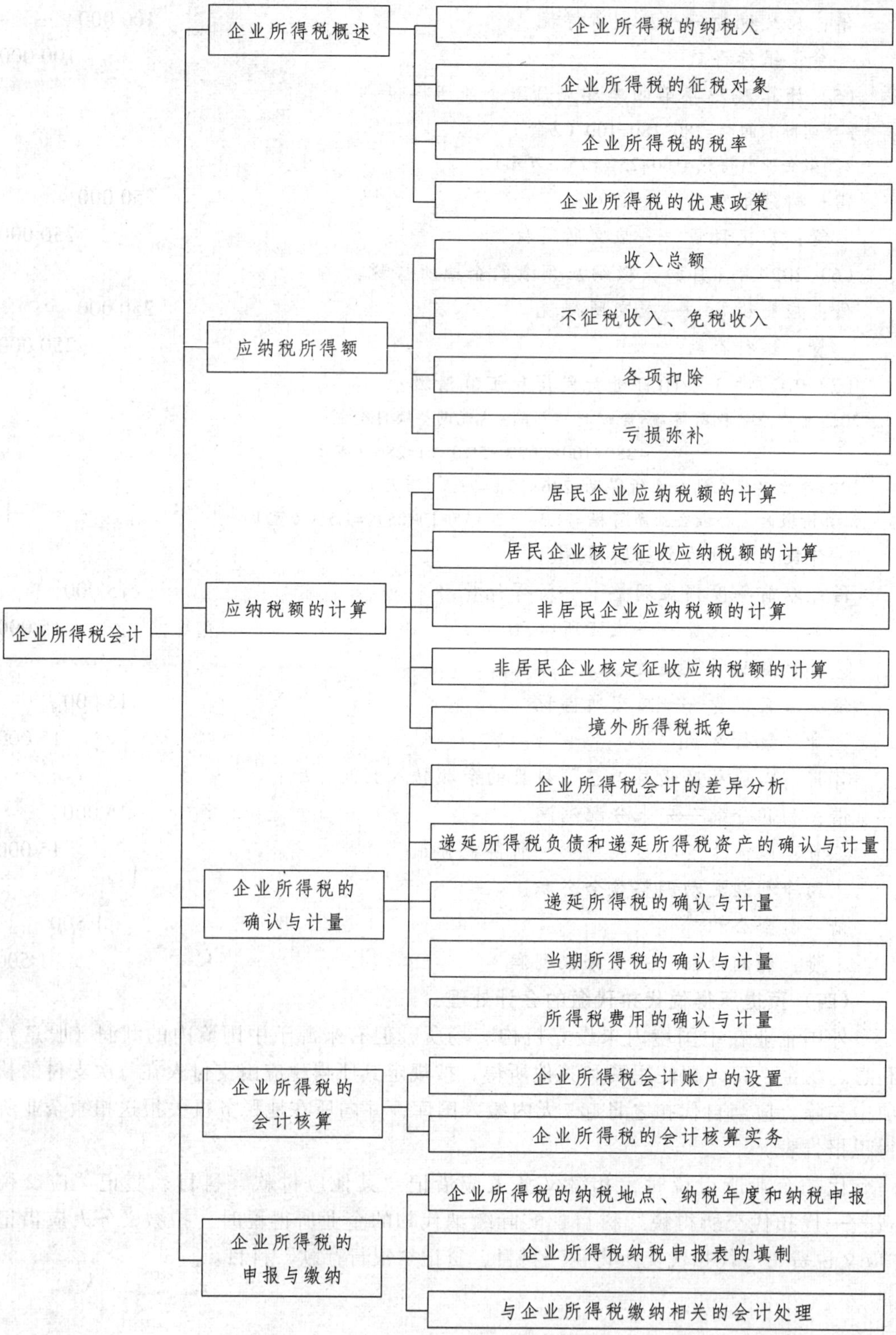

技能训练

1.2023年度某企业会计报表上的利润总额为100万元，已累计预缴企业所得税25万元。该企业2023年度其他有关情况如下：

（1）发生公益性捐赠支出18万元。

（2）开发新技术的研究开发费用20万元（未形成资产）。

（3）直接向某足球队捐款35万元。

（4）支付诉讼费2.3万元。

（5）支付违反交通法规罚款0.8万元。

要求：

（1）计算该企业公益性捐赠支出所得税纳税调整额。

（2）计算该企业研究开发费用所得税纳税调整额。

（3）计算该企业2023年度应纳税所得额。

（4）计算该企业2023年度应纳所得税额。

（5）计算该企业2023年度应汇算清缴的所得税税额。

2.某电器生产企业为增值税一般纳税人，接受境内关联企业甲公司权益性投资金额2 000万元。2023年向甲公司借款5 000万元，年利率为6%，支付的利息300万元计入财务费用，金融机构同期同类贷款年利率为5%。该企业实际税负高于甲公司，并无法提供资料证明其借款活动符合独立交易原则。

要求：计算利息支出应调整的应纳税所得额。

3.某企业2023年10月因管理不善发生意外事故，损失库存外购原材料33万元（含运费3万元），相关进项税额均已抵扣，取得保险公司赔款8万元。

要求：计算允许税前扣除的损失。

4.某摩托车生产企业合并一家小型股份公司A，A公司全部资产的公允价值为5 700万元、全部负债为3 200万元、未超过弥补年限的亏损额为620万元。合并时摩托车生产企业支付的对价包括股权2 300万元、银行存款200万元。该合并业务符合企业重组特殊税务处理的条件且选择此方法执行。企业自行处理：企业自行计算缴纳税款时用本年的应纳税所得额减去未超过弥补年限的亏损额620万元，再乘以25%的企业所得税税率得到当年应纳所得税为570.19万元（假定当年国家发行的最长期限的国债年利率为6%）。

要求：指出企业自行计算缴纳税款的错误之处，并简要说明理由。

5.某企业2023年度境内应纳税所得额为100万元，适用25%的企业所得税税率。另在A、B两国设有分支机构（我国与A、B两国已经缔结避免双重征税协定），在A国分支机构的应纳税所得额为50万元，A国税率为20%；在B国分支机构的应纳税所得额为30万元，B国税率为30%。

要求：计算该企业在我国应缴纳的企业所得税。

6.某批发兼零售的居民企业（职工60人，资产500万元）2023年度自行申报营业收入总额1 245万元，成本费用总额1 265万元，当年亏损20万元，经税务机关审核，该企业申报的收入总额无法核实，成本费用核算正确。假定对该企业采取核定征收企业所得税，应税所得率为8%。

要求：计算该居民企业2023年度应缴纳的企业所得税。

实战演练

嘉兴市A机械设备股份有限公司是一家非上市公司。其资产负债表（2023年12月31日）列示的资产总额为9 200万元，所有者权益为6 000万元，其中股本4 100万元。该公司有从业人员186人，按企业会计准则进行会计核算。固定资产采用年限平均法和年数总和法计提折旧，存货采用先进先出法计价，坏账损失采用备抵法核算。对实行查账征收企业所得税的居民纳税人，税法规定的税率为25%。

2023年全年按会计准则确认的收入、费用、利得、损失见表5-5。

表5-5 **损益类账户2023年度累计发生净额** 单位：元

科目名称	借方发生额	贷方发生额
主营业务收入		68 530 000
其他业务收入		2 360 000
主营业务成本	45 534 000	
其他业务成本	1 836 900	
税金及附加	1 632 000	
销售费用	12 430 000	
管理费用	4 457 200	
财务费用	165 000	
公允价值变动损益	200 000	673 000
资产减值损失	250 900	
投资收益		3 625 000
营业外收入		60 000
营业外支出	1 180 000	
所得税费用	114 827	

税务会计按照企业所得税法的规定对2023年度有关的会计资料进行分析如下：

（1）主营业务收入均为销售货物取得的收入，其他业务收入分别为材料销售收入2 000 000元和包装物出租收入360 000元。材料销售成本为1 650 000元、包装物出租成本为186 900元。

（2）销售费用中，广告费和业务宣传费为11 800 000元，以前年度无尚未扣除的余额。其余为销售人员职工薪酬600 000元、办公费30 000元。财务费用包括利息支出180 000元、存款利息收入23 000元、手续费支出8 000元。

(3) 管理费用中，业务招待费支出为385 000元，研发费用为650 000元（符合加计扣除条件）。其余为固定资产折旧430 000元、会议差旅费500 000元、职工薪酬2 000 000元、修理费320 000元、董事会费120 000元、办公费52 200元。

(4) 投资收益包括：

① 国债利息收入25 000元；

② 转让交易性金融资产取得的净收益600 000元（账面价值2 000 000元，其中成本1 800 000元、公允价值变动损益200 000元，处置收入为2 400 000元，计税基础为1 800 000元）；

③ 交易性金融资产持有期间收到现金股利100 000元；

④ 进行长期股权投资（海丰设备制造有限公司，按成本法核算，投资比例52%，投资成本40 000 000元）收到现金股利2 900 000元，该现金股利为符合条件的居民企业之间的股息、红利等权益性投资收益。

(5) 计提资产减值准备250 900元，均为不允许在当年税前扣除的金额。本年实际发生坏账损失50 000元，系晨明有限公司所欠应收账款，已取得该公司破产证明。

(6) 营业外收入分别为处置固定资产净收益20 000元、无形资产转让净收益40 000元。

(7) 营业外支出包括：

① 某固定资产超过使用年限正常报废发生清理净损失54 000元（固定资产原值1 200 000元，累计折旧1 100 000元，固定资产减值准备45 000元，清理费用2 000元，残值3 000元，计税基础100 000元）；

② 按照经济合同规定支付违约金2 000元，税收滞纳金12 000元；

③ 公益性捐赠支出1 112 000元（其中向本市红十字会以现金捐赠300 000元），以自产产品向本市民政局捐赠支出812 000元（成本608 000元、增值税204 000元，同类产品销售价格1 200 000元）。

(8) 工资支出12 000 000元、职工福利费支出1 600 000元、拨缴的工会经费240 000元、住房公积金8 000 000元、各类基本社会保障性缴款1 200 000元等符合企业所得税法的规定，但职工教育经费实际支出超过工资薪金总额（12 000 000元）8%的部分为50 000元。

(9) 2023年1月份购入生产设备，其原值为300 000元，预计净残值为0，税法一次性扣除，会计采用年限平均法，折旧年限为5年。

(10) 已预缴企业所得税114 827元。

要求：

(1) 根据会计资料，逐笔分析税会处理是否一致。如果不一致，产生的差异属于暂时性差异（区分可抵扣暂时性差异、应纳税暂时性差异）还是永久性差异。

(2) 进行纳税调整汇总计算。

纳税调增=

纳税调减=

永久性差异=

暂时性差异=

应纳税暂时性差异=

可抵扣暂时性差异=

递延所得税负债=

递延所得税资产=

全年应交所得税=

全年所得税费用=

(3) 按企业会计准则的要求编制应补缴所得税和所得税费用的会计分录。

(4) 填列年度所得税纳税申报表。

第六章

个人所得税会计

学习目标

能力目标

1. 熟悉个人所得税的基本税制，能根据业务资料准确计算个人所得税。

2. 能够设置个人所得税会计科目，根据相关业务资料对个人所得税进行会计核算。

3. 能够准确填写个人所得税纳税申报表，进行个人所得税的纳税申报。

素养目标

我国出台了个人所得税“赡养老人”专项附加扣除政策，强化孝敬父母的社会风尚，减轻赡养老人的家庭支出负担，有利于实现社会公平。

导入案例

郑某为知名网络主播，2023年有1 000万元的应税收入，假定郑某在计算并缴纳个人所得税时面临以下几种情况（为简化计算，专项附加扣除项目忽略不计）：

情况一：按工资薪金计算缴纳个人所得税。

情况二：按劳务报酬在年底并入综合所得计算缴纳个人所得税，假定并无其他综合所得。

情况三：按个人独资企业查账征收。假定1 000万元应税收入为应纳税所得额且无其他综合所得。

二维码6-1

导入案例解析

情况四：按个人独资企业税收优惠政策核定征收，核定税率为1.5%。假定1 000万元应税收入为应纳税所得额且无其他综合所得。

案例要求

请分别计算每一种情况下2023年郑某应缴纳的个人所得税税额。

第一节 个人所得税概述

二维码6-2

情境引例解析

情境引例

张某为我国香港居民，2013年1月1日到深圳工作，2026年8月30日回到香港工作，在此期间，除2025年2月1日至3月15日临时回香港处理公务外，其余时间一直停留在深圳。请思考，张某个人境内外所得是否需要缴纳个人所得税呢？

一、个人所得税的纳税人

个人所得税是指以个人取得的各项应税所得为征税对象所征收的一种所得税。个人所得税的纳税人指上交给国家个人所得税的人，纳税主体主要分为居民个人和非居民个人。

居民个人：在中国境内有住所，或者无住所而一个纳税年度在中国境内居住累计满183天的个人。居民个人从中国境内和境外取得的所得，按规定缴纳个人所得税。

从2019年1月1日起算，针对无住所居民个人而言，如果此前六年在中国境内每年累计居住天数都满183天而且没有任何一年单次离境超过30天，该纳税年度来源于中国境内、境外所得应当缴纳个人所得税；如果此前六年的任一年在中国境内累计居住天数不满183天或者单次离境超过30天，该纳税年度来源于中国境外且由境外单位或者个人支付的所得，免予缴纳个人所得税。此前六年，是指该纳税年度的前一年至前六年的连续六个年度。比如2023年，那么此前只有2019—2022年三年时间；再如2025年，此前有2019—2024年六年时间。另外，此前六年的起始年度自2019年（含）以后年度开始计算，即2018年（含）以前已经居住的年度一律“清零”。

非居民个人：在中国境内无住所又不居住的个人，或者无住所而一个纳税年度内在中国境内居住累计不满183天的个人。非居民个人仅对从中国境内取得的所得，按规定缴纳个人所得税。

二、个人所得税的征税范围

按照《中华人民共和国个人所得税法》（以下简称“《个人所得税法》”）的规定，个税的征税范围包括：工资、薪金所得，劳务报酬所得，稿酬所得，特许权使用费所得，经营所得，利息、股息、红利所得，财产租赁所得，财产转让所得，偶然所得等共9项个人应税所得。

（一）工资、薪金所得

工资、薪金所得是指个人因任职或者受雇而取得的工资、薪金、奖金、年终加薪、劳动分红、津贴、补贴及任职或受雇有关的其他所得。个人取得的所得，只要是与任职、受雇有关，单位对个人支付的现金、实物、有价证券等，都是工资、薪金所得项目的课税对象。

《个人所得税法》规定，对于一些不属于工资、薪金性质的补贴、津贴或者不属于纳税人本人工资、薪金所得项目的收入，不予征税。这类收入主要包括以下项目：

1.独生子女补贴。

2.执行公务员工资制度未纳入基本工资总额的补贴、津贴差额和家属成员的副食品补贴。

3.托儿补助费。

4.差旅费津贴、误餐补助。

5.外国来华留学生领取的生活津贴费、奖学金。

（二）劳务报酬所得

劳务报酬所得是指个人独立从事非雇佣劳务取得的所得，包括从事设计、装潢、安装、制图、化验、测试、医疗、法律、会计、咨询、讲学、翻译、审稿、书画、雕刻、影视、录音、录像、演出、表演、广告、展览、技术服务、介绍服务、经纪服务、代办服务以及其他劳务取得的所得。

劳务报酬所得与工资、薪金所得的区别，关键在于是否存在雇佣与被雇佣的关系。个人兼职所得，通常应按照“劳务报酬所得”项目缴纳个人所得税。

个人担任公司董事、监事，且不在公司任职、受雇取得的董事费、监事费，属于劳务报酬所得，应按“劳务报酬所得”项目征收个人所得税；个人在公司（包括关联公司）任职、受雇，同时兼任董事、监事的，属于工资薪金，应将董事费、监事费与个人工资收入合并，统一按“工资、薪金所得”项目计征个人所得税。

（三）稿酬所得

稿酬所得，是指个人因其作品以图书、报纸形式出版、发表而取得的所得。这里所说的“作品”，是指包括中外文字、图片、乐谱等能以图书、报刊方式出版、发表的作品；“个人作品”，包括本人的著作、翻译的作品等。

（四）特许权使用费所得

特许权使用费所得，是指个人提供专利权、著作权、商标权、非专利技术以及其他特许权的使用权取得的所得。提供著作权的使用权取得的所得，不包括稿酬所得。作者将自己文字作品手稿原件或复印件公开拍卖（竞价）取得的所得，应按特许权使用费所得项目计税。

（五）经营所得

经营所得是指：（1）个体工商户从事生产、经营活动取得的所得，个人独资企业投资人、合伙企业的个人合伙人来源于境内注册的个人独资企业、合伙企业生产、经营的所得；（2）个人依法从事办学、医疗、咨询以及其他有偿服务活动取得的所得；（3）个人对企业、事业单位承包经营、承租经营以及转包、转租取得的所得；（4）个人从事其他生产、经营活动取得的所得。

经营所得与企业所得的主要区别在于：经营所得的纳税主体主要是个体工商户和非公司制企业，缴纳个人所得税；而企业所得的纳税主体主要是公司制企业，缴纳企业所得税。

（六）利息、股息、红利所得

利息、股息、红利所得，是指个人拥有债权、股权等而取得的利息、股息、红利所得。

利息，即货币的使用费，是货币所有人（债权人）因贷出货币或货币资本而从借款人（债务人）处所获得的报酬，包括存款利息、贷款利息和各种债券利息，以及垫付款、延期付款等利息。股息，即股票的利息，是公司从提取了法定盈余公积的税后利润中，按照股息率分发给企业股东的收益。红利，是公司分派股息之后按持股比例向股东分配的剩余利润。股息和红利都是公司给予股东的回报，经常被合起来称作"股利"。

并非所有情况下的股利分配都遵照正常程序，有时会出现一些视同股利分配的行为。在视同股利分配的情况下，需要缴纳个人所得税。这些情况主要包括以下几种：

1.在纳税年度内，投资者向企业（个人独资企业、合伙企业除外）借款既不归还又未用于企业生产经营的。

2.投资者以企业（个人独资企业、合伙企业除外）资金为本人、家庭成员及其相关人员支付与企业生产经营无关的消费性支出及购买汽车、住房等财产性支出的。特别地，考虑到投资者个人名下的车辆同时也为企业经营使用的实际情况，允许合理减除部分所得，但减除数由主管税务机关根据车辆的实际情况合理确定。

（七）财产租赁所得

财产租赁所得，是指个人出租不动产、机器设备、车船以及其他财产取得的所得。

（八）财产转让所得

财产转让所得是指个人转让有价证券、股权、合伙企业中的财产份额、不动产、机器设备、车船以及其他财产取得的所得。

（九）偶然所得

偶然所得是指个人得奖、中奖、中彩及其他偶然性质的所得。

三、个人所得税的税率

（一）工资、薪金所得，劳务报酬所得，稿酬所得，特许权使用费所得个人所得税的适用税率

居民个人的缴纳方式为：按月预扣预缴，年终汇算清缴，多退少补；而非居民个人的缴纳方式为：按月或按次缴纳，年终无须汇算清缴。通过居民个人与非居民个人缴纳方式的对比可知，对非居民个人采取的是简易征收方式，即跳过预扣预缴环节，直接按次或按月征收个人所得税。

1.居民个人的工资、薪金所得，劳务报酬所得，稿酬所得，特许权使用费所得个人所得税的适用税率

（1）预扣预缴个人所得税时的预扣率

工资、薪金所得预扣预缴个人所得税的预扣率见表6-1。

表6-1　**工资、薪金所得预扣率表**

级数	累计预扣预缴应纳税所得额	预扣率（%）	速算扣除数（元）
1	不超过36 000元的部分	3	0
2	超过36 000元至144 000元的部分	10	2 520
3	超过144 000元至300 000元的部分	20	16 920
4	超过300 000元至420 000元的部分	25	31 920
5	超过420 000元至660 000元的部分	30	52 920
6	超过660 000元至960 000元的部分	35	85 920
7	超过960 000元的部分	45	181 920

劳务报酬所得预扣预缴个人所得税的预扣率见表6-2。

表6-2　**劳务报酬所得预扣率表**

级数	预扣预缴应纳税所得额	预扣率（%）	速算扣除数（元）
1	不超过20 000元的部分	20	0
2	超过20 000元至50 000元的部分	30	2 000
3	超过50 000元的部分	40	7 000

稿酬所得、特许权使用费所得预扣预缴个人所得税的预扣率为20%。

（2）汇算清缴个人所得税时的税率

工资、薪金所得，劳务报酬所得，稿酬所得，特许权使用费所得统称为综合所得。居民个人综合所得适用3%~45%的超额累进税率，税率表详见表6-3。

表6-3　**综合所得个人所得税税率表**

级数	全年应纳税所得额	税率（%）	速算扣除数（元）
1	不超过36 000元的部分	3	0
2	超过36 000元至144 000元的部分	10	2 520
3	超过144 000元至300 000元的部分	20	16 920
4	超过300 000元至420 000元的部分	25	31 920
5	超过420 000元至660 000元的部分	30	52 920
6	超过660 000元至960 000元的部分	35	85 920
7	超过960 000元的部分	45	181 920

2.非居民个人的工资、薪金所得，劳务报酬所得，稿酬所得，特许权使用费所得个人所得税的适用税率

非居民个人的工资、薪金所得，劳务报酬所得，稿酬所得，特许权使用费所得适用表6-3按月换算后的个人所得税税率，详见表6-4。

表6-4 按月换算后的非居民个人适用税率表

级数	应纳税所得额	税率（%）	速算扣除数（元）
1	不超过3 000元的部分	3	0
2	超过3 000元至12 000元的部分	10	210
3	超过12 000元至25 000元的部分	20	1 410
4	超过25 000元至35 000元的部分	25	2 660
5	超过35 000元至55 000元的部分	30	4 410
6	超过55 000元至80 000元的部分	35	7 160
7	超过80 000元的部分	45	15 160

（二）经营所得的适用税率

无论是居民个人还是非居民个人，经营所得均适用5%~35%的超额累进税率。经营所得个人所得税税率表见表6-5。

表6-5 经营所得个人所得税税率表

级数	全年应纳税所得额	税率（%）	速算扣除数（元）
1	不超过30 000元的部分	5	0
2	超过30 000元至90 000元的部分	10	1 500
3	超过90 000元至300 000元的部分	20	10 500
4	超过300 000元至500 000元的部分	30	40 500
5	超过500 000元的部分	35	65 500

（三）利息、股息、红利所得，财产租赁所得，财产转让所得，偶然所得的适用税率

无论是居民个人还是非居民个人，利息、股息、红利所得，财产租赁所得，财产转让所得，偶然所得，均适用20%的税率。

四、个人所得税的优惠政策

为了减轻个人的税收负担，鼓励个人创业、创新和消费，促进经济全面发展，国家针对个人所得税制定了相关优惠政策。个人所得税的优惠政策主要包括：个人所得税免征政策、个人所得税减免政策、个人所得税专项附加扣除政策和其他个人所得税优惠政策。

（一）个人所得税免征政策

有下列情形之一的，可享受个人所得税免征政策：

1.省级人民政府、国务院部委和中国人民解放军军以上单位，以及外国组织、国际组织颁发的科学、教育、技术、文化、卫生、体育、环境保护等方面的奖金。

2.国债利息和国家发行的金融债券利息。国债利息是指个人持有中华人民共和国财政部发行的债券而取得的利息；国家发行的金融债券利息，是指个人持有经国务院批准发行的金融债券而取得的利息。

3.按照国家统一规定发给的补贴、津贴。补贴、津贴是指按照国务院规定发给的政府特殊津贴、院士津贴，以及国务院规定免予缴纳个人所得税的其他补贴、津贴。

4.福利费、抚恤金、救济金。福利费，是指根据国家有关规定，从企业、事业单位、国家机关、社会组织提留的福利费或者工会经费中支付给个人的生活补助费；救济金，是指各级人民政府民政部门支付给个人的生活困难补助费。

5.保险赔款。

6.军人的转业费、复员费、退役金。

7.按照国家统一规定发给干部、职工的安家费、退职费、基本养老金或者退休费、离休费、离休生活补助费。

8.依照有关法律规定应予免税的各国驻华使馆、领事馆的外交代表、领事官员和其他人员的所得。

9.中国政府参加的国际公约、签订的协议中规定免税的所得。

10.国务院规定的其他免税所得。

（二）个人所得税减免政策

有下列情形之一的，可以减征个人所得税，具体幅度和期限，由省、自治区、直辖市人民政府规定，并报同级人民代表大会常务委员会备案：

1.残疾、孤老人员和烈属的所得。

2.因自然灾害遭受重大损失的。

3.国务院规定的其他减税情形。

（三）个人所得税专项附加扣除政策

为进一步减轻群众税收负担，增加居民实际收入、增强消费能力，中国制定了个人所得税专项附加扣除政策，该政策的实施使得个税改革在社会上得到了普遍认可。个人所得税专项附加扣除是指在计算个人所得税时，根据个人的特殊情况和支出，对应税额进行专项附加扣除的政策。个人所得税专项附加扣除主要包括子女教育、继续教育、大病医疗、住房贷款利息、住房租金、赡养老人以及3岁以下婴幼儿照护等七项专项附加扣除项目。

1.子女教育

纳税人的子女接受全日制学历教育的相关支出，按照每个子女每月2 000元的标准定额扣除。学历教育包括义务教育（小学、初中教育）、高中阶段教育（普通高中、中等职业、技工教育）、高等教育（大学专科、大学本科、硕士研究生、博士研究生教育）。

年满3岁至小学入学前处于学前教育阶段的子女，按照每个子女每月2 000元的标准定额扣除。

父母可以选择由其中一方按扣除标准的100%扣除，也可以选择由双方分别按扣除标准的50%扣除，具体扣除方式在一个纳税年度内不能变更。

纳税人子女在中国境外接受教育的，纳税人应当留存境外学校录取通知书、留学签证等相关教育的证明资料备查。

2.继续教育

继续教育是指已经脱离正规教育，已参加工作和负有成人责任的人所接受的各种各样的教育。

纳税人在中国境内接受学历（学位）继续教育的支出，在学历（学位）教育期间按照每月400元定额扣除。同一学历（学位）继续教育的扣除期限不能超过48个月。

纳税人接受技能人员职业资格继续教育、专业技术人员职业资格继续教育的支出，在取得相关证书的当年，按照3 600元定额扣除。

个人接受本科及以下学历（学位）继续教育，符合规定扣除条件的，可以选择由其父母扣除，也可以选择由本人扣除。

纳税人接受技能人员职业资格继续教育、专业技术人员职业资格继续教育的，应当留存相关证书等资料备查。

3.大病医疗

在一个纳税年度内，纳税人发生的与基本医保相关的医药费用支出，扣除医保报销后个人负担（指医保目录范围内的自付部分）累计超过15 000元的部分，由纳税人在办理年度汇算清缴时，在80 000元限额内据实扣除。

纳税人发生的医药费用支出可以选择由本人或者其配偶扣除；未成年子女发生的医药费用支出可以选择由其父母一方扣除。纳税人及其配偶、未成年子女发生的医药费用支出，按规定分别计算扣除额。

纳税人应当留存医药服务收费及医保报销相关票据原件（或者复印件）等资料备查。医疗保障部门应当向患者提供在医疗保障信息系统记录的本人年度医药费用信息查询服务。

4.住房贷款利息

纳税人本人或者配偶单独或者共同使用商业银行或者住房公积金个人住房贷款为本人或者其配偶购买中国境内住房，发生的首套住房贷款利息支出，在实际发生贷款利息的年度，按照每月1 000元的标准定额扣除，扣除期限最长不超过240个月。纳税人只能享受一次首套住房贷款的利息扣除。首套住房贷款是指购买住房享受首套住房贷款利率的住房贷款。

经夫妻双方约定，可以选择由其中一方扣除，具体扣除方式在一个纳税年度内不能变更。夫妻双方婚前分别购买住房发生的首套住房贷款，其贷款利息支出，婚后可以选择其中一套购买的住房，由购买方按扣除标准的100%扣除，也可以由夫妻双方对各自购买的住房分别按扣除标准的50%扣除，具体扣除方式在一个纳税年度内不能变更。

纳税人应当留存住房贷款合同、贷款还款支出凭证备查。

5.住房租金

纳税人在主要工作城市没有自有住房而发生的住房租金支出，可以按照以下标准定额扣除：直辖市、省会（首府）城市、计划单列市以及国务院确定的其他城市，扣除标准为每月1 500元；除前述所列城市以外，市辖区户籍人口超过100万人的城市，扣除标准为每月1 100元；市辖区户籍人口不超过100万人的城市，扣除标准为每月800元。

纳税人的配偶在纳税人的主要工作城市有自有住房的，视同纳税人在主要工作城市有自有住房。市辖区户籍人口，以国家统计局公布的数据为准。前文所称主要工作城市是指纳税人任职受雇的直辖市、计划单列市、副省级城市、地级市（地区、州、盟）全部行政区域范围；纳税人无任职受雇单位的，为受理其综合所得汇算清缴的税务机关所在城市。

夫妻双方主要工作城市相同的，只能由一方扣除住房租金支出。住房租金支出由签订租赁住房合同的承租人扣除。纳税人及其配偶在一个纳税年度内不能同时分别享受住房贷款利息和住房租金专项附加扣除。

纳税人应当留存住房租赁合同、协议等有关资料备查。

6.赡养老人

纳税人赡养一位及以上被赡养人的赡养支出，统一按照以下标准定额扣除：纳税人为独生子女的，按照每月3 000元的标准定额扣除；纳税人为非独生子女的，由其与兄弟姐妹分摊每月3 000元的扣除额度，每人分摊的额度不能超过每月1 500元。

可以由赡养人均摊或者约定分摊，也可以由被赡养人指定分摊。约定或者指定分摊的须签订书面分摊协议，指定分摊优先于约定分摊。具体分摊方式和额度在一个纳税年度内不能变更。被赡养人是指年满60岁的父母，以及子女均已去世的年满60岁的祖父母、外祖父母。

7.3岁以下婴幼儿照护

纳税人照护3岁以下婴幼儿子女的相关支出，按照每个婴幼儿每月2 000元的标准定额扣除。

父母可以选择由其中一方按扣除标准的100%扣除，也可以选择由双方分别按扣除标准的50%扣除，具体扣除方式在一个纳税年度内不能变更。

二维码6-3

视频：2024年专项附加扣除政策解读

【思政课堂】

精准减税　缓解“育儿”压力——个人所得税专项附加扣除

党的二十大报告中明确提出要加快建设法治社会，增强全民法治观念。个人所得税事关全民切身利益，通过案例对全民进行普法宣传，进一步强化公民法治意识，激发公民学法、遵法、用法的主动性，学会运用“税法”维护自身合法权益。

随着经济和社会的发展，我国逐步步入老龄化社会，人口老龄化、性别比例失调等一系列问题接踵而来，我国出现了“低生育率+高老龄化”的局面。人口问题将给未来的教育、养老、就业以及长远的经济社会发展带来非常严重的社会影响。为了缓解这些压力，国家陆续开放了“二胎”“三胎”政策。

根据数据结果，在全部生育中二孩比率在增长，这说明政策是有效果的。但问题在于一孩的生育率在下降，导致二孩政策对扭转人口老龄化和缓解人口压力的效果有限。究其原因，现代社会的经济压力、房价高涨、教育费用的增加等因素，使得年轻人选择更为谨慎和理性。

对此，国家从老百姓最在意的“收入”为出发点，提高个人所得税免征额，增加专项附加扣除项目，尽可能地降低公民的个人税负，给公民留下更多的可支配收入。深刻理解个人所得税专项附加扣除政策制定的背景和意义，有利于进一步理解中国共产党“为人民服务”的宗旨，深化习近平总书记“以人为本”发展理念。

资料来源：张少茹.《税法》课程思政教学案例精准减税 让利于民——谈个人所得税专项附加扣除［EB/OL］.［2024-02-27］. http: //www.zzcsjr.edu.cn/kcsz/info/1120/1434.htm.经作者加工整理。

（四）其他个人所得税优惠政策

除以上几个方面的优惠政策以外，国家会针对纳税人的具体行为和情形制定相关个人所得税优惠政策，这些优惠政策通常具有针对性、时效性、区域性等特征，此类优惠政策数量繁多，本书不再一一归纳赘述。总体上，这些个人所得税优惠政策主要体现在以下几个方面：

1.对个体工商户的个人所得税优惠政策。例如，对个体工商户年应纳税所得额不超过100万元的部分，在现行优惠政策的基础上，减半征收个人所得税。

2.配合国家发展战略而制定的个人所得税优惠政策。比如，自2018年1月1日至2025年12月31日，对易地扶贫搬迁贫困人口按规定取得的住房建设补助资金、拆旧复垦奖励资金等与易地扶贫搬迁相关的货币化补偿和易地扶贫搬迁安置住房，免征个人所得税。

3.对一些行为或个人制定的优惠政策。比如，对法律援助人员按照《中华人民共和国法律援助法》的规定获得的法律援助补贴，免征个人所得税；从职务科技成果转化收入中给予科技人员的现金奖励，可减按50%计入科技人员当月“工资、薪金所得”；对于彩票购买者单注中奖金额不超过1万元的，免征个人所得税。

个人从公开发行和转让市场取得的上市公司股票，持股期限在1个月以上至1年（含1年）的，其股息红利暂减按50%计入应纳税所得额；持股期限超过1年的，股息红利暂免征收个人所得税。

第二节　个人所得税的计算与申报

情境引例

二维码6-4

情境引例解析

2022年度，赵某1月领取工资10 000元、个人缴付“三险一金”2 000元，假设没有专项附加扣除，1月预缴个税90元；其他月份每月工资4 000元，未达到起征点，无须预缴个税。请问：赵某2022年度需要缴纳个人所得税吗？

一、个人所得税计税依据的确定

个人所得税计税依据是纳税人取得的应纳税所得额。应纳税所得额，为个人取得的各项收入减去税法规定的扣除项目或扣除金额后的余额。个人取得的各项收入，包括现金、实物和有价证券。

（一）居民个人综合所得应纳税所得额的确定

由于居民综合所得（工资、薪金所得，劳务报酬所得，稿酬所得，特许权使用费所得）需按月进行预扣预缴，年终进行汇算清缴并多退少补，因此，居民综合所得存在预扣预缴应纳税所得额和汇算清缴应纳税所得额两个计税依据。

1.工资、薪金预扣预缴应纳税所得额

按月预扣预缴的情况下，工资、薪金应纳税所得额应按照累计预扣法予以确定，即：

预扣预缴应纳税所得额（累计预扣预缴应纳税所得额）=累计收入−累计免税收入−累计减除费用−累计专项扣除−累计专项附加扣除−累计依法确定的其他扣除

公式6-1

式中，累计减除费用，按照5 000元/月×当年截至本月在职月数；专项扣除包括基本养老保险、基本医疗保险、失业保险等社会保险费和住房公积金等支出；专项附加扣除包括子女教育、继续教育、大病医疗、住房贷款利息、住房租金、赡养老人以及3岁以下婴幼儿照护等七项支出。

2.劳务报酬、稿酬、特许权使用费预扣预缴应纳税所得额

按次或按月预扣预缴的情况下，劳务报酬、稿酬、特许权使用费预扣预缴应纳税所得额等于收入减去费用。

其中，稿酬预扣预缴应纳税所得额减按70%计算。劳务报酬、稿酬、特许权使用费属于一次性收入的，以取得该项收入为一次进行确认应纳税所得额；属于同一项目连续性收入的，以一个月内取得的收入为一次进行确认应纳税所得额。

费用的具体规定是：劳务报酬、稿酬、特许权使用费每次收入不超过4 000元的，减除费用按800元计算；每次收入在4 000元以上的，减除费用按收入的20%计算。

3.汇算清缴应纳税所得额

居民个人的综合所得，在年终进行汇算清缴时，应纳税所得额是以每一纳税年度的收入减除费用60 000元以及专项扣除、专项附加扣除和依法确定的其他扣除计算得出。其中劳务报酬、稿酬、特许权使用费收入在汇算清缴时不再区分是否超过4 000元，统一按照20%的费用率予以扣除；稿酬收入减按70%计算。

汇算清缴应纳税所得额=（年度收入−60 000−专项扣除−专项附加扣除−依法确定的其他扣除）

公式6-2

式中，年度收入=工资、薪金收入+劳务报酬收入×（1−20%）+稿酬收入×（1−20%）×70%+特许权使用费收入×（1−20%）。

综合所得预扣预缴个人所得税只是月度预缴金额，最终综合所得的个人所得税实际缴纳金额以汇算清缴应纳税所得额为计税依据计算得出，与月度预缴金额累计额进行对比，多退少补。比如，12个月预缴金额共计4 000元，而年终汇算清缴时计算的实际应缴纳金额为3 000元，则税务局会向纳税人退税1 000元。

（二）非居民个人所得应纳税所得额的确定

非居民个人所得为按月或按次由扣缴义务人代扣代缴个人所得税，因此，需要按月或按次确定计税依据。

工资、薪金应纳税所得额，以每月收入额减除费用5 000元计算得出。

劳务报酬、稿酬、特许权使用费应纳税所得额，以收入减除20%费用后计算得出。其中，稿酬应纳税所得额减按70%计算。

（三）经营所得应纳税所得额的确定

经营所得以每一纳税年度的收入总额减除经营过程中产生的成本、费用及损失后的余额，作为应纳税所得额。即：

应纳税所得额=收入总额-成本、费用、损失　　公式6-3

取得经营所得的个人，如没有综合所得，计算应纳税所得额时还应再减除费用60 000元、专项扣除、专项附加扣除以及依法确定的其他扣除。

（四）利息、股息、红利所得和偶然所得应纳税所得额的确定

利息、股息、红利所得和偶然所得个人所得税按次征收。利息、股息、红利以支付时取得的收入为一次确定应纳税所得额；偶然收入以每次取得的收入为一次确定应纳税所得额。利息、股息、红利所得和偶然所得，其应纳税所得额就是收入全额，不扣除任何费用。

（五）财产租赁所得应纳税所得额的确定

财产租赁所得以一个月内取得的收入为一次确定应纳税所得额。财产租赁所得以每次取得的财产租赁收入扣除合理费用和费用扣除标准后的余额，作为应纳税所得额。即：

应纳税所得额=每次取得的财产租赁收入-合理费用-费用扣除标准　　公式6-4

每次取得的财产租赁收入以一个月内取得的收入为一次。合理费用包括以下项目：第一，纳税人在出租财产过程中缴纳的税金、教育费附加，可凭完税凭证，从财产租赁收入中扣除；第二，由纳税人负担的该出租财产实际开支的修缮费用，必须是实际发生并能够提供有效准确凭证的支出，以每次扣除800元为限，一次扣除不完的，准予在下一次继续扣除，直至扣完为止。费用扣除标准为：每次收入不超过4 000元的，可以扣除800元；每次收入超过4 000元的，可以扣除收入的20%。因此，上式可表达为：

1.每次（月）收入不超过4 000元的：

应纳税所得额=每次取得的财产租赁收入-合理费用-800　　公式6-5

2.每次（月）收入超过4 000元的：

应纳税所得额=（每次取得的财产租赁收入-合理费用）×（1-20%）　　公式6-6

（六）财产转让所得应纳税所得额的确定

财产转让所得以转让财产的收入额减除财产原值和合理费用后的余额，作为应纳税所得额。即：

应纳税所得额=收入总额-财产原值-合理费用　　公式6-7

式中，财产原值的确认标准如下：第一，有价证券，为买入价以及买入时按照规定交纳的有关费用；第二，建筑物，为建造费或者购进价格以及其他有关费用；第三，土地使用权，为取得土地使用权所支付的金额、开发土地的费用以及其他有关费用；第四，机器设备、车船，为购进价格、运输费、安装费以及其他有关费用；第五，其他财产，参照上述规定的方法确定财产原值；第六，纳税人未提供完整、准确的财产原值凭证，不能按照以上规定的方法确定财产原值的，由主管税务机关核定财产原值。

式中，合理费用是指卖出财产时按照规定支付的有关税费。

二、个人所得税应纳税额的计算

个人所得税应纳税额等于应纳税所得额乘以适用税率，下面分几种情况分别介绍。

（一）居民个人综合所得应纳税额的计算

1.工资、薪金预扣预缴应纳税额的计算

扣缴义务人向居民个人支付工资、薪金所得时，应当按照累计预扣法计算预扣税款，并按月办理全员全额扣缴申报。

$$\text{工资、薪金预扣预缴应纳税额}=(\text{累计预扣预缴应纳税所得额}\times\text{预扣率}-\text{速算扣除数})-\text{累计减免税额}-\text{累计已预扣预缴税额} \quad \text{公式6-8}$$

式中，预扣率及速算扣除数适用表6-1列示的工资、薪金所得预扣率。

【例6-1】居民纳税人甲为非独生子女，2023年10月份入职宏达公司，此前无工作无收入。入职后，每月工资30 000元，每月减除费用5 000元。个人每月负担基本养老保险2 400元、基本医疗保险600元、失业保险120元、住房公积金1 380元，“三险一金”合计4 500元。假设赡养老人每月专项附加扣除定额为1 500元。

要求：计算宏达公司2023年10—12月每月预扣预缴甲的个人所得税金额。

减除费用=5 000元/月

专项扣除=个人负担的“三险一金”4 500元/月

专项附加扣除=1 500元/月

10月份预扣预缴个人所得税：

$$\text{累计预扣预缴应纳税所得额}=\text{累计收入}-\text{累计免税收入}-\text{累计减除费用}-\text{累计专项扣除}-\text{累计专项附加扣除}-\text{累计依法确定的其他扣除}$$

$$=30\ 000-0-5\ 000-4\ 500-1\ 500-0=19\ 000\text{（元）}$$

$$\text{10月应预扣预缴税额}=(\text{累计预扣预缴应纳税所得额}\times\text{预扣率}-\text{速算扣除数})-\text{累计减免税额}-\text{累计已预扣预缴税额}$$

$$=19\ 000\times3\%-0-0-0=570\text{（元）}$$

11月份预扣预缴个人所得税：

$$\text{累计预扣预缴应纳税所得额}=\text{累计收入}-\text{累计免税收入}-\text{累计减除费用}-\text{累计专项扣除}-\text{累计专项附加扣除}-\text{累计依法确定的其他扣除}$$

$$=60\ 000-0-10\ 000-9\ 000-3\ 000-0=38\ 000\text{（元）}$$

$$\text{11月应预扣预缴税额}=(\text{累计预扣预缴应纳税所得额}\times\text{预扣率}-\text{速算扣除数})-\text{累计减免税额}-\text{累计已预扣预缴税额}$$

$$=38\ 000\times10\%-2\ 520-0-570=710\text{（元）}$$

12月份预扣预缴个人所得税：

$$\text{累计预扣预缴应纳税所得额}=\text{累计收入}-\text{累计免税收入}-\text{累计减除费用}-\text{累计专项扣除}-\text{累计专项附加扣除}-\text{累计依法确定的其他扣除}$$

$$=90\ 000-0-15\ 000-13\ 500-4\ 500-0=57\ 000\text{（元）}$$

$$\text{12月应预扣预缴税额}=(\text{累计预扣预缴应纳税所得额}\times\text{预扣率}-\text{速算扣除数})-\text{累计减免税额}-\text{累计已预扣预缴税额}$$

$$=57\ 000\times10\%-2\ 520-0-570-710=1\ 900\text{（元）}$$

2.劳务报酬、稿酬、特许权使用费预扣预缴应纳税额的计算

劳务报酬预扣预缴应纳税额=预扣预缴应纳税所得额×预扣率-速算扣除数　　公式6-9

式中，预扣率适用表6-2列示的劳务报酬所得预扣率。

稿酬、特许权使用费预扣预缴应纳税额=预扣预缴应纳税所得额×20%　　公式6-10

其中，稿酬所得减按70%计算收入额。

【例6-2】接【例6-1】，2023年12月，甲还从宏达公司取得三笔收入，分别是劳务报酬2 000元、稿酬所得6 000元、特许权使用费600元。

要求：计算宏达公司2023年12月针对这三笔综合所得应预扣预缴甲的个人所得税金额。

劳务报酬预扣预缴应纳税所得额=收入-费用=2 000-800=1 200（元）

劳务报酬预扣预缴税额=应纳税所得额×预扣率-速算扣除数=1 200×20%-0=240（元）

稿酬预扣预缴应纳税所得额=收入-费用=6 000-6 000×20%=4 800（元）

稿酬所得的应纳税所得额减按70%计算，因此，

稿酬预扣预缴税额=4 800×70%×20%=672（元）

特许权使用费600元未超过起征点800元，不会产生税额，但必须全员全额扣缴申报。

综上，针对这三笔综合所得，宏达公司应预扣预缴甲912元个人所得税。

3.汇算清缴应纳税额的计算

汇算清缴应纳税额=汇算清缴应纳税所得额×适用税率-速算扣除数　　公式6-11

式中，适用税率为表6-3列示的综合所得个人所得税税率。

【例6-3】接【例6-1】和【例6-2】。

要求：请对宏达公司的居民纳税人甲进行汇算清缴。

汇算清缴应纳税所得额=（年度收入-60 000-专项扣除-专项附加扣除-依法确定的其他扣除）

=［工资、薪金收入+劳务报酬收入×（1-20%）+稿酬收入×（1-20%）×70%+特许权使用费收入×（1-20%）］-60 000-专项扣除-专项附加扣除-依法确定的其他扣除

=［30 000×3+2 000×（1-20%）+6 000×（1-20%）×70%+600×（1-20%）］-5 000×12-4 500×3-1 500×12=3 940（元）

汇算清缴应纳税额=汇算清缴应纳税所得额×适用税率-速算扣除数=3 940×3%-0=118.2（元）

甲实际个人所得税应纳税额为118.2元，单位在预扣预缴环节共预缴4 092元（570+710+1 900+912），共多缴3 973.8元（4 092-118.2）。甲在2024年3月1日至6月30日之间，参加2023年度汇算清缴时，税务局会退回多缴的税款。

（二）非居民个人应纳税额的计算

扣缴义务人向非居民个人支付工资、薪金所得、劳务报酬所得、稿酬所得和特许权使用费所得时，应当按月或按次代扣代缴个人所得税，当月结清税款，年终不需汇算清缴。非居民个人适用表6-4列示的按月换算的个人所得税税率。具体来说：

工资、薪金应纳税额=月应纳税所得额×适用税率-速算扣除数

=（每月工资、薪金收入额-5 000）×适用税率-速算扣除数　　公式6-12

劳务报酬应纳税额=应纳税所得额×适用税率-速算扣除数

=劳务报酬收入×（1-20%）×适用税率-速算扣除数　　公式6-13

稿酬应纳税额=应纳税所得额×适用税率-速算扣除数

=稿酬收入×（1-20%）×70%×适用税率-速算扣除数　　公式6-14

特许权使用费应纳税额=应纳税所得额×适用税率-速算扣除数

=特许权使用费收入×（1-20%）×适用税率-速算扣除数　　公式6-15

【例6-4】非居民纳税人乙为A国公民，2023年应邀抵中国宏达公司短期就职1个月（4月份），就职期间获得如下境内收入：

（1）宏达公司向乙支付10 000元的工资、薪金。

（2）4月10日取得A公司劳务报酬所得10 000元。

（3）4月15日取得B公司稿酬所得1 000元。

（4）4月20日取得C公司劳务报酬50 000元和特许权使用费10 000元。

要求：计算非居民纳税人乙应缴纳的个人所得税金额。

（1）工资、薪金所得应纳税额=（10 000-5 000）×10%-210=290（元）

（2）A公司支付的劳务报酬应纳税额=（10 000-10 000×20%）×10% -210=590（元）

（3）B公司支付的稿酬应纳税额=（1 000-1 000×20%）×70%×3%=16.8（元）

（4）C公司支付的劳务报酬应纳税额=（50 000-50 000×20%）×30% -4 410=7 590（元）

（注意：A公司和C公司支付的劳务报酬，要按次计算，不得合并）

C公司支付的特许权使用费应纳税额=（10 000-10 000×20%）×10% -210=590（元）

综上，乙应缴纳的个人所得税为9 076.8元（290+590+16.8+7 590+590）。

（三）经营所得应纳税额的计算

经营所得应纳税额=应纳税所得额×适用税率-速算扣除数

=（全年收入-成本、费用、损失）×适用税率-速算扣除数　　公式6-16

式中，适用税率为表6-5列示的经营所得个人所得税税率。

【例6-5】某小型运输公司系个体工商户，账证健全，2023年12月取得经营收入320 000元，准许扣除的当月成本、费用及相关税金共计250 600元。1—11月累计应纳税所得额为88 400元，1—11月累计已预缴个人所得税10 200元。除经营所得外，业主本人没有其他收入，且2023年全年均享受赡养老人一项专项附加扣除。

要求：不考虑专项扣除和符合税法规定的其他扣除，请计算该个体工商户就2023年度汇算清缴时应申请的个人所得税退税额。

由于业主本人全年没有其他收入，计算应纳税额时，需要减除费用60 000元、专项附加扣除。

全年应纳税所得额=320 000-250 600+88 400-60 000-36 000=61 800（元）

全年应缴纳个人所得税=61 800×10%-1 500=4 680（元）

该个体工商户2023年度应申请的个人所得税退税额=10 200-4 680=5 520（元）

（四）利息、股息、红利所得和偶然所得应纳税额的计算

利息、股息、红利所得和偶然所得应纳税额=应纳税所得额×适用税率

=每次收入额×20%　　公式6-17

自2015年9月8日起，个人从公开发行和转让市场取得的上市公司股票，持股期限在1个月以内（含1个月）的，其股息红利所得全额计入应纳税所得额；持股期限在1个月以上至1年（含1年）的，暂减按50%计入应纳税所得额；持股期限超过1年的，其股息、红利所得暂免征收个人所得税；上述所得统一适用20%的税率计征

个人所得税。

对个人购买社会福利彩票、体育彩票中奖取得的所得，凡一次中奖收入不超过1万元的，暂免征收个人所得税；超过1万元的，全额按照“偶然所得”税目计征个人所得税。

【例6-6】张某2023年2月8日买入某上市公司的股票40 000股，并在3月6日卖出。2023年2月26日该上市公司发布公告称，以2023年3月1日为股权登记日，对该股票实施每10股送8股派1元的分红方案，股息到账日为2023年3月15日。送股按股票面值1元计征个人所得税。

要求：请根据分红方案计算张某应缴纳的个人所得税。

由于张某持股期限未满1个月，其股息、红利所得全额计入应纳税所得额。股份制企业在分配股息、红利时，以股票形式向股东个人支付应得的股息、红利（即派发红股），应以派发红股的股票票面金额为收入额，按利息、股息、红利项目计征个人所得税。

派发现金股利应纳税额=40 000÷10×1×20%=800（元）

股票股利（送红股）应纳税额=40 000÷10×8×1×20%=6 400（元）

张某应缴纳个人所得税=800+6 400=7 200（元）

（五）财产租赁所得应纳税额的计算

财产租赁所得的费用扣除标准不同，分成两种情况计算：

1.每次（月）收入不超过4 000元的：

应纳税额=应纳税所得额×20%=（每次取得的财产租赁收入-合理费用-800）×20%　　公式6-18

2.每次（月）收入超过4 000元的：

应纳税额=应纳税所得额×20%=［（每次取得的财产租赁收入-合理费用）×（1-20%）］×20%　　公式6-19

（六）财产转让所得应纳税额的计算

财产转让所得应纳税额=应纳税所得额×适用税率

=（收入总额-财产原值-合理费用）×20%　　公式6-20

二维码6-5

视频：个人所得税的计算实例讲解

对个人出售自有住房取得的所得按照“财产转让所得”税目计征个人所得税，但对个人转让自用5年以上并且是家庭唯一生活用房（简称“满五唯一”）取得的所得，免征个人所得税；对个人转让上市公司股权所得，暂不征收个人所得税。

三、个人所得税的申报与缴纳

个人所得税的征收方式主要有两种：一是代扣代缴（含预扣预缴）；二是自行纳税申报。

（一）个人所得税的代扣代缴

1.个人所得税的扣缴义务人

扣缴义务人是指税法规定负有扣缴纳税人应纳税款义务的单位和个人。个人所得税以支付所得的单位或个人为扣缴义务人。扣缴义务人扣缴税款时，纳税人应当向扣缴义务人提供纳税人识别号。纳税人有中国公民身份号码的，以其中国公民身份号码为纳税人识别号；纳税人没有中国公民身份号码的，由税务机关赋予其纳税人识别号。

扣缴义务人在向纳税人支付各项应纳税所得时，必须履行代扣代缴税款的义务。扣缴义务人对纳税人的应扣未扣税款应由纳税人予以补缴。对扣缴义务人按照所扣缴的税款，税务机关应付给2%的手续费。

2.个人所得税代扣代缴的范围

扣缴义务人应当按照国家规定办理全员全额扣缴申报，并向纳税人提供其个人所得和已扣缴税款等信息。全员全额扣缴申报是指扣缴义务人在代扣税款的次月15日内，向主管税务机关报送其支付所得的所有个人的有关信息、支付所得数额、扣除事项和数额、扣缴税款的具体数额和总额以及其他相关涉税信息资料。

实行个人所得税全员全额扣缴申报的应税所得包括：(1) 工资、薪金所得；(2) 劳务报酬所得；(3) 稿酬所得；(4) 特许权使用费所得；(5) 利息、股息、红利所得；(6) 财产租赁所得；(7) 财产转让所得；(8) 偶然所得。

居民个人取得综合所得，按年计算个人所得税；有扣缴义务人的，由扣缴义务人按月或按次预扣预缴税款；需要办理汇算清缴的，应当在取得所得的次年3月1日至6月30日内办理汇算清缴。居民个人向扣缴义务人提供专项附加扣除信息的，扣缴义务人按月预扣预缴税款时应当按照规定予以扣除，不得拒绝。

非居民个人所得，有扣缴义务人的，由扣缴义务人按月或者按次代扣代缴税款，不办理汇算清缴。

纳税人取得利息、股息、红利所得，财产租赁所得，财产转让所得和偶然所得，按月或者按次计算个人所得税，有扣缴义务人的，由扣缴义务人按月或者按次代扣代缴税款。

扣缴义务人向个人支付应纳税所得时，不论纳税人是否属于本单位人员，均应代扣代缴其应缴纳的个人所得税税款。

3.个人所得税的代扣代缴期限

扣缴义务人每月或者每次预扣、代扣的税款，应当在次月15日内缴入国库，并向税务机关报送扣缴个人所得税申报表。

(二) 个人所得税的自行申报

1.个人所得税自行申报的范围和期限

有下列情形之一的，纳税人应当依法办理纳税申报：

(1) 取得综合所得需要办理汇算清缴。

取得综合所得需要办理汇算清缴的情形包括以下几种：第一，从两处以上取得综合所得，且综合所得年收入额减除专项扣除的余额超过6万元；第二，取得劳务报酬所得、稿酬所得、特许权使用费所得中的一项或者多项所得，且综合所得年收入额减除专项扣除的余额超过6万元；第三，纳税年度内预缴税额低于应纳税额；第四，纳税年度内预缴税额高于应纳税额，纳税人申请退税。

已依法预缴个人所得税且符合下列情形之一的，无须办理年度汇算：第一，年度汇算需补税但综合所得收入全年不超过12万元的；第二，年度汇算需补税金额不超过400元的；第三，已预缴税额与年度应纳税额一致或者不申请退税的。

需要办理汇算清缴的，应当在取得所得的次年3月1日至6月30日内办理汇算清缴。

（2）取得应税所得没有扣缴义务人。

纳税人取得应税所得没有扣缴义务人的，应当在取得所得的次月15日内向税务机关报送个人所得税纳税申报表，并缴纳税款。

个体工商户、个人独资企业投资者、合伙企业自然人合伙人等取得经营所得的个人，属于取得应税所得没有扣缴义务人的纳税人。纳税人取得经营所得，按年计算个人所得税，由纳税人在月度或季度终了后15日内，向经营管理所在地主管税务机关办理预缴纳税申报，在取得所得的次年3月31日前，向经营管理所在地主管税务机关办理汇算清缴。

（3）取得应税所得，扣缴义务人未扣缴税款。

扣缴义务人未扣缴税款，纳税人应当依法办理纳税申报。纳税人应当在取得所得的次年6月30日前，缴纳税款；税务机关通知限期缴纳的，纳税人应当按照期限缴纳税款。

（4）取得境外所得。

居民个人从境外取得所得的，应当在取得所得的次年3月1日至6月30日内申报纳税。

（5）因移居境外注销中国户籍。

纳税人因移居境外注销中国户籍的，应当在注销中国户籍前办理税款清算。

（6）非居民个人在中国境内从两处以上取得工资、薪金所得。

非居民个人在中国境内从两处以上取得工资、薪金所得的，应当在取得所得的次月15日内申报纳税。

（7）国务院规定的其他情形。

2.个人所得税自行申报的地点

在中国境内有任职、受雇单位的，向任职、受雇单位所在地主管税务机关申报。在中国境内有两处或者两处以上任职、受雇单位的，选择并固定向其中一处单位所在地主管税务机关申报。

在中国境内无任职、受雇单位，年所得项目中有个体工商户的生产、经营所得或者对企事业单位的承包经营、承租经营所得（以下统称生产、经营所得）的，向其中一处实际经营所在地主管税务机关申报。在中国境内无任职、受雇单位，年所得项目中无生产、经营所得的，向户籍所在地主管税务机关申报。

在中国境内有户籍，但户籍所在地与中国境内经常居住地不一致的，选择并固定向其中一地主管税务机关申报。在中国境内没有户籍的，向中国境内经常居住地主管税务机关申报。

纳税人因移居境外注销中国户籍的，应当在申请注销中国户籍前向户籍所在地主管税务机关办理纳税申报，进行税款清算。

第三节　个人所得税的会计核算

情境引例

二维码6-6

情境引例解析

人事部门的王主管负责单位职工个人所得税的代扣代缴工作。2023年10月，王主管在扣缴客户端申报成功后，发现填报数据有误，庆幸的是发现及时，还未实际缴款。请问王主管应当如何处理？如果已经实际缴纳了税款，又该如何处理呢？

一、企业代扣代缴个人所得税的核算

（一）代扣代缴个人所得税会计科目的设置

个人所得税扣缴义务人应在“应交税费”科目下设置“代扣代交个人所得税”明细科目，也可通过设置“应交个人所得税”明细科目代替。贷方发生额反映扣缴义务人应代扣代缴（含预扣预缴）的个人所得税，借方发生额反映扣缴义务人实际缴纳（代缴、预缴）的个人所得税；期末余额在贷方反映扣缴义务人尚未缴纳（代缴、预缴）的个人所得税。

（二）工资、薪金所得个人所得税的会计核算

支付工资、薪金所得的单位扣缴的工资、薪金所得应缴纳的个人所得税税款，实际上是个人工资、薪金所得的一部分。预扣时，借记“应付职工薪酬”科目，贷记“应交税费——代扣代交个人所得税”科目。上缴预扣的个人所得税时，借记“应交税费——代扣代交个人所得税”科目，贷记“银行存款”科目。

【例6-7】接【例6-1】。

要求：请对宏达公司2023年10月为甲预扣预缴个人所得税的业务进行账务处理。

（1）宏达公司10月发放工资并预扣个人所得税时：

借：应付职工薪酬　　30 000

　贷：银行存款　　24 930

　　　应交税费——代扣代交个人所得税　　570

　　　其他应付款——代扣代交三险一金　　4 500

（2）11月15日前实际缴纳预扣的个人所得税时：

借：应交税费——代扣代交个人所得税　　570

　贷：银行存款　　570

11月初实际缴纳应由个人承担的“三险一金”时：

借：其他应付款——代扣代交三险一金　　4 500

　贷：银行存款　　4 500

（三）劳务报酬所得、稿酬所得、特许权使用费所得个人所得税的会计核算

企业支付给个人劳务报酬、稿酬、特许权使用费时，作为扣缴义务人应预扣预缴个人所得税。预扣预缴的个人所得税实质上是个人酬劳的一部分，会计核算方法与支付工资、薪金并预扣个人所得税并无差异。企业在支付上述费用并预扣个人所得税时，借记“生产成本”“管理费用”“销售费用”等科目，贷记“银行存款”“库存现金”“应交税费——代扣代交个人所得税”等科目；实际缴纳预扣的个人所得税时，

借记“应交税费——代扣代交个人所得税”科目，贷记“银行存款”科目。

【例6-8】接【例6-2】。

要求：请对宏达公司为甲支付劳务报酬而预扣预缴个人所得税的业务进行账务处理。

（1）支付劳务报酬并预扣个人所得税时：

借：管理费用	2 000	
贷：银行存款		1 760
应交税费——代扣代交个人所得税		240

（2）实际缴纳预扣的个人所得税时：

借：应交税费——代扣代交个人所得税	240	
贷：银行存款		240

（四）利息、股息、红利所得，财产租赁所得和偶然所得等个人所得税的会计核算

企业为纳税人代扣代缴利息所得个人所得税，往往来源于企业向内部职工集资而向职工支付的利息。企业支付利息并代扣个人所得税时，借记“财务费用”科目，贷记“银行存款”“库存现金”“应交税费——代扣代交个人所得税”等科目；实际缴纳代扣的个人所得税时，借记“应交税费——代扣代交个人所得税”科目，贷记“银行存款”科目。

企业向个人支付的股利包括现金股利和股票股利。公司发放现金股利时，代扣代缴的个人所得税从应付现金股利中直接扣除。公司进行利润分配时，按应支付给个人的现金股利，借记“利润分配——应付股利”科目，贷记“应付股利”科目；实际支付现金股利并代扣个人所得税时，借记“应付股利”科目，贷记“银行存款”“库存现金”“应交税费——代扣代交个人所得税”等科目；实际缴纳代扣的个人所得税时，借记“应交税费——代扣代交个人所得税”科目，贷记“银行存款”科目。

公司发放股票股利或以盈余公积对个人股东转增股本，应代扣代缴个人所得税。公司按转增股本的金额，向个人收取现金以备代缴，或委托证券代理机构从个人股东账户代扣。当公司发放股票股利或以盈余公积对个人股东转增股本时，借记“利润分配——未分配利润”“盈余公积”科目，贷记“股本”或“实收资本”科目；计提需要代扣的个人所得税时，借记“其他应收款——个人所得税”科目，贷记“应交税费——代扣代交个人所得税”科目；收到个人股东缴来税款时，借记“银行存款”或“库存现金”科目，贷记“其他应收款——个人所得税”科目；实际缴纳代扣的个人所得税时，借记“应交税费——代扣代交个人所得税”科目，贷记“银行存款”科目。

企业支付给个人财产租赁所得、偶然所得时，借记“生产成本”“管理费用”等科目，贷记“银行存款”“库存现金”“应交税费——代扣代交个人所得税”等科目；实际缴纳代扣的个人所得税时，借记“应交税费——代扣代交个人所得税”科目，贷记“银行存款”科目。

【例6-9】接【例6-6】。

要求：请对上市公司为张某派发现金股利的事项进行账务处理。

（1）通过利润分配方案时：

借：利润分配——应付股利 4 000

  贷：应付股利 4 000

（2）实际发放现金股利并代扣个人所得税时：

借：应付股利 4 000

  贷：银行存款 3 200

    应交税费——代扣代交个人所得税 800

（3）实际缴纳代扣的个人所得税时：

借：应交税费——代扣代交个人所得税 800

  贷：银行存款 800

（五）财产转让所得个人所得税的会计核算

企业为纳税人代扣代缴财产转让所得个人所得税，往往来源于企业向纳税人购买财产的行为。企业购买财产向个人支付款项时，借记“固定资产”“无形资产”“原材料”等科目，贷记“银行存款”“应交税费——代扣代交个人所得税”等科目。实际缴纳代扣的个人所得税时，借记“应交税费——代扣代交个人所得税”科目，贷记“银行存款”科目。

【例6-10】甲2023年10月将3年前购买的商品房转让给宏达公司，甲取得该房产时的原价为80万元，购入时缴纳相关税费1.6万元；甲转让给宏达公司的售价为120万元，转让行为产生相关税费6.5万元。

要求：计算宏达公司应为甲代扣代缴的个人所得税金额，并对宏达公司此项业务进行账务处理。

甲转让房产所得的应纳税所得额=收入总额-财产原值-合理费用

=120-（80+1.6）-6.5=31.9（万元）

甲应纳个人所得税税额=应纳税所得额×适用税率=31.9×20%=6.38（万元）

宏达公司应为甲代扣代缴个人所得税金额为6.38万元。

宏达公司向甲支付房款并代扣个人所得税时：

借：固定资产 1 200 000

  贷：银行存款 1 136 200

    应交税费——代扣代交个人所得税 63 800

实际代缴个人所得税时：

借：应交税费——代扣代交个人所得税 63 800

  贷：银行存款 63 800

二、自行申报个人所得税的核算

（一）自行申报个人所得税会计科目的设置

个体工商户、个人独资企业投资者、合伙企业自然人合伙人等取得经营所得的个人，属于取得应税所得没有扣缴义务人的纳税人，需要自行申报缴纳个人所得税。纳税人应按年计算个人所得税，由纳税人在月度或季度终了后15日内，向经营管理所在地主管税务机关办理预缴纳税申报，在取得所得的次年3月31日前，向经营管理所在地主管税务机关办理汇算清缴。

个体工商户、个人独资企业、合伙企业等应在“应交税费”科目下设置“应交个人所得税”明细科目。贷方发生额反映个体工商户、个人独资企业投资者、合伙企业自然人合伙人等应缴纳的个人所得税，借方发生额反映个体工商户、个人独资企业投资者、合伙企业自然人合伙人等实际缴纳的个人所得税；期末余额在贷方反映个体工商户、个人独资企业投资者、合伙企业自然人合伙人等尚未缴纳的个人所得税。

（二）自行申报个人所得税的会计核算

纳税人计提预缴的个人所得税时，借记“所得税费用”科目，贷记“应交税费——应交个人所得税”科目；实际缴纳时，借记“应交税费——应交个人所得税”科目，贷记“银行存款”等科目。

年度终了，汇算清缴时计算实际应缴纳的个人所得税。若需要补缴个人所得税，则按照需要补缴的金额，借记“所得税费用”科目，贷记“应交税费——应交个人所得税”科目；实际缴纳时，借记“应交税费——应交个人所得税”科目，贷记“银行存款”等科目。若需要税务机关退回多缴税款，则按照需要退回的金额，借记“应交税费——应交个人所得税”科目，贷记“所得税费用”科目；实际收到退款时，借记“银行存款”等科目，贷记“应交税费——应交个人所得税”科目。

如若汇算清缴时财务报告已批准报出，则不通过“所得税费用”科目核算，而通过“以前年度损益调整”科目进行核算。

【例6-11】个人独资企业A，2023年按照税务机关核定金额每季度应预缴的个人所得税为20 000元，在汇算清缴时计算的实际应缴纳的个人所得税为90 000元。个人独资企业B，2023年按照税务机关核定金额每季度应预缴的个人所得税为20 000元，在汇算清缴时计算的实际应缴纳的个人所得税为60 000元。

要求：分别对A企业、B企业的个人所得税业务进行账务处理。

（1）A企业按季度计提预缴的个人所得税时：

借：所得税费用　　20 000

　贷：应交税费——应交个人所得税　　20 000

预缴个人所得税时：

借：应交税费——应交个人所得税　　20 000

　贷：银行存款　　20 000

年终汇算清缴计提补缴税金时：

实际应缴纳金额90 000元-预缴金额80 000元=10 000（元），因此，A企业需要补缴个人所得税10 000元。

借：所得税费用（或者“以前年度损益调整”）　　10 000

　贷：应交税费——应交个人所得税　　10 000

补缴税金时：

借：应交税费——应交个人所得税　　10 000

　贷：银行存款　　10 000

（2）B企业按季度计提预缴的个人所得税时：

借：所得税费用　　20 000

贷：应交税费——应交个人所得税　　20 000

预缴个人所得税时：

借：应交税费——应交个人所得税　　20 000

贷：银行存款　　20 000

年终汇算清缴计提应退回税金时：

实际应缴纳金额60 000元-预缴金额80 000元=-20 000（元），因此，税务机关应退回B企业多缴个人所得税20 000元。

借：应交税费——应交个人所得税　　20 000

贷：所得税费用（或者“以前年度损益调整”）　　20 000

退回税金时：

借：银行存款　　20 000

贷：应交税费——应交个人所得税　　20 000

本章小结

本章认知学习内容结构如下图所示：

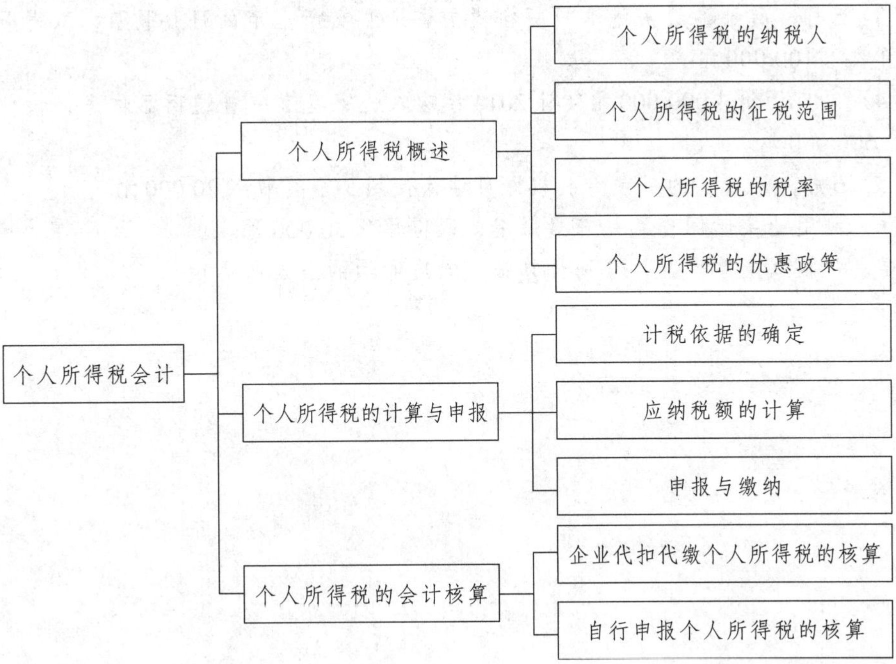

技能训练

1.中国某公司职员王某，2023年1月取得工资、薪金收入10 000元。当地规定的社会保险和住房公积金个人缴存比例为：基本养老保险8%，基本医疗保险2%，失业保险0.5%，住房公积金12%。王某缴纳社会保险费核定的缴费工资基数为8 000元。

要求：计算王某当月应缴纳的个人所得税税额。

2.2023年1月，张某出租一套住房，取得当月租金收入3 800元，财产租赁过程中缴纳税费152元，发生修缮费600元。已知个人出租住房暂减按10%的税率征收个人所得税。

要求：计算张某当月租金收入应缴纳的个人所得税税额。

3.2023年1月，周某在商场举办的有奖销售活动中获得奖金4 000元，周某领奖时支付交通费30元、餐费70元。已知偶然所得个人所得税税率为20%。

要求：计算周某中奖偶然所得应缴纳的个人所得税税额。

实战演练

中国公民张先生是某民营非上市公司的个人股东。2023年取得的部分实物或现金收入如下：

（1）2月，公司为他购买了一辆轿车并将车辆所有权办到其名下，该轿车购买价为380 000元。经当地主管税务机关核定，公司在代扣个人所得税税款时允许税前减除的数额为50 000元。

（2）3月，转让2022年11月购入的境内某上市公司股票，扣除成本及相关税费后所得为80 000元。同时因持有该上市公司的股票取得其分配的2020年度红利5 000元。

（3）5月，转让通过沪港通投资在我国香港联交所上市的H股股票，取得股票转让差价收入100 000元。

（4）以市场价4 000 000元转让2014年购入的家庭唯一普通商品住房，该住房原值为2 600 000元。

（5）6月，将自己的一项专利权许可他人使用，取得收入20 000元。

（6）利用业余时间出版一部摄影集，取得稿酬30 000元。

要求：根据上述资料，分别计算张先生应缴纳的个人所得税。

第七章

土地增值税会计

学习目标

能力目标

1. 熟悉土地增值税的税制要素，能根据相关业务资料准确计算土地增值税。

2. 能够设置土地增值税的会计科目，根据相关业务资料进行土地增值税的会计处理。

3. 能够准确填写土地增值税纳税申报表，完成土地增值税的纳税申报。

素养目标

征收土地增值税，是进一步改革和完善税制，规范国家参与土地增值收益的分配方式，增加国家的财政收入，并抑制炒买炒卖土地获取暴利的行为。财税人员在学习和运用税法帮助企业合法合规纳税的同时，也要理解并宣传税法。

导入案例

嘉兴市永佳房地产有限责任公司2023年有关房地产的相关业务信息如下：

（1）公司拥有自建办公楼，总面积为2 500平方米，2023年自用面积2 000平方米，将500平方米用于出租，每月租金收入为3万元。

（2）公司2022年1月通过竞拍在市区获得一宗国有土地使用权，合同价款为1.2亿元。该土地自2022年2月起用于开发“永康家园”普通住宅工程，项目的开发成本为1.1亿元，开发费用为2 200万元，其中借款利息支出600万元，但不能提供金融机构贷款证明。该公司共计缴纳增值税2 000万元，并按税法规定分别缴纳了城市维护建设税、教育费附加及地方教育附加。完工后于2023年9月1日开始销售，2023年12月30日售罄，获得销售收入5亿元。

（3）2022年4月起，公司接受客户嘉兴天宇公司代建办公楼的业务，于2023年3月25日建成，共获得收入200万元。

（4）2023年2月1日，为了弥补资金的不足，公司将其中一栋办公楼（300平方米）抵押给银行，贷得款项500万元。

二维码7-1

导入案例解析

（5）2023年3月1日，公司将其中一栋办公楼（500平方米）作价1 000万元对嘉兴乐华房地产公司进行投资，参与被投资方的利润分配，共同承担投资风险。

案例要求

请在嘉兴市永佳房地产有限责任公司的相关业务中，区分土地增值税征税与不征税的内容。

第一节　土地增值税概述

一、税制要素

土地增值税是对有偿转让国有土地使用权及地上建筑物和其他附着物产权，取得增值收入的单位和个人征收的一种税。

（一）纳税义务人

土地增值税的纳税义务人为转让国有土地使用权、地上的建筑及其附着物（以下简称“转让房地产”）并取得收入的单位和个人。单位包括各类企业单位、事业单位、国家机关和社会团体及其他组织；个人包括个体经营者和其他个人。

（二）征税范围

1.基本征税范围

土地增值税只是对转让国有土地使用权及其地上建筑物和附着物的行为征税，对出让国有土地使用权的行为不征税。对属于集体所有的土地，按现行法律规定须先由国家征用才能转让。

国有土地使用权出让，是指国家以土地所有者的身份将土地使用权在一定年限内让与土地使用者，并由土地使用者向国家支付土地使用权出让金的行为。由于土地使用权的出让方是国家，国家凭借所有权在土地买卖一级市场向土地使用者收取土地的租金，因此，土地使用权的出让不属于土地增值税的征税范围。

而国有土地使用权的转让是指土地使用者通过出让等形式取得土地使用权后，将土地使用权再转让的行为，包括出售、交换和赠与，属于土地买卖的二级市场。

土地增值税的征税范围不包括未转让土地使用权、房产产权的行为，是否发生转让行为主要以房地产权属（指土地使用权和房产产权）的变更为标准。

土地增值税对以继承方式无偿转让房地产的行为不予征税。

土地增值税的基本征税范围包括：

（1）转让国有土地使用权，是指土地使用者有偿受让土地使用权后，未进行土地开发或仅对土地进行通水、通电、通路和平整地面后再转让的行为。

（2）地上的建筑物及其附着物连同国有土地使用权一并转让，是指土地使用者取得国有土地使用权后进行房屋开发建造后再转让的行为。

（3）存量房地产的买卖，是指房屋所有人将已经建成并已投入使用的房屋产权和土地使用权一并转让给其他单位和个人的行为。原土地使用权属于无偿划拨的，还应到土地管理部门补缴土地出让金。

2.具体情况判定

（1）房地产的继承不征收土地增值税。

（2）房地产的赠与，除赠与直系亲属或承担直接赡养义务人及通过中国境内非营利的社会团体、国家机关赠与民政部门批准成立的非营利公益性组织外，均应征收土地增值税。

（3）房地产的出租不属于土地增值税的征税范围。

（4）对房地产的抵押，在抵押期间不征收土地增值税。待抵押期满后，视该房地产是否转移占有而确定是否征收土地增值税。

（5）房地产的交换，除个人之间互换自有居住用房地产可免税外，应征收土地增值税。

（6）合作建房，建成后按比例分房自用的，暂免征收土地增值税；建成后转让的，应征收土地增值税。

（7）房地产的代建房行为，不属于土地增值税的征税范围。

（8）房地产的重新评估而使其升值的情况，不属于土地增值税的征税范围。

（三）税率

土地增值税实行四级超率累进税率，具体规定见表7-1。

表7-1　**土地增值税四级超率累进税率表**　单位：%

级数	增值额与扣除项目金额的比率	税率	速算扣除系数
1	不超过50%的部分	30	0
2	超过50%～100%的部分	40	5
3	超过100%～200%的部分	50	15
4	超过200%的部分	60	35

二维码7-2

拓展阅读：巧记土地增值税税率

二、税收优惠

1.纳税人建造普通标准住宅（不包括高级公寓、别墅、度假村等）出售，增值额未超过扣除项目金额20%的，免征土地增值税。

2.因国家建设需要依法征用、收回的房地产，免征土地增值税。

3.因城市实施规划、国家建设的需要而搬迁，由纳税人自行转让原房地产的，免征土地增值税。

4.对企事业单位、社会团体以及其他组织转让旧房作为改造安置住房或公共租赁住房房源且增值额未超过扣除项目金额20%的，免征土地增值税。

5.自2008年11月1日，对个人销售住房暂免征收土地增值税。

6.为支持企业改制重组，优化市场环境，财政部 税务总局公告2023年第51号关于继续实施（执行至2027年12月31日）企业改制重组有关土地增值税政策如下：

（1）企业按照《中华人民共和国公司法》有关规定整体改制，包括非公司制企业改制为有限责任公司或股份有限公司，有限责任公司变更为股份有限公司，股份有限公司变更为有限责任公司，对改制前的企业将国有土地使用权、地上的建筑物及其附着物（以下称“房地产”）转移、变更到改制后的企业，暂不征收土地增值税。

本公告所称整体改制是指不改变原企业的投资主体，并承继原企业权利、义务的行为。

（2）按照法律规定或者合同约定，两个或两个以上企业合并为一个企业，且原企业投资主体存续的，对原企业将房地产转移、变更到合并后的企业，暂不征收土地增值税。

（3）按照法律规定或者合同约定，企业分设为两个或两个以上与原企业投资主体相同的企业，对原企业将房地产转移、变更到分立后的企业，暂不征收土地增值税。

（4）单位、个人在改制重组时以房地产作价入股进行投资，对其将房地产转移、变更到被投资的企业，暂不征收土地增值税。

上述（1）~（4）项有关改制重组土地增值税政策不适用于房地产转移任意一方为房地产开发企业的情形。

（5）改制重组后再转让房地产并申报缴纳土地增值税时，对“取得土地使用权所支付的金额”，按照改制重组前取得该宗国有土地使用权所支付的地价款和按国家统一规定缴纳的有关费用确定；经批准以国有土地使用权作价出资入股的，为作价入股时县级及以上自然资源部门批准的评估价格。按购房发票确定扣除项目金额的，按照改制重组前购房发票所载金额并从购买年度起至本次转让年度止每年加计5%计算扣除项目金额，购买年度是指购房发票所载日期的当年。

第二节　土地增值税的确认计量

二维码7-3

情境引例解析

情境引例

某房地产有限公司将支付给集团公司的一笔技术支持费列入开发间接费用，并享受开发土地和新建房及配套设施的成本加计扣除20%的税收政策。该房地产公司的处理是否存在税收风险？

一、转让收入的确认

纳税人转让房地产取得的应税收入（不含增值税）应包括转让房地产的全部价款及有关的经济收益。收入的形式包括以下几种：

1.货币收入，是指纳税人转让房地产而取得的现金、银行存款支票、银行本票汇票等各种信用票据和国库券、金融债券、企业债券、股票等有价证券。

2.实物收入，是指纳税人转让房地产而取得的各种实物形态的收入，如钢材、水泥等建材，房屋、土地等不动产等。实物收入的价值一般要对这些实物形态的财产进行估价，按取得收入时的市场价格折算成货币收入。

3.其他收入，是指纳税人转让房地产而取得的无形资产收入或具有财产价值的权利（如专利权、商标权、著作权、专有技术使用权、土地使用权、商誉权等）。这种类型的收入比较少见，其价值需要进行专门的评估。

二、扣除项目金额的确认

（一）新建房扣除项目金额

1.取得土地使用权所支付的金额。取得土地使用权所支付的金额包括纳税人为取得土地使用权所支付的地价款和纳税人在取得土地使用权时按国家统一规定缴纳的有关费用，如过户手续费和契税。

2.房地产开发成本。房地产开发成本是指纳税人房地产开发项目实际发生的成本，包括土地的征用及拆迁补偿费、前期工程费、建筑安装工程费、基础设施费、公共配套设施费、开发间接费用等。

3.房地产开发费用。房地产开发费用是指与房地产开发项目有关的销售费用、管理费用和财务费用。作为土地增值税扣除项目的房地产开发费用，不按纳税人房地产开发项目实际发生的费用进行扣除，应分别按以下两种标准进行扣除：

（1）财务费用中的利息支出，凡能够按转让房地产项目计算分摊并提供金融机构证明的，允许据实扣除，但最高不能超过按商业银行同类同期贷款利率计算的金额。其他房地产开发费用，按上述1、2项规定（即取得土地使用权所支付的金额和房地产开发成本，下同）计算的金额之和的5%以内计算扣除。其计算公式为：

$$\text{允许扣除的房地产开发费用} = \text{利息} + \left(\text{取得土地使用权所支付的金额} + \text{房地产开发成本}\right) \times 5\% \qquad \text{公式 7-1}$$

（2）财务费用中的利息支出，凡不能按转让房地产项目计算分摊利息支出或不能提供金融机构证明的，房地产开发费用按上述1、2项规定计算的金额之和的10%以内计算扣除。其计算公式为：

$$\text{允许扣除的房地产开发费用} = \text{利息} + \left(\text{取得土地使用权所支付的金额} + \text{房地产开发成本}\right) \times 10\% \qquad \text{公式 7-2}$$

全部使用自有资金，没有利息支出的，按照公式7-2的方法扣除。上述具体适用的比例由省级人民政府规定。

房地产开发企业既向金融机构借款，又有其他借款的，其房地产开发费用计算扣除时不能同时适用上述（1）、（2）项所述两种办法。

土地增值税清算时，已经计入房地产开发成本的利息支出，应调整至财务费用中计算扣除。

此外，财政部、国家税务总局还对扣除项目金额中利息支出的计算问题作了两点专门规定：一是利息的上浮幅度按国家的有关规定执行，超过上浮幅度的部分不允许扣除；二是超过贷款期限的利息部分和加罚的利息不允许扣除。

4. 与转让房地产有关的税金。与转让房地产有关的税金是指在转让房地产时缴纳的城市维护建设税、印花税。房地产开发企业转让房地产时缴纳的印花税已列入管理费用，故不允许再单独扣除。因转让房地产缴纳的教育费附加，也可视同税金予以扣除。

5. 财政部确定的其他扣除项目。对从事房地产开发的纳税人允许按上述1、2项规定计算的金额之和加计20%扣除。此条优惠只适用于从事房地产开发的纳税人。

（二）旧房及建筑物扣除项目金额

纳税人转让旧房的，应以房屋及建筑物的评估价格、取得土地使用权所支付的地价款或出让金、按国家统一规定缴纳的有关费用和转让环节的税金作为扣除项目金额计征土地增值税。旧房及建筑物的评估价格是指在转让已使用的房屋及建筑物时，由政府批准设立的房地产评估机构评定的重置成本价乘以成新度折扣率后的价格。评估价格须经当地税务机关确认。

纳税人转让旧房及建筑物，凡不能取得评估价格，但能提供购房发票的，经当地税务部门确认，可按发票所载金额并从购买年度起至转让年度止每年加计5%计算扣除。计算扣除项目时“每年”按购房发票所载日期起至售房发票开具之日止，每满12个月计1年；超过1年，未满12个月但超过6个月的，可以视同1年。

对纳税人购房时缴纳的契税，凡能提供契税完税凭证的，准予作为“与转让房地产有关的税金”予以扣除，但不作为加计5%的基数。

对于转让旧房及建筑物，既没有评估价格，又不能提供购房发票的，当地税务机关可以实行核定征收。

三、应交土地增值税的计算

土地增值税以纳税人转让房地产时取得的增值额为计税依据，增值额是指纳税人转让房地产所取得的收入减去规定扣除项目金额后的余额。

土地增值税采用超率累进税率计算，故只有先计算出增值率，即增值额占扣除项目金额的比例后，才能确定适用税率，从而计算应交土地增值税。其计算公式如下：

$$增值率=\frac{转让收入-扣除项目金额}{扣除项目金额}\times100\%=\frac{增值额}{扣除项目金额}\times100\% \qquad 公式7-3$$

$$应纳土地增值税=\sum(每级距的土地增值额\times适用税率) \qquad 公式7-4$$

这种方法要分段计算、汇总合计，比较烦琐，在实际工作中，一般采用速算扣除法计算。其计算公式如下：

$$应纳土地增值税=土地增值额\times适用税率-扣除项目金额\times速算扣除率 \qquad 公式7-5$$

【例7-1】2023年，某房地产开发公司在市区开发一栋写字楼用于出售，取得的销售收入总额为12 000万元。在扣除项目中，土地出让金为3 000万元。假设房地产开发成本只有建筑工程费用，且已取得增值税专用发票，其中，购买的建筑材料总额为2 000万元，支付给建设公司的建设工程款总额为700万元。在开发过程中，该公司向金融机构借款5 000万元，借款期限为1年，金融机构年利率为6%。该公司销售写字楼缴纳了城市维护建设税、教育费附加、地方教育附加。

要求：计算该公司该项目应缴纳的土地增值税税额。

（1）转让房地产应纳增值税=（120 000 000-30 000 000）÷（1+9%）×9%-20 000 000÷（1+13%）×13%-7 000 000÷（1+9%）×9%=4 552 326.05（元）

不含增值税收入=120 000 000-（120 000 000-30 000 000）÷（1+9%）×9%
=112 568 807.34（元）

（2）各扣除项目金额的确认和计量：

土地出让金=30 000 000元

开发成本=20 000 000÷（1+13%）+7 000 000÷（1+9%）=24 121 133.39（元）

开发费用=50 000 000×6%+（30 000 000+24 121 133.39）×5%=5 706 056.67（元）

相关税金=4 552 326.05×（7%+3%+2%）=546 279.13（元）

加计扣除=（30 000 000+24 121 133.39）×20%= 10 824 226.68（元）

扣除合计=30 000 000+24 121 133.39+5 706 056.67+546 279.13+10 824 226.68
=71 197 695.87（元）

（3）增值额=112 568 807.34-71 197 695.87=41 371 111.47（元）

（4）增值率=41 371 111.47÷71 197 695.87×100%=58.11%

根据以上计算，该项目的适用税率为40%、速算扣除系数为5%。

（5）应纳土地增值税=41 371 111.47×40%-71 197 695.87×5%=12 988 559.79（元）

【例7-2】2023年，某工业企业转让一幢于2013年在异地建造的厂房。该厂房位于县城，造价为2 000万元，取得土地使用权所支付的金额为1 000万元，转让时已计提折旧1 400万元。转让时该厂房已由经政府批准的房地产评估机构评估。如果按现行市场价的材料、人工费计算，建造同样的厂房需6 000万元。该厂房为八成新。该企业以9 000万元的价格出售厂房，并向房地产评估机构支付评估费用8万元。产权转移书据的印花税税率为0.5‰。该企业销售厂房还缴纳了城市维护建设税、教育费附加、地方教育附加。

要求：计算该企业转让旧厂房应缴纳的土地增值税税额。

（1）应纳增值税 =预缴增值税=90 000 000÷（1+5%）×5%=4 285 714.29（元）

不含增值税收入=90 000 000÷（1+5%）=85 714 285.71（元）

（2）各扣除项目金额的确认计量：

土地出让金=10 000 000元

评估价格=60 000 000×80%=48 000 000（元）

评估费用=80 000元

印花税=90 000 000×0.5‰=45 000（元）

其他相关税金=4 285 714.29×（5%+3%+2%）=428 571.43（元）

扣除项目合计=10 000 000+48 000 000+80 000+45 000+428 571.43=58 553 571.43（元）

（3）增值额=85 714 285.71-58 553 571.43=27 160 714.28（元）

（4）增值率=27 160 714.28÷58 553 571.43×100%=46.39%

适用税率为30%，速算扣除系数为0。

（5）应纳土地增值税=27 160 714.28×30%=8 148 214.28（元）

第三节　土地增值税的会计处理

一、房地产开发企业土地增值税的会计处理

房地产开发企业计提土地增值税时，借记“税金及附加”科目，贷记“应交税费——应交土地增值税”科目；实际缴纳土地增值税时，借记“应交税费——应交土地增值税”科目，贷记“银行存款”等科目。

【例7-3】沿用【例7-1】的资料。

要求：对房地产开发公司上述业务进行账务处理。

（1）支付土地出让金时：

借：开发成本——土地出让金　　30 000 000

　贷：银行存款　　30 000 000

（2）支付建筑工程费用时：

借：开发成本——建筑工程费　　24 121 133.39

　　应交税费——应交增值税（进项税额）　　2 878 866.61

　贷：银行存款　　27 000 000

（3）出售写字楼时：

借：银行存款　　120 000 000

　贷：主营业务收入　　112 568 807.34

　　　应交税费——应交增值税（销项税额）　　7 431 192.66

房地产开发企业销售其开发的房地产项目属于增值税差额征税适用范围。

（4）结转开发成本时：

借：开发产品　　54 121 133.39

　贷：开发成本——土地出让金　　30 000 000

　　　　　　　——建筑工程费　　24 121 133.39

借：主营业务成本　　54 121 133.39

　贷：开发产品　　54 121 133.39

（5）计提和缴纳相关税金时：

借：税金及附加　　546 279.12

　贷：应交税费——应交城市维护建设税　　318 662.82

　　　　　　　——应交教育费附加　　136 569.78

　　　　　　　——应交地方教育附加　　91 046.52

借：应交税费——应交城市维护建设税　　318 662.82

　　　　　　——应交教育费附加　　136 569.78

　　　　　　——应交地方教育附加　　91 046.52

　贷：银行存款　　546 279.12

(6) 计提和缴纳土地增值税时:

借: 税金及附加　　12 988 559.79

　贷: 应交税费——应交土地增值税　　12 988 559.79

借: 应交税费——应交土地增值税　　12 988 559.79

　贷: 银行存款　　12 988 559.79

二、非房地产开发企业土地增值税的会计处理

非房地产开发企业对地上建筑物及其附着物连同国有土地使用权一并转让的业务通过"固定资产清理"等科目核算，按转让时应缴纳的土地增值税税额，借记"固定资产清理"科目，贷记"应交税费——应交土地增值税"科目。实际缴纳土地增值税时，借记"应交税费——应交土地增值税"科目，贷记"银行存款"等科目。

【例7-4】沿用【例7-2】的资料。

要求: 对该工业企业上述业务进行账务处理。

(1) 厂房转入清理时:

借: 固定资产清理　　16 000 000

　　累计折旧　　14 000 000

　贷: 固定资产　　30 000 000

(2) 出售厂房时:

借: 银行存款　　90 000 000

　贷: 固定资产清理　　85 714 285.71

　　　应交税费——简易计税　　4 285 714.29

(3) 向不动产所在地主管税务机关预缴增值税税款时:

借: 应交税费——简易计税　　4 285 714.29

　贷: 银行存款　　4 285 714.29

在销售次月申报期内向机构所在地主管税务机关申报纳税时，不需补缴增值税，只进行纳税申报，不进行账务处理。

(4) 支付评估费用和印花税时:

借: 固定资产清理　　125 000

　贷: 银行存款　　125 000

(5) 计提和缴纳其他相关税金时:

借: 固定资产清理　　428 571.43

　贷: 应交税费——应交城市维护建设税　　214 285.71

　　　　　　——应交教育费附加　　128 571.43

　　　　　　——应交地方教育附加　　85 714.29

借: 应交税费——应交城市维护建设税　　214 285.71

　　　　——应交教育费附加　　128 571.43

　　　　——应交地方教育附加　　85 714.29

　贷: 银行存款　　428 571.43

（6）计提和缴纳土地增值税时：

借：固定资产清理　　8 148 214.28

　贷：应交税费——应交土地增值税　　8 148 214.28

借：应交税费——应交土地增值税　　8 148 214.28

　贷：银行存款　　8 148 214.28

（7）结转厂房处置收益时：

借：固定资产清理　　61 012 500

　贷：资产处置损益　　61 012 500

第四节　土地增值税的纳税申报

二维码7-4

情境引例解析

情境引例

根据《国家税务总局关于简并税费申报有关事项的公告》（国家税务总局公告2021年第9号），自2021年6月1日起，在全国实行财产和行为税合并申报。请问什么是财产和行为税合并申报？合并申报有什么意义？

一、预征管理

二维码7-5

拓展阅读：财产和行为税合并申报的十二大热点问题

由于房地产开发与转让周期较长，土地增值税征管难度大。根据《中华人民共和国土地增值税暂行条例实施细则》的规定，对纳税人在项目全部竣工结算前转让房地产取得的收入可以预征土地增值税，具体办法由各省、自治区、直辖市税务局根据当地情况制定。除保障性住房外，东部地区省份预征率不得低于2%，中部和东北地区省份不得低于1.5%，西部地区省份不得低于1%。

对于纳税人预售房地产所取得的收入，凡当地税务机关规定预征土地增值税的，纳税人应当到主管税务机关办理纳税申报，并按规定比例预缴税款，待办理决算后，多退少补；凡当地税务机关规定不预征土地增值税的，也应在取得收入时先到税务机关登记或备案。

二、纳税地点

二维码7-6

拓展阅读：十税合一后土地增值税申报

土地增值税的纳税人应向房地产所在地主管税务机关办理纳税申报，并在税务机关核定的期限内缴纳土地增值税。这里所说的“房地产所在地”，是指房地产的坐落地。纳税人转让的房地产坐落在两个或两个以上地区的，应按房地产所在地分别申报纳税。在实际工作中，纳税地点的确定又可分为以下两种情况：

1.纳税人是法人的。当转让的房地产坐落地与其机构所在地或经营所在地一致时，在办理税务登记的原管辖税务机关申报纳税即可；当转让的房地产坐落地与其机构所在地或经营所在地不一致时，则应在房地产坐落地的税务机关申报纳税。

2.纳税人是自然人的。当转让的房地产坐落地与其居住所在地一致时，在住所所在地税务机关申报纳税；当转让的房地产坐落地与其居住所在地不一致时，则在房地产坐落地的税务机关申报纳税。

三、纳税申报

土地增值税的纳税人应在转让房地产合同签订后的7日内，到房地产所在地主管税务机关办理纳税申报，如实填写《财产和行为税纳税申报表》（见表7-2）及《土地增值税税源明细表》（见表7-3）。

表7-2　　财产和行为税纳税申报表

纳税人识别号（统一社会信用代码）：□□□□□□□□□□□□□□□□□□□□

纳税人名称：　　　　金额单位：人民币元（列至角分）

序号	税种	税目	税款所属期起	税款所属期止	计税依据	税率	应纳税额	减免税额	已缴税额	应补（退）税额
1										
2										
3										
4										
5										
6										
7										
8										
9										
10										
11	合计	—	—	—	—	—				

声明：此表是根据国家税收法律法规及相关规定填写的，本人（单位）对填报内容（及附带资料）的真实性、可靠性、完整性负责。

纳税人（签章）：　　年　月　日

经办人： 经办人身份证号： 代理机构签章： 代理机构统一社会信用代码：	受理人： 受理税务机关（章）： 受理日期：　　年　月　日

表7-3

土地增值税税源明细表

税款所属期限：自　　年　月　日至　　年　月　日

纳税人识别号（统一社会信用代码）：□□□□□□□□□□□□□□□□□□

纳税人名称：　　　　　　　　　　金额单位：人民币元（列至角分）；面积单位：平方米

土地增值税项目登记表（从事房地产开发的纳税人适用）					
项目名称			项目地址		
土地使用权受让（行政划拨）合同号			受让（行政划拨）时间		
建设项目起讫时间		总预算成本		单位预算成本	
项目详细坐落地点					
开发土地总面积		开发建筑总面积		房地产转让合同名称	

转让次序	转让土地面积（按次填写）	转让建筑面积（按次填写）	转让合同签订日期（按次填写）
第1次			
第2次			
……			
备注			

土地增值税申报计算及减免信息
申报类型：
1.从事房地产开发的纳税人预缴适用 □
2.从事房地产开发的纳税人清算适用 □
3.从事房地产开发的纳税人按核定征收方式清算适用 □
4.纳税人整体转让在建工程适用□
5.从事房地产开发的纳税人清算后尾盘销售适用 □
6.转让旧房及建筑物的纳税人适用 □
7.转让旧房及建筑物的纳税人核定征收适用 □

项目名称				项目编码			
项目地址							
项目总可售面积				自用和出租面积			
已售面积		其中：普通住宅已售面积		其中：非普通住宅已售面积		其中：其他类型房地产已售面积	
清算时已售面积				清算后剩余可售面积			

续表

申报类型	项目	序号	金额			
			普通住宅	非普通住宅	其他类型房地产	总额
1. 从事房地产开发的纳税人预缴适用	一、房产类型子目	1				—
	二、应税收入	2=3+4+5				
	1.货币收入	3				
	2.实物收入及其他收入	4				
	3.视同销售收入	5				
	三、预征率（%）	6				—
2. 从事房地产开发的纳税人清算适用 3. 从事房地产开发的纳税人按核定征收方式清算适用 4. 纳税人整体转让在建工程适用	一、转让房地产收入总额	1=2+3+4				
	1.货币收入	2				
	2.实物收入及其他收入	3				
	3.视同销售收入	4				
	二、扣除项目金额合计	5=6+7+14+17+21+22				
	1.取得土地使用权所支付的金额	6				
	2.房地产开发成本	7=8+9+10+11+12+13				
	其中：土地征用及拆迁补偿费	8				
	前期工程费	9				
	建筑安装工程费	10				
	基础设施费	11				
	公共配套设施费	12				
	开发间接费用	13				
	3.房地产开发费用	14=15+16				
	其中：利息支出	15				
	其他房地产开发费用	16				
	4.与转让房地产有关的税金等	17=18+19+20				
	其中：营业税	18				
	城市维护建设税	19				
	教育费附加	20				

续表

申报类型	项目		序号	金额：普通住宅	金额：非普通住宅	金额：其他类型房地产	金额：总额
2.从事房地产开发的纳税人清算适用 3.从事房地产开发的纳税人按核定征收方式清算适用 4.纳税人整体转让在建工程适用	5.财政部规定的其他扣除项目		21				
	6.代收费用 （纳税人整体转让在建工程不填此项）		22				
	三、增值额		23=1-5				
	四、增值额与扣除项目金额之比（%）		24=23÷5				
	五、适用税率（核定征收率）（%）		25				
	六、速算扣除系数（%）		26				
	七、减免税额		27=29+31+33				
	其中：减免税（1）	减免性质代码和项目名称（1）	28				
		减免税额（1）	29				
	减免税（2）	减免性质代码和项目名称（2）	30				
		减免税额（2）	31				
	减免税（3）	减免性质代码和项目名称（3）	32				
		减免税额（3）	33				
5.从事房地产开发的纳税人清算后尾盘销售适用	一、转让房地产收入总额		1=2+3+4				
	1.货币收入		2				
	2.实物收入及其他收入		3				
	3.视同销售收入		4				
	二、扣除项目金额合计		5=6×7+8				
	1.本次清算后尾盘销售的销售面积		6				
	2.单位成本费用		7				
	3.本次与转让房地产有关的税金		8=9+10+11				
	其中：营业税		9				

续表

申报类型	项目		序号	金额			
				普通住宅	非普通住宅	其他类型房地产	总额
5. 从事房地产开发的纳税人清算后尾盘销售适用	城市维护建设税		10				
	教育费附加		11				
	三、增值额		12=1−5				
	四、增值额与扣除项目金额之比（%）		13=12÷5				
	五、适用税率（核定征收率）（%）		14				
	六、速算扣除系数（%）		15				
	七、减免税额		16=18+20+22				
	其中：减免税（1）	减免性质代码和项目名称（1）	17				
		减免税额（1）	18				
	减免税（2）	减免性质代码和项目名称（2）	19				
		减免税额（2）	20				
	减免税（3）	减免性质代码和项目名称（3）	21				
		减免税额（3）	22				
6. 转让旧房及建筑物的纳税人适用 7. 转让旧房及建筑物的纳税人核定征收适用	一、转让房地产收入总额		1=2+3+4				
	1. 货币收入		2				
	2. 实物收入		3				
	3. 其他收入		4				
	二、扣除项目金额合计		（1）5=6+7+10+15 （2）5=11+12+14+15				
	1. 提供评估价格						
	（1）取得土地使用权所支付的金额		6				
	（2）旧房及建筑物的评估价格		7=8×9				

续表

申报类型	项目		序号	金额			
				普通住宅	非普通住宅	其他类型房地产	总额
6. 转让旧房及建筑物的纳税人适用 7. 转让旧房及建筑物的纳税人核定征收适用	其中：旧房及建筑物的重置成本价		8				
	成新度折扣率		9				
	（3）评估费用		10				
	2. 提供购房发票						
	（1）购房发票金额		11				
	（2）发票加计扣除金额		12=11×5%×13				
	其中：房产实际持有年数		13				
	（3）购房契税		14				
	（4）与转让房地产有关的税金等		15=16+17+18+19				
	其中：营业税		16				
	城市维护建设税		17				
	印花税		18				
	教育费附加		19				
	三、增值额		20=1−5				
	四、增值额与扣除项目金额之比（%）		21=20÷5				
	五、适用税率（核定征收率）（%）		22				
	六、速算扣除系数（%）		23				
	七、减免税额		24=26+28+30				
	其中：减免税（1）	减免性质代码和项目名称（1）	25				
		减免税额（2）	26				
	减免税（2）	减免性质代码和项目名称（2）	27				
		减免税额（2）	28				
	减免税（3）	减免性质代码和项目名称（3）	29				
		减免税额（3）	30				

【思政课堂】

土地增值税的“便民办税春风行动”

2020年，各地税务部门持续在办税流程上做“减法”，促进各项税费优惠更快更稳落地。在上海，税务部门在全国范围内首次探索推行税种综合申报，将企业所得税、城镇土地使用税、房产税、土地增值税、印花税的纳税期限由原先的按月申报统一为按季度申报，并在电子税务局将各税种申报进行合并，实现“一张报表、一次申报、一次缴款、一张凭证”。

2022年，《国家税务总局关于实施〈中华人民共和国印花税法〉等有关事项的公告》(简称“《公告》”) 实施后，土地增值税优惠事项办理流程进一步优化，备案类优惠事项改为实行纳税人“自行判别、申报享受、有关资料留存备查”。纳税人办理原备案类优惠事项时，此前需要提供的不动产权属资料复印件、房地产转让合同（协议）复印件、扣除项目金额相关材料（如评估报告、发票）等有关资料，改为留存备查，纳税人只需填报申报表相应减免税栏次即可享受相关优惠。同时，《公告》明确了纳税人要对留存备查资料的真实性、完整性和合法性承担法律责任。

本章小结

本章认知学习内容结构如下图所示：

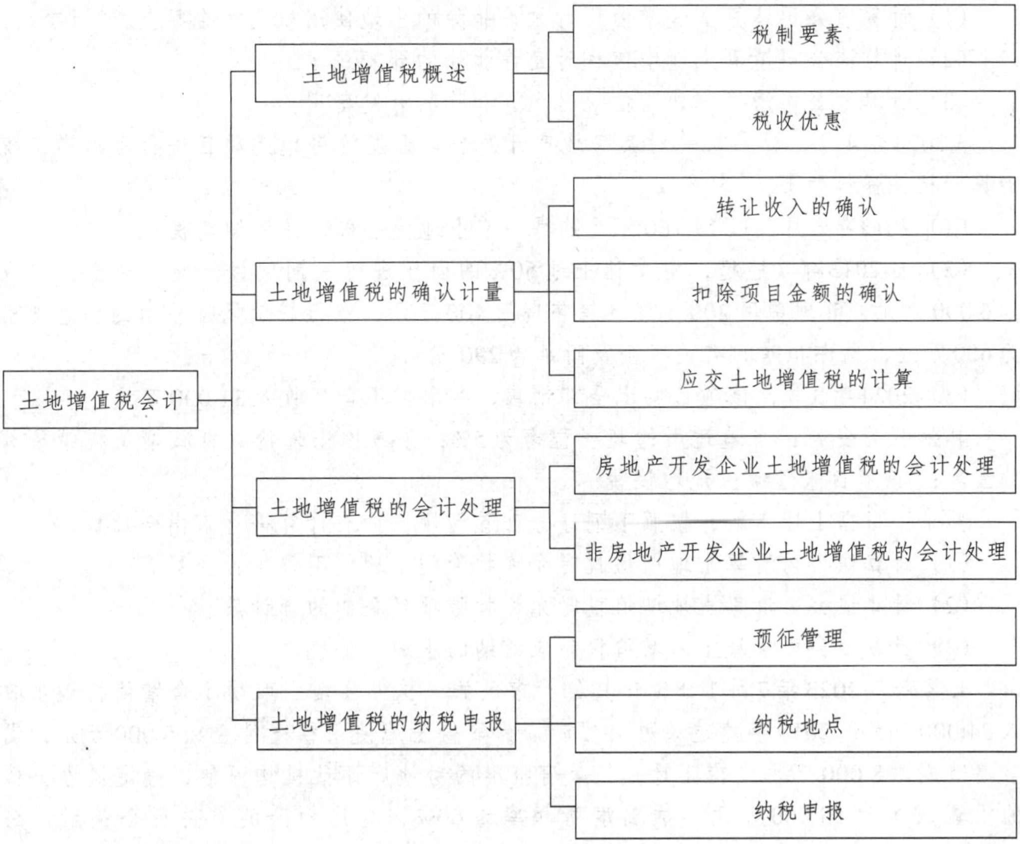

技能训练

1.2023年某房地产开发公司销售其新建商品房一幢，取得不含税销售收入1.4亿元，已知该公司支付与商品房相关的土地使用权费及开发成本合计为4 800万元；该公司没有按房地产项目计算分摊银行借款利息；该商品房所在地的省政府规定计征土地增值税时房地产开发费用扣除比例为10%；销售商品房缴纳有关税金770万元。

要求：计算该公司销售该商品房应缴纳的土地增值税。

2.某房地产开发公司，2024年5月对一处已竣工的房地产开发项目进行验收，可售建筑面积共计25 000平方米。该项目的开发和销售情况如下：

（1）该公司取得土地使用权应支付的土地出让金为8 000万元，政府减征了10%，该公司按规定缴纳了契税（税率5%）。

（2）该项目发生的开发成本为12 000万元。

（3）4月，销售20 000平方米的房屋，共取得不含税收入40 000万元；另外5 000平方米的房屋出租给他人使用（产权未发生转移），月租金为45万元，租期为8个月。

（4）假设该项目发生开发费用600万元，其中利息支出150万元，但都不能按转让房地产项目计算分摊。

要求：

（1）计算该公司清算土地增值税时允许扣除的土地使用权支付金额。

（2）计算该公司清算土地增值税时允许扣除的开发成本。

（3）计算该公司清算土地增值税时允许扣除的开发费用。

3.2024年4月，税务机关对某房地产开发公司开发的房地产项目进行土地增值税清算，相关资料如下：

（1）2013年6月，以17 760万元购得一宗土地使用权，并缴纳契税。

（2）自2013年7月起，对受让土地50%的面积进行一期项目开发，产生开发成本6 000万元、管理费用200万元、销售费用400万元，银行贷款凭证显示的利息支出为600万元，允许扣除的有关税金及附加为290万元。

（3）2024年3月，该项目实现全部销售，共取得不含税收入31 000万元。

其他相关资料：当地适用的契税税率为5%；不考虑土地价款抵减增值税销售额的因素；该项目未预缴土地增值税。

要求：根据上述资料，按照下列序号回答问题，如有计算需计算出合计数。

（1）计算该公司清算土地增值税时允许扣除的土地使用权支付金额。

（2）计算该公司清算土地增值税时允许扣除项目金额的合计数。

（3）计算该公司清算土地增值税时应缴纳的土地增值税。

4.某药厂2023年7月1日转让其位于市区的一栋办公楼，取得不含增值税销售收入24 000万元。2015年建造该办公楼时，为取得土地使用权支付金额6 000万元，发生建造成本8 000万元。转让时，经政府批准的房地产评估机构评估，确定该办公楼的重置成本为16 000万元，成新度折扣率为60%，允许扣除的有关税金及附加为1 356万元。

要求：根据上述资料，按照下列序号回答问题，如有计算需计算出合计数。

（1）回答药厂办理土地增值税纳税申报的期限。

（2）计算土地增值税时，该企业办公楼的评估价格。

（3）计算土地增值税时允许扣除项目金额的合计数。

（4）计算转让办公楼应缴纳的土地增值税。

实战演练

分别结合【例7-1】和【例7-2】填写《财产和行为税纳税申报表》（见表7-2）及《土地增值税税源明细表》（见表7-3）。

第八章

其他税种会计（上）

学习目标

能力目标

1.熟悉房产税、车船税、印花税、契税（财产行为类税）的基本税制，能根据业务资料准确计算房产税、车船税、印花税、契税的税额。

2.能够设置核算房产税、车船税、印花税、契税的会计科目，根据相关业务资料对房产税、车船税、印花税、契税进行会计核算。

素养目标

国家征收房产税、车船税，有利于优化配置社会资源，合理引导消费，调节社会财富分配。财税人员在为企业合理合规纳税的同时，也要理解和宣传国家税法实施的意义。

导入案例

根据《国家税务总局关于简并税费申报有关事项的公告》（国家税务总局公告2021年第9号），自2021年6月1日起，财产行为税合并申报全面实施。

财产行为税是现有税种中财产类和行为类税种的统称。财产行为税合并申报，通俗讲就是“简并申报表，一表报多税”，申报多个税种时，不再单独使用分税种申报表，而是在一张纳税申报表上同时申报多个税种。财产行为税合并申报的税种范围包括城镇土地使用税、房产税、车船税、印花税、耕地占用税、资源税、土地增值税、契税、环境保护税、烟叶税等10个税种。

二维码8-1

视频：导入案例解析

案例要求

请同学们查阅资料，简要说明财产行为税合并申报应如何操作？合并申报有哪些好处呢？

第一节 房产税会计

情境引例

【案例1】甲企业将其名下一商铺出租给某培训机构，双方约定月租金20万元，但由于该培训机构需要重新装修，前3个月无法正常营业，现该培训机构要求给予3个月免租期。假设房产原值为500万元，当地政府规定的减除比例为30%。

二维码8-2

视频：情境引例解析

案例要求：租赁合同可以有哪几种签订方式，计算各种方式下应纳房产税税额。

【案例2】甲企业有一闲置库房，房产原值为500万元，乙企业由于仓储能力不足拟使用该仓库，当地房产原值的减除比例为30%。

案例要求：闲置库房对外提供服务可以采取哪些方式？计算每种方式下应纳房产税税额。

一、房产税概述

（一）概念

房产税，是指以房屋为征税对象，以房屋的计税余值或租金收入为计税依据，向产权所有人征收的一种财产税。房产税在城市、县城、建制镇和工矿区征收。城市、县城、建制镇、工矿区的具体征税范围，由各省、自治区、直辖市人民政府确定。

（二）征税对象

房产税的征税对象是房产。房产，是指有屋面和围护结构，能够遮风避雨，可供人们在其中生产、学习、工作、娱乐、居住或储藏物资的场所。但独立于房屋的建筑物如围墙、暖房、水塔、烟囱、室外游泳池等不属于房产。室内游泳池属于房产。

凡在房产税征收范围内的具备房屋功能的地下建筑，包括与地上房屋相连的地下建筑以及完全建在地面以下的建筑、地下人防设施等，均应当依照有关规定征收房产税。

由于房地产开发企业开发的商品房在出售前，对房地产开发企业而言是一种产品，因此，对房地产开发企业建造的商品房，在售出前，不征收房产税；但对售出前房地产开发企业已使用或出租、出借的商品房应按规定征收房产税。

（三）纳税义务人

房产税的纳税义务人包括负有缴纳房产税义务的单位与个人。房产税由产权所有人缴纳。

1.产权属国家所有的，由经营管理单位纳税；产权属集体和个人所有的，由集体单位和个人纳税。

2.产权出典的，由承典人纳税。

3.产权所有人、承典人不在房屋所在地的，由房产代管人或者使用人纳税。

4.产权未确定及租典纠纷未解决的，亦由房产代管人或者使用人纳税。

5.纳税单位和个人无租使用房产管理部门、免税单位及纳税单位的房产，应由使用人代为缴纳房产税。

上述产权所有人、经营管理单位、承典人、房产代管人或者使用人，统称房产税的纳税人。

【特别提示】1.房产税属于财产税中的个别财产税，其征税对象只是房屋；

2.征收范围限于城镇的经营性房屋；

3.根据房屋的经营使用方式区分征税办法：对自用房屋按房产计税余值征税，对出租房屋按租金收入征税。

（四）征收标准

房产税征收标准分为从价与从租两种情况：

1.从价计征的，其计税依据为房产原值一次减去10%~30%后的余值，减除比例由省、自治区、直辖市人民政府在税法规定的减除幅度内自行确定。如浙江省规定具体减除幅度为30%。这样规定，既有利于各地区根据本地情况，因地制宜地确定计税余值，又有利于平衡各地税收负担，简化计算手续，提高征管效率。

房产原值应包括与房屋不可分割的各种附属设备或一般不单独计算价值的配套设施，包括暖气、卫生、通风等。纳税人对原有房屋进行改建、扩建的，要相应增加房屋的原值。

对按照房产原值计税的房产，无论会计上如何核算，房产原值均应包含地价，包括为取得土地使用权支付的价款、开发土地发生的成本费用等。

宗地容积率低于0.5的，按房产建筑面积的2倍计算土地面积并据此确定计入房产原值的地价（容积率=总建筑面积÷总用地面积）。

【例8-1】A、B两家企业各取得一块宗地。其中，A企业宗地面积为30 000平方米，全部地价为3 000万元，该宗土地上的房屋总建筑面积为12 000平方米；B企业宗地面积为20 000平方米，全部地价为2 000万元，该宗土地上的房屋总建筑面积为15 000平方米。

要求：根据A、B企业的宗地容积率，分别计算两家企业计入计征房产税房产原值的地价款。

A企业的宗地容积率=12 000÷30 000=0.4

B企业的宗地容积率=15 000÷20 000=0.75

A企业应按房产建筑面积的2倍计算土地面积并据此确定计入房产原值的地价款，即：

A企业计入房产原值的地价款=土地单价×房产建筑面积×2

=3 000÷30 000×12 000×2=2 400（万元）

B企业应按整宗土地面积的总地价2 000万元计入房产原值计征房产税。

自用的地下建筑，按以下方式计税：工业用途房产，以房屋原价的50%~60%作为应税房产原值；商业和其他用途房产，以房屋原价的70%~80%作为应税房产原值。房屋原价折算为应税房产原值的具体比例，由各省、自治区、直辖市和计划单列市财政和税务部门在上述幅度内自行确定。对于与地上房屋相连的地下建筑，如房屋的地下室、地下停车场、商场的地下部分等，应将地下部分与地上房屋视为一个整体按照地上房屋建筑的有关规定计算征收房产税。

2.从租计征的（即房产出租的），以房产租金收入为计税依据。

【特别提示】1.对投资联营的房产，在计征房产税时应予以区别对待：对共担风险的，以房产余值作为计税依据计征房产税；对收取固定收入的，由出租方按租金收入计缴房产税。

2.对融资租赁房屋的情况，在计征房产税时应以房产余值计算征收，租赁期内房产税的纳税人由当地税务机关根据实际情况确定。

3.新建房屋交付使用时，如中央空调设备已计算在房产原值中，则房产原值应包括中央空调设备；旧房安装空调设备，一般都作单项固定资产入账，不应计入房产原值。

（五）税率

房产税税率采用比例税率。

1.按照房产余值计征的，年税率为1.2%。

2.按房产租金收入计征的，税率为12%；个人出租住房税率为4%。

（六）纳税期限

房产税按年征收、分期缴纳。纳税期限由省、自治区、直辖市人民政府规定。

1.纳税人将原有房产用于生产经营，从生产经营之月起，缴纳房产税；

2.纳税人自行新建房屋用于生产经营，从建成之次月起，缴纳房产税；

3.纳税人委托施工企业建设的房屋，从办理验收手续之次月起，缴纳房产税；

4.纳税人购置新建商品房，自房屋交付使用之次月起，缴纳房产税；

5.纳税人购置存量房，自办理房屋权属转移、变更登记手续，房地产权属登记机关签发房屋权属证书之次月起，缴纳房产税；

6.纳税人出租、出借房产，自交付出租、出借房产之次月起，缴纳房产税；

7.房地产开发企业自用、出租、出借该企业建造的商品房，自房屋使用或交付之次月起，缴纳房产税。

【特别提示】将原有房产用于生产经营，从生产经营之月起，缴纳房产税。其余均从次月起缴纳。

（七）税收优惠

1.非营利性机构自用房产。

（1）国家机关、人民团体、军队自用的房产免征房产税。自2004年8月1日起，对军队空余房产租赁收入暂免征收房产税。

（2）由国家财政部门拨付事业经费（全额或差额）的单位（学校、医疗卫生单位托儿所、幼儿园、敬老院以及文化、体育艺术类单位）所有的、本身业务范围内使用的房产免征房产税。

（3）宗教寺庙、公园、名胜古迹自用的房产免征房产税。

（4）对非营利性医疗机构、疾病控制机构和妇幼保健机构等卫生机构自用的房产免征房产税。

（5）老年服务机构自用的房产免征房产税。

2.个人所有非营业用的房产免征房产税。

3.毁损不堪居住的房屋和危险房屋，经有关部门鉴定，在停止使用后，可免征房产税。

4.纳税人因房屋大修导致连续停用半年以上的，在房屋大修期间免征房产税。

5.在基建工地为基建工地服务的各种工棚、材料棚、休息棚和办公室、食堂、茶炉房、汽车房等临时性房屋：

（1）施工期间：一律免征房产税。

（2）工程结束后：施工企业将这种临时性房屋交还或估价转让给基建单位的，应从基建单位接收的次月起，照章纳税。

6.对高校学生公寓免征房产税。

7.对农产品批发市场、农贸市场（包括自有和承租，下同）专门用于经营农产品的房产、土地，暂免征收房产税。对同时经营其他产品的农产品批发市场和农贸市场使用的房产、土地，按其他产品与农产品交易场地面积的比例确定征免房产税。

8.保障性住房。

（1）对公共租赁住房免征房产税。

（2）对廉租住房经营管理单位按照政府规定价格、向规定保障对象出租廉租住房的租金收入，免征房产税。

9.体育场馆的房产税优惠政策。

（1）国家机关、军队、人民团体、财政补助事业单位、居民委员会、村民委员会拥有的体育场馆，用于体育活动的房产，免征房产税。

（2）经费自理事业单位、体育社会团体、体育基金会、体育类民办非企业单位拥有并运营管理的体育场馆，同时符合下列条件的，其用于体育活动的房产，免征房产税：

① 向社会开放，用于满足公众体育活动需要；

② 体育场馆取得的收入主要用于场馆的维护、管理和事业发展；

③ 拥有体育场馆的体育社会团体、体育基金会及体育类民办非企业单位，除当年新设立或登记的以外，前一年度登记管理机关的检查结论为“合格”。

（3）企业拥有并运营管理的大型体育场馆，其用于体育活动的房产，“减半征收”房产税。

享受上述税收优惠体育场馆的运动场地用于体育活动的天数不得低于全年自然天

数的70%。

二、房产税的会计核算

（一）计算公式

房产税应纳税额的计算分为以下两种情况，其计算公式为：

（1）以房产原值为计税依据的：

年应纳税额=房产原值×（1-减除比例（10%~30%））×税率（1.2%） 公式8-1

（2）以房产租金收入为计税依据的：

应纳税额=房产租金收入×税率（12%或4%） 公式8-2

【例8-2】 欣源公司20×5年年初房产原值为6 000万元，于3月与甲公司签订租赁合同，约定自20×5年5月起将原值800万元的房产租赁给甲公司，租期5年，月租金3万元（不含税），20×5年5—6月为免租使用期间。欣源公司所在地规定，房产计税余值减除比例为20%。

要求：计算欣源公司20×5年度应缴纳的房产税。

从价计征房产税=6 000×（1-20%）×1.2%×1/2+5 200×（1-20%）×1.2%×1/2=53.76（万元）

从租计征房产税=3×6×12%=2.16（万元）

欣源公司应缴纳的房产税=53.76+2.16=55.92（万元）

【例8-3】 20×5年8月1日，赛斌公司将原值5 000万元的自有房产用于投资联营，投资期5年，每年收取固定收入180万元（不含增值税），不承担联营风险。当地政府规定的房产计税余值的减除比例为30%。

要求：计算赛斌公司20×5年应缴纳的房产税。

赛斌公司自8月1日起对外投资联营，收取固定收入，视为出租，以取得的固定收入从租计税。

应缴纳的房产税=5 000×（1-30%）×1.2%×7÷12+180×5÷12×12%=33.5（万元）

（二）会计分录

1.按权责发生制计提时：

借：税金及附加

　贷：应交税费——应交房产税

2.实际缴纳时：

借：应交税费——应交房产税

　贷：银行存款

【思政课堂】

与时俱进，关注税法条例的变化

某酒店于2003年成立，主要经营住宿、中西餐等服务。税务人员发现该酒店有多处房屋附属设备和配套设施未按税法规定并入计税房产原值，存在少计缴房产税的情形。经与酒店沟通得知，该酒店的财务负责人是总公司委派的，定期轮换，除非有重大的财税政策变动，新任人员基本沿用前任的做法，加上该酒店为多年未查户，所以容易产生税政更新不及时、计税不准确的风险。经过税务人员现场核实及对新税收政策的讲解，酒店最终认识到存在的问题，并按规定时限补缴税款及滞纳金总计140

余万元。

随着社会经济的发展和房屋功能的完善，不断出现了一些新的设备和设施，纳税人要与时俱进，多留意相关税法条例的变化，认真学习税收法律政策，提高依法纳税意识，严格履行纳税义务，做到依法纳税，准确计税，减少因计算不准确导致的纳税风险，避免因违法而带来的不良后果。

资料来源：佚名．税务稽查实例：不可忽视的房产税［EB/OL］．［2018-02-12］．https：//www.sohu.com/a/222358491_651848.经作者加工整理。

第二节　车船税会计

二维码8-3

情境引例解析

情境引例

2023年，甲公司拥有整备质量均为12吨的商用货车10辆、整备质量均为8吨的挂车5辆。已知货车车船税适用年基准税额为整备质量每吨80元。

要求：根据车船税法律制度的规定，计算甲公司上述车辆当年应缴纳的车船税。

一、车船税概述

（一）概念

车船税是以车船为特征对象，向车辆与船舶（以下简称“车船”）的所有人或者管理人征收的一种财产税。

（二）征收范围

1.依法应当在车船管理部门登记的机动车辆和船舶；

2.依法不需要在车船管理部门登记、在单位内部场所行驶或者作业的机动车辆和船舶。

（三）计税依据

车船税根据车船的种类、大小，分别以辆、净吨位或载重吨位为计税标准，实行从量计征：

1.乘用车、商用客车和摩托车，以每辆为计税依据；

2.商用货车、专用作业车和轮式专用机械车，以整备质量每吨为计税依据；

3.机动船舶、非机动驳船、拖船，以净吨位每吨为计税依据；

4.游艇以艇身长度每米为计税依据。

（四）税目税额

车船税税目税额表见表8-1。

表8-1　车船税税目税额表

税目		计税单位	年基准税额	备注
乘用车［按发动机气缸容量（排气量）分档］	1.0升（含）以下的	每辆	60元至360元	核定载客人数9人（含）以下
	1.0升以上至1.6升（含）的		300元至540元	

续表

税目		计税单位	年基准税额	备注
乘用车［按发动机气缸容量（排气量）分档］	1.6升以上至2.0升（含）的	每辆	360元至660元	核定载客人数9人（含）以下
	2.0升以上至2.5升（含）的		660元至1 200元	
	2.5升以上至3.0升（含）的		1 200元至2 400元	
	3.0升以上至4.0升（含）的		2 400元至3 600元	
	4.0升以上的		3 600元至5 400元	
商用车	客车	每辆	480元至1 440元	核定载客人数9人以上，包括电车
	货车	整备质量每吨	16元至120元	包括半挂牵引车、三轮汽车和低速载货汽车等
挂车		整备质量每吨	按照货车税额的50%计算	
其他车辆	专用作业车	整备质量每吨	16元至120元	包括拖拉机
	轮式专用机械车		16元至120元	
摩托车		每辆	36元至180元	
船舶	机动船舶	净吨位每吨	3元至6元	拖船、非机动驳船分别按照机动船舶税额的50%计算
	游艇	艇身长度每米	600元至2 000元	

【例8-4】某机械制造厂20×5年拥有货车5辆，每辆整备质量为1.499吨；挂车2辆，每辆整备质量为1.2吨；小汽车2辆。已知货车车船税税率为整备质量每吨年基准税额16元，小汽车车船税税率为每辆年基准税额300元。

要求：计算该厂20×5年度应纳车船税。

20×5年应纳车船税=1.499×5×16+1.2×2×16×50%+2×300=739.12（元）

（五）纳税地点

车船税的纳税地点为车船的登记地或者车船税扣缴义务人所在地。依法不需要办理登记的车船，车船税的纳税地点为车船的所有人或者管理人所在地。

（六）纳税时间

车船税纳税义务发生时间为取得车船所有权或者管理权的当月。

车船税按年申报缴纳。具体申报纳税期限由省、自治区、直辖市人民政府规定。

（七）税收优惠

1.法定减免

（1）捕捞、养殖渔船，是指在渔业船舶登记管理部门登记为捕捞船或者养殖船的船舶。

（2）军队、武装警察部队专用的车船，是指按照规定在军队、武装警察部队车船管理部门登记，并领取军队、武警牌照的车船。

（3）警用车船，是指公安机关、国家安全机关、监狱、人民法院、人民检察院领取警用牌照的车辆和执行警务的专用船舶。

（4）依照法律规定应当予以免税的外国驻华使领馆、国际组织驻华代表机构及其有关人员的车船。

（5）对节约能源的车船，减半征收车船税；对使用新能源的车船，免征车船税。

减半征收车船税的节约能源乘用车和商用车，免征车船税的使用新能源的汽车均应符合规定的标准。

使用新能源的车辆包括纯电动汽车、燃料电池汽车和混合动力汽车。纯电动汽车、燃料电池汽车不属于车船税征收范围，其他混合动力汽车按照同类车辆适用税额减半征税。

（6）省、自治区、直辖市人民政府根据当地实际情况，可以对公共交通车船、农村居民拥有并主要在农村地区使用的摩托车、三轮汽车和低速载货汽车定期减征或者免征车船税。

2.特定减免

（1）经批准临时入境的外国车船和我国香港特别行政区、澳门特别行政区、台湾地区的车船，不征收车船税。

（2）按照规定缴纳船舶吨税的机动船舶，自车船税法实施之日起5年内免征车船税。

（3）依法不需要在车船登记管理部门登记的机场、港口、铁路站场内部行驶或作业的车船，自车船税法实施之日起5年内免征车船税。

二、车船税的会计核算

1.计提时：

借：税金及附加

　　贷：应交税费——应交车船税

2.缴纳时：

借：应交税费——应交车船税

　　贷：银行存款

第三节　印花税会计

二维码8-4

情境引例解析

情境引例

A公司出租一套设备给B公司用于生产甲产品，合同规定的设备租金为每月1万元，每年年底支付本年租金，同时双方决定是否继续本合同。请问该合同应该如何计缴印花税？

一、印花税概述

（一）概念

印花税是对经济活动和经济交往中书立、领受具有法律效力的凭证的行为所征收的一种税，因以在应税凭证上粘贴印花税票作为完税的标志而得名。

（二）纳税义务人

在中华人民共和国境内书立应税凭证、进行证券交易的单位和个人，为印花税的纳税人。在中华人民共和国境外书立在境内使用的应税凭证的单位和个人，应当依照规定缴纳印花税。同一应税凭证由两方以上当事人书立的，按照各自涉及的金额分别计算应纳税额。

纳税人为境外单位或者个人，在境内有代理人的，以其境内代理人为扣缴义务人；在境内没有代理人的，由纳税人自行申报缴纳印花税，具体办法由国务院税务主管部门规定。

证券登记结算机构为证券交易印花税的扣缴义务人，应当向其机构所在地的主管税务机关申报解缴税款以及银行结算的利息。

应税凭证，是指《印花税税目税率表》列明的合同、产权转移书据和营业账簿。

证券交易，是指转让在依法设立的证券交易所、国务院批准的其他全国性证券交易场所交易的股票和以股票为基础的存托凭证。证券交易印花税对证券交易的出让方征收，不对受让方征收。

（三）计税依据

1.应税合同的计税依据，为合同所列的金额，不包括列明的增值税税款。

2.应税产权转移书据的计税依据，为产权转移书据所列的金额，不包括列明的增值税税款。

3.应税营业账簿的计税依据，为账簿记载的实收资本（股本）、资本公积合计金额；已缴纳印花税的营业账簿，以后年度记载的实收资本（股本）、资本公积合计金额比已缴纳印花税的实收资本（股本）、资本公积合计金额增加的，按照增加部分计算应纳税额。

4.证券交易的计税依据，为成交金额。证券交易无转让价格的，按照办理过户登记手续时该证券前一个交易日收盘价计算确定计税依据；无收盘价的，按照证券面值计算确定计税依据。

应税合同、产权转移书据未列明金额的，印花税的计税依据按照实际结算的金额确定。

计税依据按照上述规定仍不能确定的，按照书立合同、产权转移书据时的市场价格确定；依法应当执行政府定价或者政府指导价的，按照国家有关规定确定。

（四）税目税率

印花税税目税率表见表8-2。

表8-2　　　　　　　　　　　　　**印花税税目税率表**

税目		税率	备注
合同（指书面合同）	借款合同	借款金额的万分之零点五	指银行业金融机构、经国务院银行业监督管理机构批准设立的其他金融机构与借款人（不包括同业拆借）的借款合同
	融资租赁合同	租金的万分之零点五	
	买卖合同	价款的万分之三	指动产买卖合同（不包括个人书立的动产买卖合同）
	承揽合同	报酬的万分之三	
	建设工程合同	价款的万分之三	
	运输合同	运输费用的万分之三	指货运合同和多式联运合同（不包括管道运输合同）
	技术合同	价款、报酬或使用费的万分之三	不包括专利权、专有技术使用权转让书据
	租赁合同	租金的千分之一	
	保管合同	保管费的千分之一	
	仓储合同	仓储费的千分之一	
	财产保险合同	保险费的千分之一	不包括再保险合同
产权转移书据	土地使用权出让书据	价款的万分之五	转让包括买卖（出售）、继承、赠与、互换、分割
	土地使用权、房屋等建筑物和构筑物所有权转让书据（不包括土地承包经营权和土地经营权转移）	价款的万分之五	
	股权转让书据（不包括应缴纳证券交易印花税）	价款的万分之五	
	商标专用权、著作权、专利权、专有技术使用权转让书据	价款的万分之三	
营业账簿		实收资本（股本）、资本公积合计金额的万分之二点五	
证券交易		成交金额的千分之一	

应纳税额=计税依据×适用税率

同一应税凭证载有两个以上税目事项并分别列明金额的，按照各自适用的税目税率分别计算应纳税额；未分别列明金额的，从高适用税率。

【例8-5】甲公司与乙公司签订了以货易货合同，合同约定，甲公司用价值20万元的木地板换取乙公司18万元的机器设备，差价由乙公司付款补足。

要求：计算该易货合同应缴纳的印花税。

以物易物的合同，应该按照购销合计金额计税贴花。

该易货合同应缴纳的印花税=（200 000+180 000）×0.3‰×2=228（元）

【特别提示】以下六类合同不征收印花税：

1.除记载资金账簿外，其他营业账簿不征收印花税；

2.个人书立的动产买卖合同不征收印花税；

3.管道运输合同不征收印花税；

4.再保险合同不征收印花税；

5.同业拆借合同不征收印花税；

6.土地承包经营权和土地经营权转移书据不征收印花税。

（五）纳税地点

纳税人为单位的，应当向其机构所在地的主管税务机关申报缴纳印花税；纳税人为个人的，应当向应税凭证书立地或者纳税人居住地的主管税务机关申报缴纳印花税。

不动产产权发生转移的，纳税人应当向不动产所在地的主管税务机关申报缴纳印花税。

（六）纳税时间

印花税的纳税义务发生时间为纳税人书立应税凭证或者完成证券交易的当日。

印花税按季、按年或者按次计征。实行按季、按年计征的，纳税人应当自季度、年度终了之日起15日内申报缴纳税款；实行按次计征的，纳税人应当自纳税义务发生之日起15日内申报缴纳税款。

证券交易印花税扣缴义务发生时间为证券交易完成的当日。证券交易印花税按周解缴，扣缴义务人应当自每周终了之日起5日内申报解缴税款以及银行结算的利息。

（七）纳税方式

印花税可以采用粘贴印花税票或者由税务机关依法开具其他完税凭证的方式缴纳。印花税票粘贴在应税凭证上的，由纳税人在每枚税票的骑缝处盖戳注销或者画销。印花税票由国务院税务主管部门监制。

（八）税收优惠

下列凭证免征印花税：

1.应税凭证的副本或者抄本；

2.依照法律规定应当予以免税的外国驻华使馆、领事馆和国际组织驻华代表机构为获得馆舍书立的应税凭证；

3.中国人民解放军、中国人民武装警察部队书立的应税凭证；

4.农民、家庭农场、农民专业合作社、农村集体经济组织、村民委员会购买农业生产资料或者销售农产品书立的买卖合同和农业保险合同；

5.无息或者贴息借款合同、国际金融组织向中国提供优惠贷款书立的借款合同；

6.财产所有权人将财产赠与政府、学校、社会福利机构、慈善组织书立的产权转移书据；

7.非营利性医疗卫生机构采购药品或者卫生材料书立的买卖合同；

8.个人与电子商务经营者订立的电子订单；

9.与高校学生签订的高校学生公寓租赁合同。

根据国民经济和社会发展的需要，国务院对居民住房需求保障、企业改制重组、破产、支持小型微型企业发展等情形可以规定减征或者免征印花税，报全国人民代表大会常务委员会备案。

二、印花税的会计核算

印花税不需要预计应交数，属于一次性缴纳的税种，不存在与税务机关清算和结算的问题，一般不通过"应交税费"科目核算，实际发生时，直接编制如下会计分录：

借：税金及附加/固定资产清理

  贷：银行存款

第四节　契税会计

情境引例

二维码8-5

王女士购买首套住房，房屋总价109万元，缴纳契税1.09万元。在拿到增值税发票后，有人告诉她可以退税。

才交了契税为什么可以办退税？可以退多少钱？

视频：情境引例解析

一、契税概述

（一）概念

契税是指不动产（土地、房屋）产权发生转移变动时，就当事人所订契约按不动产价格的一定比例向新业主（产权承受人）征收的一次性税收。

（二）纳税义务人

在中华人民共和国境内转移土地、房屋权属，承受的单位和个人为契税的纳税人。

转移土地、房屋权属，是指下列行为：

1.土地使用权出让，但不包括土地承包经营权和土地经营权的转移。

2.土地使用权转让，包括出售、赠与、互换。

3.房屋买卖、赠与、互换。

以作价投资（入股）、偿还债务、划转、奖励等方式转移土地、房屋权属的，应当依照规定征收契税。

（三）计税依据

1.土地使用权出让、出售，房屋买卖，为土地、房屋权属转移合同确定的成交价格，包括应交付的货币以及实物、其他经济利益对应的价款；

2.土地使用权互换、房屋互换，为所互换的土地使用权、房屋价格的差额；

3.土地使用权赠与、房屋赠与以及其他没有价格的转移土地、房屋权属的行为，为税务机关参照土地使用权出售、房屋买卖的市场价格依法核定的价格。

纳税人申报的成交价格、互换价格差额明显偏低且无正当理由的，由税务机关依照《中华人民共和国税收征收管理法》的规定核定。

（四）税率

契税税率为百分之三至百分之五。

契税的具体适用税率，由省、自治区、直辖市人民政府在规定的税率幅度内提出，报同级人民代表大会常务委员会决定，并报全国人民代表大会常务委员会和国务院备案。

省、自治区、直辖市可以依照上述规定的程序对不同主体、不同地区、不同类型的住房的权属转移确定差别税率。

契税应纳税额=计税依据×具体适用税率

【例8-6】张三将自有的一套住房以80万元的价格出售给李四；将另一套三室两厅住房与王五互换成一室两厅与一室一厅住房各一套，并支付给王五换房差价款10万元；将一套住房抵偿所欠赵六债务120万元，并支付差价款6万元。假定契税税率为4%。

要求：计算张三、李四、王五、赵六四人各自应缴纳的契税。

（1）张三应纳契税=10×4%+6×4%=0.64（万元）

（2）李四应纳契税=80×4%=3.2（万元）

（3）王五不缴纳契税。

（4）赵六不缴纳契税。

（五）纳税期限

契税的纳税义务发生时间，为纳税人签订土地、房屋权属转移合同的当日，或者纳税人取得其他具有土地、房屋权属转移合同性质凭证的当日。纳税人应当在依法办理土地、房屋权属登记手续前申报缴纳契税。

纳税人办理纳税事宜后，税务机关应当开具契税完税凭证。纳税人办理土地、房屋权属登记，不动产登记机构应当查验契税完税、减免税凭证或者有关信息。未按照规定缴纳契税的，不动产登记机构不予办理土地、房屋权属登记。

在依法办理土地、房屋权属登记前，权属转移合同、权属转移合同性质凭证不生效、无效、被撤销或者被解除的，纳税人可以向税务机关申请退还已缴纳的税款，税务机关应当依法办理。

（六）税收优惠

有下列情形之一的，免征契税：

1.国家机关、事业单位、社会团体、军事单位承受土地、房屋权属用于办公、教学、医疗、科研、军事设施；

2.非营利性的学校、医疗机构、社会福利机构承受土地、房屋权属用于办公、教学、医疗、科研、养老、救助；

3.承受荒山、荒地、荒滩土地使用权用于农、林、牧、渔业生产；

4.婚姻关系存续期间夫妻之间变更土地、房屋权属；

5.法定继承人通过继承承受土地、房屋权属；

6.依照法律规定应当予以免税的外国驻华使馆、领事馆和国际组织驻华代表机构承受土地、房屋权属。

根据国民经济和社会发展的需要，国务院对居民住房需求保障、企业改制重组、灾后重建等情形可以规定免征或者减征契税，报全国人民代表大会常务委员会备案。

【特别提示】个人买居民用房，契税税率如下：

（1）购买大于90㎡的住房

①首套-1.5%； ②二套-2%； ③三套-3%。

（2）购买小于等于90㎡的住房

①首套-1.0%； ②二套-2%； ③三套-3%。

契税应纳税额=不含增值税价格×适用税率=房屋买价÷（1+9%）×适用税率

省、自治区、直辖市可以决定对下列情形免征或者减征契税。

1.因土地、房屋被县级以上人民政府征收、征用，重新承受土地、房屋权属；

2.因不可抗力灭失住房，重新承受住房权属。

省、自治区、直辖市人民政府提出以上免征或者减征契税的具体办法，报同级人民代表大会常务委员会决定，并报全国人民代表大会常务委员会和国务院备案。

纳税人改变有关土地、房屋的用途，或者有其他不再属于免征、减征契税情形的，应当缴纳已经免征、减征的税款。

（七）征收管理

契税由土地、房屋所在地的税务机关依照《中华人民共和国契税法》和《中华人民共和国税收征收管理法》的规定征收管理。

税务机关应当与相关部门建立契税涉税信息共享和工作配合机制。自然资源、住房城乡建设、民政、公安等相关部门应当及时向税务机关提供与转移土地、房屋权属有关的信息，协助税务机关加强契税征收管理。税务机关及其工作人员对税收征收管理过程中知悉的纳税人的个人信息，应当依法予以保密，不得泄露或者非法向他人提供。

二、契税的会计核算

1.计提时：

借：固定资产/无形资产/在建工程

　贷：应交税费——应交契税

2.缴纳时：

借：应交税费——应交契税

　贷：银行存款

本章小结

本章认知学习内容结构如下图所示：

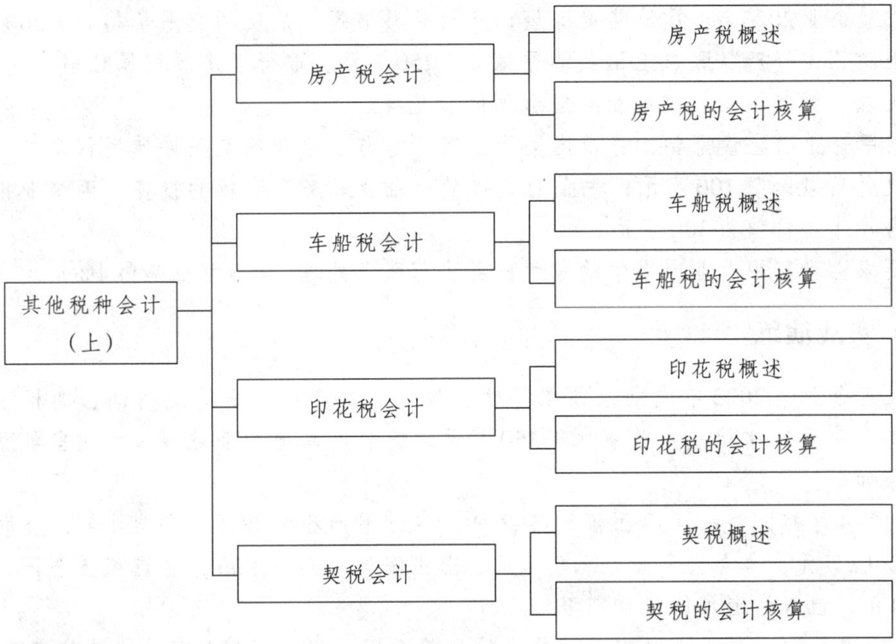

技能训练

1.某企业有房屋12栋。其中10栋（房产原值共计12 000万元）用于生产经营，1栋（房产原值400万元）用作幼儿园和职工学校，1栋（房产原值600万元）出租给其他企业，年租金80万元。房产原值减除比例为30%。

要求：计算该企业当年应缴纳的房产税。

2.某企业2023年委托施工企业建造物资仓库，8月末办理验收手续，入账原值为300万元，同年9月1日将原值400万元的旧仓库对外投资联营，当年收取固定利润12万元。当地政府规定的减除比例为30%。

要求：计算该企业2023年度应缴纳的房产税。

3.某企业2023年1月1日购买货车10辆、挂车6辆，整备质量均为4.6吨/辆。已知货车车船税适用年基准税额为整备质量每吨96元。

要求：计算该企业2023年应缴纳的车船税，并进行账务处理。

4.某公司2023年度拥有拖船2艘，每艘发动机功率1 500千瓦。当年8月新购置机动船4艘，每艘净吨位2 000吨。该公司船舶适用的年税额为：净吨位201吨～2 000吨的，每吨4元。

要求：计算该公司应缴纳的车船税。

5.某高新技术企业与广告公司签订广告制作合同1份，分别记载加工费3万元、广告公司提供的原材料成本7万元。

要求：计算该高新技术企业应当缴纳的印花税。

6. 甲公司作为受托方签订技术开发合同一份，合同约定：技术开发金额共计1 000万元，其中研究开发费用与报酬金额之比为3∶1。

要求：计算甲公司该笔业务应缴纳的印花税。

7. 某企业2023年5月份购置房屋，产权转移书据上注明的交易价格为1 200万元，在企业“固定资产”账户上记载的原值为1 250万元，取得了房屋权属证书。

要求：计算该企业该笔业务应缴纳的印花税。

8. 甲企业因经营需要，将市内某处空置厂房与乙企业的某土地使用权交换，由乙企业支付价款差额100万元；甲企业还接受丙企业以房产进行的投资，丙企业投资入股的房产市场价值为300万元。

要求：计算甲企业应缴纳的契税，并进行账务处理。(契税税率为4%)

实战演练

1. 某企业于2023年成立，领取了营业执照、房产证、土地使用证、商标注册证各一件，资金账簿记载实收资本1 350万元，新启用其他营业账簿8本，当年发生经济业务如下：

(1) 4月初，将一间门面租给某商户，签订财产租赁合同，租期1年，合同记载年租金12万元，本年内租金收入9万元。出租闲置的办公用品，签订租赁合同，月租金500元，但未指定具体租赁期限。

(2) 8月份，与某公司签订货物运输保管合同，记载运费9万元、装卸费1万元、仓储保管费8万元、货物保价100万元。

(3) 10月份，以一栋价值50万元的房产抵押，取得银行抵押贷款40万元，并签订抵押贷款合同，年底由于资金周转困难，按合同约定将房产产权转移给银行，并依法签订产权转移书据。

(4) 12月份，与甲公司签订转让技术合同，转让收入按甲公司2022—2023年实现利润的30%支付。

要求：根据上述资料，回答下列问题：

(1) 计算2023年使用的证照与账簿应缴纳的印花税。

(2) 计算2023年签订租赁合同应缴纳的印花税。

(3) 计算2023年运输保管合同应缴纳的印花税。

(4) 计算2023年房产抵押贷款业务应缴纳的印花税。

(5) 计算2023年技术转让合同应缴纳的印花税。

第九章

其他税种会计（中）

学习目标

能力目标

1. 熟悉城市维护建设税、教育费附加、车辆购置税、耕地占用税、船舶吨税会计（属于特定目的税类）的基本税制，能根据业务资料准确计算城市维护建设税、教育费附加、车辆购置税、耕地占用税、船舶吨税的税额。

2. 能够设置核算城市维护建设税、教育费附加、车辆购置税、耕地占用税、船舶吨税的会计科目，根据相关业务资料对城市维护建设税、教育费附加、车辆购置税、耕地占用税、船舶吨税进行会计核算。

素养目标

本章税类征收主要用于特定目的，比如教育费附加的征收主要是为了补充我国教育经费，以更好地提高我国的教育水平。财税人员应积极学习和运用税收政策，促使企业合法合规纳税。

导入案例

自2023年1月1日至2027年12月31日，我国对增值税小规模纳税人、小型微利企业和个体工商户减半征收资源税（不含水资源税）、城市维护建设税、房产税、城镇土地使用税、印花税（不含证券交易印花税）、耕地占用税和教育费附加、地方教育附加。增值税小规模纳税人、小型微利企业和个体工商户已依法享受资源税、城市维护建设税、房产税、城镇土地使用税、印花税、耕地占用税、教育费附加、地方教育附加等其他优惠政策的，可叠加享受本优惠政策。

二维码9-1

视频：导入案例解析

案例要求

请查阅相关资料，指出小型微利企业的认定条件。

第一节　城市维护建设税和教育费附加会计

情境引例

实习生小王到位于浙江省宁波市的生产型外贸公司宏运外贸财务部门实习。月末，财务科长老张让小王试着计算一下本月的城市维护建设税和教育费附加。相关资料如下：本月取得增值税合法抵扣凭据，进项税额为20万元，其中支付海关进口产品进项税额7万元，本月内销货物不含税金额100万元，出口货物折合人民币100万元，无上期留抵税额。货物适用13%的增值税税率，退税率为11%。

小王查阅相关资料后，进行了如下计算：

（1）出口货物不得免征和抵减税额=100×（13%-11%）=2（万元）

（2）当期应纳税额=100×13%-（20-2）=13-18=-5（万元）

（3）免抵退税额=100×11%=11（万元）

所以当期应退增值税税额5万元。

免抵金额=11-5=6（万元）

鉴于城市维护建设税和教育费附加基于实际缴纳的增值税和消费税之和征收，所以本期实际缴纳增值税为海关进口环节的7万元减去出口时退还的增值税5万元，即2万元。本月应缴纳城市维护建设税0.14万元（2×7%）、教育费附加0.06万元（2×3%）、地方教育附加0.04万元（2×2%）。

二维码9-2

情境引例解析

张科长看了小王的计算结果，笑了笑，说：“在进出口时，附加税费有个特殊的规定：进口不征，出口不退。你再看看，到底应该交多少附加税费？”

请同学们帮助小王计算一下应交多少附加税费。

一、城市维护建设税概述

（一）概念

城市维护建设税是对从事工商经营，缴纳增值税、消费税的单位和个人征收的一种附加税。

（二）纳税义务人

在中华人民共和国境内缴纳增值税、消费税的单位和个人，为城市维护建设税的纳税人。

城市维护建设税的扣缴义务人为负有增值税、消费税扣缴义务的单位和个人，在扣缴增值税、消费税的同时扣缴城市维护建设税。

（三）征税范围

城市维护建设税的征税范围较广，包括市区、县城、建制镇，以及税法规定的其他地区。

对进口货物或者境外单位和个人向境内销售劳务、服务、无形资产缴纳的增值税、消费税税额，不征收城市维护建设税。

（四）计税依据

城市维护建设税以纳税人依法实际缴纳的增值税、消费税税额为计税依据。

城市维护建设税的计税依据应当按照规定扣除期末留抵退税退还的增值税税额。

城市维护建设税计税依据的具体确定办法，由国务院依据《中华人民共和国城市维护建设税法》和有关税收法律、行政法规规定，报全国人民代表大会常务委员会备案。

纳税人违反增值税、消费税有关税法而加收的滞纳金和罚款，是税务机关对纳税人违法行为的经济制裁，不作为城市维护建设税的计税依据；但纳税人在被查补增值税、消费税并被处以罚款时，应同时对其偷漏的城市维护建设税进行补税、征收滞纳金，并处罚款。

对出口产品退还增值税、消费税的，不退还已缴纳的城市维护建设税。海关对进口产品代征的增值税、消费税，不征收城市维护建设税。

（五）税率

1.纳税人所在地在市区的，税率为7%。

2.纳税人所在地在县城、镇的，税率为5%。

3.纳税人所在地不在市区、县城或者镇的，税率为1%。

上述所称纳税人所在地，是指纳税人住所地或者与纳税人生产经营活动相关的其他地点，具体地点由省、自治区、直辖市确定。

应纳税额=计税依据×具体适用税率　　公式9-1

【例9-1】 甲化妆品厂坐落在市区，20×5年3月实际缴纳增值税和消费税360万元，其中包括由位于县城的乙企业代收代缴的消费税20万元、进口环节增值税和消费税40万元、被税务机关查补的增值税12万元。补缴增值税同时缴纳的滞纳金和罚款共计3万元。

要求：计算甲厂本月应缴纳的城市维护建设税。

应纳城市维护建设税=（360-20-40）×7%=21（万元）

（六）税收优惠

根据国民经济和社会发展的需要，国务院对重大公共基础设施建设、特殊产业和群体以及重大突发事件应对等情形可以规定减征或者免征城市维护建设税，报全国人民代表大会常务委员会备案。

（七）征收管理

城市维护建设税的纳税义务发生时间与增值税、消费税的纳税义务发生时间一致，分别与增值税、消费税同时缴纳。

城市维护建设税由税务机关依照《中华人民共和国城市维护建设税法》和《中华人民共和国税收征收管理法》的规定征收管理。

纳税人、税务机关及其工作人员违反《中华人民共和国城市维护建设税法》规定的，依照《中华人民共和国税收征收管理法》和有关法律法规的规定追究法律责任。

二、教育费附加概述

（一）概念

教育费附加和地方教育附加是对缴纳增值税、消费税的单位和个人，以其实际缴纳的税额为计算依据征收的一种附加费。它是为贯彻落实《中共中央关于教育体制改革的决定》，加快地方教育事业，扩大地方教育经费的资金来源而征收的一项专用基金。

（二）计征依据与比率

教育费附加和地方教育附加，以各单位和个人实际缴纳的增值税、消费税的税额为计征依据，教育费附加率为3%，地方教育附加率为2%，分别与增值税、消费税同时缴纳。

除国务院另有规定外，任何地区、部门不得擅自提高或者降低教育费附加率。

【例9-2】 金合公司位于市区，20×5年12月应缴纳增值税80万元，实际缴纳增值税110万元（包括缴纳以前年度欠缴的增值税30万元）。当月另办理增值税出口退税50万元。

要求：计算该公司当月应缴纳的城市维护建设税和教育费附加（含地方教育附加）。

应缴纳的城市维护建设税=110×7%=7.7（万元）

应缴纳的教育费附加（含地方教育附加）=110×（3%+2%）=5.5（万元）

（三）征收管理

教育费附加由税务机关负责征收，纳入预算管理，作为教育专项资金，根据“先收后支、列收列支、收支平衡”的原则使用和管理。

地方征收的教育费附加，按专项资金管理，由教育部门统筹安排，提出分配方案，商同级财政部门同意后，用于改善中小学教学设施和办学条件，不得用于职工福利和发放奖金。

教育费附加和地方教育附加的征收管理，按照消费税、增值税的有关规定办理。

（四）减免规定

1.对海关进口的产品征收的增值税、消费税，不征收教育费附加。

2.对由于减免增值税、消费税而发生退税的，可同时退还已征收的教育费附加。但对出口产品退还增值税、消费税的，不退还已征收的教育费附加。

3.对国家重大水利工程建设基金免征教育费附加。

4.自2016年2月1日起，按月纳税的月销售额或营业额不超过10万元（按季度纳税的季度销售额或营业额不超过30万元）的纳税义务人，免征教育费附加、地方教育附加。

三、城市维护建设税和教育费附加的会计核算

1.计提时：

借：税金及附加

　贷：应交税费——应交城市维护建设税

　　　　　　——应交教育费附加

　　　　　　——应交地方教育附加

2.缴纳时：

借：应交税费——应交城市维护建设税

　　　　　　——应交教育费附加

　　　　　　——应交地方教育附加

　贷：银行存款

第二节　车辆购置税会计

情境引例

2021年10月，中国公民张某在4S店购买了一台国产小轿车自己使用，机动车统一销售发票注明的含税金额为67.8万元；此外4S店代收保险费2万元，由保险公司开具发票。使用一年后，因出现质量问题将车辆退回销售企业。

请问张某购置该车辆时，应缴纳车辆购置税多少元？退回时，是否可以退还已缴纳的车辆购置税？如果可以，可退还多少元？

二维码9-3

视频：情境引例解析

一、车辆购置税概述

（一）概念

车辆购置税是以在中国境内购置规定车辆为课税对象，在特定的环节向车辆购置者征收的一种直接税。

购置，是指以购买、进口、自产、受赠、获奖或者其他方式取得并自用应税车辆的行为。纳税人进口自用应税车辆，是指纳税人直接从境外进口或者委托代理进口自用的应税车辆，不包括在境内购买的进口车辆。

车辆购置税实行一次性征收。购置已征车辆购置税的车辆，不再征收车辆购置税。

（二）纳税义务人

在中华人民共和国境内购置汽车、有轨电车、汽车挂车、排气量超过150毫升的摩托车（以下统称“应税车辆”）的单位和个人，为车辆购置税的纳税人，应当依照规定缴纳车辆购置税。

【特别提示】车辆购置税以列举的车辆作为征税对象，未列举的车辆不纳税。

地铁、轻轨等城市轨道交通车辆，装载机、平地机、挖掘机、推土机等轮式专用机械车，以及起重机（吊车）、叉车、电动摩托车，不属于应税车辆。

（三）应纳税款的计算

车辆购置税的税率为10%。

应税车辆的计税价格，按照下列规定确定：

1.纳税人购买自用应税车辆的计税价格，为纳税人实际支付给销售者的全部价款，不包括增值税税款；

2.纳税人进口自用应税车辆的计税价格，为关税完税价格加上关税和消费税；

3.纳税人自产自用应税车辆的计税价格，按照纳税人生产的同类应税车辆的销售价格确定，不包括增值税税款；

4.纳税人以受赠、获奖或者其他方式取得自用应税车辆的计税价格，按照购置应税车辆时相关凭证载明的价格确定，不包括增值税税款。

车辆购置税的应纳税额=应税车辆的计税价格×税率　　公式9-2

纳税人申报的应税车辆计税价格明显偏低，又无正当理由的，由税务机关依照《中华人民共和国税收征收管理法》的规定核定其应纳税额。

纳税人以外汇结算应税车辆价款的，按照申报纳税之日的人民币汇率中间价折合成人民币计算缴纳税款。

【例9-3】甲公交公司经批准从事城市公交运营，20×5年10月对新设的公交线路购置了20辆公交巴士和15辆无轨电车，其中20辆公交巴士含增值税购置价格合计为226万元，15辆无轨电车含增值税购置价格合计为152.55万元；当月该公交公司为管理部门购入办公用小轿车3辆，含增值税购置价格合计为67.8万元，支付车辆保险费1.8万元并取得保险公司开具的票据。

要求：计算甲公交公司应纳的车辆购置税。

对城市公交企业购置的公共汽电车辆免征车辆购置税。

应纳的车辆购置税=67.8÷（1+13%）×10%=6（万元）

（四）税收优惠

下列车辆免征车辆购置税：

1.依照法律规定应当予以免税的外国驻华使馆、领事馆和国际组织驻华机构及其有关人员自用的车辆；

2.中国人民解放军和中国人民武装警察部队列入装备订货计划的车辆；

3.悬挂应急救援专用号牌的国家综合性消防救援车辆；

4.设有固定装置的非运输专用作业车辆；

5.城市公交企业购置的公共汽电车辆。

根据国民经济和社会发展的需要，国务院可以规定减征或者其他免征车辆购置税的情形，报全国人民代表大会常务委员会备案。

对购置日期在2024年1月1日至2025年12月31日期间的新能源汽车免征车辆购置税，其中，每辆新能源乘用车免税额不超过3万元；对购置日期在2026年1月1日至2027年12月31日期间的新能源汽车减半征收车辆购置税，其中，每辆新能源乘用车减税额不超过1.5万元。

免税、减税车辆因转让、改变用途等原因不再属于免税、减税范围的，纳税人应当在办理车辆转移登记或者变更登记前缴纳车辆购置税。计税价格以免税、减税车辆初次办理纳税申报时确定的计税价格为基准，每满一年扣减10%。

纳税人将已征车辆购置税的车辆退回车辆生产企业或者销售企业的，可以向主管税务机关申请退还车辆购置税。退税额以已缴税款为基准，自缴纳税款之日至申请退税之日，每满一年扣减10%。

【例9-4】 甲公司于20×2年10月购买了一辆设有固定装置的非运输专用作业车辆，该车的规定使用年限为10年，初次办理纳税申报时的计税价格为230 000元。20×5年10月，该单位拆除固定装置将该车辆改为运输用途，并于10月20日办理了相关手续。

要求：计算甲公司应纳车辆购置税。

甲公司应纳车辆购置税=230 000×（1−3×10%）×10%=16 100（元）

（五）征收管理

车辆购置税由税务机关负责征收。

纳税人购置应税车辆，应当向车辆登记地的主管税务机关申报缴纳车辆购置税；购置不需要办理车辆登记的应税车辆的，应当向纳税人所在地的主管税务机关申报缴纳车辆购置税。

车辆购置税的纳税义务发生时间为纳税人购置应税车辆的当日。纳税人应当自纳税义务发生之日起60日内申报缴纳车辆购置税。

纳税人应当在向公安机关交通管理部门办理车辆注册登记前，缴纳车辆购置税。公安机关交通管理部门办理车辆注册登记，应当根据税务机关提供的应税车辆完税或者免税电子信息对纳税人申请登记的车辆信息进行核对，核对无误后依法办理车辆注册登记。

税务机关和公安、商务、海关、工业和信息化等部门应当建立应税车辆信息共享和工作配合机制，及时交换应税车辆和纳税信息资料。

二、车辆购置税的会计核算

购买车辆缴纳的车辆购置税应当计入固定资产成本。

借：固定资产

　贷：应交税费——应交车辆购置税

第三节　耕地占用税会计

情境引例

【案例1】2023年8月，甲企业占用拉萨市城关区农用地建设现代化生产厂房，其中耕地1 000㎡、林地1 000㎡、园地1 000㎡、其他农用地1 000㎡，占用基本农田1 000㎡，甲企业应纳耕地占用税税额该如何计算？

【案例2】2023年9月，某村民占用集体土地建设直接为农业生产服务的生产设施，其中一般耕地1 000㎡、林地和园地3 000㎡，该村民是否应缴纳耕地占用税？某村集体占用耕地修建农田水利设施，是否需要缴纳耕地占用税？

二维码9-4

视频：情境引例解析

【案例3】2023年11月，某村居民经批准，在规定面积内占用耕地新建自用住宅，该村民是否需要缴纳耕地占用税？该村民新建自用住宅完工后，由于种种原因，私自占用耕地加盖房屋，总占地面积超出用地规定标准，超出用地规定标准部分是否需要缴纳耕地占用税？如果住宅建成后该村民将其作为农家宾馆对外经营，那么该村民是否需要补缴耕地占用税？

一、耕地占用税概述

（一）概念

为了合理利用土地资源，加强土地管理，保护耕地，国家制定的调整耕地占用税征收与缴纳权利及义务关系的法律规范称为耕地占用税法。

耕地占用税是对占用耕地建房或从事其他非农业建设的单位和个人，就其实际占用的耕地面积征收的一种税。它属于对特定土地资源占用课税。

耕地，是指用于种植农作物的土地。

（二）纳税义务人

在中华人民共和国境内占用耕地建设建筑物、构筑物或者从事非农业建设的单位和个人，为耕地占用税的纳税人，应当依照耕地占用税法的规定缴纳耕地占用税。

（三）应纳税额

占用耕地建设农田水利设施的，不缴纳耕地占用税。

耕地占用税以纳税人实际占用的耕地面积为计税依据，按照规定的适用税额一次性征收，应纳税额为纳税人实际占用的耕地面积（平方米）乘以适用税额。

耕地占用税的税额如下：

1.人均耕地不超过1亩的地区（以县、自治县、不设区的市、市辖区为单位，下同），每平方米为10元至50元；

2.人均耕地超过1亩但不超过2亩的地区，每平方米为8元至40元；

3.人均耕地超过2亩但不超过3亩的地区，每平方米为6元至30元；

4.人均耕地超过3亩的地区，每平方米为5元至25元。

各地区耕地占用税的适用税额，由省、自治区、直辖市人民政府根据人均耕地面积和经济发展等情况，在上述规定的税额幅度内提出，报同级人民代表大会常务委员会决定，并报全国人民代表大会常务委员会和国务院备案。各省、自治区、直辖市耕地占用税适用税额的平均水平，不得低于《各省、自治区、直辖市耕地占用税平均税额表》规定的平均税额。

在人均耕地低于0.5亩的地区，省、自治区、直辖市可以根据当地经济发展情况，适当提高耕地占用税的适用税额，但提高的部分不得超过适用税额的50%。

占用基本农田的，应当按照当地适用税额，加按150%征收。

【例9-5】村民张某20×5年起承包耕地面积3 000平方米。20×5年将其中250平方米用于新建住宅，其余耕地仍和上年一样使用，即1 000平方米用于种植药材，1 750平方米用于种植水稻。当地耕地占用税税额为30元/平方米。

要求：计算张某应缴纳的耕地占用税。

农村居民占用耕地新建住宅，按照当地适用税额减半征收耕地占用税。

张某应缴纳的耕地占用税=250×30÷2=3 750（元）

（四）税收优惠

军事设施、学校、幼儿园、社会福利机构、医疗机构占用耕地，免征耕地占用税。

铁路线路、公路线路、飞机场跑道、停机坪、港口、航道、水利工程占用耕地，减按每平方米2元的税额征收耕地占用税。

农村居民在规定用地标准以内占用耕地新建自用住宅，按照当地适用税额减半征收耕地占用税；其中农村居民经批准搬迁，新建自用住宅占用耕地不超过原宅基地面积的部分，免征耕地占用税。

农村烈士遗属、因公牺牲军人遗属、残疾军人以及符合农村最低生活保障条件的农村居民，在规定用地标准以内新建自用住宅，免征耕地占用税。

根据国民经济和社会发展的需要，国务院可以规定免征或者减征耕地占用税的其他情形，报全国人民代表大会常务委员会备案。

免征或者减征耕地占用税后，纳税人改变原占地用途，不再属于免征或者减征耕地占用税情形的，应当按照当地适用税额补缴耕地占用税。

纳税人因建设项目施工或者地质勘查临时占用耕地，应当依法缴纳耕地占用税。纳税人在批准临时占用耕地期满之日起1年内依法复垦，恢复种植条件的，全额退还已经缴纳的耕地占用税。

占用园地、林地、草地、农田水利用地、养殖水面、渔业水域滩涂以及其他农用地建设建筑物、构筑物或者从事非农业建设的，缴纳耕地占用税。占用上述规定的农用地的，适用税额可以适当低于本地区的适用税额，但降低的部分不得超过50%。具体适用税额由省、自治区、直辖市人民政府提出，报同级人民代表大会常务委员会决定，并报全国人民代表大会常务委员会和国务院备案。占用上述农用地建设直接为农业生产服务的生产设施的，不缴纳耕地占用税。

（五）税收征管

耕地占用税由税务机关负责征收。

耕地占用税的纳税义务发生时间为纳税人收到自然资源主管部门办理占用耕地手续的书面通知的当日。纳税人应当自纳税义务发生之日起30日内申报缴纳耕地占用税。

自然资源主管部门凭耕地占用税完税凭证或者免税凭证和其他有关文件发放建设用地批准书。

税务机关应当与相关部门建立耕地占用税涉税信息共享机制和工作配合机制。县级以上地方人民政府自然资源、农业农村、水利等相关部门应当定期向税务机关提供农用地转用、临时占地等信息，协助税务机关加强耕地占用税征收管理。

税务机关发现纳税人的纳税申报数据资料异常或者纳税人未按照规定期限申报纳税的，可以提请相关部门进行复核，相关部门应当自收到税务机关复核申请之日起30日内向税务机关出具复核意见。

二、耕地占用税的会计核算

1.计提时：

借：在建工程/开发成本

贷：应交税费——应交耕地占用税

2.缴纳时：

借：应交税费——应交耕地占用税

贷：银行存款

【思政课堂】

耕地保护的重要性

保护耕地意义重大，对于未来发展也有着至关重要的意义。耕地保护关系到国家粮食安全，关系到农民的长远生计。耕地是粮食安全的载体，严格土地管理，直接关系到国家粮食安全。14多亿人口的吃饭问题，始终是我国一件头等重要的大事。耕地是农业最基本的生产资料。我国是一个人口众多的农业大国，但是人均耕地数量少，耕地的后备资源不足，为了稳固农业基础，必须切实保护耕地。耕地得到有效保护，粮食生产安全稳定，为防止通货膨胀、保障人民生活、保持社会稳定、实现宏观调控目标等都创造了有利条件。耕地保护必须以保护和改善生态环境、防止水土流失和土地沙化为目标。经济建设不能乱用耕地、牺牲耕地。

纳税人占用基本农田加征耕地占用税，占用其他农用地耕地占用税税额下降，这体现了耕地占用税的立法指导思想，有助于合理配置土地资源，保护耕地，提高其他农用地的利用率。建设农田水利设施有利于农业发展、农民增收、农村稳定，关系国计民生，体现了国家鼓励“三农”发展的大政方针，占用耕地建设农田水利设施不缴纳耕地占用税。

资料来源：佚名．保护耕地 实现土地可持续发展［EB/OL］．［2021-05-07］．https：//www.sohu.com/a/464984137_120749925.经作者加工整理。

第四节　船舶吨税会计

情境引例

二维码9-5

情境引例解析

大连作为东北地区唯一的邮轮母港，不断吸引着各大邮轮公司的注意力，派驻大连的始发邮轮运力实现逐年更新。大连港具备国内停靠最大16.5万吨级邮轮接待能力。2024年3月10日上午7时许，国际邮轮“翠德丹”号在海事0301轮的护航下缓缓靠泊大连港，1 105名外籍游客如期抵达大连。

请问：这艘邮轮在大连是否需要缴纳船舶吨税？纳税义务发生时间是哪天？

一、船舶吨税概述

（一）概念

船舶吨税简称吨税，是海关对自中华人民共和国境外港口进入境内港口的船舶（以下称“应税船舶”）所征收的一种税。

（二）纳税义务人

对自中国境外港口进入中国境内港口的船舶征收船舶吨税，以应税船舶的负责人为纳税人。

（三）税率

船舶吨税设置优惠税率和普通税率。

中华人民共和国国籍的应税船舶，船籍国（地区）与中华人民共和国签订含有相互给予船舶税费最惠国待遇条款的条约或者协定的应税船舶，适用优惠税率。

其他应税船舶，适用普通税率。

船舶吨税按照船舶净吨位和吨税执照期限征收。净吨位，是指由船籍国（地区）政府授权签发的船舶吨位证明书上标明的净吨位。吨税执照期限，是指按照公历年、日计算的期间。应税船舶负责人在每次申报纳税时，可以按照《吨税税目税率表》选择申领一种期限的吨税执照。应税船舶在进入港口办理入境手续时，应当向海关申报纳税领取吨税执照，或者交验吨税执照（或者申请核验吨税执照电子信息）。应税船舶在离开港口办理出境手续时，应当交验吨税执照（或者申请核验吨税执照电子信息）。

应税船舶负责人申领吨税执照时，应当向海关提供船舶国籍证书或者海事部门签发的船舶国籍证书收存证明与船舶吨位证明。

吨税税目税率表见表9-1。

表9-1　**吨税税目税率表**

税目 （按船舶净吨位划分）	税率（元/净吨）						备注
	普通税率 （按执照期限划分）			优惠税率 （按执照期限划分）			
	1年	90日	30日	1年	90日	30日	
不超过2 000净吨	12.6	4.2	2.1	9.0	3.0	1.5	1.拖船按照发动机功率每1千瓦折合净吨位0.67吨。 2.无法提供净吨位证明文件的游艇，按照发动机功率每千瓦折合净吨位0.05吨。 3.拖船和非机动驳船分别按相同净吨位船舶税率的50%计征税款
超过2 000净吨，但不超过10 000净吨	24.0	8.0	4.0	17.4	5.8	2.9	
超过10 000净吨，但不超过50 000净吨	27.6	9.2	4.6	19.8	6.6	3.3	
超过50 000净吨	31.8	10.6	5.3	22.8	7.6	3.8	

注：拖船，是指专门用于拖（推）动运输船舶的专业作业船舶。非机动驳船，是指在船舶管理部门登记为驳船的非机动船舶。非机动船舶，是指自身没有动力装置，依靠外力驱动的船舶。

吨税应纳税额=船舶净吨位×适用税率　　公式9-3

【例9-6】 甲国一艘货轮驶入我国宁波港口，该货轮净吨位为20 000吨，货轮负责人已向我国海关领取了吨税执照，在港口停留期限为30天，根据吨税的相关规定，该货轮适用吨税税率为每净吨位4.6元。

要求：计算该货轮负责人应向我国海关缴纳的吨税。

应缴纳吨税=20 000×4.6=92 000（元）

应税船舶在吨税执照期限内，因税目税率调整或者船籍改变而导致适用税率变化的，吨税执照继续有效。因船籍改变而导致适用税率变化的，应税船舶在办理出入境手续时，应当提供船籍改变的证明文件。

应税船舶在吨税执照期限内，因修理、改造导致净吨位变化的，吨税执照继续有效。应税船舶办理出入境手续时，应当提供船舶经过修理、改造的证明文件。

（四）税款缴纳

吨税由海关负责征收。海关征收吨税应当制发缴款凭证。

应税船舶负责人缴纳吨税或者提供担保后，海关按照其申领的执照期限填发吨税执照。

应税船舶到达港口前，经海关核准先行申报并办结出入境手续的，应税船舶负责人应当向海关提供与其依法履行吨税缴纳义务相适应的担保；应税船舶到达港口后向海关申报纳税。

下列财产、权利可以用于担保：

（1）人民币、可自由兑换货币；

（2）汇票、本票、支票、债券、存单；

（3）银行、非银行金融机构的保函；

（4）海关依法认可的其他财产、权利。

吨税执照在期满前毁损或者遗失的，应当向原发照海关书面申请核发吨税执照副本，不再补税。

应税船舶因不可抗力在未设立海关地点停泊的，船舶负责人应当立即向附近海关报告，并在不可抗力原因消除后，依照规定向海关申报纳税。

（五）纳税时间

吨税纳税义务发生时间为应税船舶进入港口的当日。应税船舶在吨税执照期满后尚未离开港口的，应当申领新的吨税执照，自上一次执照期满的次日起续缴吨税。

应税船舶负责人应当自海关填发吨税缴款凭证之日起15日内向指定银行缴清税款。未按期缴清税款的，自滞纳税款之日起，按日加收滞纳税款0.5‰的滞纳金。

（六）税收优惠

下列船舶免征吨税：

（1）应纳税额在人民币50元以下的船舶。

（2）自境外以购买、受赠、继承等方式取得船舶所有权的初次进口到港的空载船舶。

（3）吨税执照期满后24小时内不上下客货的船舶。

（4）非机动船舶（不包非机动驳船）。

（5）捕捞、养殖渔船。捕捞、养殖渔船，是指在中华人民共和国渔业船舶管理部门登记为捕捞船或者养殖船的船舶。

（6）避难、防疫隔离、修理、终止运营或者拆解，并不上下客货的船舶。

（7）军队、武装警察部队专用或者征用的船舶。

（8）依照法律规定应当予以免税的外国驻华使领馆、国际组织驻华代表机构及其有关人员的船舶。

（9）由国务院报全国人民代表大会常务委员会备案后，国务院规定的其他船舶。

在吨税执照期限内，应税船舶发生下列情形之一的，海关按照实际发生的天数批注延长吨税执照期限：

（1）避难、防疫隔离、修理、改造，并不上下客货；

（2）军队、武装警察部队征用。

符合上述免征吨税条款第（5）项至第（8）项、批注延长吨税执照期限规定的船舶，应当提供海事部门、渔业船舶管理部门或者出入境检验检疫部门等部门、机构出具的具有法律效力的证明文件或者使用关系证明文件，申明免税或者延长吨税执照期限的依据和理由。

（七）税收征管

海关发现少征或者漏征税款的，应当自应税船舶应当缴纳税款之日起1年内，补征税款。但因应税船舶违反规定造成少征或者漏征税款的，海关可以自应当缴纳税款之日起3年内追征税款，并自应当缴纳税款之日起按日加征少征或者漏征税款0.5‰的滞纳金。

海关发现多征税款的，应当在24小时内通知应税船舶办理退还手续，并加算银行同期活期存款利息。应税船舶发现多缴税款的，可以自缴纳税款之日起3年内以书面形式要求海关退还多缴的税款并加算银行同期活期存款利息；海关应当自受理退税申请之日起30日内查实并通知应税船舶办理退还手续。应税船舶应当自收到规定的通知之日起3个月内办理有关退还手续。

应税船舶有下列行为之一的，由海关责令限期改正，处2 000元以上3万元以下罚款；不缴或者少缴应纳税款的，处不缴或者少缴税款50%以上5倍以下的罚款，但罚款不得低于2 000元：

（1）未按照规定申报纳税、领取吨税执照；

（2）未按照规定交验吨税执照（或者申请核验吨税执照电子信息）以及提供其他证明文件。

吨税税款、滞纳金、罚款以人民币计算。

二、船舶吨税的会计核算

1.计提时：

借：税金及附加

　　贷：应交税费——应交船舶吨税

2.缴纳时：

借：应交税费——应交船舶吨税

　　贷：银行存款

本章小结

本章认知学习内容结构如下图所示：

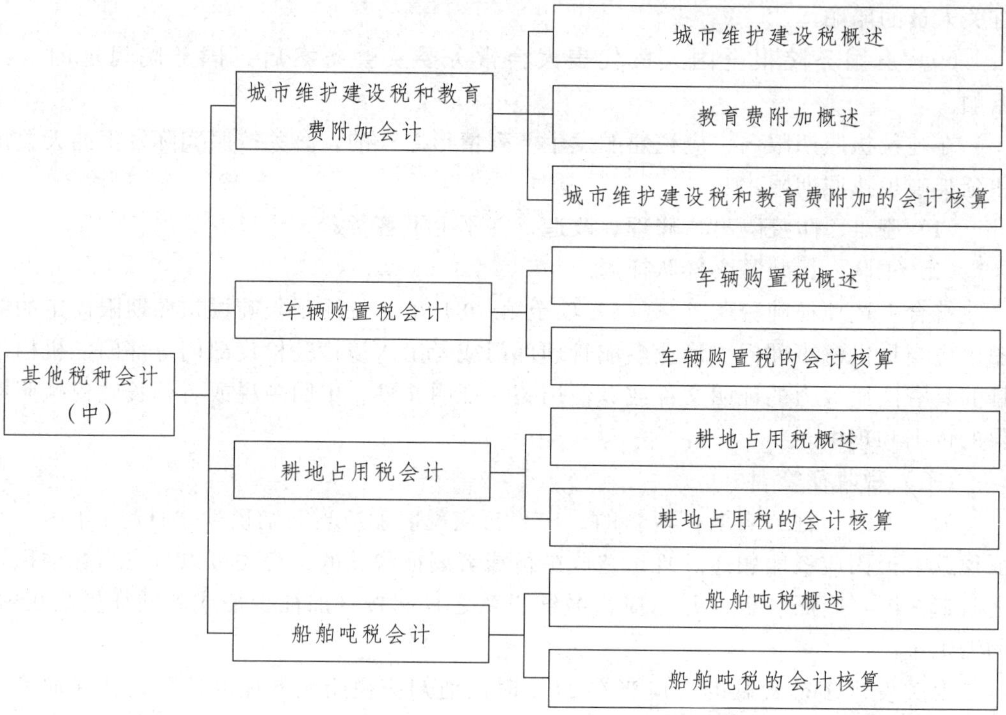

技能训练

1. 上海市某股份制企业某月缴纳增值税3 400元、消费税6 000元。

要求：请计算该企业应缴纳的城市维护建设税和教育费附加、地方教育附加，并编制会计分录。

2. 某县城一加工企业2020年1月进口半成品缴纳增值税120万元，销售产品收取增值税280万元，本月出租门面房收到租金32.7万元（为1—6月份半年租金）。

要求：计算该企业当月应缴纳的城市维护建设税和教育费附加，并编制会计分录。

3. 山东青岛某汽车贸易公司2019年6月进口11辆小轿车，海关审定的关税完税价格为25万元/辆，当月销售8辆，取得含税销售收入240万元；企业自用2辆，1辆用于抵偿债务。合同约定的含税价格为30万元。

要求：计算该公司应纳车辆购置税并进行账务处理（小轿车关税税率为28%，消费税税率为9%）。

实战演练

将全班同学分成若干小组，每组10人左右。每组选择一个城市作为调研对象，通过电话、电子邮件调查问卷、网页版调查问卷或者纸质版调查问卷的方式，调查其每年的城市维护建设税和教育费附加的税收总额、城市建设支出和教育经费支出，计算城市维护建设税和教育费附加分别占城市建设支出、教育费支出的比重，分析城市建设支出、教育经费支出的其他来源。

第十章

其他税种会计（下）

学习目标

能力目标

1. 熟悉资源税、环境保护税、城镇土地使用税（属于资源税和环境保护税类）的基本税制，能根据业务资料准确计算资源税、环境保护税、城镇土地使用税的税额。

2. 能够设置核算资源税、环境保护税、城镇土地使用税的会计科目，根据相关业务资料对资源税、环境保护税、城镇土地使用税进行会计核算。

素养目标

国家征收资源税、环境保护税和城镇土地使用税，体现了对资源、环境和土地的保护及节约利用，作为财税人员，应该正确运用资源和环境保护类税法，响应国家号召，积极促进企业合法合规纳税，履行企业的社会责任。

导入案例

当前，我国经济已由高速增长阶段转向高质量发展阶段，正处在转变发展方式、优化经济结构、转换增长动力的攻关期。党的二十大报告明确指出："我们坚持绿水青山就是金山银山的理念，坚持山水林田湖草沙一体化保护和系统治理，全方位、全地域、全过程加强生态环境保护，生态文明制度体系更加健全，污染防治攻坚向纵深推进，绿色、循环、低碳发展迈出坚实步伐，生态环境保护发生历史性、转折性、全局性变化，我们的祖国天更蓝、山更绿、水更清。"为了保护和合理开发利用资源，调节资源级差收入，提高资源使用效益，加强资源管理，保护生态环境，推进生态文明建设，落实税收法定原则，我国分别通过了2018年1月1日起正式实施的《中华人民共和国环境保护税法》，2020年9月1日起施行的《中华人民共和国资源税法》，《中华人民共和国城镇土地使用税暂行条例》也作了部分修改，于2013年12月7日起实施。这三种税的征收体现了税法的公平原则、效率原则和适度原则。

二维码10-1

视频：导入案例解析

案例要求

请阐述开征环境保护税、资源税和城镇土地使用税的主要意义。

第一节 资源税会计

情境引例

二维码10-2

情境引例解析

达丰公司属于小规模纳税人，主要业务是从衰竭期矿山开采铁矿。20×5年9月销售自采铁原矿，取得销售收入50万元（运杂费2万元，已开具增值税发票）。该企业20×5年9月资源税应纳税额应如何计算？

一、资源税概述

（一）概念

资源税是对在我国领域和管辖的其他海域开发应税资源的单位和个人课征的一种税，属于对自然资源开发课税的范畴。

（二）纳税义务人

在中华人民共和国领域和中华人民共和国管辖的其他海域开发应税资源的单位和个人，为资源税的纳税人。

纳税人开采或者生产应税产品自用的，应当依照《中华人民共和国资源税法》的规定缴纳资源税；但是，用于连续生产应税产品的，不缴纳资源税。

中外合作开采陆上、海上石油资源的企业依法缴纳资源税。

2011年11月1日前已依法订立中外合作开采陆上、海上石油资源合同的，在该合同有效期内，继续依照国家有关规定缴纳矿区使用费，不缴纳资源税；合同期满后，依法缴纳资源税。

（三）征税范围与税目税率

应税资源的具体范围，以及资源税的税目、税率，由资源税法所附《资源税税目税率表》（见表10-1）确定，实行从价计征或者从量计征。应税产品为矿产品的，包括原矿和选矿产品。

表10-1　　　　　　　　　　　　**资源税税目税率表**

<table>
<tr><th colspan="3">税目</th><th>征税对象</th><th>税率</th></tr>
<tr><td rowspan="7">能源矿产</td><td colspan="2">原油</td><td>原矿</td><td>6%</td></tr>
<tr><td colspan="2">天然气、页岩气、天然气水合物</td><td>原矿</td><td>6%</td></tr>
<tr><td colspan="2">煤</td><td>原矿或者选矿</td><td>2%~10%</td></tr>
<tr><td colspan="2">煤成（层）气</td><td>原矿</td><td>1%~2%</td></tr>
<tr><td colspan="2">铀、钍</td><td>原矿</td><td>4%</td></tr>
<tr><td colspan="2">油页岩、油砂、天然沥青、石煤</td><td>原矿或者选矿</td><td>1%~4%</td></tr>
<tr><td colspan="2">地热</td><td>原矿</td><td>1%~20% 或者每立方米1~30元</td></tr>
<tr><td rowspan="11">金属矿产</td><td>黑色金属</td><td>铁、锰、铬、钒、钛</td><td>原矿或者选矿</td><td>1%~9%</td></tr>
<tr><td rowspan="10">有色金属</td><td>铜、铅、锌、锡、镍、锑、镁、钴、铋、汞</td><td>原矿或者选矿</td><td>2%~10%</td></tr>
<tr><td>铝土矿</td><td>原矿或者选矿</td><td>2%~9%</td></tr>
<tr><td>钨</td><td>选矿</td><td>6.5%</td></tr>
<tr><td>钼</td><td>选矿</td><td>8%</td></tr>
<tr><td>金、银</td><td>原矿或者选矿</td><td>2%~6%</td></tr>
<tr><td>铂、钯、钌、锇、铱、铑</td><td>原矿或者选矿</td><td>5%~10%</td></tr>
<tr><td>轻稀土</td><td>选矿</td><td>7%~12%</td></tr>
<tr><td>中重稀土</td><td>选矿</td><td>20%</td></tr>
<tr><td>铍、锂、锆、锶、铷、铯、铌、钽、锗、镓、铟、铊、铪、铼、镉、硒、碲</td><td>原矿或者选矿</td><td>2%~10%</td></tr>
<tr><td colspan="3"></td></tr>
<tr><td rowspan="5">非金属矿产</td><td rowspan="5">矿物类</td><td>高岭土</td><td>原矿或者选矿</td><td>1%~6%</td></tr>
<tr><td>石灰岩</td><td>原矿或者选矿</td><td>1%~6% 或者每吨（或者每立方米）1~10元</td></tr>
<tr><td>磷</td><td>原矿或者选矿</td><td>3%~8%</td></tr>
<tr><td>石墨</td><td>原矿或者选矿</td><td>3%~12%</td></tr>
<tr><td>萤石、硫铁矿、自然硫</td><td>原矿或者选矿</td><td>1%~8%</td></tr>
</table>

续表

税目			征税对象	税率
非金属矿产	矿物类	天然石英砂、脉石英、粉石英、水晶、工业用金刚石、冰洲石、蓝晶石、硅线石（矽线石）、长石、滑石、刚玉、菱镁矿、颜料矿物、天然碱、芒硝、钠硝石、明矾石、砷、硼、碘、溴、膨润土、硅藻土、陶瓷土、耐火黏土、铁矾土、凹凸棒石黏土、海泡石黏土、伊利石黏土、累托石黏土	原矿或者选矿	1%~12%
非金属矿产	矿物类	叶蜡石、硅灰石、透辉石、珍珠岩、云母、沸石、重晶石、毒重石、方解石、蛭石、透闪石、工业用电气石、白垩、石棉、蓝石棉、红柱石、石榴子石、石膏	原矿或者选矿	2%~12%
非金属矿产	矿物类	其他黏土（铸型用黏土、砖瓦用黏土、陶粒用黏土、水泥配料用黏土、水泥配料用红土、水泥配料用黄土、水泥配料用泥岩、保温材料用黏土）	原矿或者选矿	1%~5%或者每吨（或者每立方米）0.1~5元
非金属矿产	矿物类	大理岩、花岗岩、白云岩、石英岩、砂岩、辉绿岩、安山岩、闪长岩、板岩、玄武岩、片麻岩、角闪岩、页岩、浮石、凝灰岩、黑曜岩、霞石正长岩、蛇纹岩、麦饭石、泥灰岩、含钾岩石、含钾砂页岩、天然油石、橄榄岩、松脂岩、粗面岩、辉长岩、辉石岩、正长岩、火山灰、火山渣、泥炭	原矿或者选矿	1%~10%
非金属矿产	岩石类	砂石（天然砂、卵石、机制砂石）	原矿或者选矿	1%~5%或者每吨（或者每立方米）0.1~5元
非金属矿产	宝玉石类	宝石、玉石、宝石级金刚石、玛瑙、黄玉、碧玺	原矿或者选矿	4%~20%
水气矿产	二氧化碳气、硫化氢气、氦气、氡气		原矿	2%~5%
水气矿产	矿泉水		原矿	1%~20%或者每立方米1~30元
盐	钠盐、钾盐、镁盐、锂盐		选矿	3%~15%
盐	天然卤水		原矿	3%~15%或者每吨（或者每立方米）1~10元
盐	海盐			2%~5%

《资源税税目税率表》中规定实行幅度税率的，其具体适用税率由省、自治区、直辖市人民政府统筹考虑该应税资源的品位、开采条件以及对生态环境的影响等情况，在规定的税率幅度内提出，报同级人民代表大会常务委员会决定，并报全国人民代表大会常务委员会和国务院备案。规定征税对象为原矿或者选矿的，应当分别确定

具体适用税率。

《资源税税目税率表》中规定可以选择实行从价计征或者从量计征的，具体计征方式由省、自治区、直辖市人民政府提出，报同级人民代表大会常务委员会决定，并报全国人民代表大会常务委员会和国务院备案。

（四）税收优惠

1.有下列情形之一的，免征资源税：

（1）开采原油以及在油田范围内运输原油过程中用于加热的原油、天然气。

（2）煤炭开采企业因安全生产需要抽采的煤成（层）气。

2.有下列情形之一的，减征资源税：

（1）从低丰度油气田开采的原油、天然气，减征20%资源税。

低丰度油气田，包括陆上低丰度油田、陆上低丰度气田、海上低丰度油田、海上低丰度气田。

陆上低丰度油田是指每平方公里原油可开采储量丰度低于25万立方米的油田；陆上低丰度气田是指每平方公里天然气可开采储量丰度低于2.5亿立方米的气田；海上低丰度油田是指每平方公里原油可开采储量丰度低于60万立方米的油田；海上低丰度气田是指每平方公里天然气可开采储量丰度低于6亿立方米的气田。

（2）高含硫天然气、三次采油和从深水油气田开采的原油、天然气，减征30%资源税。

高含硫天然气，是指硫化氢含量在每立方米30克以上的天然气。

三次采油，是指二次采油后继续以聚合物驱、复合驱、泡沫驱、气水交替驱、二氧化碳驱、微生物驱等方式进行采油。

深水油气田，是指水深超过300米的油气田。

（3）稠油、高凝油减征40%资源税。

稠油，是指地层原油黏度大于或等于每秒50毫帕或原油密度大于或等于每立方厘米0.92克的原油。

高凝油，是指凝固点高于40℃的原油。

（4）从衰竭期矿山开采的矿产品，减征30%资源税。

衰竭期矿山，是指设计开采年限超过15年，且剩余可开采储量下降到原设计可开采储量的20%以下或者剩余开采年限不超过5年的矿山。衰竭期矿山以开采企业下属的单个矿山为单位确定。

（5）为了鼓励煤炭资源集约开采利用，自2023年9月1日至2027年12月31日，对充填开采置换出来的煤炭，资源税减征50%。

根据国民经济和社会发展需要，国务院对有利于促进资源节约集约利用、保护环境等情形可以规定免征或者减征资源税，报全国人民代表大会常务委员会备案。

3.有下列情形之一的，省、自治区、直辖市可以决定免征或者减征资源税：

（1）纳税人开采或者生产应税产品过程中，因意外事故或者自然灾害等原因遭受重大损失；

（2）纳税人开采共伴生矿、低品位矿、尾矿。

上述规定的免征或者减征资源税的具体办法，由省、自治区、直辖市人民政府提出，报同级人民代表大会常务委员会决定，并报全国人民代表大会常务委员会和国务院备案。

纳税人的免税、减税项目，应当单独核算销售额或者销售数量；未单独核算或者不能准确提供销售额或者销售数量的，不予免税或者减税。

（五）征收管理

资源税由税务机关依照《中华人民共和国资源税法》和《中华人民共和国税收征收管理法》的规定征收管理。税务机关与自然资源等相关部门应当建立工作配合机制，加强资源税征收管理。

纳税人、税务机关及其工作人员违反《中华人民共和国资源税法》的规定的，依照《中华人民共和国税收征收管理法》和有关法律法规的规定追究法律责任。

（六）水资源税

国务院根据国民经济和社会发展需要，依照《中华人民共和国资源税法》的原则，对取用地表水或者地下水的单位和个人试点征收水资源税。征收水资源税的，停止征收水资源费。

水资源税根据当地水资源状况、取用水类型和经济发展等情况实行差别税率。

水资源税试点实施办法由国务院规定，报全国人民代表大会常务委员会备案。

国务院自《中华人民共和国资源税法》施行之日起5年内，就征收水资源税试点情况向全国人民代表大会常务委员会报告，并及时提出修改法律的建议。

二、资源税的计算与申报

（一）资源税的计算

从价计征：应纳税额=应税资源产品的销售额×比例税率　　公式10-1

从量计征：应纳税额=应税资源产品的销售数量×定额税率　　公式10-2

纳税人开采或者生产不同税目应税产品的，应当分别核算不同税目应税产品的销售额或者销售数量；未分别核算或者不能准确提供不同税目应税产品的销售额或者销售数量的，从高适用税率。

【例10-1】假设某铜矿开采企业20×5年9月开采并销售铜矿原矿，开具增值税专用发票，注明金额500万元、税额65万元，销售铜矿选矿取得不含增值税销售额3 000万元。当地省人民政府规定，铜矿原矿税率为4%，铜矿选矿税率为8%。

要求：计算该企业20×5年9月应缴纳的资源税税额。

该企业应纳资源税税额=销售额×适用税率=500×4%+3 000×8%=260（万元）

【例10-2】某原油开采企业为增值税一般纳税人，20×5年3月开采原油15万吨，当月销售10万吨，取得不含税收入52 000万元，4万吨用于继续加工为成品油，1万吨用于加热。已知原油适用的资源税税率为6%。

要求：计算该企业当月应纳资源税税额。

（1）自产应税产品原油用于连续加工非应税的成品油，在移送环节视同销售缴纳。

（2）用于加热的原油免征资源税。

（3）应纳资源税=52 000÷10×（10+4）×6%=4 368（万元）

（二）资源税的申报

纳税人应当向应税产品开采地或者生产地的税务机关申报缴纳资源税。

纳税人销售应税产品，纳税义务发生时间为收讫销售款或者取得索取销售款凭据的当日；自用应税产品的，纳税义务发生时间为移送应税产品的当日。

资源税按月或者按季申报缴纳；不能按固定期限计算缴纳的，可以按次申报缴纳。

纳税人按月或者按季申报缴纳的，应当自月度或者季度终了之日起15日内，向税务机关办理纳税申报并缴纳税款；按次申报缴纳的，应当自纳税义务发生之日起15日内，向税务机关办理纳税申报并缴纳税款。

三、资源税的会计核算

（一）收购未税矿产品代扣代缴资源税的会计核算

为加强资源税的征管，税法对税源小、零散、不定期开采、易漏税等情况，由收购未税矿产品的单位在收购时代扣代缴资源税。

1.企业在收购未税矿产品时，按实际支付的收购款：

借：材料采购（或原材料）

　贷：银行存款

2.代扣资源税时：

借：材料采购（或原材料）

　贷：应交税费——应交资源税

3.企业按规定缴纳代扣的资源税时：

借：应交税费——应交资源税

　贷：银行存款

（二）企业销售应税产品的会计核算

1.月份终了，企业计算出对外销售应税产品应纳的资源税时：

借：税金及附加

　贷：应交税费——应交资源税

2.企业按规定实际缴纳资源税时：

借：应交税费——应交资源税

　贷：银行存款

（三）企业自产自用应税产品的会计核算

对企业自产自用应税产品，其应纳资源税的会计处理与销售应税产品的会计处理有所不同，即其应缴纳的税金不计入产品销售税金，而是计入产品的生产成本，即：

借：生产成本/制造费用

　贷：应交税费——应交资源税

企业按规定实际缴纳资源税时：

借：应交税费——应交资源税

　贷：银行存款

（四）收购液体盐加工固体盐的会计核算

按照税法的规定，纳税人以外购的液体盐加工固体盐，其加工固体盐所耗用的液体盐的已纳税额准予扣除。

1.企业在购入液体盐时：

借：材料采购（或原材料）

　　应交税费——应交资源税（待抵扣）

　贷：银行存款

2.企业将液体盐加工成固体盐出售时，按计算出的固体盐应缴纳的资源税：

借：税金及附加

　贷：应交税费——应交资源税

3.企业按规定缴纳税金时，应扣除销售固体盐耗用液体盐对应的已纳资源税税额：

借：应交税费——应交资源税

　贷：应交税费——应交资源税（待抵扣）

4.实际缴纳税款时：

借：应交税费——应交资源税

　贷：银行存款

第二节　环保税会计

二维码10-3

视频：情境引例解析

情境引例

A公司是一家建筑施工企业，与房地产公司签订了建筑服务合同。施工过程中产生扬尘，请问环境保护税是由房地产公司缴纳还是由A公司缴纳？

一、环保税概述

（一）概念

环境保护税是对在我国领域以及管辖的其他海域直接向环境排放应税污染物的企业事业单位和其他生产经营者征收的一种税。其目的是保护和改善环境，减少污染物排放，推进生态文明建设。

（二）纳税义务人

在中华人民共和国领域和中华人民共和国管辖的其他海域，直接向环境排放应税污染物的企业事业单位和其他生产经营者为环境保护税的纳税人。

应税污染物，是指《环境保护税税目税额表》《应税污染物和当量值表》规定的大气污染物、水污染物、固体废物和噪声。

有下列情形之一的，不属于直接向环境排放污染物，不缴纳相应污染物的环境保护税：

1.企业事业单位和其他生产经营者向依法设立的污水集中处理、生活垃圾集中处理场所排放应税污染物的；

2.企业事业单位和其他生产经营者在符合国家和地方环境保护标准的设施、场所贮存或者处置固体废物的。

依法设立的城乡污水集中处理、生活垃圾集中处理场所超过国家和地方规定的排放标准向环境排放应税污染物的，应当缴纳环境保护税。

企业事业单位和其他生产经营者贮存或者处置固体废物不符合国家和地方环境保护标准的，应当缴纳环境保护税。

（三）税目税额

环境保护税税目税额表见表10-2。

表10-2 **环境保护税税目税额表**

税目		计税单位	税额
大气污染物		每污染当量	1.2元
水污染物		每污染当量	1.4元
固体废物	冶炼渣	每吨	25元
	粉煤灰	每吨	30元
	炉渣	每吨	25元
	煤矸石	每吨	5元
	尾矿	每吨	15元
	其他固体废物（含半固态、液态废物）	每吨	25元
噪声污染	建筑施工噪声	建筑面积每平方米	3元
	工业噪声	超标1分贝	每月350元
		超标2分贝	每月440元
		超标3分贝	每月550元
		超标4分贝	每月700元
		超标5分贝	每月880元
		超标6分贝	每月1 100元
		超标7分贝	每月1 400元
		超标8分贝	每月1 760元
		超标9分贝	每月2 200元
		超标10分贝	每月2 800元
		超标11分贝	每月3 520元
		超标12分贝	每月4 400元
		超标13分贝	每月5 600元
		超标14分贝	每月7 040元
		超标15分贝	每月8 800元
		超标16分贝	每月11 200元

污染当量，是指根据污染物或者污染排放活动对环境的有害程度以及处理的技术经济性，衡量不同污染物对环境污染的综合性指标或者计量单位。同一介质相同污染当量的不同污染物，其污染程度基本相当。

应税大气污染物和水污染物的具体适用税额的确定和调整，由省、自治区、直辖市人民政府统筹考虑本地区环境承载能力、污染物排放现状和经济社会生态发展目标要求，在《环境保护税税目税额表》规定的税额幅度内提出，报同级人民代表大会常务委员会决定，并报全国人民代表大会常务委员会和国务院备案。

（四）计税依据

应税污染物的计税依据，按照下列方法确定：

1.应税大气污染物按照污染物排放量折合的污染当量数确定；

2.应税水污染物按照污染物排放量折合的污染当量数确定；

3.应税固体废物按照固体废物的排放量确定；

4.应税噪声按照超过国家规定标准的分贝数确定。

应税大气污染物、水污染物的污染当量数，以该污染物的排放量除以该污染物的污染当量值计算。每种应税大气污染物、水污染物的具体污染当量值，依照《应税污染物和当量值表》执行。

每一排放口或者没有排放口的应税大气污染物，按照污染当量数从大到小排序，对前三项污染物征收环境保护税。

每一排放口的应税水污染物，按照《应税污染物和当量值表》（见表10-3），区分第一类水污染物和其他类水污染物，按照污染当量数从大到小排序，对第一类水污染物按照前五项征收环境保护税，对其他类水污染物按照前三项征收环境保护税。

表10-3　**应税污染物和当量值表**

一、第一类水污染物污染当量值	
污染物	污染当量值（千克）
1.总汞	0.0005
2.总镉	0.005
3.总铬	0.04
4.六价铬	0.02
5.总砷	0.02
6.总铅	0.025
7.总镍	0.025
8.苯并（a）芘	0.0000003
9.总铍	0.01
10.总银	0.02

续表

二、第二类水污染物污染当量值	
污染物	污染当量值（千克）
11.悬浮物（SS）	4
12.生化需氧量（BOD5）	0.5
13.化学需氧量（COD）	1
14.总有机碳（TOC）	0.49
15.石油类	0.1
16.动植物油	0.16
17.挥发酚	0.08
18.总氰化物	0.05
19.硫化物	0.125
20.氨氮	0.8
21.氟化物	0.5
22.甲醛	0.125
23.苯胺类	0.2
24.硝基苯类	0.2
25.阴离子表面活性剂（LAS）	0.2
26.总铜	0.1
27.总锌	0.2
28.总锰	0.2
29.彩色显影剂（CD-2）	0.2
30.总磷	0.25
31.元素磷（以P计）	0.05
32.有机磷农药（以P计）	0.05
33.乐果	0.05
34.甲基对硫磷	0.05
35.马拉硫磷	0.05
36.对硫磷	0.05

续表

二、第二类水污染物污染当量值	
污染物	污染当量值（千克）
37.五氯酚及五氯酚钠（以五氯酚计）	0.25
38.三氯甲烷	0.04
39.可吸附有机卤化物（AOX）（以Cl计）	0.25
40.四氯化碳	0.04
41.三氯乙烯	0.04
42.四氯乙烯	0.04
43.苯	0.02
44.甲苯	0.02
45.乙苯	0.02
46.邻-二甲苯	0.02
47.对-二甲苯	0.02
48.间-二甲苯	0.02
49.氯苯	0.02
50.邻二氯苯	0.02
51.对二氯苯	0.02
52.对硝基氯苯	0.02
53.2.4-二硝基氯苯	0.02
54.苯酚	0.02
55.间-甲酚	0.02
56.2.4-二氯酚	0.02
57.2.4.6-三氯酚	0.02
58.邻苯二甲酸二丁酯	0.02
59.邻苯二甲酸二辛酯	0.02
60.丙烯腈	0.125
61.总硒	0.02

说明：1.第一、二类污染物的分类依据为《污水综合排放标准》（GB8978-1996）。

2.同一排放口中的化学需氧量（COD）、生化需氧量（BOD5）和总有机碳（TOC），只征收一项。

续表

三、PH值、色度、大肠菌群数、余氯量污染当量值		
污染物		污染当量值
1.PH值	1.0~1，13~14 2.1~2，12~13 3.2~3，11~12 4.3~4，10~11 5.4~5，9~10 6.5~6	0.06吨污水 0.125吨污水 0.25吨污水 0.5吨污水 1吨污水 5吨污水
2.色度		5吨水·倍
3.大肠菌群数（超标）		3.3吨污水
4.余氯量（用氯消毒的医院废水）		3.3吨污水

说明：1.大肠菌群数和总余氯只征收一项。

2.PH5~6指大于等于5，小于6；PH9~10指大于9，小于等于10，其余类推。

四、禽畜养殖业、小型企业和第三产业污染当量值		
类型		污染当量值
禽畜养殖场	1.牛	0.1头
	2.猪	1头
	3.鸡、鸭等家禽	30羽
4.小型企业		1.8吨污水
5.饮食娱乐服务业		0.5吨污水
6.医院	消毒	0.14床
		2.8吨污水
	不消毒	0.07床
		1.4吨污水

说明：1.本表仅适用于计算无法进行实际监测或物料衡算的禽畜养殖业、小型企业和第三产业等小型排污者的污染当量数。

物料衡算，是指根据物质质量守恒原理对生产过程中使用的原料、生产的产品和产生的废物等进行测算的一种方法。

2.仅对存栏规模大于50头牛、500头猪、5 000羽鸡、鸭等的禽畜养殖场征收。

3.医院病床数大于20张的按本表计算污染当量。

续表

五、大气污染物污染当量值	
污染物	污染当量值（千克）
1.二氧化硫	0.95
2.氮氧化物	0.95
3.一氧化碳	16.7
4.氯气	0.34
5.氯化氢	10.75
6.氟化物	0.87
7.氰化氢	0.005
8.硫酸雾	0.6
9.铬酸雾	0.0007
10.汞及其化合物	0.0001
11.一般性粉尘	4
12.石棉尘	0.53
13.玻璃棉尘	2.13
14.碳黑尘	0.59
15.铅及其化合物	0.02
16.镉及其化合物	0.03
17.铍及其化合物	0.0004
18.镍及其化合物	0.13
19.锡及其化合物	0.27
20.烟尘	2.18
21.苯	0.05
22.甲苯	0.18
23.二甲苯	0.27
24.苯并（a）芘	0.000002

续表

五、大气污染物污染当量值	
污染物	污染当量值（千克）
25.甲醛	0.09
26.乙醛	0.45
27.丙烯醛	0.06
28.甲醇	0.67
29.酚类	0.35
30.沥青烟	0.19
31.苯胺类	0.21
32.氯苯类	0.72
33.硝基苯	0.17
34.丙烯腈	0.22
35.氯乙烯	0.55
36.光气	0.04
37.硫化氢	0.29
38.氨	9.09
39.三甲胺	0.32
40.甲硫醇	0.04
41.甲硫醚	0.28
42.二甲二硫	0.28
43.苯乙烯	25
44.二硫化碳	20

省、自治区、直辖市人民政府根据本地区污染物减排的特殊需要，可以增加同一排放口征收环境保护税的应税污染物项目数，报同级人民代表大会常务委员会决定，并报全国人民代表大会常务委员会和国务院备案。

应税大气污染物、水污染物、固体废物的排放量和噪声的分贝数，按照下列方法和顺序计算：

1.纳税人安装使用符合国家规定和监测规范的污染物自动监测设备的，按照污染物自动监测数据计算。

2.纳税人未安装使用污染物自动监测设备的，按照监测机构出具的符合国家有关规定和监测规范的监测数据计算。

3.因排放污染物种类多等原因不具备监测条件的，按照国务院生态环境主管部门规定的排污系数、物料衡算方法计算；排污系数，是指在正常技术经济和管理条件下，生产单位产品所应排放的污染物量的统计平均值。

4.不能按照上述三项规定的方法计算的，按照省、自治区、直辖市人民政府生态环境主管部门规定的抽样测算的方法核定计算。

（五）税额计算

环境保护税应纳税额按照下列方法计算：

1.应税大气污染物的应纳税额为污染当量数乘以具体适用税额；

2.应税水污染物的应纳税额为污染当量数乘以具体适用税额；

3.应税固体废物的应纳税额为固体废物排放量乘以具体适用税额；

4.应税噪声的应纳税额为超过国家规定标准的分贝数对应的具体适用税额。

【例10-3】某餐饮公司通过安装水流量计测得20×5年3月排放污水量为80吨，污染当量值为0.5吨。假设当地水污染物适用税额为每污染当量2.8元。

要求：计算该公司当月应纳环境保护税。

水污染物当量数= 80÷0.5 =160

当月应纳环境保护税=160×2.8=448（元）

（六）税收优惠

下列情形，暂予免征环境保护税：

1.农业生产（不包括规模化养殖）排放应税污染物的；

2.机动车、铁路机车、非道路移动机械、船舶和航空器等流动污染源排放应税污染物的；

3.依法设立的城乡污水集中处理、生活垃圾集中处理场所排放相应应税污染物，不超过国家和地方规定的排放标准的；

4.纳税人综合利用的固体废物，符合国家和地方环境保护标准的；

5.国务院批准免税的其他情形，由国务院报全国人民代表大会常务委员会备案。

纳税人排放应税大气污染物或者水污染物的浓度值低于国家和地方规定的污染物排放标准30%的，减按75%征收环境保护税。纳税人排放应税大气污染物或者水污染物的浓度值低于国家和地方规定的污染物排放标准50%的，减按50%征收环境保护税。

（七）纳税申报

纳税义务发生时间为纳税人排放应税污染物的当日。

纳税人应当向应税污染物排放地的税务机关申报缴纳环境保护税。

环境保护税按月计算，按季申报缴纳。不能按固定期限计算缴纳的，可以按次申报缴纳。

纳税人申报缴纳时，应当向税务机关报送所排放应税污染物的种类、数量，大气污染物、水污染物的浓度值，以及税务机关根据实际需要要求纳税人报送的其他纳税资料。

纳税人按季申报缴纳的，应当自季度终了之日起15日内，向税务机关办理纳税申报并缴纳税款。纳税人按次申报缴纳的，应当自纳税义务发生之日起15日内，向税务机关办理纳税申报并缴纳税款。

纳税人应当依法如实办理纳税申报，对申报的真实性和完整性承担责任。

（八）征收管理

县级以上地方人民政府应当建立税务机关、生态环境主管部门和其他相关单位分工协作工作机制，加强环境保护税征收管理，保障税款及时足额入库。生态环境主管部门和税务机关应当建立涉税信息共享平台和工作配合机制。依照规定核定计算污染物排放量的，由税务机关会同生态环境主管部门核定污染物排放种类、数量和应纳税额。

生态环境主管部门依照《中华人民共和国环境保护税法》和有关环境保护法律法规的规定负责对污染物的监测管理，将排污单位的排污许可、污染物排放数据、环境违法和受行政处罚情况等环境保护相关信息，定期交送税务机关。

税务机关应当将纳税人的纳税申报、税款入库、减免税额、欠缴税款以及风险疑点等环境保护税涉税信息，定期交送生态环境主管部门。

税务机关应当将纳税人的纳税申报数据资料与生态环境主管部门交送的相关数据资料进行比对。

税务机关发现纳税人的纳税申报数据资料异常或者纳税人未按照规定期限办理纳税申报的，可以提请生态环境主管部门进行复核，生态环境主管部门应当自收到税务机关的数据资料之日起15日内向税务机关出具复核意见。税务机关应当按照生态环境主管部门复核的数据资料调整纳税人的应纳税额。

纳税人从事海洋工程向中华人民共和国管辖海域排放应税大气污染物、水污染物或者固体废物，申报缴纳环境保护税的具体办法，由国务院税务主管部门会同国务院生态环境主管部门规定。

各级人民政府应当鼓励纳税人加大环境保护建设投入，对纳税人用于污染物自动监测设备的投资予以资金和政策支持。

直接向环境排放应税污染物的企业事业单位和其他生产经营者，除依照环境保护税法的规定缴纳环境保护税外，应当对所造成的损害依法承担责任。

二、环保税的会计核算

1.计提时：

借：税金及附加

　　贷：应交税费——应交环境保护税

2.缴纳时：

借：应交税费——应交环境保护税

　　贷：银行存款

第三节 城镇土地使用税会计

情境引例

二维码10-4

视频：情境引例解析

某开发公司作为政府融资平台，从事成片土地开发、基础设施开发建设等业务。20×3年3月，税务部门检查发现该企业于20×1年10月购得郊区一40万平方米的土地，土地出让合同约定20×1年11月底前交付给企业。

该企业取得该地块后暂未进行实质性开发，并认为土地没有投入使用也就不需要缴纳城镇土地使用税。

请同学们分析以上案例，企业的做法是否正确？为什么？

一、城镇土地使用税概述

（一）概念

城镇土地使用税是以国有土地为征税对象，对拥有土地使用权的单位和个人征收的一种税。

（二）纳税义务人

在城市、县城、建制镇、工矿区范围内使用土地的单位和个人，为城镇土地使用税的纳税人。

所称单位，包括国有企业、集体企业、私营企业、股份制企业、外商投资企业、外国企业以及其他企业和事业单位、社会团体、国家机关、军队以及其他单位；所称个人，包括个体工商户以及其他个人。

（三）征税范围

城镇土地使用税的征税范围，包括在城市、县城、建制镇和工矿区内的国家所有和集体所有的土地。

城市的土地包括市区和郊区的土地；县城的土地是指县人民政府所在地的城镇的土地；建制镇的土地是指镇人民政府所在地的土地。

建立在城市、县城、建制镇和工矿区以外的工矿企业不需要缴纳城镇土地使用税。

（四）税额计算

城镇土地使用税=纳税人实际占用的土地面积×规定税额　　公式10-3

土地占用面积的组织测量工作，由省、自治区、直辖市人民政府根据实际情况确定。

城镇土地使用税每平方米年税额如下：

1.大城市（人口50万人以上）1.5元至30元；

2.中等城市（人口20万~50万人）1.2元至24元；

3.小城市（人口20万人以下）0.9元至18元；

4.县城、建制镇、工矿区0.6元至12元。

各省、自治区、直辖市人民政府，应当根据市政建设状况、经济繁荣程度等条件在规定的税额幅度内，确定所辖地区的适用税额幅度。市、县人民政府应当根据实际情况，将本地区土地划分为若干等级，在省、自治区、直辖市人民政府确定的税额幅度内，制定相应的适用税额标准，报省、自治区、直辖市人民政府批准执行。

经省、自治区、直辖市人民政府批准，经济落后地区城镇土地使用税的适用税额标准可以适当降低，但降低额不得超过规定最低税额的30%。经济发达地区城镇土地使用税的适用税额标准可以适当提高，但须报经财政部批准。

【例10-4】某国家级森林公园，20×5年共占地1 800万平方米，其中行政管理部门办公用房占地0.2万平方米，所属旅馆、小卖部占地1.5万平方米，索道经营场所占地0.8万平方米。公园所在地城镇土地使用税税率为2元/平方米。

要求：计算该公园20×5年度应缴纳的城镇土地使用税。

国家机关、人民团体、军队自用的土地，免征城镇土地使用税。

该公园20×5年度应纳城镇土地使用税=（1.5+0.8）×2=4.6（万元）

【例10-5】某企业20×5年度拥有位于市郊的一宗地块，其地上面积为1.5万平方米，单独建造的地下建筑面积为0.5万平方米（已取得地下土地使用权证）。该市规定的城镇土地使用税税率为2元/平方米。

要求：计算该企业20×5年度就此地块应缴纳的城镇土地使用税。

为了鼓励利用地下土地，对地下建筑用地暂按应征税款的50%征收城镇土地使用税。

该企业20×5年度应纳城镇土地使用税=1.5×2+0.5×2×50%=3.5（万元）

（五）税款缴纳

城镇土地使用税按年计算、分期缴纳。缴纳期限由省、自治区、直辖市人民政府确定。

新征收的土地，依照下列规定缴纳城镇土地使用税：

1.征收的耕地，自批准征收之日起满1年时开始缴纳城镇土地使用税；

2.征收的非耕地，自批准征收次月起缴纳城镇土地使用税。

城镇土地使用税由土地所在地的税务机关征收。土地管理机关应当向土地所在地的税务机关提供土地使用权属资料。

城镇土地使用税收入纳入财政预算管理。

（六）税收优惠

下列土地免缴城镇土地使用税：

1.国家机关、人民团体、军队自用的土地。

2.由国家财政部门拨付事业经费的单位自用的土地。

3.宗教寺庙、公园、名胜古迹自用的土地。

4.市政街道、广场、绿化地带等公共用地。

5.直接用于农、林、牧、渔业的生产用地。

6.经批准开山填海整治的土地和改造的废弃土地，从使用的月份免缴城镇土地使用税5年至10年。

7.由财政部另行规定免税的能源、交通、水利设施用地和其他用地。

8.自2023年1月1日起至2027年12月31日止，对物流企业自有（包括自用和出租）或承租的大宗商品仓储设施用地，减按所属土地等级适用税额标准的50%计征城镇土地使用税。

9.对城市公交站场、道路客运站场、城市轨道交通系统运营用地，免征城镇土地使用税。

10.对农产品批发市场、农贸市场（包括自有和承租，下同）专门用于经营农产品的房产、土地，暂免征收城镇土地使用税。对同时经营其他产品的农产品批发市场和农贸市场使用的房产、土地，按其他产品与农产品交易场地面积的比例确定征免城镇土地使用税。

纳税人缴纳城镇土地使用税确有困难需要定期减免的，由县以上税务机关批准。

二、城镇土地使用税的会计核算

1.计提时：

借：税金及附加

　贷：应交税费——应交城镇土地使用税

2.缴纳时：

借：应交税费——应交城镇土地使用税

　贷：银行存款

本章小结

本章认知学习内容结构如下图所示：

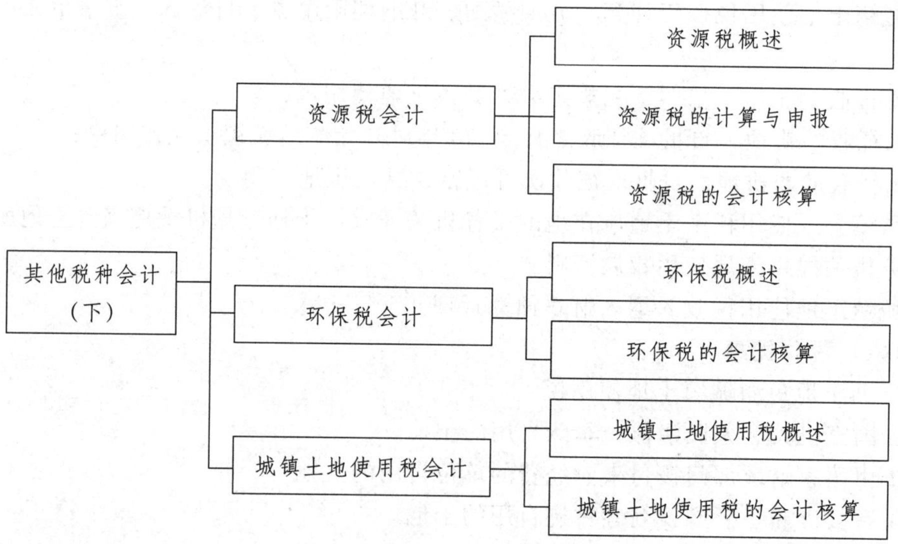

技能训练

1.某企业2023年10月份收购某铁矿的未税铁矿石5 000吨，每吨收购价格为80元，该铁矿石的资源税税率为4%。

要求：计算该企业应纳资源税税额，并进行账务处理。

2.某石化企业为增值税一般纳税人，2023年5月发生以下业务：

（1）从国外某石油公司进口原油50 000吨，支付不含税价款折合人民币9 000万元，其中包含包装费及保险费折合人民币10万元。

（2）开采原油10 000吨，并将开采的原油对外销售6 000吨，取得含税销售收入2 260万元，同时向购买方收取延期付款利息2.26万元、包装费1.13万元，另外支付运输费用7万元。原油适用的资源税税率为6%。

（3）用开采的原油2 000吨加工生产汽油1 300吨。

要求：计算该石化企业2023年5月应缴纳的资源税税额。

实战演练

将全班同学分成若干小组，每组10人左右。每组寻找50个调研对象，通过电话、电子邮件调查问卷、网页版调查问卷或者纸质版调查问卷的方式，调查其了解的与ESG政策相关的税收种类及对应的优惠政策，调查对ESG的熟悉程度，调查税种体现ESG政策的条款，以及实施ESG对政府的期望，尤其关注对税法调控方面的设想。

要求：

（1）设计ESG政策及对应税种相关条款的调查问卷。

（2）对ESG政策与对资源与环境保护税类了解程度的调查结果进行分析。

（3）重点关注企业在实施ESG措施时，税法所起的作用有哪些。

主要参考文献

[1] 中国注册会计师协会．会计［M］．北京：中国财政经济出版社，2024.

[2] 中国注册会计师协会．税法［M］．北京：中国财政经济出版社，2024.

[3] 全国税务师职业资格考试教材编写组．税法（Ⅰ）［M］．北京：中国税务出版社，2024.

[4] 全国税务师职业资格考试教材编写组．税法（Ⅱ）［M］．北京：中国税务出版社，2024.

[5] 盖地．税务会计学［M］．15版．北京：中国人民大学出版社，2022.

[6] 梁文涛．企业纳税筹划方案设计［M］．北京：中国人民大学出版社，2015.

[7] 梁文涛．企业纳税实务［M］．4版．北京：高等教育出版社，2023.

[8] 梁文涛．税务会计［M］．5版．北京：中国人民大学出版社，2023.

[9] 李先琴．财务报表涉税分析［M］．上海：立信会计出版社，2018.

[10] 苏强．企业所得税汇算清缴财税处理实务与申报表填报案例解析［M］．北京：经济科学出版社，2022.

[11] 国家税务总局网站．http：//www.chinatax.gov.cn/.

[12] 财政部会计司政策解读网站．https：//kjs.mof.gov.cn/zhengcejiedu/.